10일

멘토스

생각영어

E&C

MENTORS

10일만에 끝내는 자기생각 영어로 말하기!

10일 생각영어

2020년 08월 20일 인쇄
2020년 08월 27일 1쇄 발행

지은이	E & C
발행인	Chris Suh
발행처	**MENT⊘RS**

경기도 성남시 분당구 분당로 53번길 12 313-1
TEL 031-604-0025   **FAX** 031-696-5221
www.mentors.co.kr
blog.naver.com/mentorsbook

등록일자	2005년 7월 27일
등록번호	제 2009-000027호
ISBN	979-11-91055-01-6
가 격	22,000원

머 · 리 · 말

영어는 별것 아니다!

영어는 별것 아니다. 우리가 자주 안써서 그렇지 시간을 좀 지속적으로 투자하고 좀 더 효율적으로 학습을 한다면 모국어로 하지 않는다는 불이익을 감안하고 생각하면 그런대로 괜찮은 영어를 쓸 수가 있다.

인사하고 나면 꿀먹은 벙어리!

특히 우리는 기초영어에 강하여 인사를 주고 받는 How are you, today?와 I'm fine and you? 등의 표현에는 자신감이 넘친다. 이런 넘치는 자신감은 그러나 인사를 주고 받고 난 다음에 나오는 다양한 영어대화에는 그냥 멋적은 웃음만 지을 뿐 꿀먹은 벙어리가 되고 마는 경우가 허다하다. 우리도 그러하듯 인사주고 받은 후에는 이런 저런 주변의 일상적인 이야기들을 주고 받거나 혹은 사회나 문화적 사건들에 대해 의견을 말하는 경우가 허다하다.

10일만에 영어로 자기생각 말하기!

따라서 이런 자기 생각이나 견해를 말할 수 있어야 대화를 길게 그리고 지루하지 않게 이끌고 갈 수 있다. 그렇다면 어렵게 느껴지는 이런 자기생각이나 의견을 영어로 어떻게 말해야 하나가 이책의 출발점에 있다. 이책〈10일 생각영어: 10일만에 끝내는 자기생각 영어로 말하기!〉는 그래서 10개의 섹션으로 나누어 자기 생각을 말할 때 필요한 패턴이나 표현들을 수록하였다. 먼저 말꺼내기, 의사소통용 표현, 자기생각말하기, 찬성과 반대 등으로 나누어 표현들을 정리하였으며 맨 마지막에는 토픽 37개를 선정하여 이에 대해 서로 의견을 주고 받는 실제 대화를 수록하였기에 10일간 학습한 표현들이 실제로 어떻게 쓰이는지 확인할 수 있도록 구성되어 있다.

영어는 어렵지만 영어는 어렵지 않다!

영어는 어렵다. 하지만 영어는 어렵지 않다. 특히 특정 사건 등을 이야기할 때는 그 기본적인 단어 몇개만 알고 있으면 그리고 이책에 수록된 패턴들만 잘 활용한다면 10분넘게 네이티브와 대화를 나눌 수 있다. 이런 말이 있지 않은가…. 바이어와 상담하기는 쉬워도 상담후 식당에 가서 식사를 하면서 하는 대화가 더 어렵다고…. 자기 생각 말하기는 마치 바이어와 상담하는 것과 같은 영어다. 일정한 틀이 있기 때문에 자유형 대화보다 오히려 쉽다. 이런 생각표현은 또한 식사나 커피를 마시면서 가볍게 주고 받을 수도 있어서 한 번 알아두면 일석이조로 다양한 상황에서 다양하게 써먹을 수 있는 가성비 및 영양가 높은 표현들이다. 패턴들이 길다고 피하면 안된다. 길다는 이야기는 역으로 말해 자기가 넣어야 되는 공간이 적을 수도 있다는 말이 되는 것이다. 영어를 잘하려면 무조건 부딪히는 수밖에 없다. 그런 도전적인 마인드로 이책의 패턴들에 익숙하게 되면 어느새 자신도 모르게 입가에 미소가 띄는 자신을 발견하게 될 것이다.

이 책의 특징과 구성

특징

01 자기 생각을 표현할 때 필요한 패턴 1500 여개를 수록하였다.

02 특정 사건에 대한 의견물어보기, 의견말하기, 찬성하기, 반대하기 등 총 10개의 섹션으로 구분 정리되어 있다.

03 1500 여개의 각 표현에는 언제 어떻게 써야 되는지 친절한 우리말 설명이 수록되어 있다.

04 각 표현에는 어떻게 말하는지 다소 긴 예문이 함께 수록되어 있어서 실전감각을 끌어올릴 수 있다.

05 모든 패턴과 예문 그리고 대화는 생생하게 네이티브들의 원음을 들을 수가 있다.

구성

01 총 1500개의 표현은 1st Day부터 10th Day까지 총 10일간 학습하도록 꾸며져 있다.

02 각 Day 별로 적게는 20여개 많게 100여개의 넘버링으로 구성되어 있고

03 각 넘버링은 한페이지를 기본으로 3개를 원칙으로 하고 있다. 경우에 따라 2개 내지는 10개이상이 있는 경우도 있다.

04 마지막 Real-life Conversations 37에는 최근 화제가 되는 인종차별, 코로나, 성추행 등에 대한 찬반의견을 주고받는 대화를 실전으로 익혀볼 수가 있다.

05 인덱스에는 이책에 수록된 1500 여개의 표현들을 알파벳 순으로 정리하여 쉽게 찾아볼 수 있도록 하였다.

이 책을 보는 법

Day_ 총 10개의 day로 구분된 것중에서 현재 몇 번째 날인지를 표시해준다.

넘버링_ Day 중에서 현재 몇 번째 넘버링을 하고 있는지 말해준다.

엔트리_ 각 넘버링의 영어표현과 우리말이 함께 수록되어 있다.

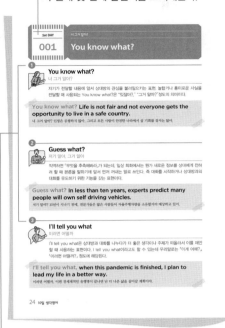

1st DAY 너 그거 알아?

001 You know what?

①
You know what?
너 그거 알아?

자기가 전달할 내용에 앞서 상대방의 관심을 불러일으키는 표현, 놀랍거나 흥미로운 사실을 전달할 때 사용되는 표현으로 You know what?은 "있잖아?," "그거 알아?"정도의 의미이다.

You know what? Life is not fair and not everyone gets the opportunity to live in a safe country.
너, 그거 알아? 인생은 공평하지 않아, 그리고 모든 사람이 안전한 나라에서 살 기회를 얻는 것은 아니야.

②
Guess what?
저기 있잖아, 그거 알아?

직역하면 "무엇을 추측해봐라," 가 되는데, 일상 회화에서는 뭔가 새로운 정보를 상대에게 전하려 할 때 본론을 말하기에 앞서 먼저 꺼내는 말로 쓰인다. 즉 대화를 시작하거나 상대방과의 대화를 유도하기 위한 기능을 갖는 표현이다.

Guess what? In less than ten years, experts predict many people will own self driving vehicles.
저기 알아? 10년이 지나기 전에, 전문가들은 많은 사람들이 자율주행차량을 소유할거라 예상하고 있어.

③
I'll tell you what
이러면 어떨까

I'll tell you what은 상대방과 대화를 나누다가 더 좋은 생각이나 주제가 떠올라서 이를 제안 할 때 사용하는 표현이다. I tell you what이라고도 할 수 있는데 우리말로는 "이게 어때?," "이러면 어떨까?," 정도에 해당된다.

I'll tell you what, when this pandemic is finished, I plan to lead my life in a better way.
이러면 어떨까, 이번 전세계적인 유행병이 끝나면 난 더 나은 삶을 살아갈 계획이야.

24 10일 생각영어

1st DAY 들어봤어?

002 Did you (ever) hear about ~?

①
Did you (ever) hear about ~?
~에 대해 들었어[봤어]?

이야기의 물꼬를 트는 표현으로 ~에 대해 (한번이라도) 들어본 적이 있고 상대방에게 물어 보는 문장이다. about 다음에 언급한 내용에 대한 호기심을 유발시키거나 글자 그대로 소식을 들었는지 확인하고 대화를 시작할 때 쓸 수 있는 표현이다.

Did you ever hear about ghosts or haunted houses close to the area where you live?
네가 살고 있는 지역 가까이에 유령이나 유령이 나오는 집에 대해서 얘기 들어봤어?

②
Have you heard about ~ ?
~에 대해 들어본 적이 있어?

역시 ~에 대해 들어본 적이 있느냐고 물어보는 문장으로 현재완료로 쓴 점이 다를 뿐 위의 표현과 동일한 의미이다.

Have you heard about serious problems between the government and protestors in Hong Kong?
홍콩에서 홍콩 정부와 시위대들간의 심각한 문제에 대해 들어본 적이 있어?

③
Didn't you hear about ~ who~?
~한 ~에대해 들어본 적 없냐고?

「~한 ~에 대해 들어 봤어[봤니?]라는 의미로 about 뒤에 「사람」이 나오고 그 뒤에 who가 이끄는 관계대명사절이 따라와 수식해 주는 문장 구조,「사람」 대신「사물」,「사건을 말해 주고 싶다면 관계대명사를 which로 바뀌 응용해 볼 수 있겠다.

Didn't you hear about the actors and pop singers who committed suicide because of personal problems?
개인적인 문제들로 해서 자살한 영화배우와 팝가수에 대해 들어본 적이 없어?

1st DAY 말하여보기 25

생각패턴_ 각 넘버링에 기본적으로 3개가 들어 있으며 각각의 패턴에는 그 사용법이 우리말로 설명되어 있다.

생각예문_ 각 패턴의 우리말 설명 아래에는 실전에서 실제로 쓰이는 영어 문장이 우리말과 함께 실려 있다.

Real-life Conversations 37_ 10일 학습 후에는 실전대화 37개가 수록되어 있어서 이럴 땐 어떻게 말해야 되는지를 눈과 귀로 확인할 수 있다.

REAL-LIFE CONVERSATION

Keeping pets as companions

Earl: Do you like cats and dogs?
Sharon: Sure, a lot of people like to keep pets as companions.
Earl: Yeah, pets have become much more common in households.
Sharon: I think some people are very irresponsible, though.
Earl: You do? How do you think they are being irresponsible?
Sharon: There are times when people buy a pet, but they don't take care of it.
Earl: I think most people try to care for an animal in the best way.
Sharon: Not always. Some pets are abused or just abandoned by their owners.
Earl: I don't understand. Why would they do that?
Sharon: I'm not sure, but having a pet is a lifelong responsibility.
Earl: You feel like they should be cared for until they die?
Sharon: Yes. A pet is helpless and dependent, almost like a child. We must always care for it.

582 10일 생각영어

인덱스_ 이책에 수록된 총 1500개를 알파벳순으로 정리하여 쉽게 찾아볼 수 있고 또한 홈피에서 PDF파일을 별도 제공하기 때문에 계속 출력하여 학습결과를 테스트해볼 수 있다.

목차

DAY 1
· 의견묻기 ·

022 page

DAY 2
· 의견묻기 ·

050 page

DAY
3
• 의사소통 •

074 page

DAY
4
• 의견말하기 •

186 page

DAY 6

• 찬성과 반대 •

330 page

DAY

• 희망과 감정 •

382 page

DAY 8 ·이유·

422 page

DAY 09

• 시간과 방법 •

462 page

DAY 10

• 비교, 가정, 연결어 •

482 page

Real-life Conversations 37

574 page

Index

1 DAY

· 말꺼내기 ·

DAY

· 말꺼내기 ·

DAY

· 의견묻기 ·

DAY

· 의사소통 ·

DAY

· 의견말하기 ·

DAY

· 알거나 모르거나 ·

DAY

· 찬성과 반대 ·

DAY

· 희망과 감정 ·

DAY

· 이유 ·

DAY

· 시간과 방법 ·

DAY

· 비교, 가정 및 연결어 ·

+ Real-life Conversations 37

① You know what?

너 그거 알아?

자기가 전달할 내용에 앞서 상대방의 관심을 불러일으키는 표현. 놀랍거나 흥미로운 사실을 전달할 때 사용되는 You know what?은 "있잖아?," "그거 알아?"정도의 의미이다.

You know what? Life is not fair and not everyone gets the opportunity to live in a safe country.

너 그거 알아? 인생은 공평하지 않아. 그리고 모든 사람이 안전한 나라에서 살 기회를 갖지는 않아.

② Guess what?

저기 말야, 그거 알아

직역하면 「무엇을 추측해봐라」가 되는데, 일상 회화에서는 뭔가 새로운 정보를 상대에게 전하려 할 때 본론을 말하기에 앞서 먼저 꺼내는 말로 쓰인다. 즉 대화를 시작하거나 상대방과의 대화를 유도하기 위한 기능을 갖는 표현이다.

Guess what? In less than ten years, experts predict many people will own self driving vehicles.

저기 말야? 10년이 지나기 전에. 전문가들은 많은 사람들이 자율주행차량을 소유할거라 예상하고 있어.

③ I'll tell you what

이러면 어떨까

I'll tell you what은 상대방과 대화를 나누다가 더 좋은 생각이나 주제가 떠올라서 이를 제안할 때 사용하는 표현이다. I tell you what이라고도 할 수 있는데 우리말로는 「이게 어때?」, 「이러면 어떨까?」 정도에 해당된다.

I'll tell you what, when this pandemic is finished, I plan to lead my life in a better way.

이러면 어떨까. 이번 전세계적인 유행병이 끝나면 난 더 나은 삶을 살아갈 계획이야.

Did you (ever) hear about ~?

①

Did you (ever) hear about ~?

…에 대해 들었(봤)니?

이야기의 물꼬를 트는 표현으로 …에 대해 (한번이라도) 들어본 적이 있냐고 상대방에게 물어보는 문장이다. about 다음에 언급할 내용에 대한 호기심을 유발시키거나 글자 그대로 소식을 들었는지 확인하고 대화를 시작할 때 쓸 수 있는 표현이다.

Did you ever hear about ghosts or haunted houses close to the area where you live?

네가 살고 있는 지역 가까이에 유령이나 유령이 나오는 집에 대해서 얘기 들어봤어?

②

Have you heard about ~ ?

…에 대해 들어본 적이 있어?

역시 …에 대해 들어본 적이 있느냐고 물어보는 문장으로 현재완료를 쓴 점이 다를 뿐 위의 표현과 동일한 의미이다.

Have you heard about serious problems between the government and protestors in Hong Kong?

홍콩에서 홍콩 정부와 시위대들간의 심각한 문제에 대해 들어본 적이 있어?

③

Didn't you hear about ~ who~?

…한 ~(사람)에 대해 들어 보신 적 없나요?

「…한 ~에 대해 못 들어 보셨나요?」라는 의미로 about 뒤에 「사람」이 나오고 그 뒤에 who가 이끄는 관계대명사절이 따라와 수식해 주는 문장 구조. 「사람」 대신 「사물」, 「사건」을 말해주고 싶다면 관계대명사를 which로 바꿔 응용해 볼 수 있겠다.

Didn't you hear about the actors and pop singers who committed suicide because of personal problems?

개인적인 문제들로 해서 자살한 배우나 팝가수에 대해 들어본 적이 없어?

···을 들어봤어

I (have) heard that ~

1

I (have) heard that ~

···라고 들었어요, ···라던데요

that 이하에는 「주어+동사」가 오면 되고 희소식이나 나쁜 소식 등을 다양하게 넣어주면 된다. I (just) heard (that) S+V 또한 방금 '···라는 얘기를 들었어'라는 의미이다. 그리고 Did you hear that~?/Have you heard that~?은 '···을 들어본 적이 있냐?'고 물어보는 표현이다.

I have heard that we will have to wear masks in public every day for the next few years.

앞으로 몇 년간 매일 공공장소에서는 마스크를 써야할 거라던데요.

2

I('ve) never heard about[of, from]~

···에 관해 전혀 들어본 적이 없어

과거부터 지금까지 ···한 적이 없다라고 말하는 것으로 I have not[haven't]+pp 혹은 I have never+pp의 형태로 말한다. 걔를 결코 본 적이 없다는 I've never seen him in my life, ··· 할 기회가 정말 없었어라고 하려면 I haven't really had a chance to+동사~라고 하면 된다.

I've never heard about anyone succeeding in their career without working very hard.

열심히 일하지 않고 자신의 커리어에서 성공한 사람에 관해 전혀 들어본 적이 없어.

3

I('ve) never heard sb+V[~ing]

···가 ···하는 것을 들어본 적이 없어

이번에는 sb가 V나 ~ing를 하는 것을 들어본 적이 없다는 것을 말하는 것으로 위의 패턴을 응용한거라 생각하면 된다.

I've never heard my friends talking about their unhappiness or depression with their situation.

내 친구들이 자신들의 불행이나 자신들 상황에 대해 우울해하는 것을 들어본 적이 없어.

004

···을 해봤어?

Have you ever pp ~ ?

① Have you ever pp ~ ?

···해본 적 있어?

현재완료의 '경험 용법'을 이용한 것으로 「···해본 적 있니?」(Do you have any experience to+V?)란 뜻이며, 외국인과 얘기를 나눌 때 새로운 화제를 통해 썰렁한 대화를 풍부하게 만드는 시발점이 된다.

Have you ever been at a political rally and decided to support a candidate in an election?

정치적인 집회에 참석해서 선거에 출마한 한 후보를 지지하기로 결정해본 적이 있어?

② Have you ever been to+장소?

···에 가본 적 있니?

「Have you ever been to+장소명사?」는 「···에 가본 적 있니?」란 말로 상대방의 (여행)경험 등을 물을 때 유용하다.

Have you ever been to a doctor and felt like he misdiagnosed the medical problem you were having?

병원에 가서 의사가 너에게 있는 질병문제를 잘못 진단했을 것 같은 느낌이 들어본 적이 있어?

③ I have never been to ~

한번도 ···에 가본 적이 없다

「경험」을 나타내는 현재 완료를 이용한 표현으로 never가 들어가 「···에 가본 적이 없다」를 의미한다. 또한 have been in love처럼 추상명사가 와서 '···상태에 있어 본 적이 있다'라는 의미로도 쓰이기도 한다. 물론 "너 어디 갔다 오는거야?"라는 의미의 Where have you been?은 꼭 외워두도록 한다.

I have never been to a resort that charges thousands of dollars a night to stay in one of their rooms.

방들 중 하나에 하룻밤 머무는데 많은 돈을 지불해야 하는 휴양지에 가본 적이 없어.

…에 대해 알고 있어?

Do you know about ~ ?

1

Do you know about ~ ?

…에 대해 알고 있어?

어떤 사건이나 사람에 대해 알고 있냐고 물어보는 것으로 뭔가 화제가 된 것을 끌어내 대화를 시작하려는 표현이다.

Do you know about the studies that show eating a simple diet of rice and fish can extend your life?

단순하게 쌀과 생선식을 하는게 수명을 연장시켜준다고 하는 연구들에 관해 알고 있어?

2

Did you know about~ ?

…에 대해 알고 있었어?

이번에는 과거형으로 과거에 일어난 사건이나 사람에 대해 알고 있었는지 궁금해서 물어보는 문장이다.

Did you know about the price increases for houses that are making them too expensive for many people?

주택가격이 상승해서 많은 사람들이 살기에 너무 비싸졌다는 이야기 알고 있었어?

3

Did you know that S+V?

…에 대해 들었(봤)니?, …을 알고 있었어?

좀 길게 과거에 일어난 사건을 말하려면 Did you know that~ 다음에 S+V의 절을 이어 써 주면 된다.

Did you know that some people say that they have never fallen in love with anyone?

다른 사람과 사랑에 빠진 적이 결코 없다고 말하는 사람들에 대해 들어봤어?

1st DAY

006

Can you believe S+V?

❶ Can you believe S+V?

···가 믿겨져?

「도대체 넌 ···라는 사실을 믿을 수 있어?」라는 말로 상대의 생각을 물어보는 듯하지만 실은 자신의 놀라움을 표현하는데 더 비중을 둔 표현이다.

Can you believe Liverpool crushed the Manchester United by a score of five to zero?

리버풀이 맨체스터를 5대 0으로 묵사발냈다는 것이 믿겨져?

❷ You won't believe this, but S+V

이거 믿지 못할거야, 하지만···

뭔가 놀라운 소식을 전할 때 먼저 꺼내는 말로, 우리말로는 "이거 믿지 못할걸, 하지만~"정도로 생각하면 된다. 놀라운 소식과 한 문장으로 말하려면 You won't believe 의문사 S+V라고 해도 된다.

You won't believe this, but the prosecutor said that some of the soccer matches last year were fixed.

너 이거 믿지 못하겠지만 검사들이 말하기를, 작년 일부 축구경기가 조작되었다고 해.

❸ You're not gonna believe this, but S+V

이거 믿지 못하겠지만 ···야

위의 표현과 의미가 동일하지만 won't 대신에 are not going to[gonna]로 바꿔 썼을 뿐이다.

You're not gonna believe this, but scientists have discovered a way to cure the common cold.

믿기지 않겠지만 과학자들이 감기를 치료할 수 있는 방법을 발견했어.

007 Rumor has it (that) ~

1

Rumor has it (that) S+V
소문에 의하면 …래

뭔가 들은 소문을 시작으로 대화를 시작할 때 꼭 필요한 문장이다. that은 생략해도 된다.
There's a rumor~라고 쓰기도 한다.

Rumor has it that some actresses worked as high end prostitutes before they became famous.

소문에 의하면 일부 여배우들은 유명해지기 전에 고급창녀로 일을 했대.

2

I heard a rumor that S+V[about~]
…라는 소문을 들었어

역시 소문을 들었다고 얘기의 물꼬를 트는 방법으로 I heard a rumor about~ 혹은 I heard a rumor that S+V 형태로 쓰면 된다.

I heard a rumor that the president took money from people who work for foreign governments.

대통령이 외국 정부를 위해 일하는 사람들로부터 돈을 압수했다는 소문을 들었어.

3

I heard an interesting piece of gossip about~
…에 관한 흥미로운 소문을 들었어

이번에는 rumor 대신에 gossip를 썼으며 상대방의 호기심을 자극하기 위해 interesting이라는 형용사를 덧붙였다.

I heard an interesting piece of gossip about a well known singer who is thought to be gay.

난 게이라고 생각되는 잘 나가는 가수에 대한 흥미로운 소문을 들었어.

…을 뉴스에서 봤어

I saw in the news that~

① I saw in the news that S+V

뉴스에서 …을 봤어

외국인과 최근의 사회현황이나 사건 등을 소재로 대화를 하려면 먼저 이야기의 소스에 대한 언급이 있어야 자연스럽다. 신문이 아니라 TV에서 보았다고 말하는 것으로 I saw in the TV that~나 I heard from TV라고 해도 된다.

I saw in the news that China developed a car that can run on just power generated by the sun.

태양열에 발생된 동력에 의해서만 달릴 수 있는 자동차를 개발했다는 뉴스를 들었어.

② I read in the paper today that S+V

오늘 신문에서 …을 읽었어

동사는 read를 쓰면 되겠고, 어디에 담겨있는 내용을 읽었는지 밝혀 주어야 하니 전치사 in 을 사용한 in the newspaper를 read 뒤에 붙여준 다음, 본론이 되는 정보를 that절로 만들어 술술 말해주면 된다.

I read in the paper today that war began in an African nation after its leader died in a plane crash.

한 아프리카 국가에서 지도자가 비행기 추락사고로 사망하자 내전이 일어났다는 이야기를 신문에서 읽었어.

③ I just read an article about (sb who)~

…에 대한 기사를 읽었다

I just read an article about이라고 하면 「방금 …에 대한 기사를 읽었다」는 뜻. 여기서 read는 [red]로 발음되는 과거동사. who는 앞의 sb를 꾸며 주는 주격 관계대명사이므로 뒤에는 동사가 바로 따라 나온다. 응용해서 I read an article which said that~ 이라고 해도 된다.

I just read an article about a millionaire who gave all of his wealth to help orphaned kids.

난 방금 고아들을 돕기 위해 자기의 전 재산을 기부한 백만장자에 관한 기사를 읽었어.

I found ~ on the Internet

1

found ~ on the Internet
인터넷에서 …을 봤어

신문이나 뉴스나 인터넷 등 정보매체에서 접한 정보를 전달할 때 사용하는 구문들. 인터넷에서 접한 소식은 I found something on the internet이라고 하면 된다.

I found instructions on how to become a more popular and outgoing person on the Internet.

난 인터넷에서 어떻게 해야 더 유명해지고 활동적인 사람이 되는지에 대한 설명을 봤어.

2

do research on the Internet
인터넷을 검색해보다

인터넷에서 검색을 했다는 의미로 막연하게 surf the Internet이라고 해도 된다. 또한 구글을 검색하다는 google, 페이스북을 하다는 Facebook이라고 원래 단어를 동사로 써주면 된다.

The younger generation does not realize how much easier it is to do research on the Internet.

젊은 세대들은 인터넷 검색이 얼마나 더 쉬워졌는지를 모르고 있어.

3

search the Internet
인터넷을 둘러보다

앞서 말한 surf the Internet과 같은 의미로 인터넷을 둘러보다, 검색하다라는 의미이다. search 대신에 browse를 써도 된다.

If you want to understand how to do something, you can just search the Internet for that information.

뭔가 하고자 하는 방법을 알려면, 단지 인터넷에서 그 정보를 검색해보면 된다.

④ I visited A's blog and got to know~

…라는 블로그에 들어갔다가 …을 알게 됐어

블로그를 방문해서 …라는 정보를 알게 되었다라는 의미의 문장이다.

I visited a publicist's blog and got to know what it is like to work with people who are rich and famous.

난 한 홍보담당자의 블로그를 방문했다가 부유하고 유명한 사람들과 함께 일하는게 어떤 것인지를 알게 되었어.

⑤ I just read[or saw] ~ in the SNS that S+V

SNS에서 …라고 쓰여져 있는 것을 봤어.

트위터, 인스타그램 혹은 페이스북에서 사람들이 올려놓은 것을 봤다고 할 때 사용하면 좋은 표현이다.

I just read a posting in the SNS that people are avoiding traveling because they fear getting sick.

사람들이 병에 걸릴까봐 여행을 하지 않는다는 SNS 상에 올라온 한 글을 읽었어.

Check this out,~

①

Check this out, S+V

이것 좀 봐, …래

뭔가 보면서 상대방에게 함께 보자고 권유하며 상대방의 호기심을 자극하는 문장이다. 역시 check out은 …을 확인하다라는 동사구이다.

Check this out, **this website says that hackers are planning to disrupt the 2020 election.**

이것 좀 봐, 이 웹사이트에 의하면 해커들이 2020년 선거를 방해할 계획이래.

②

Get this, S+V

그러니까 이런 얘기야, 들어봐봐

역시 상대방의 호기심을 자극하는 표현으로 get의 다양한 표현에 익숙하지 않으면 낯설은 표현이 될 수도 있다.

Get this, **the virus has caused such bad conditions in some countries that hospitals are closing.**

들어봐봐, 바이러스가 어떤 나라에서는 엄청 안좋은 상황을 일으켜서 병원까지 폐쇄되었대.

③

You've got to hear this, S+V

이 얘기 좀 들어봐

상대방에게 this를 반드시 들어보라고 강조하는 표현이다. 의무의 표현을 써서 상대방의 호기심을 최대한으로 자극하는 방식이다.

You've got to hear this, **the unemployment rate is forecast to keep rising for the next six months.**

이 얘기 좀 들어봐, 향후 6개월 동안 실업률이 계속 상승할거라는 예측이 나왔어.

011

이런 말 해서 안됐지만…

I'm sorry to say it, but~

---

①

I'm sorry to say it, but~

이런 말 해서 안됐지만,

뭔가 상대방에게 안좋은 소식을 전할 때 쓰는 표현으로 그냥 I'm sorry to say that S+V라고 써도 된다.

I'm sorry to say it, but **there is no way to get into law school without spending a lot of time studying.**

이런 말해서 안됐지만, 많은 시간을 공부에 투자하지 않고서는 로스쿨에 들어갈 방법이 없어.

---

②

I regret to tell you ~

(유감스럽지만) …야

역시 상대방에게 뭔가 좋지 않은 일이 일어났고 이를 전달할 때 미안한 마음을 가득 담아 말을 시작할 때는 사용하는 표현이다.

I regret to tell you that **the vacation area is going to be closed for the whole summer this year.**

유감스럽지만 휴가지역은 금년 여름 내내 폐쇄될 예정입니다.

---

③

I'm sorry to trouble you, but S+V

귀찮게 해드려 죄송합니다만, …

상대방에게 무슨 부탁의 말을 해야 할 경우, 단도직입적으로 본론을 꺼내기에 앞서 공손하게 양해를 구하는 일이 무엇보다 중요하다. I'm sorry to trouble you, but~은 바로 이러한 상황에서 사용할 수 있는 유효적절한 표현이다.

I'm sorry to trouble you, but **I need some money and no one else will lend it to me.**

귀찮게 해서 미안하지만, 난 돈이 좀 필요한데 아무도 내게 빌려주려고 하지 않아.

||||||||||||||||||

1st DAY ···을 말했었나?

012 Did I tell you ~?

||||||||||||||||||

1

Did I tell you S+V?
내가 ···을 말했나?

단순히 자기가 S+V라는 얘기를 상대방에게 과거에 말을 했었는지 확인하는 표현이다.

Did I tell you the Chinese New Year is the busiest time for me and my family members?

구정은 나와 내가족이 가장 바쁜 때라고 네게 말했었나?

2

Didn't I tell you S+V?
내가 ···라고 말하지 않았어?

단순히 S+V를 말했는지 여부를 확인할 수도 있지만 주로 "내 말이 맞잖아"라는 뉘앙스를 풍기며 생색낼 때 사용한다.

Didn't I tell you YouTube videos have become more popular than television for many young people?

젊은 세대들은 텔레비전보다 유튜브 동영상들을 더 좋아한다고 내가 말하지 않았어?

3

What did I tell you (about~)?
(···에 대해) 내가 뭐라고 했어?

"내가 뭐라고 했나?"라는 의미로 자기가 예견했던 일이 일어났을 때 '거봐, 내가 뭐라고 했어?'라는 뜻의 질책성 표현이다. What did I tell you about~?이라고 쓰기도 한다.

What did I tell you about dating people who are much older than you are? It never works.

너보다 나이가 훨씬 많은 사람들과 데이트하는거에 대해 내가 뭐라고 했어? 절대 안된다고.

1st DAY

013

…라는 얘기가 있어

There is talk of~

1

There is talk of ~

…한다는 얘기가 있어

좀 생소할 수도 있으나, 대화의 깊이를 더할 수도록 마주치게 되는 표현이다. 주의할 것은 talk 앞에 'a'가 없다는 것과 of~ 다음에는 명사나 동사의 ~ing가 온다는 점이다.

There is talk of replacing the team's head coach as a result of the poor showing.

그 팀이 저조한 실적때문에 수석코치를 교체한다는 얘기가 있어.

2

It says (here) ~

…라고 되어[쓰여] 있어

say에는 여러가지 뜻이 있겠지만 그 중의 하나가 「(신문, 편지, 간판 따위가) …이라고 쓰여 있다」의 의미이다. It은 상황에 따라 다양하게 바꿀 수 있다. 예를 들면, The Bible says~ 「성경에 보면…」, The book says~ 「그 책에는 …이라고 나와 있다」라고 할 수 있다.

It said that lead fragments were inserted into the crab to increase the weight. Is this true?

게의 무게를 늘리기 위해 게 안에 납조각을 넣었다고 되어 있는데, 이게 사실야?

3

I heard it through the grapevine (that S+V)

…라는 얘기를 들었어.

hear it through the grapevine은 '소문으로 들었다'는 의미로 A little bird told me, get wind of와 같은 맥락의 표현.

Heard through the grapevine you were back in New York.

네가 뉴욕으로 돌아왔다는 소문을 들었어.

I've heard through the grapevine that he is so chatty.

걔가 정말 수다장이라는 걸 소문으로 들었어.

014 누가 …라고 했어
Somebody told me ~

Somebody told me ~
누가 …라고 말했어

뭔가 다른 사람들로부터 들은 얘기를 할 때 하지만 그 소스를 밝히고 싶지 않을 때 필요한 표현. 주어를 Somebody라 쓴 점에 유의한다.

Somebody told me the best way to get rid of a cold was to wash my feet and go to bed early.
누가 그러는데, 감기를 이기는 가장 좋은 방법은 발을 씻고 일찍 잠에 드는거래.

I was told that[to+V]~
…라고 들었어, …라던데

「tell+간·목(me)+진·목(that S+V)」의 5형식 문장이 수동태로 바뀌고, by 이하의 진주어가 생략되었다. 이처럼 진주어를 밝히지 않는 이유는 누가 말했는지 알리고 싶지 않거나 그럴 필요가 없기 때문. 따라서 누군가에게서 「…라고 들었어」 또는 「…라고 하던데」라는 뜻이 된다.

I was told that the secret to making new friends is to be kind and listen to the problems of others.
새로운 친구를 사귀는 비결은 사람들에게 친절하게 대하고 다른 사람들의 문제들에 귀를 기울이는거라고 하던데.

I overheard somebody speaking about ~
…가 ~에 대해서 얘기하는 걸 우연히 들었어

overhear는 지나가다가 아주 우연히 듣게 되는 것을 의미한다. 이 표현은 「주어+지각동사+목적어+~ing」(…이 ~하고 있는 것을 …하다) 형태의 5형식 구문. 여기서 somebody는 about 이하를 얘기하고 있던 불특정한 어떤 사람이며, speaking은 얘기가 진행중이었다는 것을 나타낸다.

I overheard somebody speaking about the possibility of a strike.
어떤 사람이 파업 가능성에 대해 얘기하는 걸 우연히 들었어.

이런말 하기 정말 싫지만,

015   I hate to say this, but~

1

I hate to say this, but~
이런 말하기 정말 싫지만…

뭔가 상대방의 신경을 거슬리게 하거나 아주 안좋은 얘기를 꺼낼 때 사용하는 것으로 hate to+V가 쓰인 점에 주목한다.

I hate to say this, but I think that talking about politics mostly makes people angry.

이런 말하기 정말 싫지만, 내 생각에 정치에 관해 이야기하는 것은 가장 사람들을 짜증나게 하는거야.

2

I hate to tell you, but~
너한테 이런 말하기 정말 싫지만…

앞의 표현과 마찬가지로 hate to+V를 썼지만 동사자리에 say 대신에 tell sb의 형태를 썼을 뿐이다.

I hate to tell you, but appearances are important, and that's why some people get plastic surgery.

너한테 이런 말하기 싫지만, 외모가 중요하거든, 그래서 일부 사람들은 성형수술을 받는거야.

3

I hesitate to say this, but~
이런 말하기 좀 뭐하지만…

hate to~(…하기 싫다) 대신에 …하기가 머뭇거려진다라는 의미의 hesitate to+V를 쓴 점이 다를 뿐이다.

I hesitate to say this, but it is almost impossible for most people to become rich and famous.

이런 말하기 좀 뭐하지만, 모든 사람들이 부자가 되고 유명해지는 것은 거의 불가능한 일이야.

I'm sorry, but I have to say~

1

I'm sorry, but I have to say~
미안하지만 …라고 해야겠어

상대방의 요청을 정중히 거절할 때 혹은 상대방에게 뭔가 금지할 때 등 상대방에게 미안한 이야기를 할 때 먼저 꺼내는 표현이다. 전반적으로 미안한 행동이나 부정적인 말을 할 때 I'm sorry, but~이라고 시작하면 된다.

I'm sorry, but I have to say that I don't believe UFOs or space aliens exist.
미안하지만, UFO나 외계인의 존재를 믿지 않는다고 해야겠어.

2

I'm sorry to have to tell you this, but~
이런 말을 해야 돼서 미안하지만…

마찬가지로 상대방에 안좋은 일을 전달할 때 먼저 서두에 꺼내는 표현이다.

I'm sorry to have to tell you this, but you can't trust others, you must rely on yourself.
이런 말을 해야 돼서 미안하지만, 넌 다른 사람들을 믿으면 안돼, 넌 너 자신에 의존해야 돼.

3

I don't know how to tell you this, but~
어떻게 이 말을 네게 해야 될지 모르겠지만…

같은 맥락의 표현이지만 이번에는 I don't know how to~라는 표현을 써서 자신도 어쩔 수 없음을 자신도 황망함을 전달하는 문장이다.

I don't know how to tell you this, but the nation's economy may be bad for the next year or so.
어떻게 이 말을 너에게 해야 될지 모르겠지만, 그 나라의 경제는 내년 정도까지는 나쁜 상태일거야.

이런말 해야 될지 모르겠지만,

Perhaps I shouldn't tell you this, but~

1

Perhaps I shouldn't tell you this, but~
이런 말을 하지 않는게 좋을지 모르겠지만…

상대방에게 안좋은 소식을 전할 때 시작하는 표현법이다. 부정법을 써서 자신이 전하는 말을 아주 조심스럽게 하는 것이다.

Perhaps I shouldn't tell you this, but I think your ex-boyfriend has hacked your e-mail account.
이런 말을 하지 않는게 좋을지 모르겠지만, 네 예전 남친이 네 이메일 계정을 해킹한 것 같아.

2

I don't know whether I should ask you this, but~
이걸 말해야 할지 잘모르겠지만…

뭔가 상대방에게 어려운 부탁이나 말을 시작할 때 먼저 꺼내면 좋은 표현법. tell이나 say가 아니라 ask가 쓰인 점에 주목한다.

I don't know whether I should ask you this, but do you respect people that work blue collar jobs?
이걸 말해야 할지 잘 모르겠지만, 단순 노동자 계층의 사람들을 존중해?

3

I don't mean to hurt your feelings, but~
네 기분을 상하게 하려는 것은 아니지만…

이번에는 상대방의 기분을 상하게 할 수도 있는 뭔가 아주 안좋은 얘기를 시작할 때 사용하면 좋은 표현법이다.

I don't mean to hurt your feelings, but people have said that you have a very bad body odor.
네 기분을 상하게 하려는 것은 아니지만, 사람들이 그러는데, 네 몸에서 암내가 심하게 난다고 그랬어.

좋은 소식은 아니지만,…

I'm afraid it isn't very good news, but~

❶

I'm afraid it isn't very good news, but~
좋은 소식은 아니지만…

좋지 않은 소식이나 바람직하지 않은 사건에 대해서 「염려」하는 마음을 담고 싶을 경우 「두려워하는」, 「걱정하는」이라는 뜻의 afraid를 이용한 I'm afraid (that) ～구문을 쓰게 된다.

I'm afraid it isn't very good news, but **I think it is important that you hear bad news honestly.**

좋은 소식은 아니지만, 네가 나쁜 소식도 있는 그대로 듣는게 중요하다고 생각해서.

❷

I find it hard to say what I feel, but~
내 생각을 말하기가 어렵지만…

조심스럽게 자기 생각을 말하는 표현법으로 what I feel은 나의 감정이나 나의 느낌, 생각 등을 말한다.

I find it very hard to say what I feel, but **I must tell my wife that I'm in love with someone else.**

내 생각을 말하기가 어렵지만, 아내에게 내가 다른 사람을 사랑하고 있다고 말해야겠어.

❸

It's very difficult to say, but~
말하기 어렵지만…

잘 알려진 It's difficult to+V의 형태에서 동사자리에 say를 넣은 경우이다. 역시 말하기 힘들고 곤란할 때 사용하면 된다.

It's very difficult to say, but **I feel that by next spring, there may be a vaccine for the virus.**

무척 말하기 어렵지만, 오는 봄까지는 바이러스에 대한 백신이 나올 것 같아.

1st DAY

내가 틀릴 수도 있지만…

019 I could be wrong, but~

1

I could be wrong, but~

내가 틀릴 수도 있지만…

확실하지 않거나 혹은 자신없는 이야기를 할 때 먼저 앞에서 꺼내는 표현이다. 우리말로는 "내가 틀릴 수도 있지만…"이라는 의미이다.

I could be wrong, but I think that Internet celebrities will have very short careers.
내가 틀릴 수도 있지만 인터넷 셀렙들의 수명은 무척 짧을 것 같아.

2

I could be mistaken, but~

내가 잘못 알고 있을지도 모르지만…

be mistaken하면 앞의 주어가 잘못 생각했다라는 뜻으로 역시 앞의 표현과 같은 맥락의 문장이다. 참고로 If I'm not mistaken라고 해도 된다. 의미는 "내가 틀리지 않는다면"이다.

I could be mistaken, but it seems that people should wait until they are in their 30s to get married.
내가 잘못 알고 있을지도 모르지만, 사람들은 결혼하려면 30대가 되기까지 기다려야 될 것 같아.

3

Correct me if I'm wrong, but~

내가 틀릴지도 모르지만…

역시 앞의 표현들과 마찬가지로 조심스럽게 말하는 표현이지만 문맥에 따라서는 당당하게 내가 but~ 이하를 하지 않았느냐고 어필하는 문장으로 사용되기도 한다. 참고로 If I remember correctly,는 "내 기억이 정확하다면,"이라는 뜻.

Correct me if I'm wrong, but wasn't your role model Brad Pitt when you were growing up?
내가 틀릴지도 모르지만, 네가 성장할 때 네 롤모델은 브래드 피트 아니었어?

앞서 내가 말했듯이,

As I said earlier,

1

As I said earlier,
앞서 얘기했듯이,

어떤 이슈에 대해 서로 대화를 나누다가, 앞서 자기가 한 얘기를 다시 반복하거나 근거로 삼을 때 "앞서 얘기했듯이"라고 하는 표현이다.

As I said earlier, everyone should obey the law, whether they are rich or poor.

앞서 얘기했듯이, 부유하든 가난하든 모든 사람은 법을 따라야 돼.

2

As I mentioned before,
전에 말했듯이,

역시 전에 말했듯이라는 뜻. earlier보다 before는 더 넓은 과거 영역을 커버한다. 아니면 확실한 시간표시를 해서 As I mentioned yesterday,라고 할 수도 있다. mentioned는 said 로 바꿔 쓸 수도 있다.

As I mentioned before, it is impossible to know what is going to happen in the future.

전에 말했듯이, 미래에 무슨 일이 일어날지 아는 것은 불가능해.

3

As I was saying,
내가 말했듯이,

'내가 말했듯이'라는 의미로 like I was saying이라고 말할 수도 있다. 반대로 as you say 는 '당신 말대로 하겠다' 혹은 '네말처럼'이란 뜻으로 쓰이는데 이때 역시 like you say라고 해도 된다.

As I was saying, if you donate to a charity, you will be helping to improve the world.

내가 말했듯이, 네가 자선단체에 기부를 하면, 넌 세상을 더 좋게 만드는데 일조하게 되는거야.

1st DAY

알다시피,

021 As you know,

1

As you know,
알다시피,

as you know는 '알다시피'라는 의미. 흔히 문장 중간중간의 you know는 '말야'라는 뜻. 말하던 중 적절한 말이 떠오르지가 않아 설명하기 곤란할 때 하지만 상대방은 내가 무슨 말을 하는지 알 수 있을거라는 전제하에 하는 말로 '무슨 말인지 알지?,' '말안해도 알지?'라는 말이다.

As you know, the best thing about working for a corporation is that the pay and fringe benefits are good.
알다시피, 대기업에서 일하는 최선의 조건은 연봉과 후생복지가 좋다는거야.

2

As you may know,
혹시 알지 모르겠지만,

앞의 표현에서 know 앞에 추측의 may가 붙은 경우. 상대방이 자신이 말하려는 내용을 알 수도 있고 모를 수도 있을 때 사용한다.

As you may know, you chose skydiving as an activity, but I am very afraid of jumping from airplanes.
혹시 알지 모르겠지만, 넌 취미활동으로 스카이다이빙을 선택했지만 난 비행기에서 뛰어 내리는게 무척 무서워.

3

You may be aware of the fact that~
…라는 사실을 알고 있을 수도 있어

that 이하의 사실을 상대방이 알고 있을지도 모른다는 의미. be aware of~는 know로 생각하면 된다.

You may be aware of the fact that I ride a motorcycle, but you shouldn't worry about me being in an accident.
내가 오토바이를 탄다는 사실을 알고 있을지 모르겠지만, 내가 사고날거라는 걱정은 하지마.

You got a second?

You got a second?

시간 돼?

상대방에게 뭔가 얘기를 하고 싶을 때 단도직입적으로 본론부터 얘기하기보다는 먼저 시간이 되냐고 상대방의 상황을 체크하는 문장이다. 줄여서 Got a sec?이라고 해도 된다.

You got a second? We need to talk about some rumors I've heard about you.

시간있어? 너에 관해 들은 소문들에 대해 얘기 좀 해야 돼서.

Can I say something about~ ?

…얘기 좀 해도 될까?

상대방과 나누고 싶은 내용에 대해서 좀 얘기해도 되냐고 조심스럽게 접근할 때 사용하는 문장이다. 단순히 Can I just say~ ?라고 해도 된다.

Can I say something about the things that people are expecting from the new president?

사람들이 신임 대통령에게 갖는 기대들에 대해 얘기 좀 해도 될까?

Can I say a few words about~ ?

잠깐 …얘기 좀 해도 돼?

이번에는 같은 패턴이지만 something 대신에 a few words라는 표현을 써서 잠시, 조금만 얘기해도 되냐고 사정하는 느낌이 드는 문장이다.

Can I say a few words about the expectations that all parents have for their children?

모든 부모가 자신의 아이들에게 갖는 기대들에 대해 잠깐 얘기할 수 있을까?

…관해 말 좀 할게

I'd very much like to say~

1

I'd very much like to say~

…라고 무척 말하고 싶어

뭔가 말하고 싶다고 말하기 시작하기에 앞서 하는 표현. would like to~의 강조는 would very much like to~이다.

I'd very much like to say something to the trolls who keep posting on my blog.

난 내 블로그에 계속 글을 올리는 인터넷 악플러들에게 뭔가 좀 얘기하고 싶어.

2

I'd just like to say a few words as to~

…에 관해 몇 마디만 하고 싶어

as to~는 about으로 생각하면 된다. 그러면 …에 관해 몇마디를 하고 싶다고 점잖게 대화를 요청할 수 있다.

I'd just like to say a few words as to what will be happening during the tour of Paris.

파리를 둘러보는 동안 무슨 일이 일어날지에 관해 몇 마디만 하고 싶어.

3

Run it by me again

다시 말해봐

run sth by sb는 「~한테 …에 대한 의견을 물어보거나, 허락을 구하기 위해 (…에 대해) 말하다[설명하다]」라는 뜻. run that contract by a lawyer라고 하면 「그 계약건에 대해 변호사에게 상담하라」, 또한 상대방이 한 말을 잘 이해하지 못했을 때 「다시 한 번 설명해줘」라는 뜻으로 run that by me again이라고 말하기도 한다.

Run it by me again, because there were too many details for me to understand everything.

다시 한번 말해봐, 내가 모든 것을 이해하기 위해서는 세부사항이 너무 많았기 때문에.

❶

To be honest,
솔직히 말해서,

「솔직히 말해서」라는 표현에는 to be honest (with you) 또는 to be frank (with you) 등이 있다. 물론 honestly[frankly] speaking도 훌륭하다. quite, totally, completely 등을 형용사 앞에 끼워넣으면 보다 의미가 강조된다.

Yeah, to be honest, I don't see much difference.
그래, 솔직히 말하면 별로 차이를 느끼지 못하겠어.

Stop talking like that. You have to be honest with me.
그런 말마. 너 내게 솔직히 말해.

❷

To tell you the truth,
솔직히 말해서,

To tell you truth 역시 "솔직히 말해서," "사실대로 말하면"이라는 표현이다.

To tell you the truth, everyone is confused and no one is sure what to do.
솔직히 말해서, 다들 혼란스러워하고 누구도 무엇을 해야할지 확신하지 못하고 있어.

❸

level with
…에게 솔직히 털어놓다

동사 level을 활용한 이 구문은 보통 level with sb의 형태로 쓰여 speak truly and honestly with(…에게 거짓없이, 솔직하게 다 털어놓다)라는 의미를 나타낸다. 결국 이러저러한 주변 얘기는 다 집어치우고 진실(truth)을 털어놓겠다는 말이다.

If you are friends with a dishonest person, you can never be sure if he will level with you.
정직하지 못한 사람과 친구라면, 넌 그가 너에게 솔직해질 것인지 절대 확신하지 못할거야.

025

사실은,

As a matter of fact,

As a matter of fact,

사실은,

자기가 말한 내용과 좀 다른 이야기나 놀라운 이야기를 꺼내거나 혹은 상대방이 예상하는 것과 반대되는 이야기를 꺼낼 때 사용한다.

As a matter of fact, I work at a job that I hate because I need money to pay my day to day bills.

사실은, 매일 날라오는 청구서들 낼 돈이 필요해서 내가 싫어하는 일을 하고 있어.

In fact,

사실은,

In fact 역시 사실은, 실은 이라는 의미로 as a matter of fact나 Actually와 같은 맥락의 표현이다.

In fact, some people never leave their parent's houses because they are afraid to go out in public.

사실, 일부 사람들은 밖에 나가는 것이 두려워서 부모님 집에서 절대로 나가지 않아.

Actually,

실은,

실제로 정말 많이 쓰이는 표현으로 사실은, 실은 등의 의미로 이전과 좀 다른 사실을 얘기할 때 이용된다.

Actually, to learn the truth, you need to read a variety of articles and compare the details in them.

실은, 사실을 알기 위해서는, 넌 다양한 기사들을 읽고 그 기사들의 세부사항을 비교해봐야 돼.

DAY 2

의견묻기

DAY
· 말꺼내기 ·

DAY
· 의견묻기 ·

DAY
· 의사소통 ·

DAY
· 의견말하기 ·

DAY
· 알거나 모르거나 ·

DAY
· 찬성과 반대 ·

DAY
· 희망과 감정 ·

DAY
· 이유 ·

DAY
· 시간과 방법 ·

10
DAY
· 비교, 가정 및 연결어 ·

+
Real-life
Conversations 37

What do you think about~ ?

❶ What do you think about~?

…에 대해 어떻게 생각하니?

상대방의 의견을 물어볼 때 쓰는 가장 전형적인 표현중의 하나. What do you think 다음에 전치사 about을 쓰고 그 아래 물어보는 내용은 명사 혹은 ~ing형태를 갖다 붙이면 된다.

What do you think about leaving the keys to the office in the lobby with the security guard?

경비원이 있는 로비의 사무실에 열쇠를 맡겨두는 건 어때?

❷ What do you think of+N[~ing]?

…을 어떻게 생각해?

이번에는 전치사 of가 쓰인 경우. 먼저 물어보고 싶은 내용을 먼저 말하고 나서 (앞에 말한 내용을) 어떻게 생각해?라는 의미로 What do you think? 혹은 What do you think of that? 이라고 하거나 아니면 of 다음에 명사나 동사의 ~ing를 붙이면 된다.

What do you think of students taking all of their classes on a computer in their home?

집에 있는 컴퓨터로 모든 수업을 듣는 학생들에 대해 어떻게 생각해?

❸ What do you think of sb ~ing?

…가 …하는거에 대해 어떻게 생각해?, …가 …하면 어떨까?

이번에는 sb가 ~ing를 하는거에 대해서 상대방이 어떻게 생각하냐고 의견을 물어보는 문장이다.

What do you think of neighbors making noise all night so that you can't sleep at all?

넌 네가 밤새 한 숨도 못자도록 밤새 소란을 피우는 이웃들에 대해 어떻게 생각해?

어떻게 ~한다고 생각해?

002 What do you think ~?

1

What do you think S+V~?

···가 어떻게 ···한다고 생각해?

What do you think you're doing?(도대체 이게 무슨 짓야?), What do you think you're talking to?(날 바보로 아는거야?)와 같은 문장일 뿐만 아니라, What do you think she looks like?(걔 외모가 어떤 것 같아?)라는 문장도 만들어낸다.

What do you think tourists choose to see when they visit a large city like Seoul?

서울 같은 대도시를 방문했을 때 여행객들은 무엇을 선택해서 봐야 된다고 생각해?

2

What do you think we should+V?

우리가 어떻게 ···해야 한다고 생각해?

다소 긴 패턴이지만 역으로 말해서 잘 기억해두면 조금만 덧붙여서 다양한 문장을 만들어낼 수 있다. V~이하를 하기 위해서 우리가 어떻게 해야 하는지 상대방의 생각을 물어보는 문장이다.

What do you think we should tell our friends about why we chose to break up?

우리 친구들에게 우리가 왜 헤어지기로 했는지에 대해 뭐라고 말해야 한다고 생각해?

3

How do you think S+V~ ?

어떻게 ···했다고 생각하니?

먼저 How do you think?는 틀린 표현이다. 해석은 너는 사고를 어떻게 하냐고 물어보는 꼴이니 말이다. 하지만 How do you think I felt?는 내 기분이 어떨거라고 생각하니?라고 물어보는 것으로 do you think와 how I felt가 합쳐진 문장이다.

How do you think people choose to date someone when using apps on social media?

어떻게 사람들은 어플이나 소셜미디어를 이용해서 사람을 만날 수 있는거야?

What's the best way to~ ?

① What's the best way to+V~ ?

…하는데 가장 좋은 방법이 뭐야?

to 이하를 하는데 가장 좋은 방법이 뭐냐고 상대방의 의견을 구하는 문장이다.

What's the best way to lead a life that seems comfortable and happy, other than becoming rich?

부자가 되는건 차치하고 마음 편하고 행복한 삶을 사는 가장 좋은 방법이 뭐야?

② What do you think is the best way to+V~?

…하는 가장 좋은 방법이 뭐라고 생각하니?

do you think를 삽입해서 좀 더 노골적으로 가장 좋은 방법이 무엇인지 상대방에게 물어보는 표현이다. 이에 대한 대답으로는 I think the best way to+V~ is to+V라고 하면 된다.

What do you think is the best way to resolve a personal problem with a co-worker?

동료 직원과의 개인적인 문제를 푸는 가장 좋은 방법은 뭐라고 생각해?

③ The best way to+V is to~

…하는 가장 좋은 방법은 …하는거야

to가 두 번 들어간다고 어색하면 안된다. The best way to+V까지가 주어부이고 is to+V가 동사부이다.

The best way to live longer is to avoid fried foods and sugar in your everyday diet.

장수하는 최선의 방법은 일상 식단에서 튀김류와 설탕을 피하는거야.

…에 대해 어떻게 생각해?

What's your opinion on ~?

1

What's your opinion on ~?

…에 대한 너의 의견은 어때?

on 이하의 일에 대한 상대방의 의견을 가장 직설적으로 물어보는 형태이다.

What's your opinion on people who report seeing ghosts or spirits in their houses?

자신들의 집에서 유령들이나 영혼들을 봤다고 신고하는 사람들에 대해 넌 어떻게 생각해?

2

What's your take on~ ?

…을 어떻게 생각해?

take가 명사로 쓰인 것으로 '…에 대한 …의 의견'이란 뜻으로, What's your take on~?하게 되면 '…에 대해 어떻게 생각하냐?'고 물어보는 문장이 된다.

What's your take on the possibility that humans will be able to be cloned some day?

미래 언젠가는 사람들도 복제될 수 있을 거라는 가능성에 대해 넌 어떻게 생각해?

3

Where do you stand on~ ?

…에 대한 너의 의견은 뭐야?

where sb stands on~하면 on 이하에 대한 'sb의 의견'을 뜻한다. 참고로 know where you stand (with sb)는 you가 (…에 대해) '어떤 기분인지 상태를 이해하다'라는 의미.

Where do you stand on legalizing abortions for any woman above the age of eighteen?

18세 이상의 여성에게는 모두 다 낙태를 합법화하는 것에 대해 너는 어떻게 생각해?

Do you think ~?
…인 것 같아?

Do you think 주어+동사?로 상대방이 어떤 생각을 갖고 있는지, 어떻게 생각하고 있는지 등을 물어보면 된다. 간단히 "그렇게 생각하지 않아?"라고 의견을 물어볼 때는 Do you think so?라 하면 된다.

Do you think I could marry a Christian even though I don't have Christian religious beliefs?

내가 기독교적 믿음이 없음에도 기독교도인과 결혼할 수 있을거라 생각해?

You really think S+V?
정말 …라고 생각해?

상대방의 말에 약간은 놀라면서 정말 …라고 생각하느냐고 반문하는 것으로 앞에 Do을 넣어서 말해도 된다.

You really think secret agencies control what happens at levels in governments?

넌 정말 비밀기관들이 정부의 각 단계별로 무슨 일이 일어나는지 통제하고 있다고 생각해?

Don't you think S+V?
…한 것 같지 않아?

부정으로 물어보는 것으로 말투에서도 느껴지듯이 자기 생각을 강조해서 전달하거나 혹은 억양에 따라 질책과 책망의 뉘앙스까지도 줄 수 있는 표현이다.

Don't you think it's a bad idea to treat animals poorly, even if they are just being used for food?

비록 식용으로 이용된다고 할지라도, 동물들을 학대하는 것은 나쁜 생각같지 않아?

❶ Do you know of any other ~?

또 다른 …을 알고 있어?

상대방에게 지금까지 얘기 나눴던 것 외에 「또 다른 …를 알고 있냐」고 물을 때 쓸 수 있는 표현으로 any other 다음에 복수명사만 붙여 말해 주면 된다.

Do you know of any other websites on the Internet which have interesting content?

흥미로운 내용이 있는 인터넷 상의 다른 사이트를 알고 있어?

❷ Do you know of anyone who ~?

…한 사람을 알고 있어?, 아는 사람 중에 …하는 사람 있어?

anyone 담에 who가 이끄는 관계사절을 써서 「아는 사람 중에 …한 사람 있나요?」라는 의미의 표현. 조금 응용해 본다면 anyone who ~ 대신에 anyplace where ~, anything which ~를 넣어 「…하는 곳을 알고 있나요?」, 「…인 것을 알고 있나요?」라는 표현도 만들 수 있다.

Do you know of anyone who can dress fashionably without spending a lot of money?

돈은 많이 들이지 않고 유행하는 패션처럼 옷을 입을 수 있는 사람을 알고 있어?

❸ Do you know anything about ~?

…에 대해 아는거 있어?

어떤 대상에 대한 정보를 얻기 위해 「…에 대해 뭐 아는거라도 있나요?」하고 물을 때 쓰는 표현이다. 한 가지 주의해야 할 것은 「무언가」, 「어떤 것」이라는 뜻으로 something이 아니라 anything을 쓴다는 점이다.

Do you know anything about the requirements to register for voting in the next election?

다음 선거에서 선거등록하기 위해 필요절차들에 대해 아는 것 있어?

…가 사실이야?

Is it true that ~?

1

Is it true that S+V?

…라는 게 사실이야?

It is true that ~(…은 사실이다)을 의문문 형태로 만든 것인데 자신이 들은 내용이 놀랍게도 약간은 뜻밖이어서 사실성 여부를 재확인하고자 할 때 사용하는 표현. 놀랍게 한 내용을 that 이하에 '주어 + 동사'의 형태로 넣어주면 된다.

Is it true that medicine can help improve the moods of people who feel sad or depressed?

의약품이 슬프고 우울한 사람들의 분위기를 좋게 하는데 도움을 줄 수 있다는게 사실이야?

2

But isn't it true~?

하지만 …가 사실아냐?

역시 상대방으로부터 약간 의외의 말을 듣고서 확인할 때 쓰는 표현. 부정의문문으로 해서 앞의 의문문보다 강조하는 역할을 한다.

But isn't it true that older people who own a pet live longer than people with no pets?

하지만 애완동물없이 사는 노인보다 애완동물을 기르는 노인이 더 장수한다는게 사실아냐?

3

Is it really true what they're saying about ~?

…에 대한 얘기가 정말 사실일까?

사실 여부를 확인한다는 점에서는 같은 맥락이나 what they're saying about~이 들어간 점이 다르다. 이는 "…에 대해서 사람들이 하는 말," 즉 …대한 얘기가 정말일까?라고 물어보는 문장이 된다.

Is it really true what they're saying about the changes to the rules about wearing masks while in public?

공공장소에서 마스크를 써야 되는 규칙변화에 대한 얘기가 정말 사실일까?

2nd DAY

...인기가 어떻게 돼?

008 How popular is + S ~?

① How popular is + S ~?

...의 인기가 어느 정도니?

「인기가 있다」라는 말은 be popular. 주어가 인기를 구가하고 있는 「대상」, 「범위」를 밝히고 싶은 경우에는 with나 among, in 등의 전치사를 이용한다. with나 among의 뒤에는 「사람」을, in 다음에는 「장소」를 쓴다. 물론, with와 in을 함께 써서 사람과 장소를 동시에 나타낼 수도 있다.

How popular is making a New Year's resolution to improve yourself in the country where you are from?
네가 온 나라에서는 자신을 발전시키기 위한 새해결심을 얼마나 많이들 해?

② Is it popular ~?

...가 인기가 있어?

주어인 "it"이 인기가 있는지 여부를 물어보는 문장으로 대화하는 주제에 관련된 정보를 얻는 데 긴요하게 쓰일 수 있다.

Is it popular to go to a room to play computer games like World of Warcraft with your friends?
친구들과 월드오브워크래프트 같은 게임을 하기 위해 PC방에 많이들 가?

③ be known for~

...로 유명하다

우리는 ...로 유명해는 We are known for~, ...로 유명해?는 Are you known for~?라고 하면 된다. for 다음에는 명사나 동사의 ~ing를 쓰면 된다. be famous for 역시 ...으로 유명하다는 표현이다.

Some big cities are known for their wealth, and they are also known for their high crime rate.
일부 대도시는 부유한 것으로 잘 알려져 있지만 또한 범죄율이 높은 것으로도 유명해.

Are you a big fan of~ ?

1

Are you a big fan of~ ?

…을 아주 좋아해?

be a fan of~는 …을 좋아한다는 의미로 of 다음에는 좋아하는 사물이나 사람이 올 수 있다. 강조하려면 fan 앞에 real 혹은 big을 넣어주면 된다.

Are you a big fan of sports like basketball and football, or do you prefer art and music?

농구나 미식축구 같은 스포츠의 팬이야 아니면 미술이나 음악을 더 좋아해?

2

have a reputation for~

…으로 유명하다

「…라는 명성을 가지고 있다」. 즉, 「…로 유명하다」로, be well thought of도 같은 맥락으로 쓰인다. for 뒤에는 유명하도록 기여한 행위를 가리키는 명사 또는 명사 상당어구(대명사, 동명사 등)가 따라온다.

Some guys have a reputation for seducing women and then moving on to new partners.

일부 남자들은 여성을 유혹하고 나서는 다른 새로운 여성을 유혹하는 것으로 유명해.

3

get publicity

유명해지다, 이름이 널리 알려지다

publicity는 「널리 알려짐」이란 의미로 만능동사 get과 어울려서 일반 대중들의 관심이나 주목(public notice)을 끌게 된다는 의미를 나타낸다.

Nowadays even politicians appear on daytime talk shows because it gets them great publicity.

요즘엔 심지어 정치인들도 낮 시간에 하는 토크쇼에 나오는데 그렇게 하면 자기 자신을 널리 알릴 수 있기 때문이다.

2nd DAY

(계획 · 해답 따위를) 제안하다

010 come up with~

①

come up with
제안하다

plan, idea 등을 목적어로 받아서 「(그 계획이나 아이디어를) 생각해서 내놓다」(=think of it and suggest it)란 뜻을 만든다. 뒤에 돈(a sum of money)이 나오면 「(…만큼의 필요한 자금을) 조달하다」, 혹은 「…을 따라잡다」(reach sb who is ahead)란 말로 keep up with와 같은 의미로도 사용된다.

When I do come up with a really good idea, my boss usually ignores it at first, but when he realizes that it has potential he tells people that it was his idea.

내가 좋은 아이디어를 내면, 사장은 보통 처음에는 무시하다가, 가능성이 있다고 생각할 때는 사람들에게 그게 자신의 아이디어였다고 말해.

②

put forward a proposal
제안을 하다

proposal은 a plan이나 suggestion을 말하기는 하지만 다소 formal한 단어이다. put forward는 토의하고 결정하기 위해서 의견이나 제안을 내놓는 것을 말한다.

When no one puts forward a proposal, it is impossible to move forward with projects.

아무도 제안을 하지 않으면 프로젝트 건들을 앞으로 진척시킬 수가 없어.

I suggest you+V

❶ I suggest you+V

…해봐

'제안하다'란 말의 가장 정확한 단어이다. 또한 suggest의 명사형을 활용한 make a suggestion도 동일한 의미이다. 특히 상대방에게 …하라고 제안할 때 사용하는 표현이다.

I suggest you try dating a girl for a while, just to see if you want to be in a relationship.

진지하게 사귀고 싶어하는지 알기 위해 넌 한동안 여자와 데이트를 해보도록 해.

❷ I suggest ~ing

…을 해봐

이번에는 절이 아니라 suggest 다음에 바로 동사의 ~ing가 이어지는 경우이다.

I suggest kayaking to people who want to participate in a relaxing outdoor activity.

긴장을 푸는 야외활동을 하고 싶어하는 사람들에게 스케이트 보드를 해보도록 권해.

❸ I suggested to sb that S+V

…에게 …을 해보라고 했어

제 3자인 sb에게 S+V를 해보라는 제안을 했다는 의미의 패턴이다.

I suggested to the woman that she look for a partner who would be her soulmate and make her happy.

난 그녀에게, 진정한 남친이 되어서 그녀를 행복하게 해줄 파트너를 찾아보라고 했어.

2nd DAY

012

…을 해보라는 말이야

My suggestion is S+V

1

My suggestion is S+V

내가 제안하는 바는 …하라는거야

이번에는 suggest의 명사형인 suggestion을 이용한 표현을 살펴보도록 한다. 먼저 자기 제안의 내용을 어필하려면 My suggestion is that S+V라고 하면 된다.

My suggestion is that students should turn off their TVs because they are just a distraction.

내가 제안하는 것은 학생들의 주의를 산만하게 하기 때문에 TV를 꺼야 한다는 것이야.

2

My suggestion would be to+V

나라면 …하라고 제안할거야

가정법 조동사 would를 써서 제안하는 분위기를 부드럽게 해주는 표현들. 내가 제안한다면 …하라고 할거야 정도의 뉘앙스를 갖는다.

My suggestion would be to try all of the activities to see where you have the most talent.

나라면 어디에 가장 재능이 있는지 알아보기 위해 여러 활동을 해보라고 제안할거야.

3

Are you suggesting~ ?

…라는 말이야?

상대방의 제안을 확인하는 표현으로 반대로 나의 제안을 확인하거나 부정하려면 I'm (not) suggesting~ 이라고 해주면 된다.

Are you suggesting that it would be OK to have a sexual encounter without having a long term relationship?

오래 진지하게 사귀지 않고 섹스 파트너만 있어도 좋다라는 말이야?

…의 생각을 받아들이다

take sb's suggestions

① take sb's suggestions
…의 제안을 받아들이다

「생각」은 거의 우리말화된 단어 idea를, 「…을 받아들이다」는 「…을 취하다」란 의미에서 take 를 사용해 본다. 둘을 합쳐 놓으면 바로 원하는 take one's idea가 된다. 자세한 내용은 동 격의 of를 연결하여 설명한다. 여기서는 idea 대신에 suggestions를 쓴 경우이다.

It's fine to seek advice, but you should take everyone's suggestions lightly unless you really trust them.

조언을 구하는 것은 좋지만, 상대방을 진정으로 믿지 않는다면 그들의 제안은 가볍게 받아들여야 한다.

② take sb at sb's word
…의 말을 받아들이다

sb가 하는 말을 진심인 것으로 받아들인다(take)라는 말이다.

In today's angry and mistrustful political climate, no one will take a politician at his word.

오늘날의 분노케하고 신뢰못하는 정치적 풍토에서, 어느 누구도 정치가의 말을 있는 그대로 믿지 않을거야.

③ at sb's suggestion
…의 제안에

특히 It was at sb's suggestion that S+V라는 형태로 쓰이는데, 이는 "…한 것은 …의 제 안였어"라는 의미이다.

Many of the students at university have chosen their majors at their parent's suggestions.

많은 대학생들은 부모의 제안에 따라 자신들의 전공을 정한다.

···을 할테야

014

Do you want to ~?

①

Do you want to+V?

···을 할테야?

일상 회화에서 상대에게 권유하거나 의향을 물을 때 가장 흔하게 사용되는 표현이다. 좀 더 격식을 차린 표현으로는 Would you like to~?가 있다. Do you want+명사?의 경우는 Do you want soup or salad?처럼 음식 등을 권할 때 자주 사용된다.

Do you want to encounter a deer or a bear or some other wildlife while you are hiking?

넌 하이킹하는 도중에 사슴이나, 곰 아니면 다른 야생동물과 마주치고 싶어?

②

Do you want to tell me why S+V~?

왜 ···했는지 내게 말해봐

직역하면 "왜 ···했는지 내게 말해볼래?"가 되지만 일반회화에서는 왜 그랬는지 내게 말해봐 라고 권유할 때 쓰는 표현이다.

Do you want to tell me why you never help with the extra chores around the house?

너는 왜 집안의 잔일들을 절대로 도와주지 않는지 내게 말해봐.

③

Do you want to talk about~?

···에 대해 대화하고 싶어?

상대방에게 어떤 화제에 대해 말하고 싶은지 의향을 물어보는 패턴이다.

Do you want to talk about the reasons that you and your husband decided to divorce?

너와 네 남편이 이혼을 결정한 이유에 대해 말하고 싶어?

015

Do you want me to~ ?

➊ Do you want me to+V?

내가 …할까?

want 다음에 me가 있어 좀 복잡한 느낌이 들지만 상대방의 의중을 확인하거나(Do you want me to quit?) 혹은 내가 상대방에 해주고 싶은 걸 제안할 때(Do you want me to teach you?) 쓸 수 있는 표현으로 …하라고요?, 내가 …해줄까?라는 의미.

Do you want me to call up someone and set up a blind date because you're so lonely?

너 그렇게 외로워 하니 내가 누구 불러내서 소개팅시켜줄까?

➋ What do you want to+V?

…하고 싶은 게 뭐야?

동사 want을 써서 만든 What do you want~?을 연습해본다. want 다음에는 to+동사, 혹은 for+명사가 와서 …을 원하느냐, 혹은 …을 하고 싶어라는 의미가 된다. 회화에서 자주 나오는 What do you want from me?는 "나보고 어쩌라는 거야?"라는 굳어진 표현.

What do you want to put a priority on having in life, your happiness or your wealth?

넌 인생에서 가장 먼저 뭘 소유하고 싶어? 행복 아니면 돈?

➌ What do you want me to+V?

내가 …해주기를 원하는거야?

want 다음에 to do의 의미상 주어인 me가 나온 경우로 상대방에게 뭘 원하냐고 물어보는 것이 아니라 내가 뭘하기를 네가 원하냐고 물어보는 표현이다.

What do you want me to do, tell you something hurtful honestly, or tell you a kind lie?

내가 어떻게 할까? 사실대로 아픈 이야기를 할까, 아니면 친절한 거짓말을 할까?

016

…할래?

Would you like to ~?

❶ Would you like to+V?

…할래?

상대방의 의향을 물어보는 형태이지만 화자의 권유가 다분히 담겨 있는 표현. I'd like+명사/to~의 의문문 형식으로 Would you like to begin/to get together?처럼 상대방이 …을 원하는지, 하고 싶은지를 물어보는 표현. 음식관련 상황에서 유용하게 쓰인다.

Would you like to go out with me sometime?

언제 나하고 데이트할래?

❷ Would you like to know ~?

…을 알고 싶어?

know 이하의 사람이나 사물 혹은 사실에 대해서 상대방이 알고 싶은지 물어보는 표현이다. Do you want to know~?와 같은 표현.

Would you like to know the strongest memory I have from when I was growing up?

내가 성장할 때부터 갖고 있던 지워지지 않는 기억을 알고 싶어?

❸ I'd like you to+V

…좀 해줘

이번에는 I'd like/I want를 응용한 구문으로 I'd like you to~/I want you to~ 의 형식으로 내가 하고 싶은 것이 아니라 'you'가 to 이하를 하기를 원한다는 내용의 표현법이다. 즉 상대방에게 …을 해달라고 부탁할 때 사용하는 표현이다. 특히 사람을 소개할 때 많이 사용된다.

I'd like you to apologize for all of the times you insulted or angered the people who love you.

네가 사랑하는 사람들에게 모욕을 했거나 화를 냈던 모든 때에 대해 네가 사과했으면 해.

Would you like me to~?

1

Would you like me to+V?

내가 …할까?

Do you want me to+V?와 같은 표현으로 상대방의 의중을 물어보거나 뭔가 제안할 때 사용하면 된다.

Would you like me to **wake you up early in the morning so we can exercise together?**

내일 함께 운동하게 아침 일찍 너를 깨워줄까?

2

What would you like to+V?

뭐를 …하겠어요?

상대방에게 구체적으로 뭘 V하고 싶은지 물어보는 표현이다. 여기서 V의 목적어는 맨 앞에 위치한 What이다.

What would you like to **accomplish this year that would change your personal life?**

금년에 너의 인생을 바꿀 수 있도록 뭐를 달성하고 싶어?

3

What would you like me to+V?

내가 …을 …하기를 바래?

What would like to+V?에서 me가 like와 to 사이에 낀 표현. 역시 상대방의 의향이나 제안을 하는 것으로 내가 …을 하기를 원하느냐고 묻는 문장이다.

What would you like me to **discuss that is related to some of the problems that are occurring in the world?**

내가 현재 세계에서 벌어지고 있는 문제들 일부와 관련있는 것 중에서 뭐에 대해 토론하고 싶어?

…하는게 어때?

018   What do you say to~ ?

1

What do you say to~ing?

…하는게 어때?

상대방에게 뭔가 제안을 할 때 사용하는 것으로 What do you say~ 다음에 주어+동사 혹은 to ~ing/명사 형태로 제안내용을 말하면 된다. What do you say까지는 [와루유세이]라고 기계적으로 빨리 굴려 말하면서 다음에 자기가 제안하는 내용을 말해보는 연습을 많이 해본다.

What do you say to going to the beach, or would you rather stay home in the cool air conditioning?

해변에 가는게 어때, 아니면 시원한 에이컨이 있는 집에 머물테야?

2

What do you say we+V?

…는 어떤데?, …하는게 어때?

What do you say~ 다음에 we로 시작하는 문장이 이어지는 경우이다. "우리 …하는게 어때?"라는 의미이다.

What do you say we talk about embarrassing incidents that happened while you were growing up?

네가 자라면서 일어났던 당황한 사건들에 대해 이야기하는게 어때?

3

What would you say to~ ?

…한다면 뭐라고 하겠어?

would가 들어가는 표현은 우리말을 잘 이해해야 한다. to~이하를 한다면 뭐라고 할거야?, 즉 to~이하를 하면 어떻겠어?라는 의미가 된다. to 대신에 if S+V절이 이어져도 된다.

What would you say to taking an art class and learning how to paint portraits of people?

미술 수업을 듣고 사람들 초상화 그리는 법을 배운다면 뭐라고 하겠어?

…하는게 어때?

Why don't you ~?

Why don't you ~?

…하는게 어때?

의문문의 형태로 상대방에게 권유하는 문장. Why don't you+동사?의 무늬는 의문문이지만 실제로는 상대방에게 뭔가 제안을 하는 문장으로 이유와는 거리가 있다. 앞서 배운 I want you to+동사원형~과 의미가 비슷하다고나 할까.

Why don't you ask if you can have a few days off to go and see your mother in the hospital?

입원하신 어머니를 뵙기 위해서 며칠간 휴가를 낼 수 있는지 알아 보는게 어때?

Why don't you~ ?

왜 …하지 않는거야?

「왜 …하지 않는 거냐」고 이유를 따질 때도 쓸 수도 있으니 Why don't you+V?=제안이라는 공식을 만들지는 않도록 한다.

Why don't you go out and volunteer to do some charity work for a local church?

넌 왜 나가서 지역 교회에서 봉사활동 자원을 하지 않는거야?

Why don't we go ~?

같이 …가는 게 어때?

또한 변형된 Why don't I ~ ?는 Let me~와, Why don't we~ ?는 Let's~와 각각 같은 뜻의 표현이다.

Why don't we go and see if there is anything interesting going on in the park down by the river?

강 아래 공원에서 무슨 흥미있는 일이 있는지 가서 보지 않을테야?

020 How would you like~?

…은 어때?

❶

How would you like+N?

…은 어떻게 해드릴까?, …은 어때?

주문한 요리를 「어떻게 해드릴까요?」라고 말할 때 꼭 등장하는 표현. 이런 경우 말고도 음식을 권하면서 「…은 어떠세요?」라고 말하고 싶다면 How would you like + 음식명?으로 말을 시작하면 된다.

How would you like beer to go with your snacks, while you are watching television?

네가 텔레비전을 보는 동안 스낵과 함께 맥주를 좀 먹는게 어때?

❷

How would you like to+V?

…을 하자

역시 상대방의 의사를 물어보는 것으로 How would you like to pay for this?처럼 어떻게 …할 것이냐라고 물어보거나 혹은 How would you like to get together?처럼 상대방에게 …을 하자고 제안하는 의미가 되기도 한다.

How would you like to live and work in Sydney, Australia for the next couple of years?

앞으로 몇 년간 호주 시드니에서 일하면서 살자.

❸

How would you like it if S+V?

…한다면 어떻겠어?

'…한다면 어떻겠어?'라는 말로 역시 상대방의 의향을 물어보는 표현. 하지만 문맥에 따라 상대방에게 핀잔내지는 비난을 하는 뉘앙스를 띨 때도 있다.

How would you like it if there were no more vegetables, and you could only eat meat?

야채는 더 이상 없고 단지 고기만을 먹을 수 있다면 너 어떻겠어?

…하는게 어때?

021 How about~?

How about~?

…는 어떤데?, …하는게 어때?

How about~ 다음에는 명사, ~ing, 절 등 다양한 어구가 올 수 있다. How about over here?(이쪽은 어때?)처럼 말이다. 상대방의 의향을 물어보거나 뭔가 새로운 제안을 할 때 특히 약속시간, 장소를 정할 때 아주 유용하다.

How about helping organize a new type of festival that celebrates the coming of spring?

오는 봄을 환영하는 새로운 유형의 축제를 꾸미는데 도와주는게 어때?

How about ~ing?

…하는게 어때?

대표적인 제안표현으로 How about~ 다음에 동사의 ~ing 형태가 이어지는 경우로 가장 많이 쓰인다고 보면 된다.

How about taking the subway to our destination instead of driving or taking a taxi?

운전하거나 택시를 타기보다 목적지까지 지하철을 타는게 어때?

How about S+V?

…하는게 어때?

이번에는 잘못봤을 수도 있으나, How about~ 다음에 완전한 문장, 즉 S+V 절이 이어지는 경우이다.

How about children stay inside instead of being let out to play near dangerous streets?

근처 위험한 거리에서 놀게 하는 것보다 집안에 머물게 하는게 어때?

022 …에 관심있어?

Are you interested in ~?

---

❶

Are you interested in ~?

…에 관심있어?

「…에 관심 있어?」라는 것으로 상대방이 in 이하의 사실에 흥미를 느끼고 있는지를 물어보는 구문이다. in 다음에는 명사가 와도 되고 행위를 나타내는 동사를 사용할 때는 ~ing형을 쓰면 된다.

Are you interested in a wife who has a career, or would you rather that she stays at home all day?

직장을 다니는 아내에 관심있어, 아니면 아내가 전업주부였으면 해?

---

❷

Do you have a preference for ~?

선호하는 …라도 있나요?

preference는 「…를 더 좋아하다」라는 뜻을 지닌 prefer의 명사형으로 그 자체로 비교우위의 의미가 담겨 있다. 따라서 이 표현은 「더 좋아하는 …라도 있어?」라는 뜻. preference 앞에 particular가 오면 「특별히 선호하는 …라도 있어?」라는 의미가 된다.

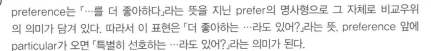

Do you have a preference for where you eat your meal, either in the smoking or non-smoking section?

식사를 할 때 흡연석이나 비흡연석 중 더 선호하는 곳이 있나요?

---

❸

What does it look like (when) S+V?

…하는게 어떻겠어?

What does it look like?은 굳어진 표현으로 "그게 어떻게 생겼어?," 혹은 비유적으로 "…하는 것이 어떻겠어?"라는 의미로 쓰인다.

What does it look like when doctors do plastic surgery and they make a mistake?

의사들이 성형수술을 하는데 실수를 했다면 그 모양이 어떨까?

DAY

3

의사소통

DAY
· 말꺼내기 ·

DAY
· 의견묻기 ·

DAY
· 의사소통 ·

DAY
· 의견말하기 ·

DAY
· 알거나 모르거나 ·

DAY
· 찬성과 반대 ·

DAY
· 희망과 감정 ·

DAY
· 이유 ·

DAY
· 시간과 방법 ·

DAY
· 비교, 가정 및 연결어 ·

+

**Real-life
Conversations 37**

❶

I'm (just) saying that S+V

내 말은 (단지) …라는거야

자신의 말을 이해하기 쉽게 다시 정리해줄 때 긴요한 표현으로 자기가 말하고 싶은 내용을 S+V에 담으면 된다.

I'm just saying that you should have been more careful about who you were dating.

내 말은 네가 데이트하는 사람에 더 조심해야 한다는 말이야.

❷

I'm not saying S+V

내 말은 …라는 말이 아니야

이번에는 반대로 자기가 하려던 말이 그렇게 아니었다고 수정하는 문장이다. 오해하는 부분을 S+V의 형태로 이어주면 된다.

I'm not saying you are wrong, but I don't agree with the decision you made.

내 말은 네가 틀렸다는 것이 아니라 네가 한 결정에 동의할 수 없다는거야.

❸

I say S+V

내 말은 …하라는 말이야

자기가 말하는 내용을 다시 정리해주는 것으로 say 다음의 S+V에 자기가 말하려는 요지나 제안을 이어서 말하면 된다.

I say we talk to the people and see if we can change their minds.

사람들에게 가서 우리가 그들의 마음을 바꿀 수 있는지 해보자.

002

…라는 말이지(?)

You're saying ~ (?)

1

You're saying S+V(?)

…라는 말이지(?)

상대방이 놀라운 이야기를 하거나 잘 이해가 되지 않는 말을 했을 때 되묻거나 확인하기 위해서 사용하면 된다. 평서문으로 쓰이면 "…라는 말이지"가 되고 의문문으로 끝을 올려 말하면 "…라는 말이야?"라는 뜻이 된다.

You're saying Karen took the day off without asking her boss for permission?

네 말은 카렌이 사장의 허락을 받지 않고 하루를 쉬었다는거지?

2

You're just saying that to+V

괜히 …라고 말하는거지

그 말(that)을 한 목적이 to+V 이하가 맞지 않냐고 상대방에게 물어보는 문장. 응용표현으로는 You're just saying that to see if S+V(…인지 알아보기 위해 그렇게 말한거지)가 있다.

You're saying that to stay profitable we need to fire some employees?

넌 일부 직원의 해고 당위성을 말하기 위해 수익이 정체되었다고 말하는거지?

3

You don't mean to say that S+V

진심으로 …라 하는 건 아니지

상대방의 진의를 파악하려고 말하는 문장으로 의미는 "…라 말하는게 진심은 아니겠지"가 된다.

You don't mean to say that he expects everyone to agree with him?

그가 모든 사람이 자기에게 동의할거라 기대한다는 말은 아니지?

Are you saying ~?

1

Are you saying S+V?

…란 말야?

상대방이 말하는 의도를 확인하는 표현으로 「…란 말야?」라는 뜻. 무슨 말인지 대충 감은 오지만 자기가 이해하고 있는 것이 맞는지 확실히 하고 싶거나, 믿어지지 않아 다시 물어볼 때 잘 사용 되는 표현. You mean ~?, 이나 Is that to say ~?, Am I to understand ~?도 같은 의미.

Are you saying she isn't smart enough to be admitted into that law school?

걔는 그 로스쿨에 입학할 정도로 똑똑하지는 않다는 말이지?

2

Are you trying to say S+V?

…라는 얘기를 하려는거야?

Are you saying~?과 같은 의미이나 좀 더 부드럽게 상대방의 의향을 파악하기 위해 trying to를 삽입한 경우이다.

Are you trying to say that we have to do this work faster than we did it before?

우리가 예전에 했던 것보다 더 빨리 이 일을 해야 된다고 말하려는거야?

3

Are you telling me that S+V?

…라는 말이니?

say가 아니라 tell이 나오면 반드시 말을 듣는 상대방(간접목적어)을 tell의 목적어로 써줘야 한다.

Are you telling me that this is the last party we are ever going to have?

이번이 우리에게는 마지막 파티라고 말하는거야?

004

You're talking about~

1

You're talking about~

넌 …에 대해 얘기하고 있어

상대방이 지금 무슨 얘기를 하고 있는지 말해주는 것으로 대화내용을 확인하거나 바로잡아주려고 할 때 사용하면 된다.

You're talking about something that happened long ago and no one remembers it.

넌 오랜 전에 일어났고 아무도 기억하지 못하는 것에 대해 얘기하고 있어.

2

You're talking about the time~ ?

…한 때를 얘기하는거야?

상대방의 이야기를 이해하지 못했을 때 아니면 좀 놀랐을 때 상대방의 진의를 파악하기 위해 다시 확인이 필요한 경우에 하는 표현.

You're talking about the time Richard asked me for some advice on his marriage?

리차드가 자기 결혼에 대해 조언을 내게 부탁했던 그 때를 얘기하는거야?

3

Are you suggesting that S+V?

…라는 말이야?

상대방이 한 말이나 제안을 확인하는 문장. 상대방의 말에 믿음이 안가거나 혹은 약간 놀랐을 때 할 수 있는 표현이다.

Are you suggesting that your best friend is a liar and a thief?

네 절친이 거짓말쟁이고 도둑이라고 말하는거야?

I guess you're talking about ~

I guess you're talking about+N
…에 대한 얘기를 하는가 보구나

상대방이 하는 말을 확인하는 패턴으로 앞에 I guess~를 붙여서 자신이 말하는 내용을 부드럽게 그리고 조심스럽게 해주고 있다. N을 추가적으로 설명을 하려면 that S+V 절을 이어 쓰면 된다.

I guess you're talking about the problems that occurred at the committee meeting.

넌 위원회 회의에서 일어났던 문제들에 대해 얘기를 하는 것 같구나.

I guess what you're trying to say is that S+V
…을 말하려는 거구나, …을 말하고 싶은거구나

I guess S+V에서 S자리에 'what you're trying to say'라는 긴 주어가 온 경우이다. 역시 상대방의 말을 조심스럽게 확인하는 문장이다.

I guess what you're trying to say is that medical school is too expensive for most students.

네가 말하려고 하는 것은 의대는 모든 학생들이 다니기에 너무 비싸다는거구나.

···라는 얘기야?

006   Are you talking about~ ?

1

Are you talking about+N[~ing] ?

너 …에 관한 얘기하는거야?

대화에서는 상대방이 무슨 말을 하는지 아는게 가장 중요하다. 이 패턴은 상대방이 한 이야기를 직접적으로 다시 확인하는 문장이다.

Are you talking about raising taxes to pay for better school systems?

네 말은 더 나은 교육시스템을 갖추기 위해 증세를 하자는 말이구나?

2

Are you talking about sb+ ~ing?

…가 …했다는 얘기를 하는거야?

역시 상대방의 말을 확인하는 표현이다. 특히 sb가 ~ing했다는 사실을 확인하고자 할 때 사용하면 편리하다.

Are you talking about Athena scheduling our meetings on Saturdays?

네 말은 아테나가 우리 회의를 토요일로 바꿨다고 말하는거야?

I'm talking about~

❶

I'm talking about+N[~ing]

내가 얘기하는 것은 …야

이번에는 반대로 내가 말하는 내용의 진의를 확인해주는 표현이다. "내가 말하는 것은 …이 다"라는 뜻으로 about 다음에는 명사나 ~ing가 이어진다.

I'm talking about changing the way that the students are graded on exams.

난 학교에서 학생들의 성적매기는 방법을 바꾸자는 얘기야.

❷

I'm not talking about+N[~ing]

내 말은 …라는게 아냐, 난 …을 말하는게 아냐

자신이 한 말을 상대방이 오해하거나 오해할 기미가 보일 때 빨리 바로 잡으려면 이 표현을 달달 외워두어야 한다. 응용하여 I'm not talking about the way S+V로 쓰면 "난 …하는 방식에 대해서 말하는게 아냐"가 된다.

I'm not talking about the way you started an argument with the neighbors.

난 네가 이웃들과 다툼을 시작한 방식에 대해 말하는 것이 아니야.

❸

We're talking about+N[~ing]

우리는 …얘기를 하고 있어

역시 대화내용을 확인하거나 정리할 때 긴요한 표현으로 "우리는 지금 …얘기를 하고 있는 중이야"라는 뜻이다.

We're talking about thousands of people who lost their jobs because of the pandemic.

우리는 팬데믹 때문에 직장을 잃은 많은 사람들에 대해 얘기를 하고 있어.

008

3rd DAY

내 말 잘 들어봐

I'm talking to you~

❶ I'm talking to you about~

난 …에 대해 너한테 얘기하는거야

자신의 말에 도무지 집중을 하지 않는 상대방에게 「주의깊게 내 말을 들어라」(listen carefully what I'm saying)하며 주의를 환기시킬 때 쓸 수 있는 관용적인 표현이다. 진행형으로 쓰인다는 점과 talk with가 아니라 talk to의 형태가 된다는 점에 주의한다.

I'm talking to you about the things that I plan to do with my life once I graduate from university.

난 내가 대학을 졸업하고 나서 인생에서 하고 싶은 일을 계획한거에 대해 너에게 얘기하고 있는거야.

❷ Do you hear me?

내 말 듣고 있니?

열심히 얘기하고 있는데, 딴청이나 피우고 엉뚱한 소리나 늘어놓는 사람에게 「내 말 듣고 있는 거냐」고 일침을 놓는 표현. hear 대신 get을 쓰기도 한다. 특히 이중 "Do you hear me?" 는 전화 통화를 하다가 잡음이 심해 「내 말소리가 제대로 들리는지」 확인할 때도 사용된다.

I can't stand being with someone who is lazy and doesn't like to leave the house! Do you hear me?

게으르고 집을 나서지 않으려는 사람은 더 이상 못참겠어! 알아들었어?

❸ Listen to me

내 말 들어봐

자기가 하는 말에 집중하라고 할 때 사용하는 표현으로 listen to sb의 형태로 사용된다. 그래서 "잘 듣고 있어"라고 말하려면 I'm all ears라고 하면 된다. 또한 Listen to yourself는 "멍청한 소리 좀 그만해"라는 뜻이 되니 주의한다.

Listen to me, when you get sick it is very important to keep your spirits up and not get depressed about your situation.

내 말 좀 들어봐, 넌 병에 걸리면, 정신력을 유지하고 네 상황에 우울해지지 않는게 중요해.

Is that what you mean?

① Is that what you mean?

네가 말하는게 그거야?

상대방이 한 말의 진의를 파악하여 의사소통을 잘 이어가려는 하는 표현이다. what you mean은 숱하게 나오는 표현으로 what I mean과 함께 암기해두는게 좋다.

You want everyone to apologize to you for the problems? Is that what you mean?

넌 모두가 그 문제로 인하여 너에게 사과하기를 바래? 네가 말하는게 그거야?

② Is that what you are saying?

네가 말하는게 바로 그거야?

역시 상대방의 진의를 파악하기 위한 표현으로 앞의 것과 달리 동사가 say로 바뀌면서 진행형으로 쓰인 점만이 다르다.

Buying an expensive new car is a bad idea? Is that what you are saying?

비싼 신차를 뽑는게 나쁜 생각이야? 네가 말하는게 바로 그거야?

③ You are saying S+V. Is that right?

…라고 말하는데. 정말 맞아?

상대방이 한 말을 saying 다음에 S+V로 써주고 새로운 문장으로 Is that right?라고 확실하게 확인하는 표현법이다.

You are saying the police were breaking the law. Is that right?

네 말은 경찰이 법을 어겼다고 하는데 정말이야?

What are you talking about?

1

What are you talking about?

무슨 말을 하는거야?, 그게 무슨 말이야?

상대방의 말을 이해할 수 없을 때, 혹은 상대방이 언급한 이야기에 대해 좀 더 명확하게 알고 싶을 때 쓸 수 있는 말. 그냥 통째로 외워서 수시로 내뱉는 것이 장땡이다! What do you mean? 이라 하고 mean 이하에 (that) S+V~의 형태로 알고 싶어 하는 내용을 써 줄 수도 있다.

You keep saying he is the best leader ever. What are you talking about?

넌 그가 지금까지 최고의 리더라고 계속 말하는데. 그게 무슨 말이야?

2

What are you trying to say?

무슨 얘기를 하려는거야?

상대방의 의도나 목적을 확인할 때 혹은 상대방의 말도 안되는 소리에 황당해할 때 사용하는 표현으로 '무슨 말을 하고 싶은거야?,' '그게 무슨 말이야?'라는 말로 What are you saying? 이라고 해도 된다.

It's not clear why you are complaining so much. What are you trying to say?

네가 왜 그렇게 많이 불평을 늘어놓는지 분명하지가 않아. 무슨 얘기를 하려는거야?

3

What's your point?

네가 말하는 요점이 뭐야?

'네가 무슨 말을 하려는거냐?'라는 말로 상대방의 진의를 파악하려는 말. 참고로 What's your point of view?하면 '너의 견해는 뭐야?'라고 물어보는 문장이 된다.

So you don't like the clothes I'm wearing. What's your point?

그래, 넌 내가 입은 옷이 맘에 안든다는거지. 말하려는 요점이 뭐야?

내가 말하는건 …야

What I'm saying is that~

① What I'm saying is that S+V
내가 말하는건 …라는거야

What이 앞에 있다고 의문문으로 생각하면 안된다. What I'm saying이라는 What S+V의 절이 주어가 된 경우이다. 내가 말하는 것은 무엇인지 요점정리 혹은 재확인해줄 때 필요하다. 과거형으로 "내가 말한 것은 …였어"라고 하려면 What I said was~라고 하면 된다.

What I'm saying is that it's dangerous to travel to other countries these days.
내가 말하는건 요즘 같은 시기에는 다른 나라들을 여행하는게 위험하다는거야.

② What I'm trying to say is that S+V
내가 하려는 말은 …라는거야

내가 말하는 내용을 강조하거나 혹은 한 마디로 정리하고자 할 때 유용한 구문으로 What I'm trying to say is that S+V의 형태로 사용된다. S+V 자리에 내가 말하고자 하는 핵심을 넣으면 된다. 조금 부드럽게 하려면 I guess what I'm trying to say is that~이라고 하면 된다.

What I'm trying to say is that doctors need better training in order to combat possible pandemics.
내가 하려는 말은 팬데믹과 싸우기 위해서는 의료진이 좀 더 교육을 받아야 한다는거야.

③ All I'm saying is that S+V
내가 말하고 싶은 것은 단지 …라는거야

역시 "내가 말하고자 하는 것은 …라는거야"라는 의미로 자신이 하고 싶은 말의 내용의 핵심을 요약집중해서 말하는 표현법이다.

All I'm saying is that investing in the stock market can make you rich.
내가 말하고 싶은 것은 주식시장에 투자하면 부자가 될 수도 있다는거야.

내가 …라고 말하는 건 …라는거야

When I say~, I mean~

①

When I say S+V, I mean S+V
…라고 말하는 것은 …라는 뜻이야

자신의 말하고자 하는 핵심이나 내용을 부연설명해주는 표현이다. I mean~ 다음에 자신이 하는 말의 내용을 자세히 말해주면 된다. 반대로 "내가 …라고 한다고 …라는 의미는 아냐"는 When I say S+V, I don't mean S+V라고 해주면 된다.

When I say she seems nice, I don't mean that I'm sexually attracted to her.
걔가 멋져 보인다고 말한다고, 내가 성적으로 걔에게 끌렸다는 것은 아냐.

②

When I said S+V, I meant S+V
내가 …라고 말한건 …하다는 말이었어

앞의 패턴의 과거형. (바로) 전에 "내가 …라고 말한 것의 의미는 …라는 것이었어"라는 의미이다.

When I said John is arrogant, I meant that a lot of people don't like him.
존이 거만하다고 말했을 때, 난 많은 사람들이 걔를 싫어한다는 뜻이었어.

③

When I said S+V, I didn't mean S+V
내가 …라고 말했다고 …라는 뜻은 아녔어

이번에는 반대로 "내가 …라고 말했을 때 난 …라고 말하는 것이 아니었어"라고 자신이 이미 한 말에 오해가 없도록 바로 잡는 패턴이다.

When I said the food was bad, I didn't mean that I hate Italian food.
음식이 형편없다고 말했을 때, 내가 이태리 음식을 싫어한다는 뜻은 아녔어.

013   I said that S+V

I said that S+V

난 …라고 말했어

역시 자기가 이미 한 말을 재정리하거나 확인해줄 때 필요한 패턴이다. 조금 부드럽게 말하려면 I thought I said S+V(내가 …라고 말한 것 같은데)라고 해주면 된다. 응용표현으로 I said it would be all right if S+V하게 되면 "…하면 좋겠다고 말했어"가 된다.

I said that he claimed he saw a ghost in the old apartment building.

난 걔가 낡은 아파트 빌딩에서 유령을 봤다고 주장한다고 말했어.

I didn't say S+V~

…라고 말하지 않았어

나는 그런 말을 한 적이 없다고 억울함을 호소하는 구문이다. 다시 말해서 오해를 풀기 위한 문장으로 I didn't say S+V의 형태로 쓰면 되는데, 이를 강조하려면 I never said S+V라고 말한다.

I didn't say Cathy slept with any of the guys that she is friends with.

케이시는 자신의 친구인 남자 누구와도 잠자리를 했다고 난 말하지 않았어.

I'd be lying if I said~

…라고 말했다면 그건 거짓말일거야

'내가 …라고 한다면 거짓이겠지'라는 말로 결국 어떤 사실이나 자기의 진실이나 진심을 우회적으로 표현하는 방법.

I'd be lying if I said that using social media was a good idea.

소셜미디어를 이용하는 것이 좋은 생각이었다고 말했다면 그건 거짓말일거야.

014 I know[see] what you mean~

1

I know[see] what you mean (about~)
(…라는) 네 말이 무슨 말인지 알겠어

단독으로 I see what you mean만 써도 되고, 상대방이 말한 내용까지 함께 말하려면 I see what you mean about ~ing의 형태로 써주면 된다.

I see what you mean about feeling healthier after working out at the gym.
체육관에서 운동 후에 더 건강하게 느꼈다는 네 말이 무슨 말인지 알겠어.

2

I know what you are saying (about~)
(…라는) 네 말이 무슨 말인지 알겠어

역시 위의 표현과 같은 의미이다. what you mean이 what you are saying으로 바뀐 점만 다르다고 보면 된다.

I know what you are saying about trying not to build up debt using credit cards.
신용카드를 써가면서 빚을 쌓지 않으려 한다는 네 말이 무슨 말인지 알겠어.

3

I know what you're trying to say (about~)
(…하다는) 네 말이 무슨 뜻인지 알겠어

바로 앞의 패턴을 좀 부드럽게 말하려는 것으로 what you are saying~을 what you are trying to say~로 변형한 표현법이다.

I know what you're trying to say about religion being important.
종교가 중요하다는 네 말이 무슨 말을 하려는 것인지 알겠어.

이해되지만~~

I understand that, but~

❶

I understand that, but S+V
그게 이해되지만, …해

상대방의 의견에 이해한다고 해놓고 자신의 의견을 말하는 패턴이다. S+V의 자리에는 자신의 의견이라는 점을 말하기 위해 I think S+V 혹은 I don't think S+V의 형태로 써주면 된다.

I understand that, but I don't think you will be successful as a business owner.
이해는 되지만, 난 네가 사장으로 성공할거라고는 생각하지 않아.

❷

I understand S+V
…을 이해해

이번에는 단순하게 I understand~ 다음에 (that) S+V 절을 붙이는 표현이다.

I understand that Ken is taking a week to make a decision about staying at his job.
켄이 자기 자리를 지키는 결정을 하는데 일주일이 걸린 것을 이해해.

❸

I understand what S+V
…을 이해해

앞의 표현과 달리 이번에는 I understand~ 다음에 that S+V 절 대신에 what S+V 등의 의문사절이 오는 경우이다.

I understand what the doctor told me about having a healthy diet.
난 의사가 건강식을 하라고 했을 때 무엇을 의미하는지 알겠어.

무슨 말인지 모르겠어

I don't understand what you mean

①

I don't understand what you mean
무슨 말인지 모르겠어

What do you mean?(무슨 소리야?)과 의미는 같으나 좀 완곡하게 사용한 표현이다. I'm not sure what you mean으로 써도 된다. 뒤에 when you say S+V을 붙여 쓰면 다양한 문장을 만들어볼 수가 있다.

I don't understand what you mean when you say that he caused a serious problem.
걔가 심각한 문제를 일으켰다고 할 때 그게 무슨 말인지 이해하지 못했어.

②

I don't understand what you're saying (about~)
(…라는) 네 말이 무슨 말인지 모르겠어

단독으로 상대방이 말한 내용을 이해못했다고 할 수도 있고, 상대방이 한 말까지, 즉 자신이 이해하지 못하는 부분을 ~saying about~ 의 형태로 이어 써도 된다.

I don't understand what you're saying about your son's fiancee?
난 네가 네 아들의 약혼녀 얘기를 할 때 무슨 말인지 모르겠어.

③

I don't understand what you're getting at when S+V
…할 때 네가 무슨 말을 하려는건지 모르겠어

조금은 어려운 표현 get at을 쓴 패턴이다. get at~은 '…을 의도하다,' '…을 노리다'라는 의미로 ~what you're getting at~은 '네가 무슨 말을 의도하는 것'을 말하게 된다.

I don't understand what you're getting at when you criticize my personal habits.
네가 나의 개인적인 습관을 비난할 때 네가 무슨 말을 하려는 건지 모르겠어.

3rd DAY

017

…가 무슨 말인지 모르겠어

I don't understand what you mean by~

① I don't understand what you mean by your comments on+N
…에 대해 네가 한 말이 무슨 말인지 이해못했어

I don't understand what you mean이라고 단독으로 써도 되고 아니면 뒤에 by your comments on+N의 형태로 상대방이 한 말중 이해못하는 부분을 말해줘도 된다.

I don't understand what you mean by your comments on the current government.

현 정부에 대한 너의 말에 난 네가 무슨 말을 하는지 이해못했어.

② I don't quite follow what you said about+N
네가 …에 대해 한 말을 이해못했어

역시 단독으로 I don't quite follow what you said라고만 해도 되고 상대방이 무슨 말을 했는지 함께 말하려면 about+N를 이어 쓰면 된다. 여기서 follow는 understand라고 생각하면 된다.

I don't quite follow what you said about the movie we went to see last night.

지난밤에 보러간 영화에 대해 네가 한 말을 이해 못했어.

③ I don't understand the point you're making (about+N)
(…에 대해) 네가 무슨 말을 하려는 건지 모르겠어

핵심은 make one's point이다. '자기의 주장을 밝히다,' 혹은 '자기 주장을 상대방이 알아듣게 하다'라는 의미이다.

I don't understand the point you're making about the mess that was made.

엉망이 된 상황에 대해 네가 무슨 말을 하는 것인지 모르겠어.

내가 바라는 것은 …야

What I want is to~

1

What I want is to+V
내가 바라는건 …야

What I want가 주어부이고 다음에 is to+V가 이어진 아주 단순한 구조이다. 내가 원하는게 뭔지 요약정리할 때 사용하면 된다. 응용하여 의미상의 주어까지 함께 말하려면 What I want is for sb to+V라고 하면 된다.

What I want is to see someone fix the problems that have been going on.

내가 바라는건 지금까지 진행해온 문제들을 누군가가 고치는거야.

2

What I want to know is if S+V
내가 알고 싶은건 …하는거야

주어부가 좀 길어져서 What I want to know까지가 주어부이고 is 동사의 보어로는 if S+V 절이 이어진 경우이다.

What I want to know is if my investments are going to lose money this year.

내가 알고 싶은건 금년에 내 투자금을 잃을 것이냐 여부야.

3

What I wanted to say to you is S+V
내가 네게 말하고자 했던 건 …야

이번에는 주어부가 더 길어졌다. 그리고 시제가 과거가 되었다. 그리고 자기가 말하는 대상은 to you로 확실하게 밝히고 들어가는 표현이다.

What I wanted to say to you is that we should get married and live together.

내가 네게 말하고자 했던 것은 우리가 결혼해서 함께 살자는거였어.

내 말뜻은 …

What I mean is that ~

❶

What I mean is that S+V

내 말은 …라는거야

얘기를 하다 보면 자신의 말을 강조하거나 구체적인 설명을 덧붙이고 싶을 때가 있다. 먼저, what을 이용해 what I mean이라는 주어부를 만들고 be동사 이하에 구체적인 내용을 이어주면 된다. 간단히 I mean that ~해도 마찬가지!

What I mean is that you should be careful, because you never know who wants your job.

내 말은 조심하라는거야, 누가 네 일자리를 탐할지 모르는 일이니까.

❷

What is meant by this is S+V

이게 뜻하는 바는 …라는거야

주어부는 역시 What으로 시작하지만 mean 동사를 수동태로 쓴 경우이다. be meant by~는 'by 이하가 의미하는 것' 이라는 뜻이 된다.

What I meant by this is that we need to come up with a new organizational plan.

이게 뜻하는 바는 우리가 새로운 조직에 관련한 계획을 내야 한다는거야.

❸

The meaning of this is that S+V

이것이 의미하는 것은 …야

mean의 명사형인 meaning을 주어로 쓴 단순한 패턴. The meaning of this가 주어부이고 다음에 is (that) S+V를 이어 쓰면 된다.

The meaning of this is that Mike was insulted and is ignoring my phone calls.

이게 의미하는 것은 마이크는 모욕을 받았고 내 전화를 무시할거라는거야.

…라는 말이야

That means that~

❶

That means that S+V

그건 …라는 말이야

그게 의미하는 것은 that S+V라는 역시 단순한 패턴이다. 물론 means 다음의 that은 생략될 수 있으며 좀 더 부드럽게 하려면 I guess that means S+V의 형태로 쓰면 된다.

That means that we will have to give up and try another method.

그건 우리는 포기하고 새로운 방식을 시도해봐야 될거라는거야.

❷

That doesn't mean that S+V

그렇다고 …라는 의미는 아냐

오해의 소지를 불식시키고자 할 때 사용할 수 있는 구문. that 이하에 상대방이 오해하고 있는 내용을 언급하고 이를 doesn't mean으로 부정하여 오해를 제거하면 된다.

That doesn't mean that we won't be ready by Monday morning.

그렇다고 우리가 월요일 아침까지 준비가 안될거라는 의미는 아냐.

❸

Does that mean (that) S+V?

…라는 말이야?

상대방이 한 말을 확인 정리하는 패턴이다. 앞에 What을 넣어서 What does that mean? 하게 되면 "이게 무슨 뜻이야?"라는 말로 상대방의 말의 의미를 이해못해 풀어 설명해달라는 표현.

Does that mean that state graduates don't have a chance when they are up against an individual that has a degree from Yale?

주립대 졸업생들은 예일 대 학위를 가진 사람에 맞서서 승산이 없다는 말을 하는거야?

…라는 말이니?

You mean~ ?

① You mean S+V?

…라는 얘기구나?

상대방의 말을 요점 정리하여 「그러니까 결국엔 …라는 얘기구나?」라는 뜻에서, 혹은 상대가 앞뒤 말을 두서없이 얘기할 때 「네 말은 …라는거니?」하고 자신이 들은게 맞는지 확인 삼아 써볼 수 있는 유용한 구어 표현이다.

You mean we failed to get into the schools that we applied to?

우리가 지원했던 학교에 들어가지 못했단 말이구나?

② You mean like ~?

…처럼 말야?

상대방의 말을 다시 한 번 「확인하고자」, 「분명히 하고자」할 때 쓸 수 있는 간단한 표현이다. 'You mean like + (sth) ~ing …'라고 해서 「~하는 …처럼 말이냐」라고 구체적인 예를 들어줄 수도 있다. 평서형의 모습을 하고 있지만, 끝을 살짝 올려 넌지시 의문문의 뉘앙스를 풍기면 된다.

You mean like the time when you wrecked your new car?

네가 네 신차를 박살냈을 때처럼 말야?

③ Do you mean that ~?

…라는 말이니?

오해를 막는 데 일조하는 동사가 바로 mean! mean하면 상대방의 말을 못 알아들었을 때 쓰는 "What do you mean?"부터 생각나는데, 여기에서처럼 자기가 상대방의 말을 제대로 알아들은 건지 「확인」하고 싶을 때도 mean을 써서 Do you mean that ~?이라고 하면 된다.

Do you mean that this is the last time that we will see each other?

이게 우리가 서로 볼 수 있는 마지막이라는 말이니?

3rd DAY

···라니 무슨 뜻이야?

022 What do you mean, ~?

1

What do you mean, S+V?

무슨 말야?, ···라는 말이야?

아래 예문처럼 What do you mean, 다음에 S+V를 써도 되지만, What do you mean, comforted her?처럼 납득이 안가는 어구만 받아서 쓰기도 한다.

What do you mean, you can't clean up when the party is finished?

무슨 말이야, 파티가 끝났는데 치우지 않겠다는거야?

2

What do you mean by ~ing?

···라니 무슨 뜻이야?

by 뒤에 상대방이 방금 한 말을 그대로 옮겨 붙여 「···라니 무슨 얘기야?」, 또는 「···라니?」하고 상대방이 한 말의 의도를 묻거나, 표면적인 의미가 아닌 그 진정한 의미가 무엇인지를 물을 때 쓸 수 있는 표현이다.

What do you mean by inviting a strange man into our house?

낯선 이를 우리집에 초대하겠다는 것은 무슨 뜻이야?

3

What do you mean S+V?

···라니 그게 무슨 말이야?

상대방이 말한 내용을 다시 한번 확인할 때 혹은 상대방 말의 진의를 파악하고자 할 때 쓰는 표현으로 다소 놀라운 상태에서 내뱉는 말.

What do you mean Jeff took our car without asking permission?

제프가 우리 허락도 없이 차를 가지고 갔다니 그게 무슨 말야?

넌 …라고 말했어
You mentioned~

❶ You mentioned (that) S+V

넌 …라고 말했어

상대방이 이미 한 말을 재확인해주거나 기억을 불러 일으켜줄 때 사용하면 된다. 우리말로는 "넌 …할거라고 말했어"가 된다.

You mentioned that you are going to stop drinking coffee in the morning.

넌 아침에 커피 마시는 것을 끊겠다고 말했어.

❷ You said something about+N[~ing]

넌 …에 대해 뭔가 얘기를 했어

상대방이 어떤 이슈나 문제에 대해서 뭔지 확실하지는 않지만 뭔가 얘기를 했다고 확인시켜 주는 문장이다.

You said something about working overtime in order to save more money.

넌 돈을 아끼기 위해 야근에 관한 뭔가 얘기를 했어.

❸ You told me about~

넌 …에 관해 말했어

You told me (that) 주어+동사 혹은 You told me to~는 네가 …라고 했잖아라는 의미로 상대방이 예전에 한 말을 다시 되새김할 때 사용하는 표현으로 회화에서 많이 사용되는 과거 형 문장 중의 하나.

You told me about the problems the company was having trying to stay profitable.

넌 회사가 수익을 유지하려고 할 때 갖게 되었던 문제점들에 관해 말했어.

…라고 말했는데 그게 무슨 말이야?

You mentioned ~. Could you tell me what it is?

① You mentioned S+V. Could you tell me what it is?

…라고 말했는데. 그게 뭔지 말해줄래?

앞서 배운 You mentioned S+V라는 문장을 쓰고 나서 그게 무슨 말인지, 그게 무엇인지 추가 정보를 달라고 물어보는 패턴이다.

You mentioned **you had a serious problem.** Could you tell me what it is?

심각한 문제가 있다고 말했는데. 그게 뭔지 말해줄래?

② You said something about+N[~ing]. I'm not sure what it is. …라고 말했는데. 그게 뭔지 확실히 모르겠어.

역시 앞서 배운 You said something about~이란 문장을 완성하고 나서 하지만 난 그게 무엇인지 확실히는 모르겠어라고 자신의 의견을 제시하는 표현이다.

You said something about **installing a new computer program.** I'm not sure what it is.

넌 새로운 컴퓨터 프로그램을 설치한다고 말한 것 같은데. 난 그게 무슨 말인지 모르겠어.

③ Earlier you said S+V

앞서 넌 …라고 말했어

상대방이 말한 내용이 현실화되지 않을 때 의아해하면서 되물을 때 사용하면 되는 문장이다. earlier는 지금보다 앞서라는 의미.

Earlier you said **you would bring a friend with you, but I haven't seen him.**

앞서 너는 친구를 데려온다고 했는데. 안 보이네.

···라고 했잖아

You said S+V

❶ You said S+V

···라고 말했잖아

상대방이 이미 말한 내용을 확인하는 표현이다. 상대방이 말한 내용이 이해가 되지 않거나 혹은 상대방이 말한 내용처럼 되지 않았을 때 사용하면 된다.

You said they wouldn't change our schedule, but they did.

넌 그들이 우리 일정을 바꾸지 않을거라 말했는데, 그들이 바꿨어.

❷ You said you+V

네가 ···라고 했잖아

역시 상대방이 이미 말한 내용을 확인하는 문장이지만 that 이하의 주어가 you로 상대방이 직접적으로 자신에 대해 말한 내용을 확인시켜주는 표현이다.

You said you dislike noisy people, but your wife is very talkative.

넌 시끄러운 사람들을 싫어한다고 했는데, 네 아내가 정말 말이 많더라.

❸ You said you wanted to+V

···을 원한다고 말했잖아

이번에는 상대방이 어떤 행동을 하기를 원한다고 말한 것을 환기시켜주는 문장이다.

You said you wanted to avoid public gatherings because you could get sick.

넌 병에 걸릴 수도 있기 때문에 공공장소에서의 모임을 안하고 싶다고 말했어.

…라는 말은 아니야

This is not to say~

1

This is not to say S+V
…라는 말이 아냐

직역하면 이것은 say 이하를 말하려는 것이 아니다가 된다. 비슷한 패턴으로는 it's not true to say S+V가 있다.

This is not to say our plans won't change at some time in the future.

이건 앞으로 언젠가 우리의 계획이 변하지 않을거라는 것을 말하는 것은 아냐.

2

That's as if to say S+V
그건 마치 …라고 말하는 것과 같아

as if to+V는 '마치 …하는 것처럼,' 그래서 as if to say S+V는 '마치 …라고 말하는 것처럼'이라는 뜻이 된다. 여기에 That's~가 붙은 패턴으로 한마디로 하자면 "그건 마치 …라고 말하는거야"가 된다.

That's as if to say that no one is honest and everyone is a liar.

그건 정직한 사람은 아무도 없고 모두 다 거짓말쟁이라고 말하는 것과 같아.

3

That's as much as to say S+V
마치 …라고 말하려는 것과 같아

앞의 패턴과 유사한 것으로 as much as to say~는 마치 …라고 말하기라도 할듯이라는 표현이 된다.

That's as much as to say that nothing we do matters and we might as well give up.

우리가 하는 일은 중요한게 하나도 없어서 포기하는게 나을거라고 말하려는 것과 같아.

You can't say that~

① You can't say that S+V
…라고 하면 안돼

상대방의 의견이나 주장에 반박하는 패턴으로 여기서 You can't~은 금지의 문장으로 생각하면 된다.

You can't say that we were lazy just because we weren't successful.
우리가 성공하지 못했다고 우리가 게으르다고 하면 안돼.

② You can't say that S+V just because S+V
…하다고 …라고 하면 안돼

이번에는 상대방에게 그렇게 말하면 안된다고 금지나 반대하는데 한 문장에서 그 이유까지 말해주는 패턴이다. just because S+V를 붙여주면 된다.

You can't say that Gary is bad just because he made a few mistakes.
게리가 실수 몇 개 했다고 나쁘다고 말하면 안돼.

③ You can't+V just because S+V
…하다고 …해서는 안돼

역시 충고내지는 금지의 문장이지만 앞에서 금지하는 내용은 'say'인데 반하여 여기서는 You can't~ 다음에 금지하고 싶은 동사를 넣으면 된다.

You can't yell at me just because you are feeling stressed out now.
네가 지금 스트레스를 받는다고 해서 내게 소리를 지르면 안돼.

…라 할 수는 없어

I can't say~

1

I can't say S+V

…라고는 할 수 없지

상대방의 질문에 확실하게는 대답해주지 못한다는 뜻으로 '…할 수는 없지,' '…아니지'라고 이해하면 된다. 그냥 I can't say하면 '확실히는 몰라,' '잘 모르겠어'라는 말.

I can't say that I liked the way the moderator conducted the hearing.

내가 사회자가 청문회를 진행했던 방식을 좋아했다고 말할 수는 없지.

2

I wouldn't say that S+V

나는 …라고 (말)하지 않겠어

직역하면 「…라고 말하지 않겠다」라는 의미로 자신의 의견이나 주장을 조심스럽게 피력하는 표현이다. 주절이 부정이므로 that 이하는 자신이 부정하려는 내용을 말하면 된다.

I wouldn't say that they have a better chance than we do at getting the contract.

그 계약건에 있어서 그 사람들이 우리보다 유리하다고는 말할 수 없겠지.

3

I couldn't say that[if] S+V

…라고 말할 수는 없을거야

뭔가 말하는 내용이 자신이 없을 때는 I couldn't say~를 한 다음에 that S+V 혹은 if S+V 절을 이어 쓰면 된다.

I couldn't say if the company will go bankrupt by the end of the year.

그 회사가 연말까지 파산할 건지 여부는 말할 수 없을거야.

Let me get this straight

① Let me get this straight
이것만은 확실히 해두자

Let's get things[a thing] straight는 「한가지 확실히 해둘게 있는데」 내지는 「이것만은 확실히 해두자」란 의미로 대화 중에 뭔가 딱부러지게 정리해둘 것이 있을 때 그 뒤에 이어지는 말에 힘을 실어주는 표현이다.

Let me get this straight, you slept all day and you still say you're exhausted?
이것만은 분명히 해두자, 너 하루종일 자놓고 여전히 피곤하다고 하는거야?

② Let me tell you straight
네게 확실히 얘기해두겠는데

앞의 get ~ straight에서 동사가 tell로 바뀌었고 따라서 tell의 목적어자리에는 sb가 와야 한다.

Let me tell you straight, I can't stand her and I don't want to see her again.
확실히 얘기해두겠는데, 난 걔를 참을 수가 없고 다시는 보고 싶지 않아.

③ Do I make myself clear?
내 말이 무슨 얘긴지 알겠어?

잔소리를 길게 늘어놓다가 「무슨 소린지 알아듣겠어?」라며 얘기를 마무리지으며 다짐을 받을 때 쓸 수 있는 말. 또한 얘기를 길게 늘어놓다가 상대방이 제대로 이해하고 있는지 확인할 때도 사용한다. Do you know what I'm saying?과 같은 의미.

You are not allowed to spend the night with the men that you choose to date. Do I make myself clear?
네가 데이트하겠다는 남성들과 밤을 지내면 안돼. 내 말이 무슨 말인지 알아들었지?

030

…라는 말이야?

Am I to understand that ~?

Am I to understand that S+V?

…하는 것으로 이해하면 돼?

내가 that S+V 이하 하는 것으로 이해하면 되냐고 물어보는 문장이다. 뭔가 확인하고 확인받고자 할 때 사용하면 된다.

Am I to understand that this is the final interview to decide who gets the job?

이게 누가 이 일자리를 차지하게 될 마지막 인터뷰라고 생각해도 돼요?

Do I understand that to mean S+V?

그게 …라고 이해해도 돼?

'that'이 to mean~ 이하를 의미한다고 이해해도 되냐고 역시 뭔가 확인할 때 필요한 문장이다.

Do I understand that to mean the final soccer match has been cancelled?

그게 최종 결승전 경기가 취소됐다고 의미한다고 이해해도 돼?

If I understand you correctly, you're saying S+V?

내가 제대로 이해한다면, 넌 …라고 하는거야?

상대방이 한 말을 확인하는 문장이다. 조건절에 내가 제대로 이해했다면이라는 if절을 넣어 상대방의 말을 조심스럽게 확인한다. 뒤에 확인사실을 하려면 Am I correct?를 붙여 말해도 된다.

If I understand correctly, you are saying we must take action now. Am I correct?

내가 제대로 이해한다면, 넌 지금 우리가 행동을 취해야 한다는거지. 내 말이 맞지?

3rd DAY

넌 …라고 안했어

031 You didn't tell me~

① You didn't tell me S+V

넌 …라고 말하지 않았어

상대방이 과거에 …을 하지 않았다고 말하는 표현이다. You didn't~ 다음에 다양한 동사를 넣어보면 되는 것으로 넌 …하지 않았어, 넌 …를 안했구나라는 의미.

You didn't tell me that there wasn't enough money to pay the bills this month.

넌 이번달 청구서 낼 돈이 충분하지 않다고 내게 말하지 않았어.

② You didn't tell me S+V, did you?

넌 …을 내게 말하지 않았어, 그지?

상대방이 …을 말하지 않았다고는 위와 같지만 맨 뒤에 did you?를 붙여서 부가의문문으로 말하는 패턴이다.

You didn't tell me the student club was holding a meeting, did you?

그 학생클럽이 회의를 갖는다고 내게 말하지 않았어, 그지?

③ You didn't say S+V, did you?

넌 …라고 말하지 않았어, 그지?

이번에는 동사 tell 대신 say를 쓴 경우이다. tell과 달리 say는 뒤에 바로 that S+V절이 이어질 수 있다.

You didn't say we had to stay here in the lobby all day, did you?

넌 우리가 하루종일 로비에서 기다려야 한다고 말하지 않았어, 그지?

I thought S+V

1

I thought S+V
…라 생각했어, …인 줄 (잘못) 알았어

I thought 주어+동사 형태로 쓰면 "…라고 생각했다"라는 의미로 예를 들어 I thought last night was great라고 하면 지난밤은 정말 좋았다고 생각해라는 말이 된다. 하지만 그렇게 생각했지만 실제는 그렇지 않은 경우에도 많이 사용된다.

I thought you liked playing golf with your friends on the weekends.
난 주말마다 네가 네 친구들과 골프치는 것을 좋아한다고 말한 줄 알았어.

2

I thought I could~
내가 …을 할 수 있을거라 생각했어

역시 자신이 잘못 알고 있었다고 말할 때 사용하는 문장이다. 내가 …을 할 수 있을거라 생각했는데 실은 그렇지 않다는 의미. 또한 I thought we~하게 되면 우리가 …였다고 생각했어 라는 문장이 된다.

I thought I could go hiking here, even though it's private property.
여기가 사유재산지일지라도 하이킹을 할 수 있을거라 생각했어.

3

I thought you were going to+V
네가 …할거라 생각했는데

I thought 다음에 you were going to+V하게 되면 be going to+V는 미래를 말하는 것으로 앞으로 네가 …할거라 생각했는데 실제는 하지 않았다는 의미를 나타낸다.

I thought you were going to get an exam because of your health problems.
난 네 건강문제로 검진을 받을거라 생각했어.

033

I told you to~

I told you to+V, (didn't I?)

…하라고 말했잖아 (그렇지 않았어?)

말귀를 못알아듣는 상대방에게 혹은 말을 잘 안듣는 상대방에게 쓸 수 있는 표현으로 내가 …라고 말했잖아 (그런데 왜 말을 안들어?)라는 뉘앙스의 표현. 부정으로 쓰려면 I told you not to+V로 "…하지 말라고 했잖아," 그리고 점잖게 말하려면 I thought I told you~(…라고 말한 것 같은데) 혹은 동사를 달리하여 I asked you to+V~라고 하면 된다.

I told you to sell off the stocks that you bought, didn't I?

네가 샀던 주식들 팔아치우라고 내가 말했잖아. 그렇지 않아?

I told you that S+V

내가 …라고 말했는데

이번에는 to+V 대신에 that S+V 절이 이어져서 I told you that S+V의 형태로 쓰이는 경우이다.

I told you that Bob was depressed and that we had to take care of him.

밥이 우울해져서 우리가 걔를 돌봐야한다고 네게 말했는데.

I told you I never wanted to+V

난 결코 …를 원하지 않았다고 말했는데

자신의 본의와 달리 상황이 벌어졌을 때는 난 결코 …하기를 원하지 않았다고 말하는 것으로 좀 길지만 패턴만 잘 외워두면 to+V 이하에 다양한 동사를 써보면서 문장을 만들어 볼 수가 있다.

I told you I never wanted to ask anyone for any special favors.

누구에게도 특별한 호의를 요구하지 않는다고 네게 말했는데.

034

···라고 말한 것 같은데

I thought I told you to~

1

I thought I told you to+V

···라고 말한 것 같은데

앞서 나온 I told you to+V를 I thought~로 감싸서 말하는 것으로 좀 부드럽게 하는 효과가 있다. "내가 ···하라고 말했잖아"라 하기 보다는 "내가 ···라고 말한 것 같은데" 정도로 부드러워 진다.

I thought I told you to wake me up before April got to my apartment.

에이프릴이 내 아파트에 오기 전에 나를 깨워달라고 말한 것 같은데.

2

I thought I told you not to+V

···하지 말라고 말한 것 같은데

이번에는 I told you not to+V를 I thought~로 감싸는 문장이다.

I thought I told you not to tell anyone about the secret club we are in.

우리가 가입한 비밀클럽에 대해서 누구에게도 말하지 말라고 말한 것 같은데.

3

I thought I told you S+V

···라고 말한 것 같은데

앞서 말한 내용이 긴 경우에는 to+V 대신에 (that) S+V를 이어 써주면 된다.

I thought I told you Heath came and spoke to the new clients.

히스가 와서 새로운 고객들과 얘기를 나눴다고 네게 말한 것 같은데.

035

I thought you said~

1

I thought you said S+V

…라고 네가 말한 것 같은데

상대방이 …라고 말했잖아라고 직설적으로 말하기 보다는 I thought~로 감싸서 역시 상대방이 한 말을 부드럽게 확인하는 패턴이다.

I thought you said **the cold weather was good for increasing stamina.**

난 네가 추운 날씨가 기력을 증가시키는데 좋다고 말한 것 같은데.

2

I thought you said you were going to+V

네가 …할거라 말한 것 같은데

상대방이 과거를 기준으로 앞으로 미래에 …을 할거라 생각했다라는 의미의 문장이다.

I thought you said you were going to **attend the funeral of your friend.**

난 네가 네 친구의 장례식에 참석할거라고 말한 것 같은데.

3

I thought you agreed to+V

…라고 네가 동의한 것 같은데

이번에는 동사가 say가 아니라 agree to+V가 이어져서 상대방이 이전에 뭔가 동의했던 사항을 재확인하는 문장이다.

I thought you agreed to **notify me if you found anything that was wrong.**

난 네가 잘못된 게 하나라도 발견되면 나에게 알려주기로 합의한 걸로 생각했는데.

036

…에 대해 생각해봤어?

Have you thought about~ ?

① Have you thought about ~?

…에 대해 생각해 본 적 있어?

현재완료가 경험적 의미로 사용된 대표적인 예로 you와 thought 사이에 ever를 넣어 써 주는 것도 좋겠다. 전치사 about이 있으므로 그 뒤에는 「명사형」에 해당하는 말이 와야 한다. 반대로 …을 생각해본 적이 없다고 할 때는 I never thought of[about]~이라고 하면 된다.

Have you thought about how dangerous drug addiction is?

약물중독이 얼마나 위험한 건지 생각해봤어?

② I never thought I'd+V

…하리라고 전혀 생각못했어

I never thought S would+V하게 되면 S가 V하리라고는 전혀 생각못했어라는 의미의 패턴이 된다. 여기서 주어자리에 'I' 그리고 동사자리에 see가 온 경우이다.

I never thought I'd see her again after she got angry and ran off.

걔가 화를 버럭내고 가버려서 다시는 걔를 볼거라 생각해본 적이 없어.

③ I never thought I'd say this, but S+V

이런 말하게 될 줄 전혀 몰랐지만…

위의 패턴을 이용해 뭔가 평소 자신의 생각이나 의견과 다른 이야기, 혹은 놀라운 소식을 전할 때는 I never thought I'd say this, but S+V의 형태로 써주면 된다.

I never thought I'd say this, but she should have been sent to jail.

이런 말하게 될 줄 몰랐지만, 걔는 감옥에 들어갔음에 틀림없어.

037

…하지 마라

You don't want to~

1

You don't want to+V

…하지마라

직역하면 "넌 …하는 것을 원치 않는다"가 되지만 주로 일상회화에서는 명령문에 가까운 문장으로 "넌 …하지 않는게 낫겠다"라는 의미로 많이 쓰인다. 상대방이 뭔가 하려는 것을 막을 때 사용하면 된다.

You don't want to go over to his apartment in the middle of the night.

넌 한밤중에 걔의 아파트를 찾아가지 마라.

2

You may want to+V

…해라

상대방에게 '…하는게 나을 수도 있다.' '…하면 좋을 수도 있다'라는 의미이고, 반대로 may[might] not want to~하게 되면 you don't want to~와 같은 의미로 '…하지 않는게 낫다'라는 의미가 된다.

You may not want to offer your opinion, or she will get angry.

넌 네 의견을 말하지마라, 그렇지 않으면 걔가 화를 낼거야.

3

You're not going to+V

…하지마라

역시 직역하면 "넌 …하지 못할거야"가 되지만 회화에서는 You don't want to+V와 같은 맥락으로 상대방에게 "…을 하지마라"고 말할 때 사용한다.

You're not going to blame me for the things you're going through.

넌 네가 경험한 일들로 나를 비난하지마.

038

…했어야 했는데

You should have~

You should have+pp
…했음에 틀림없어

조동사+have+pp 형태의 표현 중 영어회화에서 가장 많이 쓰이는 should have pp로, "…했음에 틀림없다"라는 의미이다.

You should have taken up some different kinds of exercise.
넌 뭔가 다른 종류의 운동을 시작했음에 틀림없어.

You shouldn't have+pp
…하지 말았어야 했는데

반대로 You shouldn't have+pp하면 과거에 상대방이 하지 말았어야 했는데 과거에 해버린 경우에 쓰면 되는 패턴이다. 특히 관용적으로 You shouldn't have하면 "그럴 필요 없는데," "(선물 받으면서) 이러지 않아도 되는데"라는 뜻으로 쓰인다.

You shouldn't have brought up John's personal problems.
넌 존의 사적인 문제를 화제로 꺼내지 말았어야 했는데.

You could have+pp
…이었을 수도 있었어

must를 사용해 must+have+pp라 하게 되면 …이었음에 틀림없다라는 또한 may[might]+have+pp는 …였을지도 모른다라는 뜻의 과거의 추측이고 could+have +pp는 과거에 그럴 수도 있었지만 실제로는 그러지 않았다는 의미로 우리말로 하면 …이었을 수도 있다라는 과거의 가능성을 각각 뜻한다.

I must have said something that gave you a terribly wrong impression.
네게 끔찍한 나쁜 인상을 준 뭔가를 내가 말했음에 틀림없어.

Can't you see~?

① Can't you see~?
…을 모르겠어?

부정으로 시작하는 의문문으로 …하지 않아?라고 물어보는 문장. "야, 예쁘다"라고도 하지만 "야 이쁘지 않냐?"라고 강조해서 말하듯 영어에서도 자기가 말하는 내용을 강조할 때 부정의 문문의 형태를 많이 사용한다. Can't you~?도 그 중의 하나

Can't you see why we are always fighting with each other?
왜 우리가 늘상 서로 싸우는지 이유를 모르겠어?

② Don't you understand~?
…을 모르겠어?

위의 패턴과 같은 맥락이지만 동사가 understand로 조동사가 Don't로 바뀌었을 뿐이다.

Don't you understand the importance of making a good impression on them?
걔들에게 좋은 인상을 심어주는 것의 중요성에 대해 모르겠어?

③ I don't get it
모르겠어, 이해가 안돼

get은 「얻다」라는 뜻 외에도 어떤 것을 「이해하다」라는 의미로 사용된다. 그래서 상대방이 말한 것(it)을 제대로 「이해하지 못했을 때」(I don't understand it)나 「못알아 들었을 때」(I can't hear you) 구어에서는 get을 이용하여 I don't get it이라고 한다. 그와 반대로 「잘 알아들었을 때」는 I got it.

I don't get it. Why are you vegetarian, and why don't you eat meat?
이해가 안돼. 넌 왜 채식주의자야, 그리고 고기를 먹는게 어때?

3rd DAY

040

···은 틀린 말이야

You're wrong to~

You're wrong to+V

···는 틀린 말이야

dead는 구어체에서 「아주」(very)라는 의미를 지닌 단어. 따라서 「네 말은 틀렸어」에 해당하는 You are wrong에다가 dead를 삽입하면 그 틀린 정도가 심하다는 말이 된다.

You're wrong to accuse me of being unfaithful to my wife.
내가 아내에게 부정을 저질렀다고 비난하는 네 말은 틀렸어.

You're wrong in saying that S+V

···라는 네 말은 틀렸어

상대방의 주장이나 의견을 함께 말하면서 그 부분이 틀렸다고 말할 때 사용하면 좋은 표현이다.

You're wrong in saying that the illness is not very serious.
병이 심각하지 않다는 네 말은 틀렸어.

I was wrong about~

···에 대해서 내가 틀렸어

과거에 했던 자신의 생각이나 주장이 틀렸음을 인정하는 표현이다. "···라고 생각하다니 내가 틀렸어"라고 하려면 I was wrong to think S+V라고 하면 된다.

I was wrong about originally thinking that he was rude and foolish.
걔가 무례하고 어리석다고 처음에 한 나의 생각은 내가 틀렸어.

041 You're wrong~

① You're wrong about~

…는 네가 틀렸어

상대방이 말한 것이나 생각 중에서 틀린 부분을 지적할 때 사용한다. about 다음에는 사물이나 사람명사가 이어질 수 있다.

You're wrong about the date that the wedding ceremony has been scheduled.

결혼식이 예정된 날짜에 대해서는 네가 틀렸어.

② If you think S+V, you're wrong

네가 …라고 생각한다면 오산이야

상대방이 잘못 생각하고 있는 것을 언급하고 틀렸다고 말하는 패턴이다. think 다음에 S+V를 다양하게 바꿔보면 어느새 긴 문장도 말할 수 있는 능력이 생기게 된다.

If you think you can trick your dad, you're wrong.

네가 아버지를 속일 수 있다고 생각한다면 오산이야.

③ That's where you're wrong

바로 그 점이 틀린거야

where sb be wrong에서 where를 장소로만 생각하면 안된다. where은 추상적인 지점이 될 수 있다는 것을 눈여겨두어야 한다. 여기서는 'sb가 어디서 틀렸는지'라는 말이 된다. 상대방의 틀린 점을 꼭 집어 얘기할 때 편하다.

That's where you're wrong. I never went to the party and I never met Pam.

바로 그 점이 틀린거야. 난 파티에 간 적이 없고 팸을 만난 적도 없어.

042   Am I right in thinking~ ?

---

①

Am I right in thinking that S+V?

…라는 내 생각이 맞는거야?

상대방에게 어떤 사실을 확인할 때 이용한다. 직역하면 "S+V라고 생각하는 내가 맞냐?"가 된다.

Am I right in thinking that he has not seen his family in several years?

걔가 수년동안 그의 가족들을 보지 못했다는 내 생각이 맞는거야?

---

②

Am I right in saying that S+V?

…라고 말하는게 맞아?

역시 상대방에게 자기가 하는 말이 사실인지 맞는지 확인하는 패턴이다. 강조하려면 Am I quite right in saying~이라고 해주면 된다.

Am I right in saying she has difficulty getting along with her co-workers?

걔가 동료들과 지내는데 어려움이 있다는 내 말이 맞는거야?

You are going to~

1

You are going to+V

…해라

상대방 You와 be going to+V가 되면 "넌 …하게 될거야"라는 뜻도 되지만 문맥에 따라서는 "…해라"라는 의미로도 쓰인다.

You are going to love meeting the guy on your blind date.

넌 소개팅에서 그 남자를 만나는 것을 좋아하게 될거야.

2

You are going to have to ~

…해야 할거야

「가까운 시일 안에 당신은 …을 해야 할거야」라는 의미의 이 표현은 다소 강압적인 성격을 띠는 have to에 조동사 be going to가 붙어 조금은 그 「강압적 의미」가 약화됐다는 것을 느낄수 있을 것이다. 이와 유사한 표현으로는 may have to가 있으니 두 표현 모두 잘 알아두자.

You are going to have to ask her if you can attend the party.

네가 파티에 참석할 수 있다면 걔한테 부탁을 해야 할거야.

3

You should[or must]+V

넌 …해야 돼

should와 must는 각각 가벼운, 무거운 의무의 표현이다. 이들의 부정형. You shouldn't +V~, You mustn't+V~하게 되면 상대방에게 충고나 금지할 때 쓰는 표현으로 하지 마라, …하지 않는 게 좋겠어라는 의미가 된다.

You should get some sleep and eat a real meal and come up for air once in a while.

잠도 자고, 제대로 먹고 가끔 바람도 쐬어야지.

…라고 했지만 사실은…

You said~ but in fact~

1

You said S+V but in fact S+V
…라고 말했지만 사실은 …야

상대방이 한 말이 사실과 달랐을 때 하는 표현이다. 상대방의 틀린 말과 실제의 상황을 함께 말해주는 패턴이다.

You said **this was an easy job,** but in fact **it's both hard and boring.**
넌 이게 쉬운 일이라고 말했지만 사실은 어렵고도 지겨운 일이야.

2

You told me S+V but in fact S+V
…라고 내게 말했지만 실은 …야

과거에 내게 …라고 말했지만 실은 사실과 다르게 S+V한다[하였다]라는 서로 상충되는 반대의 말을 할 때 사용한다. 비슷한 표현으로 "넌 결코 …라고 내게 말하지 않았어"라고 하려면 You never told me S+V라고 하면 된다.

You told me **you loved me,** but in fact **you were seeing another man.**
넌 날 사랑한다고 말했지만 사실은 넌 다른 남자를 만나고 있었어.

3

I guess so, but don't forget that S+V
나도 그렇게 생각하지만, …을 잊으면 안돼

상대방의 말에 부분적으로 인정은 하지만 …라는 사실을 절대로 잊지 말라고 충고내지는 조언해주는 문장이다.

I guess so, but don't forget that **you will need to pay back all the money you borrowed.**
나도 그렇게 생각하지만 네가 빌려간 돈 모두를 돌려줘야 한다는 것을 잊지말라고.

…하는게 무슨 소용이야?

What's the point of ~ing?

What's the point of~?

…하는게 무슨 소용이야?

「요점」, 「목적」 등의 다양한 의미를 갖는 point을 사용한 표현. 열심히 설명을 했는데 상대방이 못 알아듣거나 딴소리를 할 때 쓸 수 있는 말이다.

What's the point of arguing with others on the Internet if no one changes their mind about things?

아무도 생각을 바꾸려하지 않는데 인터넷상에서 다른 사람과 다투어봤자 무슨 소용이야?

What's the point if S+V?

…라면 그게 무슨 소용이야?

앞의 패턴에서 of~이하가 if S+V로 바뀐 경우이다. if~라면 그게 무슨 소용이냐는 말이다.

There are people who work themselves into exhaustion every day of their lives. What's the point if they never have any fun?

평생내내 지치도록 일을 하는 사람들이 있어. 그들이 재미를 느끼지 못한다면 그게 다 무슨 소용이야?

What's the point in ~ if S+V?

…를 할 거라면 (도대체) …를 하는 의의가 뭐야?

point가 「목적」, 「취지」, 「의미」란 뜻으로 쓰였다. 전치사 in 대신 of도 많이 애용된다. if 이하의 상태라면 in ~ing하는게 무슨 의미가 있느냐고 의문을 제기할 때 쓸 수 있는 표현.

What's the point in working so hard if you never get a raise or a promotion?

임금인상도 안되고 승진도 안된다면 도대체 그렇게 열심히 일하는 목적이 뭐죠?

네 말은 …라는게 맞지?

Am I correct that your point is~?

①

Am I correct that your point is S+V?

네 말은 …라는게 맞지?

point는 말하는 사람이 말하려고 하는 요점내지는 핵심이라는 말이다. 그래서 이 문장은 상대방이 말하는 요점이 …라는게 맞는지 확인하는 패턴이 된다.

Am I correct that your point is that nothing will change until we get a new boss?

네 말은 새로운 사장이 오기 전까지 아무 것도 바꿔지지 않을거라는게 맞지?

②

The point I would like to make is that S+V

내가 말하고자 하는 요점은 …야

지금까지 자신이 말한 내용이나 핵심을 한 문장으로 요점정리해주는 패턴이다. make one's point는 자기 주장을 밝히다라는 말이 된다.

The point I would like to make is that the cost of living has risen, but salaries stayed the same.

내가 말하고자 하는 요점은 생활비는 올라갔지만, 급여는 동일하다는거야.

③

~ is that the point you're making?

… 그게 네가 하고 싶은 말이야?

상대방의 주장을 확인하는 문장. 먼저 상대방의 의견이나 주장을 요약한 다음 그게 네가 말하려고 하는 것이냐라고 확인하다.

You think that stem cell research is against your religious beliefs, is that the point you're making?

네 생각은 줄기세포연구가 네 종교적 신념에 어긋난다는거지, 그게 네가 하고 싶은 말이야?

정말야

I mean it

I meant it seriously
정말이지 진심였어

mean it[that]은 자기가 한 말이 장난이나 거짓이 아니라 진심임을 말하는 표현으로 '정말야,' '진심이야,' '분명히 말했어'라는 뜻. 여기에 seriously라고 다시한번 강조한 표현이다.

When I told him I never wanted to see him again, I meant it seriously.

내가 걔를 다시는 절대로 보고 싶지 않다고 말했을 때, 난 정말 진심였어.

I mean what I say
내가 하는 말 정말야

앞의 문장에서 it[that] 부분에 what I say를 써서 좀 더 강조하는 표현이다.

I never make jokes and I never kid around with people. I mean what I say.

난 절대로 농담을 하지 않고 난 절대로 사람들을 골리지 않아. 내가 하는 말은 다 정말이야.

I'm serious
난 정말이야

I'm serious는 "내가 하는 말이 '정말야'라는 말로 강조하려면 serious 앞에 dead 등의 강조어를 붙이면 된다. 비슷한 말로는 I'm not joking도 있다.

You'd better finish that work by the end of the day or you're fired. I'm serious.

퇴근 전에 그 일을 끝내도록 해, 아니면 해고야. 진심이야.

048

뭐라고?

I'm sorry?

1

Sorry?
뭐라고?

I'm sorry? 또는 위에서처럼 그냥 Sorry?로도 상대방의 말을 못 알아들었으니 다시 말해달라는 의미가 된다. Come again?, What did you say?라고 해도 된다.

Sorry? Did you just ask me to come up to your hotel room with you?
뭐라고? 너와 네 호텔방으로 함께 가자고 말한거야?

2

Excuse me?
뭐라고?

역시 같은 의미로 Excuse me를 올려서 말해야 한다. 상대방이 한 말을 못들었거나 상대방 말이 황당할 때 "뭐라구?"라고 받아치는 표현이다.

Excuse me? Were you trying to say something while I was on the phone?
뭐야? 내가 전화받고 있는데 뭐라고 말하려고 한거야?

3

Could you say that again?
다시 한번 말해줄래?

정중하게 지금 한 말을 다시 한번 해줄 수 있겠냐고 말하는 문장이다.

Could you say that again? I wasn't focused on what you were telling me.
다시 한번 말해줄래? 네가 나에게 말하는 것에 집중을 못했어.

What did you say?

1

Sorry, I don't quite follow you. What did you say?

미안, 못들었어. 뭐라고 했어?

여기서 follow는 understand라고 생각하면 된다. What did you say?는 문맥과 억양에 따라 단순히 못들었을 때 혹은 들었지만 황당하여 되물을 때도 사용한다.

Sorry, I don't quite follow you. What did you say? Were you talking about a scientific breakthrough?

미안, 네 말을 못들었어. 뭐라고 했어? 과학적인 돌파구에 대해 애기했어?

2

Could you repeat that, please?

다시 한번 말해줄래?

가장 전형적이고 노멀한 표현으로 상대방에게 지금 한 말을 다시 한번 반복해서 말해달라고 요청할 때 쓰는 문장이다.

Could you repeat that please? **The air conditioner drowned out your voice.**

다시 한번 말해줄래? 에어컨 소리 때문에 네 목소리가 들리지 않았어.

3

I didn't catch what S+V

…을 못알아들었어

catch 역시 follow처럼 상대방의 말을 듣다, 상대방의 의중을 캐치한다라는 뜻이 된다. 그래서 다른 한 단어로 하자면 understand가 된다.

He got upset because I was unable to catch what **he was trying to say.**

걔는 자기가 말하려고 하는 것을 내가 못알아들어서 화가 났어.

050

...후에 뭐라고 했어?

What did you say, after ~?

1

What did you say, after ~?

···라고 한 후에 뭐라고 했어?

앞의 What did you say~를 이용한 문장이지만 자신이 못들은 부분을 특정해서 말할 때 유용한 표현이다. after~를 말한 이후를 다시 말해달라고 하는 문장이다.

What did you say, after you told me about going to the concert in the stadium?

경기장 콘서트에 가는거에 대해 나에게 말한 후에 뭐라고 했어?

2

Excuse me, but did you say that S+V?

미안하지만, ···라고 했어?

상대방에게 못들은 말을 다시 말해달라기 보다는 듣기는 들었지만 잘 못들었다고 판단할 때 사용하는 문장이다. 상대방이 한 말을 반복하면서 확인하는 문장이다.

Excuse me, but did you say that you lived for a decade in southern France?

미안하지만, 남부 프랑스에서 10년간 살았다고 했어?

3

Excuse me. Do you mean S+V?

미안하지만 ···라는 말이야?

상대방 말의 진의를 파악하기 위해서 다시 한번 반복하면서 물어보는 문장이다.

Excuse me. Do you mean that you saw some sort of UFO in the sky today?

미안하지만, 오늘 하늘에서 UFO 같은 것을 봤다는 말이야?

좀 천천히 말해줄래요?

Please speak slowly

❶

Please speak slowly
좀 천천히 말해줄래요?

네이티브와 이야기를 하려면 꼭 알아두어야 하는 문장이다. 완벽히 익숙하지 않은 영어문장을 속사포처럼 말하는 네이티브에게 좀 천천히 말해달라는 의미이다.

Please speak slowly. **I am having a hard time understanding your accent.**

좀 천천히 말해줄래? 네 억양을 이해하는게 어려워.

❷

Could you speak more slowly?
좀 더 천천히 말해줄래요?

Could you~를 써서 정중함을 더하면서 지금보다는 조금 더 천천히 말해달라고 할 때 사용하는 표현이다.

Could you speak more slowly? **I can't follow what you say.**

좀 천천히 말해줄래요? 당신이 무슨 말하는지 따라갈 수가 없어요.

❸

Could you speak a little louder?
좀만 크게 말해줄래요?

이번에는 천천히 말하는 것이 아니라 말소리를 좀 크게 말해달라고 할 때 사용하는 표현이다.

Can you speak a little louder? **There are too many people talking in here.**

좀 더 크게 말해줄래? 여기서 애기하는 사람들이 너무 많아서.

…을 못들었어

I didn't hear~

1

I didn't hear S+V

…을 못들었어

…소리를 듣지 못했다라는 의미로 I didn't hear 다음에는 명사가 올 수도 있으나 여기서는 I didn't hear S+V의 형태에 익숙해져보도록 한다.

I didn't hear the police had been called to stop the fight outside.

경찰을 불러서 밖의 싸움을 끝내도록 했다는 소리를 못들었어.

2

I didn't hear you+V

네가 …하는 것을 못들었어

이번에는 I didn't hear까지는 같으나 뒤에 you+V가 붙어서 hear가 지각동사(hear sb V)로 쓰인 경우이다.

I didn't hear you open the door when you came into the apartment.

네가 아파트에 들어왔을 때 문여는 소리를 못들었어.

3

I didn't hear you+~ing

네가 …하는 것을 못들었어

역시 지각동사의 경우이지만 hear sb V보다는 더 동적이고 그래픽한 hear sb ~ing의 경우를 살펴본다.

I didn't hear you agreeing to take a pay cut because the economy is doing so poorly.

난 네가 경제가 형편없기 때문에 임금삭감을 받아들이기로 했다는 소리를 못들었어.

…하는 것이 어떤 건지 알아

I know what it's like to~

❶

I know[understand] what it's like to~
…하는 것이 어떤 건지 알아

의문사절 속에서 it은 가주어이고 맨 뒤의 to부정사가 진주어 역할을 하고 있다. 또 What's the weather like?(날씨가 어때?)에서 보듯 what ~ like 형태가 how의 의미를 갖는다는 점을 확인하면 이 표현을 보다 쉽게 이해할 수 있을 것이다.

Teenagers should go with their parents to work to see what it's like to be responsible for a family.

10대들은 가족을 책임진다는게 어떤 건지 깨달으려면 부모들과 함께 직장에 가봐야 한다.

❷

You don't know what it's like to+V
…하는 것이 뭔지 넌 몰라

(not) know what it's like to~는 to 이하를 하는 것이 뭔지 모른다라는 표현. You don't know what it's like to~하면 '…하는 것이 어떤 건지 넌 몰라'라는 표현이 된다.

You don't know what it's like to have to pay high student fees to a university.

대학교에 비싼 등록금을 내야 되는게 어떤 것인지 넌 몰라.

❸

You have no idea what it's like to+V
넌 …하는 것이 뭔지 몰라

위의 패턴에서 don't know 대신에 have no idea를 쓴 경우이다. 역시 상대방의 무지함을 지적할 때 쓰면 된다.

You have no idea what it's like to be drafted into military service for two years.

2년동안 병역에 징집되는게 어떤 것인지 넌 몰라.

…을 다시 말해줘야겠어?

054 Do I have to remind you ~?

1

Do I have to remind you S+V?

…을 다시 말해줘야겠어?

Do you have to+동사~?에서 주어만 바뀐 것이지만 구어체 회화에서 자주 쓰이는 표현. Do I have to+동사~?하게 되면 내가 …을 꼭 해야 하나요?라고 상대방의 의사를 묻는 표현이다. 여기에 동사가 remind you~가 붙은 경우이다.

Do I have to remind you no one gave us permission to smoke inside the building?

어느 누구도 우리에게 건물내부에서 흡연을 허락한 적이 없다고 다시 말해줘야겠어?

2

How many times have I told you ~?

내가 …라고 얼마나 말했니?

문장 자체가 의문문 형식을 띄고 있지만 「내가 얼마나 얘기했니?」라는 뜻으로 그렇게도 많이 얘기했는데 아직도 못알아 들었냐고 핀잔을 주는 말이다. 이를 평서문 형식으로 고치면 I have told you a million times~정도가 되겠다.

How many times have I told you to be careful of criminals on the streets after dark?

어두워지면 거리에서 범죄자들을 조심하라고 몇번이나 말해야 알겠니?

3

Let me repeat that S+V

그러니까 …라는 말이야

「let + 목적어 + 동사원형」은 「…가 ~하게 해주다」라는 허락의 의미를 나타내는 구문. 여기서 that S+V는 자기가 한 말을 가리키므로, 이 말은 「내가 그것을 다시 말해볼게요」, 「그러니까 …라는 말이야」라는 뜻이다.

Let me repeat that the world is getting overpopulated, and we need to address that issue.

그러니까 세상에는 인구가 넘쳐나니까, 우리는 이 문제를 다루어야 돼.

달리 말하면…

~ which means~

①

~ which means that S+V
그건 …라는 말이야

자기의 말을 재차 부연설명할 때 쓰는 패턴이다. 먼저 자신의 의견을 말하고 나서 그걸 which로 다시 받고, 자세한 설명은 means that S+V의 형태로 이어주면 된다.

The government couldn't fix the economy, which means that there are no new jobs.

정부는 경제를 고칠 능력이 없어, 그 말은 새로운 일자리는 없다는 말이지.

②

In other words,
달리 말하자면,

words는 말이란 단어로 in other words는 '달리 말하면,' in one's words는 '…의 말에 따르면'이라는 뜻이 된다.

In other words, if you start insulting people on the Internet, you are a cyber-bully.

달리 말하자면, 인터넷상에서 사람들을 모욕하기 시작하면, 넌 사이버폭력자가 되는거야.

③

Let me put it another way
이렇게 말해볼게

상대방이 내 의견을 구할 때 말할 내용에 대해 생각할 시간도 벌면서 좀더 정확한 표현을 찾고 싶을 때 쓸 수 있는 구어체 표현으로, 여기서 put은 「표현하다」라는 의미. 「뭐라고 말해야 할까요?」, 「글쎄, 이걸 어떻게 말하죠?」라는 뜻으로 쓰이며, 비슷한 표현인 How can I say this?도 같이 알아두면 유용.

Let me put it another way. I think that it is important to study math and science, not art.

이렇게 말해볼게. 예술이 아니라 수학이나 과학을 연구하는 것이 중요하다고 생각해.

3rd DAY

056

···라고 해야되겠네

I should say~

I should say~

···이겠지

I should say는 단독으로 혹은 뒤에 명사나 절을 받아서 '···이겠지,' '···라고 말해야 되겠지' 라는 의미. 한편 I mean to say는 '더 정확하게 말하면'이라는 뜻이다.

I should say that any leader should have a lot of experience in dictating government policy.

지도자는 누구라도 정부정책을 지시하는데 많은 경험을 갖고 있어야 되겠지.

It's too much to say S+V, but S+V

···라고 하기는 좀 그렇지만 ···해

It's too much to say~는 ···라고 말하기는 좀 지나치다라는 의미로 반대로 It's not too much to say that S+V하게 되면 ···라고 해도 그건 과언이 아니다라는 뜻이 된다.

It's too much to say the Internet is great, but there is a lot of information available on it.

인터넷이 위대하다고 하기는 좀 그렇지만, 인터넷에는 이용할 정보가 엄청 많아.

I think A is not the right word to describe~

A는 ···을 설명하기에 적절한 단어가 아닌 것 같아

뭔가 부정적이고 뭔가 상대방과 반대되는 의견을 말할 때 사용하는 것으로 A자리에는 명사나 명사상당어구가 오면 된다.

I think clean is not the right word to describe the air quality in downtown Seoul.

서울 시내의 공기질을 묘사하는 '클린'이라는 말은 적절한 단어가 아닌 것 같아.

일부러 …단어를 쓴거야?

Do you use the word ~ deliberately?

Do you use the word A ~deliberately?

일부러 …라는 말을 쓴거야?

상대방이 좀 의외의 말이나 단어를 썼을 때 그 사람이 왜 그런 말을 썼는지 그 의중을 파악하려는 문장이다.

Did you use the word idiots to deliberately bully the employees of this office?

넌 이 사무실의 직원들을 윽박지르기 위해서 일부러 '멍청이'라는 단어를 쓴거야?

You seem to confuse the words A and B

넌 A와 B를 혼동하는 것 같아

상대방이 뭔가 혼동하고 있을 때 이를 바로 잡아주려고 시도하는 패턴이다.

You seem to confuse the words intelligent and educated. Intelligent people are not always well educated.

넌 총명한이라는 단어와 교육받은이라는 단어를 헷갈려 하는 것 같아. 총명한 사람들이라고 해서 교육수준이 항상 높은 것은 아냐.

I used the word A in the sense that S+V

난 …라는 의미에서 …라는 말을 쓴거야

상대방에게 내가 왜 …라는 말을 했는지 확인시켜주거나 혹은 오해를 방지하기 위할 때 적절히 사용하면 된다.

I used the word corrupt in the sense government officials are taking money to do favors for people.

정부관료들이 사람들에게 호의를 베풀고 돈을 받는다는 의미에서 '부정한'이라는 단어를 쓴거야.

058

…라는 생각이 들었어

It hit me that~

1

It hit me that S+V
…라는 생각이 들었어

It hit me that S+V는 that 이하의 내용이 문득 떠올랐다라는 의미. "sth just hit me"(뭔가 떠올랐어)라는 문장. 또한 hit on sth하면 '생각해내다'라는 말로 come up with와 의미가 같다.

It hit me that if many people demonstrate, then the nation will be forced to change.
많은 사람들이 시위를 하게 되면 나라가 강제적으로 변화될거라는 생각이 들었어.

2

It never crossed my mind that S+V
…은 생각도 못했어

cross one's mind는 '…마음 속에 생각이 떠오르다,' come to mind하면 '생각이 나다'라는 표현. 그래서 You know, the thought never crossed my mind(전혀 그 생각이 나질 않았어), 반대로 The thought had crossed my mind하게 되면 "그 생각이 났었어"라는 말이 된다.

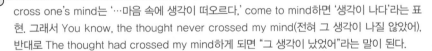

It never crossed my mind that someone might steal my identity to use on the Internet.
누군가가 내 신분을 이용해 인터넷에서 사용할 줄은 생각도 못했어.

3

It has just occurred to me that~
…라는 생각이 들었어

반대로 전혀 생각이 나지 않았을 때는 It never occurred to me that S+V라고 해주면 된다.

It never occurred to me that global warming would affect the amount of food farmers produce.
지구온난화가 농부들이 생산하는 음식의 양에 영향을 주리라고는 생각도 못했어.

영어로 …라고 말하려면 뭐라고 해야 가장 좋은 방법이야?

What's the best way to tell~ in English?

①

What's the best way to tell~ in English?
…라고 영어로 말하려면 어떻게 해야가장 좋은 방법이야?

네이티브와 대화시 유용한 표현. 좀 길어보이지만, 역시 뼈대만 잘 알아두면 응용하기는 오히려 쉽다. tell 다음에 sb to+V를 이어쓰면 된다.

What's the best way to tell **someone to stop bothering me** in English?

영어로 다른 사람에게 나 좀 그만 괴롭히라고 할 때 가장 좋은 방법은 뭐야?

②

What's the right way to say that S+V in English?
…을 어떻게 말해야 영어로 정확한 표현이 돼?

위 문장과 유사한 패턴으로 say that S+V를 영어로 말하는 정확한 방법은 무엇이냐가 직역이 된다.

What's the right way to say that **you got caught doing something illegal** in English?

뭔가 불법적인 일을 하다 잡혔다고 할 때 영어로 어떻게 말해야 돼?

③

What do you call that in English?
저걸 영어로 뭐라고 해?

영어공부에 한창인 사람이 미국인을 만날 때 툭하면 쓰게 되는 말로 우리 것에 해당하는 영어 표현을 묻는 것이다. 우리말화된 영어의 콩글리쉬 여부를 확인할 때, 또 그들만의 독특한 문화가 배어 있는 표현 등을 물어볼 때 아주 유용하다. How do you say that in English?라 해도 된다.

I saw a building where men work who go to extinguish fires in buildings. What do you call that in English?

건물 화재를 진압하는 사람들이 들어가는 건물을 봤는데. 그걸 영어로 뭐라고 해?

4

What's the English word that means that S+V?

…을 뜻하는 영어단어는 뭐야?

that S+V를 의미하는 영어단어는 뭐냐고 물어보는 것으로 단순히 What's the English word for that?이라고 해도 된다.

What's the English word that means that you are disappointed that something was cancelled?

뭔가 취소가 되어서 실망했다는 의미의 영어단어는 뭐야?

5

What do you say in English if you want to say that S+V?

…라고 말하고 싶은 때는 영어로 어떻게 말해?

휴 참 길다. 반복해서 말하자면 긴 패턴은 패턴만 잘 알아두면 단어나 문장을 바꿔가면서 여러 문장을 만들 수 있다는 장점이 있다.

What do you say in English if you want to say that you can't participate in an activity?

어떤 활동에 참여할 수 없다고 말할 때는 영어로 어떻게 말해?

…을 알겠어

I can tell ~

1

I can tell you S+V
네게 …라고 할 수 있지

I can tell은 '알아,' '그래 보여,' 반대로 I can't tell하면 '몰라,' '알 수 없어'라는 말. 반면 I can tell you (that)~는 이야기를 부드럽게 전달하는 표현으로 '…라 할 수 있지'라는 말로 반드시 you만 오는 것은 아니다.

I can tell you the factory is putting tons of chemicals into the local river.

그 공장은 그 지역 강에 엄청난 양의 화약제품을 투기하고 있다고 할 수 있지.

2

I can tell you that[what~] S+V
네게 …라 말할 수 있어, …가 알만해

I can tell you~ 다음에 that 절이 오거나 혹은 what이나 why로 시작하는 의문사절이 오는 경우이다.

I can tell you that many people feel alienated in today's modern society.

오늘날의 현대사회에서는 많은 사람들이 소외감을 느끼고 있다고 할 수 있지.

3

All I can tell you is~
내가 말해줄 수 있는 건 …가 전부야

또한 All I can tell you is (that)~는 '내가 말해줄 수 있는 건 …가 전부다'라는 말. 그리고 The only thing I can tell you~ 역시 '네가 말해줄 수 있는 유일한 것은 …이다'라는 표현이다.

All I can tell you is that the high divorce rate is causing many family problems.

내가 말해줄 수 있는 건 높은 이혼율이 많은 가정에 관한 문제들을 야기시키고 있어.

…을 알겠어

I can see ~

I can see S+V

…하네, …을 알겠어

I can see that 단독으로 '알겠어,' 그리고 뒤에 절을 받아 I can see that S+V하면 '…임을 알겠다,' '…이구나'라는 뜻.

I can see **you spend a lot of time in the gym because you look more fit than other people.**
네 모습이 다른 사람보다 더 건강하게 보이는 것을 보니 체육관에서 많은 시간을 보낸 것을 알겠네.

I can see why S+V

…한 이유를 알겠어

I can see~ 다음에 why S+V 절이 붙어서 주어가 S+V한 이유를 알겠다라는 의미가 된다.

I can see why **children get fat when they eat foods with tons of sugar and grease.**
아이들이 엄청나게 설탕과 지방 음식을 먹는 것을 보니 왜 살이 찌는지를 알겠어.

I can see what[where, how~] S+V

…을 알겠어

I can see~ 다음에는 why만 오는게 아니라 what, where, how 등의 의문사절이 이어서 올 수 있다.

I can see what **the issues are that are causing the two nations to consider going to war.**
그 두 나라가 전쟁을 할 정도로 야기하는 문제가 뭔지 알겠어.

…하라고 말하지마

Don't tell me to~

1

Don't tell me to+V

…하라고 말하지마

Don't tell me!는 단독으로 '설마!,' '말도 안돼!'라는 의미. Never tell me!라 해도 된다. 뒤에 to+V가 붙어서 Don't tell me to+V하면 상대방에게 "나보고 …하라고 하지마"라는 의미가 된다.

Don't tell me to donate money to the church if you aren't doing the same thing.

너도 그러지 않으면서 나보고 교회에 기부하라고 하지마.

2

Don't tell me that S+V

설마 …라는 얘기는 아니겠지, …라고 하지마

말도 안되는 내용을 함께 말해주려면 Don't tell me that~이라고 하면 되는데 '…라고 말하지마,' '설마 …라는 얘기는 아니겠지?'라는 말.

Don't tell me that the protestors are blocking traffic during rush hour!

시위참가자들이 러쉬아워에 교통을 막고 있는 것은 아니겠지!

3

Don't tell me what[where; how]~

…라고 하지마

Don't tell me~ 다음에 that S+V 절이 아니라 what, where, how 등의 의문사절[구]이 이어지는 경우이다.

Don't tell me what to do, because every person makes his own decisions about life.

나보고 이래라 저래라 하지마, 모든 사람은 인생에 있어 자신이 직접 결정하는거니까.

This is my first~

1

This is my first+N
이게 나의 처음 …야

뭔가 생전 처음 보거나 경험할 때 사용하는 패턴으로 명사 뒤에는 ~ing 등의 형용사구가 뒤에 붙는다.

It's my first week on the job. 내 출근 첫주야.

This is my first time seeing homeless people gathering in a city's center.
도시 중심에 노숙자들이 모여있는 것을 본 것은 이번이 처음이야.

2

This isn't my first+N
이게 나의 처음은 …는 아냐

이미 예전한 경험한 적이 있는 것을 했을 때 쓸 수 있는 표현이다. 전에도 이런 적이 있다는 말씀이다.

This isn't my first experience dealing with bullies posting on my Facebook page.
내 페이스북에 글을 올린 사이버폭력배들을 다루는게 이번이 처음은 아니야.

3

Is this your first+N?
이번이 …처음이야?

이번에는 상대방에게 이번 일이 생전 처음 겪는 일인지 확인해볼 때 사용한다.

Is this your first health problem associated with drinking too much alcohol with friends?
이번이 친구들과 술을 너무 많이 마셔 생긴 첫번째 건강이상이야?

This is my first time to~

This is my first time to+V

이번이 나의 처음 …야

위의 패턴에서 N의 자리에 time이 오는 경우로 This is my first time to+V하게 되면 이번이 나의 처음 …이야라는 뜻이 된다. 부정으로 This isn't my first time to+V라고 하면 된다.

This isn't my first time to be disturbed by the constant noise of other people's cell phones.

다른 사람들 핸드폰의 지속적인 소음으로 방해를 받은게 이번이 처음이 아니야.

This is the first time S+V

이번이 내가 처음으로 …하는거야

이번에는 This is my first time~ 다음에 S+V의 절이 이어지는 경우이다. 그래서 "네가 그걸 말한 건 이번이 처음이야"는 This is the first time you said that이라고 하면 된다.

This is the first time I was asked out on a date, and I was so nervous that I wasn't able to say yes.

데이트 신청을 처음으로 받았는데 난 너무 긴장한 나머지 "그래"라고 답할 수가 없었어.

Is this your first time to+V?

…하는게 처음이야?

상대방에게 이번이 처음이냐라고 물어보는 것으로 to+V 혹은 that S+V를 이어 쓰면 된다.

Is this your first time to meet men and women who are openly gay in public?

공공장소에서 게이라고 밝힌 남녀를 만나는게 처음이야?

065 I'll see~

…할까 생각중야

1

I'll see about+N[~ing]

…할까 생각중야

단독으로는 내가 알아볼게, 뒤에 about~가 붙으면 내가 …을 할까 생각중이다라는 뜻. We'll see about that은 굳어진 표현으로 '두고봐야 알지'라는 말. '어디 그렇게 되는지 두고보자,' '두고봐라' 정도로 생각하면 되고 You'll see는 '곧 알게 될거야,' '두고 보면 알아'라는 말이다.

You asked me to find you an apartment that is affordable. Maybe it can be done. I'll see.

사용가능한 아파트를 알아봐달라고 했어. 그럴 수 있을거야. 내가 알아볼게.

2

I'll see what I can do to+V

내가 어떻게 해볼게

상대방이 뭔가 부탁할 때 하는 말. 내가 뭘 할 수 있는지 보겠다로, 무성의한 대답이 아니라 상당히 적극적으로 도와주겠다는 말로 '내가 어떻게 해볼게'라는 말이 된다. to+V 대신 about+N을 써도 된다. I'll see if there is anything I can do 또한 같은 맥락의 표현이다.

I'll see what I can do to prevent biased behavior based on a person's ethnicity or skin color.

사람의 인종이나 피부색에 근거한 일방적으로 기울어진 행위들을 막을 수 있는지 알아볼게.

3

I'll see to it that S+V

…하도록 할게

see to it (that~)은 '반드시, 확실히 that 이하가 되도록 하겠다'라는 의미. that은 생략되기도 한다. See to it that S+V는 …하도록 하라라는 뜻으로 명령에 가까운 문장이 된다.

I'm sorry that the employee has not been doing her work properly. I'll see to it that she is either suspended or fired.

종업원이 일을 제대로 하지 않아서 죄송합니다. 정직이나 해고조치하도록 하겠습니다.

I'll see if~

❶ I'll see if S+V

…인지 알아볼게

S+V 한지 여부를 확인해보겠다는 말이다. Let me see if S+V라고 해도 되며 또한 I'll go see if S+V라고 해도 된다.

I'll see if things change once the presidential election concludes and we have a new leader.

대통령 선거가 끝나고 우리에게 새로운 지도자가 생기면 상황이 변화하는지 알아볼게.

❷ I'll see if I can+V

내가 …할 수 있는지 알아볼게

이번에는 내가 V를 할 수 있는지 여부를 알아보거나 확인해보겠다는 말이다. I'm here[came here] to see if I can~이라고 써도 된다.

I'll see if I can research how much the earth has heated up over the last few decades.

지난 몇 십년 동안 지구가 얼마나 온난화했는지 내가 연구해볼 수 있는지 알아볼게.

❸ We'll see what[who, if~] S+V

…을 알게 될거야

이번에는 will see~ 다음에 what, who, if, how 등의 의문사절이나 의문사구가 이어지는 경우이다.

We'll see what areas of Africa are suffering from drought and famine due to crop failures.

아프리카의 어떤 지역이 흉작으로 가뭄과 기근으로 고통을 받는지 알아볼게.

···인지 보자

Let me see if~

Let me see if S+V
···인지 알아볼게, ···인지 보자

뭔가 자기가 확인해보겠다고 할 때 쓰는 표현으로 if 절에는 주로 능력이나 가능성의 can 조동사가 등장한다.

Let me see if we can safely go outside while experts are warning us about a virus.
전문가들의 우리에게 바이러스에 대해 경고를 하는데 우리가 안전하게 외부활동을 할 수 있는지 알아볼게.

Let me see if I can+V
내가 ···할 수 있을지 알아볼게

see if I can~은 '···을 할 수 있는지 보자'라는 말로 주로 I'll see if I can~ 혹은 Let me see if I can~의 형태로 '내가 ···할 수 있는지 확인해볼게'라는 표현.

Let me see if I can find a place that will take care of this abandoned dog.
이 유기견을 돌봐줄 곳을 찾을 수 있을지 알아볼게.

I want to see if S+V
···인지 확인해보고 싶어

see if S+V의 기본틀을 그대로 쓰면서 앞부분을 Let me~가 아니라 I want to~로 바꾸었을 뿐이다. 또한 check to see if S+V도 많이 쓰이는 패턴이다.

I want to see if your boss is a nice guy or if he sexually harasses people.
네 상사가 착한 사람인지 아니면 성적으로 직원들을 괴롭히는지 확인해보고 싶어.

Let me check~

① Let me check+N

…을 확인해볼게

단순한 대상을 확인할 때는 Let me check+명사 혹은 I'll check+명사를 그리고 …인지 아닌지 사실여부를 확인할 때는 Let me see if~~ 혹은 I'll see if~의 형태를 사용한다.

You still can't find your gold necklace? Let me check the garbage to see if someone accidentally threw it away.

금목걸이를 아직 못찾았다고? 누가 모르고 버렸을지 모르니 쓰레기 통을 뒤져볼게.

② Let me check if I understand you correctly

내가 제대로 이해했는지 확인해볼게

이번에는 Let me check~ 다음에 if S+V를 붙여서 자기가 확인하려는 것이 무엇인지 구체적으로 표현하는 방법이다.

Let me check if I understand you correctly. You want to spend our vacation at a spa?

내가 제대로 이해했는지 확인해볼게. 우리 휴가를 스파에서 보내고 싶다는거야?

③ I'll check to see if S+V

…인지 여부를 확인해볼게

…인지 아닌지 알아본다, 확인해본다는 의미로 I'll check to see if 주어+동사의 표현이다. Let me see if~, I'll see if~, I'm here to see if ~ 등 여러가지 변형이 가능한 비중있는 표현이니까 두루두루 바꿔가면서 이용해본다.

I'll check to see if I lost any weight after going on a strict diet for the past two weeks.

지난 2주간 혹독하게 다이어트를 한 후에 살이 빠졌는지 여부를 확인해볼게.

069 remember ~ing

···한 것을 기억해

1

remember ~ing

···한 것을 기억해

자기가 과거에 했던 것을 기억한다고 할 때는 remember ~ing를 쓰면 된다. 또한 앞으로 잊지 말고 ···을 하라고 할 때는 remember to+V라 하면 된다.

I can't remember feeling a summer as hot and humid as it has been this year.

금년처럼 여름이 덥고 습기찬 때는 기억에 없어.

2

I remember sb[sth] ~ing

···가 ···한 것을 기억해

이번에는 자기가 한 행동이 아니라 다른 사람(sb)이 한 행동을 기억한다고 할 때는 remember sb ~ing라고 하면 된다.

I remember Susan telling us that she had been feeling sad and depressed for a long time.

난 수잔이 오랫동안 슬프고 우울했었다고 우리에게 말한 것이 기억나.

3

ring a bell

···을 생각나게[떠오르게] 하다

뭔가가 불현듯 떠오르는 것이 연상되는 표현으로, 주어가 「뭔가를 생각나게끔 한다」는 의미. 직접 말하기 뭔한 내용을 전달할 때, 상대에게 힌트를 주면서 Does it ring a bell?(뭐 생각나는 거 없어?)이라며 재치를 발휘할 때도 쓰이고, 확실하게 설명하긴 어려워도 「감이 와」라고 말할 때 역시 It rings a bell이라는 표현을 쓸 수 있다.

Does the name "Chris" ring a bell? I'm trying to figure out why I have this name written on my calendar.

크리스란 이름 듣고 생각나는 거 없어? 이 이름이 왜 내 일정표에 적혀있는지 생각해내려고 하고 있는데 말이야.

···한 때를 기억해

I remember when~

①

I remember when S+V
···한 때를 기억해

remember와 가장 잘 어울리는 의문사는 시간의 when~ 일 것이다. 그래서 I remember when S+V하게 되면 "···한 때가 기억나"라는 의미가 된다.

I remember when the economy was good and most people could get the jobs they wanted.

경제가 좋고 대부분의 사람들이 원하는 일자리를 얻을 수 있었던 때를 기억해.

②

I remember the first time S+V
처음으로 ···한 때를 기억해

이번에도 remember가 시간관련어구와 연결되었다. 단순히 when이라고 쓰기 보다는 S+V를 써서 처음으로 ···한 때를 기억한다라는 표현이 된다.

I remember the first time that I logged onto the Internet and began surfing the web.

내가 처음으로 인터넷에 연결해서 인터넷을 서핑했던 기억이 나.

③

All I remember is ~ing
기억나는 거라고는 ···뿐이야

직역하면 내가 기억하는 모든 것은 ~ing하는 것뿐이야라는 말로 의역하면 "내가 기억나는거라고는 ···하는 것뿐이야"가 된다.

All I remember is seeing how difficult it was to drive home because of the traffic jams.

내가 기억나는거라고는 교통체증 때문에 차로 집으로 오는게 얼마나 어려운지를 아는 것뿐이야.

내가 기억하는건 …하는거야

What I remember is ~ing

1

What I remember (the most) is ~ing
내가 (가장) 기억하는건 …하는거야

주어부가 좀 길다. "내가 가장 기억하는 것은 …하는거야"라는 의미로 the most는 생략해도 된다.

What I remember the most is coughing a lot after breathing in the dirty air.

내가 가장 기억하는 것은 공기가 더러운 곳에서 호흡을 한 후에 기침을 많이 했다는거야.

2

What I remember about sb is that S+V
…에 대해 기억하는건 …하다는거야

특정인 sb에 대해서 내가 기억하는 것은 S+V이라는 것으로 자기가 어떤 사람에 대해 기억하는 것을 말할 때 사용한다.

What I remember about Dave is that he believed that everyone should own a gun.

내가 데이브에 대해 기억하는 건 갠 국민들 모두 다 총기를 소유해야 한다고 믿었다는 것뿐이야.

3

One thing that we have to remember is that S+V
한 가지 기억해두어야 할 것은 …야

상대방에게 「이것만은 꼭 잊지 말고 기억하자」고 하고 싶을 때 또는 「상대방이 잊고 있는 사실을 상기시켜 줄 때」 쓸 수 있는 표현으로 remember 대신 know, listen to 등의 다른 동사를 넣어 다양히 활용해 볼 수 있는 표현이니 알아두면 유용하게 써먹을 수 있을 것이다.

One thing that we have to remember is that people take a lot of resources from the planet and this may cause shortages.

한 가지 우리가 기억해야 할 것은 지구에서 많은 자원을 갖다 썼기에 이제 부족할거라는 것이야.

072

Let me think about it

1

Let me think about it
생각 좀 해보고

잠시 생각할 시간이 필요하다」(I'll have to think about it for a while)란 말로, 대화 도중 즉석에서 결론을 내리기 애매할 때 시간을 벌어주는 표현. 때에 따라서는 면전에 대놓고 안된다고 하기가 껄끄러워서 완곡하게 거절할 때도 쓰이므로 분위기 파악을 잘 해야 한다.

I don't know if I will sign your protest petition. Let me think about it and I will give you an answer tomorrow.

내가 너의 시위신청서에 사인을 할지 모르겠어. 생각 좀 해보고 내일 답을 줄게.

2

I'll give it some thought
그거 생각 좀 해볼게

give ~ some thought는 …에 대해 생각 좀 해보다라는 뜻이다. 그래서 give the matter some thought하게 되면 그 문제에 대해 생각을 좀 해보다가 된다. 참고로 What are your thoughts here?는 "이거에 대해 넌 어떻게 생각해?"라는 의미가 된다.

It's unclear if I can solve the problems caused by prejudice here, but I will give it some thought.

여기 편견에 의해 초래된 문제를 풀 수 있을지 분명하지가 않지만, 내가 생각 좀 해볼게.

3

Let me think it over
나 생각 좀 해보고

think ~over는 여러 번 생각하다, 즉 숙고하다라는 뜻이 된다. 그래서 뭔가 결정을 바로 하기 어려울 때 생각을 좀 해보겠다고 할 때 사용하는 패턴이다.

Let me think it over for a while before I decide what we can do to combat racism.

인종차별주의에 대항하기 위해 우리가 할 수 있는게 뭔지 결정하기에 앞서 잠시 생각을 좀 해볼게.

…을 생각할 시간을 좀 줘

Please give me time to consider~

Please give me time to consider~

…을 생각할 시간을 줘

give sb time to+V는 …에게 …할 시간을 주다라는 표현이고 V자리에 consider가 와서 전체적으로 '…을 생각할 시간을 주다'라는 뜻이 된다.

Please give me time to consider a plan to feed the people who can't afford to buy groceries.

식료품을 살 여력이 없는 사람들에게 식품을 나눠주는 계획을 고려할 시간을 좀 줘.

Could you give me some time to think about it?

그 생각할 시간을 좀 줄래?

역시 뭔가 결정이나 결심을 하기 전에 상대방에게 생각할 시간을 좀 달라고 할 때 사용하는 표현이다.

You want me to donate to a charity? Could you give me some time to think about it?

자선단체가 기부를 나보고 하라고? 생각 좀 할 시간을 좀 줄테야?

Let me give some thought to that before~

…전에 그 생각을 좀 해볼게

give some thought to sth하게 되면 '…을 좀 생각해보다'라는 뜻이 된다. 반면 get some thoughts to sb는 '…에게 생각한 걸 알려주다'라는 의미가 된다.

Let me give some thought to that before we make any big decisions about the future.

미래에 대해 큰 결정을 하기 전에 그 생각을 좀 해볼게.

I need more time

① I'm trying to+V, but I need more time

…을 하려고 하지만 시간이 더 필요해

to+V를 시도해보지만 그 일이 쉽지 않아서 시간이 더 필요하다고 할 때 사용하는 표현이다.

I'm trying to convince my boss to hire more women, but I need more time.

사장에게 더 많은 여성들을 고용하라고 설득하려고 하지만, 시간이 좀 필요해.

② I'd like to have more time to think it over

그에 대해 생각 좀 더 해보고

think ~ over는 앞서 나왔듯이 숙고하다라는 뜻이다. I'd like to have~는 I need~로 간단히 바꿔쓸 수도 있다.

You asked me to live with you before getting married, but I need more time to think it over.

결혼 전에 동거하자고 나에게 말한거지만 그에 대해 생각 좀 더 해봐야 돼.

③ I need more time to think about it

거기에 대한 생각 좀 더 해볼게

여기서는 think over 대신에 think about를 쓴 경우이다. 단순히 생각할 시간이 더 필요하다고 말하는 경우이다. 한편 All I needs is a little more time to+V하게 되면 "난 …을 할 시간이 좀 필요한게 다야"라는 의미가 된다.

You want me to live together with you without getting married? I need more time to think about it.

결혼하지 말고 너와 함께 살자고? 좀 더 생각을 해봐야겠네.

이걸 …에게 확인해봐야겠어

I'll have to check this with~

1

I'll have to check this with~
이걸 …에게 확인해봐야겠어

check with sb는 …에게 확인하다라는 의미이지만, check sth with~는 …을 …에게 확인하다라는 뜻이 된다.

I'll have to check this with the people who decide who will be admitted into the university.
누가 대학에 입학할 것인지 결정하는 사람들에게 이걸 확인해봐야겠어.

2

I'll have to consider this with~
이걸 …와 상의해야겠어

위의 패턴에서 check 대신에 consider로 바꿔썼을 뿐이다.

I'll have to consider this with other members of the committee when we meet tomorrow.
내일 우리가 만나는 위원회 회원들에게 이걸 상의해봐야겠어.

3

Can I get back to you on this?
이건 나중에 다시 얘기하자

get back to sb on sth은 지금은 바쁘니 나중에 연락해서 얘기하자고 할 때 쓰는 전형적인 표현. 그래서 "나중에 이야기할게요"라고 하려면 Let me get back to you on that이라고 하면 된다.

It's unclear what the economic forecast is for next year. Can I get back to you on this?
내년도 경제전망이 어떨지 불확실해. 내가 다시 나중에 설명해줄까?

강력하게 제안하니 …을 해봐

I strongly suggest to you~

1

I strongly suggest to you that you+V

강력하게 제안하니 …을 해봐

I suggest (to sb) that S+V는 여러 번 학습해도 시간이 아깝지 않다. 상대방과 토론을 할 때 꼭 필요한 표현이기 때문이다. 여기서는 strongly를 내세워 자기가 강력한 제안을 한다는 점을 강조하다.

I strongly suggest to you that you pay attention to how some women are being mistreated.

일부 여성들이 어떻게 잘못 대접을 받고 있는지 주의깊게 관심을 갖고 보라고 너에게 강력하게 제안할게.

2

I must insist that you+V

넌 …을 해야만 해

I insist that S+V의 형태에서 insist 앞에 must를 넣었고 또한 that 절의 주어가 you로 시작하는 경우이다. 상대방에게 V하라고 강력하게 주장하는 표현이다.

I must insist that you think about the negative effect that overpopulation is having on our planet.

우리 지구상에 인구과잉이 초래하는 부정적인 영향에 대해 넌 생각을 해봐야 돼.

3

Can't you+V? You must+V

…을 할 수가 없어? 넌 반드시 …해야 돼

문장이 한 문맥으로 쓰인 경우이다. Can't you~?는 넌 …을 할 수가 없어?, 그리고나서 You must~라는 패턴을 써서 전체적으로 반드시 …을 해야 함을 강조하는 표현이 된다.

Can't you do something to prevent him from using social media? You must see that it's making him depressed.

걔가 소셜미디어를 못하도록 할 방법이 없다고? 넌 그 때문에 걔가 우울해지는지를 확인해봐야돼.

3rd DAY

077

하나 더 얘기할게 있어,

And there's another thing,

①

And there is another thing,

하나 더 얘기할게 있어,

자기의 의견이나 주장을 말한 후에 덧붙여 다른 한가지를 말하고자 할 때 사용한다. And there is another thing I want to mention이라고 해도 된다. 혹은 간단히 한가지 더 있어 라는 뜻으로 Just one other thing이라고 해도 된다.

And there is another thing. A lot of people have run up large credit card debts that they can't pay.

하나 더 얘기할게 있어. 많은 사람들이 자신들이 갚을 수 없는 거대한 신용카드 빚을 지고 있어.

②

There is one more thing I wanted to say

말하고 싶었던게 하나 더 있어

역시 뭔가 덧붙여 얘기할게 하나 더 있다고 말하는 것으로 위의 표현을 길게 풀어썼다고 보면 된다.

There is one more thing I wanted to say. I wanted to thank you for your help registering more people to vote.

말하고 싶었던게 하나 더 있어. 더 많은 사람들이 투표할 수 있도록 등록하는데 도움을 준데 대해 너에게 감사하고 싶었어.

③

That's not the end of the story

그게 끝이 아냐

역시 얘기할게 더 있다는 말인데 이번에는 역으로 이게 얘기의 끝이 아냐라고 말하면서 계속 얘기를 이어가면 된다.

We voted out the corrupt president, but that's not the end of the story. There will always be corruption.

우리는 투표로 부패한 대통령을 몰아냈지만 그걸로 끝이 난게 아냐. 부정부패는 항상 있게 마련이니까.

Let's talk about~

Let's talk about+N

···에 대해 얘기해보자

talk with sb이고 take about sth를 기억해둔다. about~ 다음에는 명사만 오는게 아니라, Let's talk about what we know(우리가 알고 있는거에 대해 얘기해보자)처럼 의문사절이 올 수도 있다.

Let's talk about why people have become so angry when they discuss their political beliefs.

사람들은 자신들의 정치적 신념에 대해 토의할 때 왜 그렇게 화를 내는지 그 이유에 대해 얘기해보자.

Let's not talk about~

···얘기는 하지 말자

반대로 ···얘기는 하지말자고 할 때는 Let's not talk about~ 혹은 Let's stop talking about~이라고 해주면 된다. about~ 다음에는 명사뿐만 아니라 의문사절이 올 수도 있다.

Let's not talk about why rich people who are caught breaking the law are rarely sent to jail.

법을 어기다 잡힌 부자들은 왜 거의 감방에 가지 않는지에 대해 얘기해보자.

I don't want to get into~

···얘기는 하고 싶지 않아

get into는 다양한 의미를 갖고 있는데 가장 기본적인 것은 ···안으로 들어가는 것이다. 여기서 발전하여 ···얘기를 하다라는 뜻으로도 쓰이게 된다. 자세한 얘기를 하고 싶지 않다고 할 때는 not get into the details on~이라고 하면 된다.

I don't want to get into the details on what causes wars, but war is a tragic event that creates a lot of sorrow.

뭐 때문에 전쟁을 하는지 자세한 내용은 얘기하고 싶지 않아. 하지만 전쟁은 비극적인 일로 많은 슬픔을 자아내고 있어.

…에 대한 얘기를 해야 돼

We have to talk about~

① We have to talk about~

…에 대한 얘기를 해야 돼

뭔가 반드시 언급할 가치가 있는 토픽을 꺼낼 때 사용하는 표현이다. about~ 다음에는 명사나 동사의 ~ing가 오게 된다.

We have to talk about improving the system for recycling waste materials in our big cities.

우리는 우리의 대도시들에서 쓰레기 재활용 시스템을 향상시키는 것에 대해 얘기를 해야 돼.

② We have to talk a little more to highlight+N

더 얘기를 해서 …를 강조해야 돼

중요한 토픽이니까 좀 더 얘기를 나누어야 될 때 쓰면 된다. 여기서 highlight는 동사로 '강조하다'라는 의미이다.

We have to talk a little more to highlight the massive income inequality between the rich and the poor.

우리는 부자와 가난한 사람들 간의 커다란 소득불균형을 강조하기 위해 얘기를 더 해야 돼.

③ We have to talk it over before S+V

…하기 전에 그걸 얘기해야 돼

talk over는 어떤 문제나 계획 등을 토의하다라는 뜻이다. 따라서 위 패턴은 before~하기 전에 먼저 그 점에 대해서 얘기를 나누어야 한다는 점을 강조한다.

We have to talk it over before you decide whether to end your pregnancy with an abortion.

낙태수술로 임신을 끝낼 것인지 여부를 결정하기 전에 그걸 얘기해야 돼.

우리가 다루어야 할 문제는 …야

The problem we have to deal with is ~

①

The problem we have to deal with is S+V
우리가 다루어야 할 문제는 …야

문장의 뼈대는 The problem is S+V이다. 즉 문제는 …이다라는 의미인데 주어인 problem 뒤에 어떤 문제인지를 수식해주는 절이 추가된 것이다. deal with는 "다루다"라는 의미의 동사구.

The problem we have to deal with is many young students are lazy and not doing well in school.
우리가 다루어야 할 문제는 많은 젊은 학생들이 게으르고 학교에서 공부를 제대로 하지 않는다는거야.

②

The question we have to answer is whether S+V
우리가 답해야 하는 문제는 …하느냐 여부야

역시 문장의 뼈대는 The question is whether S+V(문제는 …하느냐 여부야)이다. 앞의 패턴과 마찬가지로 question의 성격을 말해주는 수식어절이 붙어 있다.

The question we have to answer is whether terrorists might attack the international symposium.
우리가 답해야 하는 문제는 테러리스트들이 국제 학술토론회를 공격할 것인지 여부야.

③

I think there are two issues here. One is~ the other~
두가지 문제가 있는데 하나는 …이고 다른 하나는 …야

얘기를 나누다가 문제점이 두 개 있다고 말하고 그 문제점들을 차례로 언급하는 표현법이다. One is S+V, the other is S+V이지만 One is와 the other is는 생략해도 된다.

I think there are two issues here. People are waiting longer to get married, and they are divorcing more frequently.
여기 두가지 문제가 있어. 사람들은 결혼하기까지 더 기다려야 되고, 사람들은 더 빈번하게 이혼을 한다는거야.

Let's be clear about~

Let's be clear about~

…는 분명히 하자, 확실히 해두자

대화를 나누는 중 뭔가 애매하다고 생각하는 부분이 있을 때 사용하면 된다. Sb be clear about~가 되면 주어가 …을 확실히 알다라는 뜻이 된다.

Let's be clear about the danger of so many different nations having nuclear weapons.

많은 국가들이 핵무기를 보유하는 위험에 대해 분명히 하자.

I'd like to make it very clear that S+V

…을 명확히 해두자

자기의 주장이나 의견이 애매모호할 수도 있을 때 자기의 생각을 분명하게 해두자라고 할 때 사용하면 된다. 특징적인 것은 make it clear~ 다음에 that S+V를 썼는데, about+N도 가능하다는 점이다.

I would like to make it very clear that I do not support protests when they involve violence and lawlessness.

명확히 해두고 싶은데, 난 폭력과 무법천지의 시위는 지지하지 않아.

I'd like to make one thing clear. That is S+V

하나 분명히 하고 싶은데, 그건 …야

이번에는 make one thing clear를 쓴 경우로 역시 뭔가 분명히 해둘 필요가 있을 때 사용한다. 분명히 하고자 하는 부분은 That is S+V의 형태로 쓰면 된다.

I'd like to make one thing clear. That is no teacher in this university will tolerate cheating on exams.

하나 분명히 하고 싶어. 대학교에서 부정시험을 용인하는 교수는 없다는거야.

내게 불명확한 한 가지는 …하느냐야

One thing that's not clear to me is~

---

①

One thing that's not clear to me is if S+V

내게 불명확한 한 가지는 …하느냐야

자신에게 분명하거나 명확하지 않은 부분, 자신이 잘 판단이 안서는 부분을 말하는 문장이다. 문장의 뼈대는 One thing is if S+V이다.

One thing that's not clear to me is if the death penalty actually stops criminals from doing bad things.

내게 불명확한 한가지는 사형제도로 범죄자들이 실제로 나쁜 짓을 그만두게 하느냐야.

---

②

One thing that I'd like to make clear is that S+V

내가 분명히 하고 싶은 한 가지는 …야

이번에도 clear를 사용한 패턴. make A clear라는 표현에서 A인 One thing이 앞으로 빠진 경우이다.

One thing that I'd like to make clear is that small businesses will fail if the virus lockdown continues.

내가 분명히 하고 싶은 한 가지는 바이러스로 인한 폐쇄정책이 계속되면 중소기업은 문을 닫을 것이라는거야.

3rd DAY

내 말은, …

083

I mean, ~

---

① I mean, S+V

내 말은 …하다는거야

I mean,은 상대방이 내가 한 말을 못 알아들었을 때 혹은 내가 이건 다시 설명을 해주어야겠다는 생각이 들 때 필요한 표현이다. 일단 I mean이라고 한 다음에 좀 더 명확히 말을 하면 된다. I mean,하고 다시 한번 영작을 해볼 수 있는 요긴한 표현이다.

Students today have a lot of stress. I mean, even in primary school they are worried about entering a university.

오늘날 학생들은 많은 스트레스를 받아. 내 말은, 초등학교에서 조차 대학입시에 대해 걱정을 하고 있다는거야.

---

② I mean,~

내 말은, …라는거야

이번에는 I mean, 다음에 의문문도 구도 넣을 수 있는 경우를 살펴본다.

I mean, what do you want me to say?

내 말은 내가 무슨 말을 하길 바라는거야?

I mean, don't get me wrong, I love your new stuff.

내 말은 오해말라는거야. 난 너희 새로운 것들이 맘에 들어.

---

③ The point I'd like to make is that S+V

내가 하고픈 얘기는 …라는거야

문장의 뼈대는 The point is that S+V인데, The point를 수식해주는 I'd like to make가 삽입된 경우이다. make the[one's] point는 자기 주장을 밝히다라는 뜻이다.

The point I'd like to make is that gun violence is responsible for thousands of deaths every year in America.

내가 하고 싶은 이야기는 총기폭력은 미국에서 매년 엄청난 죽음의 원인이 된다는거야.

Don't make me ~

❶ Don't make me+V

…하게 하지마

사역동사 make sb+V의 부정형으로 sb가 V하도록 하지마라는 의미다. Don't make me laugh!는 "웃기지 좀 마!." 그리고 Don't make me say it again!는 "두 번 말하게 하지마!" 라는 뜻이 된다.

Don't make me inform your parents that you have been bullying other students!

내가 네 부모님께 네가 다른 학생들을 괴롭히고 있다고 말하게 하지마!

❷ Don't make me feel+형용사

내 기분을 …하게 하지마

이번에는 make me~ 다음에 나오는 동사가 feel로 고정된 경우이다. 나의 기분이 feel 다음에 나오는 형용사처럼 만들게 하지 말라는 의미이다. 그래서 Don't make me feel bad하면 "나 기분 나쁘게 하지마"라는 뜻이 된다.

Don't make me feel guilty about having money while some people are impoverished.

일부 사람들은 가난해졌는데 반해 나에게는 돈이 있다는거에 죄책감을 느끼게 하지마.

❸ Don't make me feel like~

내가 …처럼 생각하게 하지마

You make me feel like~로 유명한 패턴을 이용한 것으로 Don't make me feel like~는 내가 …처럼 생각하게 만들지마라는 의미가 된다. feel like~ 다음에는 명사나 S+V가 온다.

Don't make me feel like I have to join in the anti-war demonstrations that are taking place.

현재 벌어지고 있는 반전시위에 내가 가담해야 된다고 생각하게 하지마.

···하는 실수를 내가 저질렀어

085 I made a mistake~

1

I made a mistake in ~ing
내가 ···하는 잘못을 저질렀어

make a mistake는 유명표현으로 실수하다. 또한 make the mistake in[of] ~ing는 실수의 구체적인 내용을 함께 말하는 경우로 '···하는 잘못을 저지르다'라는 의미.

I made a mistake in getting a graduate degree instead of entering the workforce to get a job.
일자리를 얻기 위해 인력시장에 들어가는 대신에 석사학위를 받는 잘못을 저질렀어.

2

It was a mistake to+V
···하는 것은 잘못였어

be a mistake to~하면 '···하는 것은 잘못이다'라는 의미. 반대로 ···하지 않은 것은 잘못였어라고 하려면 It was a mistake not to+V라고 하면 된다.

It was a mistake to think that I could eat a lot of food, not exercise, and still be very healthy.
운동은 안하고 많은 음식을 먹지만 여전히 건강하다고 생각하는 것은 잘못였어.

3

The mistake that you've made is in ~ing
네가 한 실수는 ···했다는거였어

문장의 뼈대는 The mistake is in ~ing이고 여기에 실수를 네가 했다는 것을 수식어로 만들어 mistake 뒤에 넣은 경우이다.

The mistake that you've made is in trusting that the stock market was the best place to invest.
네가 한 실수는 주식시장이 투자할 수 있는 최선의 곳이다라는 것을 믿었다는데에 있어.

What's the matter?

① What's the matter?

무슨 일이야?

상대방에게 뭔가 평소와 다른 일이 벌어졌을 때 무슨 일이 있었는지 물어보는 문장이다. 상대방까지 넣어서 What's the matter with you?라고 할 수도 있다.

What's the matter? Has your ex-boyfriend been stalking you at your home again?

무슨 일이야? 네 옛 남친이 또 네 집에서 스토킹을 했다는거야?

② How did it happen?

어떻게 된 일이야?

단독으로 무슨 일인지, 어떻게 된 일인지 물어보거나 혹은 궁금한 이해할 수 없는 상황까지 함께 말하려면 How did it happen that S+V?라고 써주면 된다.

I see that the book is being censored. Isn't that illegal? How did that happen?

그 책은 검열에 걸렸다며. 그거 불법아냐? 어떤게 된거야?

③ What happened?

어떻게 된 일이야?

역시 무슨 일이 있었는지 궁금해서 물어보는 것. What happened to[with] sb?하게 되면 '…가 어떻게 된거야?, 무슨 일이야?'라고 묻는 문장이고 또한 What's happening?은 상대방에게 '무슨 일이냐'라고 물어보는 문장. 하지만 문맥에 따라 그냥 상대방에게 '잘 지내?'라고 안부인사를 묻는 경우도 있다.

What happened? I thought the government was trying to promote energy efficiency in homes.

어떻게 된 일이야? 난 정부가 가정에서의 에너지 효율을 증진시키려고 하고 있다고 생각했는데.

3rd DAY

1

What's wrong with ~ing?

···하는게 뭐 잘못됐어?

무슨 문제가 있냐고 물어보는 것으로 이상이 있는 대상은 with 이하에 말하면 된다. with 다음
에는 명사나 ~ing가 올 수 있다. 또한 What's with you?라고 하면 이는 대개 상대방의 기분이
무지 안좋아 보일 때 한마디 건넬 수 있는 표현으로,「무슨 일 때문에 그래?」라는 의미이다.

**What's wrong with telling everyone my opinion? Why do I
have to try to say nice things about everything?**

다른 모두에게 내 의견을 말하는게 뭐 잘못됐어? 난 왜 좋은 얘기만 해야 되는거야?

2

What's the problem with ~?

···가 무슨 문제야?

What's the problem?은 '무슨 일이야?,' '왜그래?'라는 말로 상대방이 뭔가 문제가 있어보
일 때 혹은 병원에서라면 의사가 '어디 아프냐?.' 그리고 문제 될 것도 없는데 '뭐가 문제냐?'
라고 반문할 때도 쓰인다.

**What's the problem with our educational system? Things
seem to be working fine right now.**

우리 교육시스템에 뭐가 문제야? 지금 다 잘 돌아가는 것처럼 보이는데.

3

What happened to sth?

···에 무슨 일이 생긴거야?

어떤 상황이 벌어진다면 to 뒤에 오는 사람이나 일에 대하여 어떤 일이 발생할 것인가를 묻는
표현. 여기서는 What happened to~ 다음에 사물이 오는 경우만을 살펴보자.

**What happened to the reforms that were supposed to be
imposed by the political leaders?**

정치적 지도자들에 의해 도입되기로 되어 있던 개혁안들은 어떻게 된거야?

How's ~ going?

1

How's A going?
···은 어떻게 되어가니?

A가 어찌 되어가냐고 상황이나 근황을 물어볼 때 많이 사용된다. 대표적인 표현으로는 인사말이 된 How's it going?, 그리고 사업근황을 물어보는 How's business going? 등이 있다. How goes it with~ ? 역시 상황이 어떻게 되어 가고 있냐고 물어보는 문장이다.

How's your attempt to make yourself into a kinder and more spiritual person going?
너 자신을 더 착하고 영적인 사람으로 만들겠다는 너의 시도는 어떻게 되어가?

2

How did it go with~ ?
···는 어떻게 됐어?

How did it go (with)~? 는 과거형으로 상황(it)이 어떻게 되었냐고 물어보는 문장. 물어보는 대상을 적으려면 with 다음에 붙여주면 된다.

So, how did it go with Lesley?
그래, 레슬리하고 어떻게 됐어?

3

What will likely happen is (that) S+V
앞으로 ···일이 벌어질거야

주어부가 긴 경우이다. likely는 '그럴 듯한'이라는 의미로 What will likely happen하게 되면 "앞으로 벌어질 확률이 높은 일"이라는 뜻이 된다.

What will likely happen is that a trade war will disrupt business on a worldwide scale.
앞으로는 무역전쟁으로 전세계적인 규모로 비즈니스가 혼란스러워지는 일이 벌어질거야.

089

바로 그게 문제야

That's the question

1

That's the question
그게 문제야

바로 그게 문제야라는 의미. 아래 예문의 ~I want answered가 생소할 수도 있는데 이는 want the question answered에서 the question이 앞으로 빠진 경우로 생각하면 된다.

Is having access to the Internet actually improving our lives?
That's the question I want answered.

인터넷을 이용하는 것으로 우리 삶의 질이 실제로 증진되었나? 바로 그게 내가 해답을 듣고 싶어하는 문제야.

2

That's what I want to know
바로 그게 내가 알고 싶은거야

That's what~은 강조구문 중의 하나로 "그게 바로 …야"라는 말이다. 그래서 "그게 바로 네게 얘기해주고 싶은거야"라고 하려면 That's what I want to talk to you about이라고 하면 된다.

How can people have enough to eat when the population
keeps growing? That's what I want to know.

어떻게 사람들이 인구가 계속 증가하는데 먹을 식량이 충분할 수 있는거야? 바로 그게 내가 알고 싶은거야.

3

That's what we're all wondering
그게 바로 우리가 궁금해하는거지

같은 강조의 패턴이다. 단지 동사가 wondering이 되었을 뿐이다.

Is it better to get married or just to live together instead?
That's what we are all wondering.

결혼하는게 더 나을까 아니면 대신 동거만하는게 나을까? 그게 바로 우리가 궁금해하는거지.

3rd DAY

090

…라면 …는 어떻게 될까?

If~ what will happen to~ ?

If S+V, what (will) happen to~ ?

…라면 …는 어떻게 될까?

If 이하의 가정이 현실로 된다면 to 이하의 사람이나 사물에게 어떤 일이 벌어질까 상상할 때 사용하는 문장이다.

If a person has never been religious and he dies, what will happen to **his spirit?**

평생 종교를 갖지 않고 죽게 되면 그의 영혼은 어떻게 되는거야?

Let's suppose S+V, what happens if~

…라고 가정할 때 …면 어떻게 될까?

앞의 패턴과 동일하게 두개의 문장으로 이루어진 표현이다. 두개의 조건이 나오는데 먼저 Let's suppose~이하로 어떤 가정을 하고 두번째 가정은 if S+V 이하로 하고 있다는 점을 캐치하면 된다.

Let's suppose everyone has very high credit card debt, what happens if **there is a major economic downturn?**

다들 신용카드 부채가 많다고 가정할 때, 대형 경제불황이 생기면 어떻게 되는거야?

You might say that S+V

…라고 말할 수도 있지

상대방의 말에 부분적으로 동의하는 것으로 특히 "난 네가 그렇게 말할 수도 있다고 생각했어"라는 의미의 I thought you might say that이 많이 쓰인다.

You might say that beauty only lasts for a short while, but a kind person will be kind for a lifetime.

아름다움은 잠시뿐이지만 친절한 사람은 평생 친절하다고 말할 수 있지.

···하려고 했지만···

I tried to~ , but~

① I tried to+V, but S+V

···하려고 했지만···

···하려고 시도했지만 아쉽게도 이미 ···한 상태여서 결국 ···을 하지 못했다라고 말할 때 사용하면 좋은 표현법이다.

I tried to enter law school, but the school had too many potential candidates already.

난 로스쿨에 들어가려고 했지만, 로스쿨에는 이미 많은 잠재적인 후보들이 아주 많았어.

② I wish I could, but S+V

그러고 싶지만 ···야

상대방의 제안에 정중하게 거절하는 표현으로 "그러고는 싶지만 난 ～ "라는 의미로 but 뒤에는 거절할 수밖에 없는 사정을 말하면 된다. 비슷한 표현으로는 I'd love to, but~ 혹은 I'd like to, but ～ 등이 있다.

I wish I could help orphaned children, but I have no way to do anything special for them.

고아들을 도와주고 싶지만, 그들을 위해 뭔가 해줄 특별한 방법이 없어.

③ I don't mean to+V

···할 생각은 아니야

현재시제로 don't mean to~라고 하면 '···할 생각은 없다,' '···하려는 의도는 아니다'라는 뜻이 된다. 그래서 "사태를 더 나쁘게 만들려는 것은 아니지만"은 I don't mean to make things worse, 그리고 "그럴 생각은 아냐"라고 할 때는 I don't mean it이라고 하면 된다.

I don't mean to press my luck, but I'm going to place another bet.

과욕부리려는 것은 아니지만 한번 더 내기하려고.

I didn't mean to~

내 말은 …하려던게 아녔어

상대방이 오해할 수도 있는 부분을 구체적으로 말하면서 오해를 푸는 표현. I didn't mean to 다음에 오해할 수도 있는 부분을 말하거나 간단히 I didn't mean that이라고 말할 수 있다. 내가 말하려는 의도가 잘못 전달되었을 경우 "내 말은 그게 아냐"라고 하는 의미의 문장이다.

I didn't mean to imply that all citizens are responsible for their leader's actions.

난 모든 시민은 그들의 지도자의 행위에 대해 책임을 진다고 말하려던게 아녔어.

I meant to+V, but unfortunately, S+V

…하려고 했지만 아쉽게도 …했어

뭔가 의도했지만 아쉽게도 실패로 돌아간 경우를 뜻한다. meant 대신에 intended를 써도 된다.

I meant to reduce some of my wasteful behavior, but unfortunately, I haven't changed my habits at all.

나의 낭비하는 행위를 좀 낮출려고 했지만 아쉽게도 난 내 습관을 전혀 바꾸지 못했어.

092 기분나쁘게 받아들이지마, 하지만…

Don't take it personally, but~

Don't take it personally, but S+V

기분 나쁘게 받아들이지마, 하지만…

상대방의 기분이 상할 만한 이야기를 꺼내면서 「기분 나쁘게 받아들이진 말아 달라」고 운을 떼는 말. 여기서 personally는 「개인적인 감정을 가지고」 정도의 의미. 결국 이 표현은 개인적인 감정이 있어서 하는 말은 아니니까, 나쁘게 받아들이지 말라는 뜻이 된다.

Don't take it personally, but your selfishness and overbearing personality seem to irritate everyone.

기분 나쁘게 받아들이지마, 하지만 너의 이기심과 거만한 인성은 모든 사람들을 열받게 할 것 같아.

Don't get me wrong, but S+V

오해하지마, 하지만…

상대방의 오해를 받아 억울한 일이 생겼을 때 「그런 게 아니야, 날 오해하지마」라고 항변하는 말이다. get은 「이해하다」(understand)의 뜻이며, wrong은 부사로 쓰여 get sb wrong은 「…의 말을 잘못 이해하거나 그로 인해 기분나빠하다」라는 의미.

Don't get me wrong, but they don't deserve special treatment just because they come from a wealthy family.

오해하지마, 하지만 걔네들이 부유층 가족출신이라고 해서 특별대접을 받을 자격은 없어.

No offense, but S+V

기분나빠하지마, 하지만…

No offense는 상대방이 오해할 수도 있는 상황에서 '악의는 없었어,' '기분 나빠하지마,' '오해하지마'라고 하는 말. 이럴 때 대답으로 오해하지 않았다고 하려면 None taken이라고 한다.

No offense, but I can't give you a large, expensive gift just because it happens to be your birthday.

기분나빠하지마, 하지만 단지 네 생일이라고 해서 대단하고 값비싼 선물을 줄 수는 없어.

우리가 …할 방법은 없어

There is no way we~

1

There is no way we+V

우리가 …할 길은 없어

누군가에게 부탁을 받았을 때 "No way!"란 대답은 매우 단호한 거절을 의미하는데 이처럼 no way는 강한 부정의 뜻을 갖는 어구. 이 표현 역시 마찬가지로 that 이하의 상황이 일어나 기란 도저히 불가능하다는 뉘앙스이다.

With that storm moving in, there's no way that the summit team is going to reach the peak before nightfall.

저렇게 폭풍이 밀려오고 있어서 해가 지기 전에 정상정복팀이 꼭대기까지 간다는 건 도저히 불가능해.

2

There's nothing we can do about+N that+V

우리가 …에 대해 할 수 있는 일은 아무 것도 없어

There's nothing we can do는 우리가 할 수 있는 일이라고는 아무 것도 없다고 말하는 문 장이다. 여기에 about+N, 그리고 다시 N이 무엇인지 설명해주는 that+V 형태가 붙은 경우 이다.

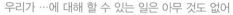

There's nothing we can do about the starvation that occurs in some parts of the world.

우리가 일부 세계에서 벌어지고 있는 기근에 대해 할 수 있는 일이 아무 것도 없어.

3

It's the choice between A and B

그건 A와 B 사이의 선택의 문제야

둘 중에 선택해야 되는 상황이 되어버렸다고 할 때 사용하면 좋은 표현이다. the 대신에 a를 써도 된다.

It's the choice between acting in a good and ethical way and making a lot more money.

그건 착하고 윤리적으로 행동하느냐와 더 많은 돈을 버느냐 사이의 문제야.

094

전혀 …을 예상하지 못했어

I hardly expected to~

❶ I hardly expected to+V

…하리라고는 전혀 예상못했어

거의 실현할 수 없는 일을 예상하고 기대했다는 자조적인 문장이다. 또한 never expected~
는 전혀 예상하지 못한 뜻밖의 일이 벌어졌을 때 쓰며 'I never expected that~'하게 되면 '…
하다니 전혀 뜻밖이네'라는 말이 된다.

**I hardly expected to be able to change any of the corrupt
behavior all by myself.**
나 혼자 힘으로 부패한 행위 중 어느 하나라도 바꿀 수 있으리라고는 전혀 예상못했어.

❷ You're expected to+V

넌 …할거래, …해야 돼

be expected to는 …할 것으로 예상되거나, 기대되거나 그래서 어느 정도는 그렇게 해야 한
다 등의 뉘앙스를 문맥에 따라 띄게 된다.

The nurses say you're expected to make a full recovery.
간호사들은 네가 완전히 회복될거라 말해.

❸ What do you expect to+V?

어떻게 …하기를 바란거야?

What do you expect (sb) to+V~?는 단순히 무엇을 기대하느냐라는 의미이지만 문맥에
따라 상대방에게 따지는 표현으로도 많이 사용된다.

**What do you expect to see when you attend the gay rights
march next week?**
다음주에 게이행진에 참석하면서 뭘 보기를 기대하는거야?

It's too much to suggest~

1

It's too much to suggest that S+V
…라고 하는 것은 너무 지나쳐

It's too much to say S+V에서 say 대신 suggest를 쓴 경우이다. …라고 상대방이나 제 3 자가 제안을 했을 때 그건 좀 무리가 있다고 부드럽게 반박하는 문장이다.

It's too much to suggest that no women should ever be allowed to participate in combat missions.
여성은 전투행위에 참여하는 것이 허락되어서는 안된다고 하는 것은 너무 지나쳐.

2

No one can tell what[why] S+V
누구도 …을 알 수가 없어

누구도 tell 이하를 말할 수 없다는 것은 아무도 …을 알지 못한다, 알 수가 없다라는 뜻이 된다.

No one can tell what effect the government policies are going to have on our nation.
어느 누구도 정부의 정책들이 우리 나라에 끼칠 영향에 대해 알 수가 없어.

3

You don't understand~
넌 …을 이해못해

상대방의 이해부족을 언급할 때, 다시 말해 understand 이하가 얼마나 심각한 문제인지 상대방이 모른다고 하면서 자기 주장을 간접적으로 펼칠 때 사용한다.

You don't understand how difficult life is for people who think they were born with the wrong gender.
잘못된 성을 갖고 태어났다고 생각하는 사람들의 삶이 얼마나 힘든지 너는 몰라.

…의 문제가 아냐

It's not a matter of~

1

It's not a matter of ~ing
…의 문제가 아냐

진짜 문제가 무엇인지 강조해서 말하는 표현법이다. of~ 다음에는 동사의 ~ing를 넣으면 된다.

It's not a matter of **getting treatment for illnesses,** it's a matter of **medical bills being too expensive.**

병을 치료받는게 문제가 아니라, 너무 고가의 의료비용이 문제야.

2

I know how hard you+V but I hope you can+V
무척 열심히 …하는 건 알겠지만 …하면 좋겠어

상대방에게 어렵게 …을 하고 있다고 칭찬하면서 동시에 상대방에게 뭔가 바라는 것을 말하는 표현이다. 점잖게 자신의 의견을 피력하는 문장이 된다.

I know how hard you **worked on the article on corruption,** but I hope you can **make some changes to it.**

네가 부패에 관한 기사에 많은 노력을 기울였다는 것을 알지만 네가 좀 수정을 할 수 있으면 좋겠어.

3

We just have to be ~ when S+V
우리는 …할 때 …해야 돼

when 이하의 일을 할 때는 be~ 이하를 해야 된다고 충고 내지는 조언을 할 때 사용하는 표현이다.

We just have to be **careful** when **we are in a tourist area because there are pickpockets here.**

여행지에서는 소매치기가 많기 때문에 우리는 더 조심해야 돼.

…하는 것은 불가능해

It's not possible to~

1

It's not possible to+V~

…하는 것은 가능하지 않아

뭔가 가능하다고 할 때는 It's possible to+V, 반대로 불가능하다고 할 때는 It's not possible to+V라고 하면 된다. 물론 to+V 대신에 that S+V절이 올 수도 있다.

Technically it's possible to live normally without having to go into debt, but it's difficult to do.

이론적으로는 빚지지 않고서 정상적으로 사는게 가능하지만 그렇게 하기는 어려워.

2

It's impossible (for sb) to+V~

(…가) …하는 것은 불가능해

역시 불가능하다고 할 때는 impossible을 써서 말할 수도 있다.

It's impossible for you to have a happy marriage if you do not respect your spouse.

배우자에 대한 존경심이 없이는 행복한 결혼생활을 누리는 것은 불가능해.

3

It's next to impossible to+V

…한다는 것은 거의 불가능해

완전히 불가능하다고 단정짓지 않고 거의 불가능하다고 할 때는 impossible 앞에 next to 혹은 almost를 삽입하면 된다.

I guess that they have good intentions, but personally I think it is next to impossible for the state to try and stop anyone from visiting websites that they think are inappropriate.

의도가 선하다고 생각하지만, 개인적으로 주정부가 그들이 부적절하다고 생각하는 웹사이트에 사람들이 방문하는 것을 막는 것은 거의 불가능하다고 생각해.

4

It's impossible not to+V

…하지 않은 것은 불가능해, …할 수밖에 없어

이번에는 to+V를 하지 않는 것은 불가능하다, 즉 …할 수밖에 없다고 말하는 문장이다.

It's impossible not to find friends if you make an effort to be kind and listen to others.

네가 친절하고 다른 사람들의 말에 귀를 기울인다면 친구를 꼭 찾을거야.

5

It's not impossible that~

…은 불가능하지 않아, …할 수도 있어

이번에는 impossible을 부정하여 possible로 만든 경우. 긍정적인 문장으로 …을 할 수가 있다라는 의미이다.

It's not impossible that the prime minister's decisions were influenced by some foreign entities.

총리의 결정들은 다른 독립국가들로부터 영향을 받을 수도 있을거야.

6

Is it possible that S+V?

…가 가능할까?

어떤 가능성을 물어보는 표현으로 …할 가능성이 있느냐는 의미로 Is it possible to+V? 혹은 Is it possible (that) S+V~?의 형태로 쓰면 된다.

Is it possible for me to become rich by the time I'm fifty?

50살에 부자가 될 수 있을까?

···할 가능성이 있어

There is a possibility~

❶ There is a possibility S+V
···할 가능성이 있어, ···할 수도 있어

이번에는 possible의 명사형인 possibility(가능성)를 이용한 패턴들이다. 먼저 가능성이 있을 때는 There is a possibility S+V의 형태를 쓰면 되는데 possibility 앞에 부정관사 'a'를 놓치면 안된다.

There is a possibility the people sentenced to prison were abused when they were small children.
감옥에 갇힌 사람들은 어렸을 때 학대받았을 가능성이 있어.

❷ There isn't a possibility S+V
···할 가능성이 없어

반대로 가능성이 없을 때는 There is not a possibility S+V 혹은 There isn't a possibility S+V라고 하면 된다.

There isn't a possibility that drinking alcohol leads to the use of dangerous and illegal drugs.
술을 마신다고 위험하고 불법적인 약물 사용으로 이르게 될 가능성은 없어.

❸ Is there a possibility S+V?
···할 가능성이 있어?

이번에는 상대방에게 ···할 가능성이 있는지 물어보는 패턴으로 긍정문에서 주어와 동사를 도치시키기만 하면 된다.

Is there a possibility we could be laid off before the end of the year because of a recession?
경기침체 때문에 연말 전에 해고될 가능성이 있어?

The possibility exists that S+V
···할 가능성이 있어

앞의 패턴들과는 달리 특이하게 동사는 exist를 썼다는 점에 주목한다. S+V가 부정이면 ···할 가능성이 없다고 해야 한다.

The possibility exists that Chris could have a birthday party before hell freezes over.
크리스가 생일파티를 할 수 있을 가능성은 전혀 없지.

One possibility (of~) is that S+V
한 가지 가능성은 ···이다

앞뒤 문맥을 서로 알고 있을 때는 단순히 One possibility is that~이라고 하고, 특정 가능성을 언급하고자 할 때는 One possibility of~ is S+V라 써주면 된다.

One possibility is that we need laws to protect the most defenseless of our citizens.
한 가지 가능성은 우리는 우리 시민들 중에서 가장 무방비 상태의 사람들을 보호하는 법이 필요하다는거야.

We can't ignore the possibility of ~ing
···의 가능성을 무시할 수 없어

무시할 수 없다는 것은 역으로 말해서 ···할 가능성도 있다라는 말이 된다. ignore 대신에 overlook를 써도 된다.

We can't ignore the possibility of some sort of fraud occurring during the general election.
총선 동안 일부 사기행위들이 일어날 수도 있는 가능성을 무시하면 안돼.

099 have the opportunity to~

have the opportunity to+V
···할 기회가 있다

···할 기회나 찬스가 있다는 말로 have 대신에 get을 써도 된다.

Some black people will not get the opportunity to **work at higher level jobs because of discrimination.**

일부 흑인들은 인종차별 때문에 고위직에서 일할 기회를 갖지 못할거야.

get the chance to+V
···할 가능성이 있다, 기회가 되다

「···할 기회가 있다」라는 동사구는 「기회」를 뜻하는 chance를 만능동사 get이나 have의 목적어로 취한 뒤, to부정사로 혹은 of ~ing로 chance를 수식해주면 된다.

Did you get the chance to **talk to the young women about the dangers of an unwanted pregnancy?**

젊은 여성에게 원치 않는 임신의 위험성에 대해 얘기할 기회가 있었어?

I don't have a chance to ~
···할 기회가 없다

기회가 있기를 희망한다고 할 때는 I hope that I get a chance to+V, 상대방이 ···할 기회가 없다고 할 때는 You have no chance of~ing, 그리고 내게 선택의 여지가 없다고 할 때는 I have no choice라고 하면 된다.

I don't have a chance to **date anyone because my job requires me to work 70 hours a week.**

내 직장에서 일주일에 70시간을 일하도록 하기 때문에 난 누구와 데이트할 기회가 없어.

100

···할 가능성이 있어

Chances are that~

1

Chances are that S+V

···할 가능성이 있어

Chances are that S+V는 '···할 가능성이 있다' 또는 '아마 ···일 거야'라는 의미이다. Chances are slim(가능성이 적어)처럼 Chances are+형용사처럼 쓰이기도 한다.

Chances are that some of the dogs that are bought as pets will not be well taken care of.

애완동물로 팔려진 일부 개들은 돌봄을 잘 받지 못할 가능성이 있어.

2

Any chance S+V?

···할 가능성은 있어?

chance는 구어에서 「기회」, 「가능성」 등의 의미로 자주 사용된다. 따라서 Is there any chance that S+V?는 that절 이하가 일어날 「가능성」에 대해 물어보는 표현. chance 대신 「가능성」을 뜻하는 likelihood를 써서 What is the likelihood of ～?라고 해도 마찬가지.

Any chance that unemployment falls after the lockdown for the coronavirus has ended?

코로나 바이러스로 인한 폐쇄가 끝나면 실업률이 떨어질 가능성이 있어?

3

What are the odds that S+V?

···할 가능성이 어떻게 돼?

odd가 복수가 되면서 정관사를 취하면 '···할 가능성,' '···할 확률'이라는 뜻이 된다. 단독으로 What are the odds of that?하면 그 가능성은 어떻게 돼?라는 문장이 된다.

What are the odds that cancer is cured by scientists in the next twenty years?

향후 20년 안에 과학자들에게 암이 정복될 가능성이 있어?

There is more of a chance to~

❶ There is more of a chance to+V

···할 가능성이 더 높아

딱부러지는 단정보다는 「···할 가능성이 높다」식의 완곡 표현이 필요할 때가 많다. 이것은
There is ~구문과 「더 높은 가능성」이란 뜻의 more of a chance, 그리고 그걸 수식하는 형용
사적 용법의 to부정사가 연결된 구조인데, to부정사 대신 that이 이끄는 절을 이용할 수도 있다.

There is more of a chance that they will file a multimillion-dollar lawsuit than settle out of court.

그 사람들이 법정 밖에서 합의하기보다는 엄청난 액수가 걸린 소송을 제기할 가능성이 더 높다.

❷ There's a good chance that S+V

···일지도 모를 가능성이 많아

「기회」라는 뜻으로 잘 알려진 chance를 써서, there's a chance라고 하게 되면 「가능성이
있다」란 뜻. 그리고 양이나 수적으로 「충분한」, 「많은」이란 뜻의 good을 chance 앞에 붙여
there's a good chance로 「가능성이 많다」는 표현을 완성한다.

There's a good chance that visiting a prostitute will result in catching a venereal disease.

매춘부에게 가면 성병에 걸리게 될 가능성이 높아.

❸ have a better chance at ~ing

···할 가능성이 더 높다

가능성(chance)인데 better를 붙임으로서 가능성이 높음을 말한다.

We paid high fees to the academy so our son would have a better chance at attending a prestigious university.

학교에 많은 등록비를 냈기 때문에 우리 아들이 일류대학에 들어갈 가능성이 더 높을거야.

3rd DAY

102

···가 ···하기는 아주 어려워

It's very difficult to~

❶

It's very difficult (for A) to+V

(A가) ···하기는 아주 어려워

to이하가 문장의 주어부이나 가주어 It을 사용하여 뒤로 도치된 문장이다. 기본형은 It's difficult to+V이며 이를 강조하기 위해서 difficult 앞에 very를 넣었고 또한 누구에게 어려운지를 말해주기 위해 의미상의 주어인 for sb가 삽입된 경우이다.

It's very difficult for men to imagine how women feel when they are sexually harassed.

남성들은 여성들이 성적으로 희롱을 당할 때의 기분이 어떤지 상상하기가 정말 어려워.

❷

It's much more difficult to+V

···하는 것은 훨씬 더 어려워

more가 있으므로 비교의 의미가 담긴 문장으로 더 어렵다가 되는데 여기에 비교급 more를 수식강조해주는 임무를 띤 much를 사용하여 그 차이를 더 강조하는 표현이다.

It's much more difficult to find an honest person than it is to find a person who isn't truthful.

신뢰할 수 없는 사람을 찾는 것보다 정직한 사람을 찾는게 훨씬 더 어려워.

❸

It's easy to+V

···하는 건 어려운 일이 아니다

difficult의 반대어는 easy 그래서 It's easy (for sb) to+V하게 되면 (···가) ···하는 것은 쉽다라는 의미가 된다.

It's easy to blame poor people for their situation, but they may not be responsible for having no money.

가난한 사람들에게 그들의 처지에 대해 비난하기는 쉽다. 하지만 돈이 없는 것은 그들의 책임이 아닐 수도 있어.

It's likely to+V

…할 것 같아, …하기 십상이야

be likely to+V하게 되면 …할 것 같다라는 말로 강조하려면 likely 앞에 more를 붙이면 된다.

It's likely to cause problems if the government agencies are caught lying to the people.

정부기관이 사람들에게 거짓말을 하다 걸린다면 문제들을 일으키게 될거야.

It's unlikely that S+V

…인 것 같진 않아, …일지 모르겠어

반대로 별로 가능성이 없거나 그럴 것 같지 않을 때에는 반대어인 unlikely를 써주면 된다.

It's unlikely that a couple that marries hastily will have a good relationship in the future.

급하게 결혼한 커플들은 미래에 좋은 관계를 갖지 못할 가능성이 있다.

every opportunity that I have

기회가 있을 때마다

every opportunity에 이를 수식해주는 that절을 붙여 every opportunity that I have, every opportunity that he has하는 식으로 「기회있을 때마다」라는 표현을 만들 수 있다. every chance (that) I get이라고 해도 같은 의미.

I tell people about my strong political views every opportunity that I have.

난 기회가 있을 때마다 나의 강력한 정치적 견해에 대해 말해.

104 make small talk

1

make small talk
수다를 떨다

자기 주변의 사소한 것들을 화제삼아 얘기하는 「잡담」을 영어로 small talk이라고 하는데, 만능동사 make를 짝지워 make small talk이라고 하면 「잡담하다」라는 동사구가 완성된다. 누구와 얘기하는 것인지는 with sb를 붙여주면 된다.

When you want to make people you just met comfortable, it is important to be able to make small talk.
방금 만난 사람들을 편하게 해주기를 원하면 수다를 떨 수 있는게 중요해.

2

chat with sb
…와 수다떨다

chat with는 '…와 잡담하다' chat about하면 '…에 대해 얘기하다'라는 뜻이 된다. chitchat with sb라고 해도 된다.

When my girlfriend decided to study abroad for a few semesters, I was able to chat with her every night.
내 여친이 몇 학기동안 외국에서 공부한다고 결심했을 때 나는 매일밤 여친과 수다를 떨 수가 있었어.

3

have a chat with sb
…와 수다를 떨다

have a chat with는 '…와 잡담하다[수다떨다]'라는 뜻으로 have a little chat하면 '…와 잠시 잡담하다'라는 의미가 된다.

One of the girls in our class has been wearing clothing that is too sexy, and you should have a chat with her about that.
우리반 여학생들 중 한 명이 너무 야한 옷을 입고 다녀 그러니 네가 그에 대해 걔와 얘기를 나눠봐.

강제로 …시키다

make sb~

1

make sb+V

…을 …하게 하다

「사역동사」의 대표주자, make. 기본틀은 「A를 …하게 만들다/조장하다」란 뜻의 'make A + 동사원형' 구문. 좀 더 나아가 「…를 아무 일도 아닌 양 조장한다」란 말은 「…을 OK인 것처럼 만든다」는 얘기이므로 'make A seem okay'라는 표현이 만들어진다.

Love hotels shouldn't be built that close to schools because it makes the people who use them and the students feel uncomfortable.

러브호텔은 학교 근처에 지으면 안돼. 호텔을 이용하는 사람들과 학생들을 불편하게 하기 때문이야.

2

let sb+V

…가 …하게 하다

let은 말 그대로 사역동사인 만큼 「…에게 ~를 하게 하다」란 의미로, 누군가(뭔가)에게 어떤 일을 하게끔 「시키는」 것 내지는 「허락하는」 것을 말한다. 따라서, 'let sb/sth + 동사원형'의 형태로 쓰이는 게 보통.

If there have been burglaries in your neighborhood, you had better let your neighbors know about it.

이웃동네에 절도가 발생했다면, 넌 이웃들에게 그에 대해 알려줘야 해.

3

help sb+V

…가 …하는 것을 도와주다

help는 일명 '준사역동사'로 「sb + to + V[~ing]」가 뒤에 이어지기도 하지만 미국영어에서는 to 없이 동사원형만 쓰는 게 훨씬 보편적이다. 또 '행동'에 해당하는 것이 명사가 되면 help sb with + N의 구조로 변하게 된다. 예를 들면, Can you help me with my work?(일 좀 도와줄래?)의 형태로 쓴다는 말씀.

We should help teenagers learn about the dangers of smoking before they start.

우린 10대들이 담배를 배우기 전에 흡연의 위험성에 관해서 알 수 있도록 도와줘야 한다.

4

get sb to+V

…에게 …를 시키다

get은 사역동사가 아니라 사역동사처럼 사용되는 단어로 have와 달리 동사 앞에 to가 나와 get+사람+to+V의 형태가 된다는 것을 유의해야 한다.

What's the best way to get him to do something?

걔로 하여금 뭔가를 하게 하려면 어떤 방법이 최선이야?

5

have[get] ~+pp

…가 …하도록 시키다, 만들다

He had his hair cut은 사역동사의 예문으로 각광받는 아주 유명한 문장. 'have+목적어' 다음에 pp가 오면 제 3자가 목적어를 pp하였다라는 말이 된다. 따라서 직역하면 제 3자에 의해 내 머리가 깎임을 당하였다, 즉 머리를 깎았다라는 말이 되는 된다. 그럼 간단히 I cut my hair라고 하지 왜 이렇게 어렵게 말할까? 우리는 영리해서 "나 머리깎았어"하면 집에서 깎은 게 아니라 미장원에서 깎았구나라는 걸 깨닫지만 미국인들은 고지식한 건지 분명한 걸 좋아하는지 자기가 깎은게 아니라 다른 사람이 깎았다는 것을 굳이 말하려는 습성이 있다. have 대신 get을 써도 같은 의미.

If it's broken, we'll get it fixed.

부러졌으면 우리가 고쳐드릴게요.

Be nice to have that finished by the time I get back.

착실하게 그거 내가 돌아올 때까지 끝내.

You had me worried there for a second.

잠시동안 걱정했었어.

DAY 4

의견말하기

DAY
1 · 말꺼내기 ·

DAY
2 · 의견묻기 ·

DAY
3 · 의사소통 ·

DAY
4 의견말하기 ·

DAY
5 · 알거나 모르거나 ·

DAY
6 · 찬성과 반대 ·

DAY
7 · 희망과 감정 ·

DAY
8 · 이유 ·

DAY
9 · 시간과 방법 ·

DAY
10 · 비교, 가정 및 연결어 ·

+

**Real-life
Conversations 37**

···하는 것 같아

I think~

1

I think S+V

···인 것 같아

I think로 말할 내용을 둘러싸면 "내 생각엔 ···인 것 같아"라는 의미로 자신없는 이야기를 하거나 혹은 자기의 생각을 부드럽게 말할 수 있다. 예로 She's lying이라고 하기 보다는 I think she's lying하면 자신의 생각을 훨씬 부드럽게 전달할 수 있게 된다.

I still think that China needs to regulate its meat markets because dangerous viruses were spawned there.

난 아직도 위험한 바이러스가 창궐하기 때문에 중국은 자국의 고기시장을 규제해야 한다고 생각해.

2

I think I'll~

···을 할까봐

역시 자신의 의지를 부드럽게 전달하는 방법이다. 자기가 앞으로 '···을 하겠다'라고 하기 보다는 '···을 할까봐' 정도로 이해하면 된다. I will+V보다 덜 단정적인 표현이라는 말씀.

I think I'll stay home and avoid the large crowds, because I've been worried about getting sick.

난 병에 걸릴까 걱정되니까 많은 사람들을 피해서 집에 있을거야.

3

I'm thinking S+V

···을 생각중이야, ···한 것 같아

I'm thinking of[about] ~ing하게 되면 앞으로 ···하려고 한다라는 가까운 미래를 말하지만 I'm thinking that S+V하게 되면 지금 현재 ···을 생각중이야, 혹은 ···한 것 같아라는 말이 된다. 그래서 I'm thinking I should go visit him은 "걔를 방문해야 될 것 같아"라는 문장이 된다.

I'm thinking factories need to be cleaner so that people aren't exposed to harmful chemicals.

공장들은 사람들에게 유해한 화학물질이 노출되지 않도록 더 깨끗해져야 된다고 생각해.

002

…할 생각이야

I'm just thinking of~

I'm just thinking of[about]+N

그저 …에 대해 생각하고 있어

think를 진행형으로 쓴다는 점에서는 아래 표현과 동일하지만 I'm thinking of[about]~ 다음에 명사가 오면 "…에 대해 생각하고 있다"라는 의미가 된다.

I'm just thinking about war and how it can ruin an entire nation for decades.

난 전쟁과 그 전쟁이 어떻게 오랫동안 지속된 한 국가 전체를 파괴할 수 있는지에 대해 생각하고 있어.

I'm thinking of[about]~ing

…할 생각이야

앞으로의 계획이나 생각에 대해 말하는 구문으로 우리말의 「앞으로 …할 생각이야」에 해당하는 표현. 앞으로 계획된 구체적인 일은 of뒤에 ~ing의 형태로 이어서 말하면 된다. plan on ~ing도 같은 의미이며, think of ~ing에서는 of 대신 about을 사용해도 된다.

I'm thinking of dieting because every morning when I get up from bed, I feel fat and sluggish.

아침에 침대에서 일어날 때마다 살이 찌고 움직이기 힘들어 다이어트를 할까 생각중야.

I was thinking of[about]~ing

…할 생각이었어

과거형으로 I was thinking of[about] ~ing는 과거에서 미래의 계획을 말하는 패턴이 된다. 즉 "…할 생각이었어"라는 말. 또한 I was thinking S+V하게 되면 과거에 "…라 생각했어"라는 뜻이 된다.

I was thinking of volunteering to travel to Africa to help out in the regions that are experiencing famine.

난 아프리카에 자원으로 여행가서 기근을 겪고 있는 지역에 도움을 줄까 생각중이었어.

I don't think S+V

…라고 생각하지 않아

I don't think~ 역시 자기가 말하려는 내용을 부드럽게 해주는 역할을 해주는데 다만 상대방과 반대되는 의견이나 자기가 말할 내용이 부정적일 경우에 사용하면 된다. 특이한 것은 I think 다음의 절을 부정으로 하기보다는 I think부분을 부정으로 사용하는 것을 더 선호한다는 점이다.

I don't think Bill understands the problems that black people deal with on a daily basis.

난 빌이 매일 흑인들이 겪어야 되는 문제들을 이해하고 있는 것 같지 않아.

I don't think S+V, rather

난 …라고 생각하지 않아, 그보다는 …라고 생각한다

먼저 「…라고 생각하지 않는다」라고 전제를 한 후, 「그보다는 …라고 생각한다」라고 원래 의도를 뒤에서 밝히는 형태. 다짜고짜 「내 생각은 …야」라고 말을 꺼내는 것보단 조금 완곡한 표현으로 대화를 부드럽게 만들 수 있다.

I don't think that he meant what he said, rather he was being somewhat sarcastic.

난 그 사람 말이 진심이 아니라 좀 비아냥거린 말이라고 생각해.

I don't think it's true that S+V

…라니 믿기질 않아

어떤 사실이 믿어지지 않거나 어떤 놀라운 사실과 맞닥트렸을 때 사용하면 좋은 표현이다.

I don't think it's true that vaccines cause problems like autism and immune system disorders.

백신이 자폐증이나 면역체계이상 같은 병들을 초래한다는 사실이 믿기질 않아.

…라고 생각하지 않았어

004 I didn't think ~

1

I didn't think S+V

…라고 생각하지 않았어

I don't think S+V의 과거형으로 "난 과거에 …라고 생각하지 않았어[못했어]"라는 사실을 말하는 표현이다. 그래서 I didn't think they would catch him하게 되면 "걔네들이 널 잡으리라고 생각못했어"라는 말이 된다.

I didn't think she would get me into trouble, but it turns out that I couldn't trust her to keep a secret.

걔가 나를 곤경에 빠트릴거라 생각을 못했지만 걔가 비밀을 지키리라고는 믿을 수가 없다는 것이 드러났어.

2

I didn't think I was going to+V

…하게 될 줄은 몰랐어

역시 과거형 문장으로 내가 to+V를 하게 될 줄은 생각하지 못했다, 즉 "내가 …하게 될 줄은 몰랐어"라는 패턴이다. 과거에 일어난 일이 나의 예상과 달라 좀 놀랬다라는 뜻.

I didn't think I was going to see so many protestors attending the demonstration downtown.

난 그렇게 많은 사람들이 시내에서 열리는 데모에 참석하게 될 줄은 몰랐어.

…라고 생각하는구나

You must think~

❶ You must think S+V

넌 …라고 생각하는구나, 넌 …라 생각해야 돼

여기서 must는 문맥에 따라 추측이 될 수도 있고 혹은 상대방에게 …을 생각해보라는 권유의 단어가 될 수도 있다는 점을 알아둔다.

You must think that the population of the world has grown so much that a pandemic is inevitable.

세계 인구가 너무 늘어나서 팬데믹은 불가피하다고 생각하는구나.

❷ You may think S+V

네가 …라 생각할 수도 있어

상대방의 의견이나 주장을 조심스럽게 확인하는 문장이다. may 대신에 might를 써도 된다.

You may think same sex marriage is wrong, but gay couples are just like anyone else.

동성간의 결혼은 잘못이라고 생각할 수도 있지만 동성커플은 다른 어느 누구와도 같은 사람들야.

❸ You would think S+V

…라고 생각하고 싶겠지, …라고 생각했겠지

비록 사실이 아니지만 사실일거라 기대할 때 사용하는 표현이다. 우리말로는 "…라 생각하고 싶을거야," "…라고 생각했겠지" 등으로 생각하면 된다.

You would think everyone would be on their best behavior, but some people in our group acted very badly.

넌 모두가 최선의 행동을 했을거라 생각하고 싶겠지만 우리 그룹의 일부 사람들은 아주 형편없게 행동했어.

···같아

Looks like~

Looks like+N
···같아, ···처럼 생겼어

단정적으로 말하지 않고 조심스럽게 말하기 위한 장치. seem like의 경우는 like가 들어가도 되고 안 들어가도 되는 반면 look like에서는 반드시 like가 들어가야 된다는 것을 기억해두어야 한다. 구어체에서는 'it'을 생략해 Looks like~로 쓰기도 한다.

Looks like John has a charisma that people find charming, but I wonder whether he has a good character.

존은 사람들이 매력적이라고 생각하는 카리스마를 갖고 있는 것처럼 보이지만, 난 걔의 성격이 좋은지는 모르겠어.

(It) Looks like S+V
···처럼 보여

like 다음에 주어와 동사로 이루어진 절(clause)이 온 경우로 자신이 없는 말을 할 때 사용되는 표현.

Looks like teenage pregnancies have been increasing for the past few decades.

십대의 임신이 지난 몇 십년 동안 증가한 것처럼 보여.

It doesn't look like S+V
···한 것 같지 않다

이번에는 반대로 ···할 것 같지 않을 때는 부정을 써서 It doesn't look like S+V의 형태로 쓴다. 물론 It의 자리에는 사람이 올 수도 있다.

You don't look like you are worried about becoming unemployed by the end of this year.

넌 금년말에 해고될 것에 별 걱정이 없는 것처럼 보여.

…한 것 같아
Sounds like~

1

(It) Sounds+형용사
…인 것 같아

(It) Sounds+형용사 혹은 (It) Sounds like +명사의 형태로 …인 것 같아라는 의미로 회화에서 많이 쓰인다. 거의 굳어진 표현으로 외워두면 좋다. It 대신 That을 쓰기도 한다. 단, 형용사는 sound 뒤에 바로 이어쓰면 되지만 명사일 경우에는 앞에 like가 꼭 붙어다닌다는 점을 기억해둔다.

Yeah. It sounds kinda dirty, doesn't it?
그래, 약간 지저분하게 들리네, 그렇지 않니?

2

That sounds rather+형용사+ for sb to+V
…가 …하는 것은 좀 …한 것 같아

sound는 「…하게 들리다」, 「…하게 생각되다」는 뜻. 「다소」라는 뜻의 rather와 함께 나와 직역하면 「다소 …하게 들리다」, 즉 「좀 …한 것 같다」는 뜻의 표현. 예상한 것과 틀려서 믿기 힘들거나 이상하게 느껴질 때 사용된다. 또, 뒤에는 항상 형용사가 온다는 것을 기억해두자.

That sounds rather awful for the young lady to have endured being stalked by a man that she did not know.
젊은 여성이 자기가 모르는 남자에게 스토킹 당하는 것을 참는다는 것은 정말 끔찍하게 들려.

3

(It) Sounds like+N
…인 것 같아

상대방의 말에 대한 반응으로 「그거 (내가 듣기에는) …라는 얘기처럼 들리는구나」란 의미의 완곡한 표현이다. Sounds like a plan(좋은 생각이야)이나 Sounds like a good idea가 대표적인 문장이다.

Oh, that sounds like so much fun.
오, 무척 재미있는 것 같아.

That sounds like a bad idea to me.
내게 별로 좋은 생각같지가 않아.

(It) Sounds like S+V~
···인 것 같아

이번에는 Sounds like 다음에 S+V의 절이 이어지는 경우. 뒤에 명사가 올 때처럼 의미는 "···인 것 같아"라는 의미이다.

Sounds like nuclear power makes plenty of electricity, but it might not be safe over the long term.
원자력은 풍부한 전기를 만드는 것 같지만 장기적으로 봐서는 안전하지 않을지도 몰라.

It sounds to me like S+V
내겐 ···인 것처럼 들려

상대방이 한 말을 듣고 「그것이 ···라는 얘기처럼 들린다」고 나름대로 정리하고 결론지어 얘기할 때 쓰이는 표현으로 일단 to me를 제쳐놓고 It sounds like ～만으로도 많이 애용된다. like 뒤에는 「주어 + 동사」의 완전한 절의 형태가 오는 것이 보통이며, 사실을 얘기하는 것이 아니라 자신이 듣기에 그런 것 같다는 추측의 뉘앙스를 가지고 있다는 점에서 It seems to me that ～과 유사하다.

It sounds to me like humans travelling in spaceships to other planets will not happen any time soon.
우주선을 타고 다른 행성으로 여행가는 것은 조만간에는 이루어지지 않을 것 같아.

It seems+adj

① It seems+adj

…처럼 보여, …하는 것 같아

가장 기본적인 형태로 seem+형용사를 알아본다. 겉모양을 봐서 …인 것 같다라는 의미의 패턴이다. 그래서 심각해보여는 It seems serious라고 하면 된다.

It seems sad that men and women can't expect to receive the same salary for doing the same type of work.

남성과 여성은 동일한 종류의 일을 한 것에 대해 동일한 임금을 받지 못하는 것은 안타까워보여.

② It seems to+V

…하는 것 같아

형용사 자리에 to+V가 오는 경우이다. 주어 또한 It 외에 사람명사 등이 올 수도 있다. 상대방이 내 얘기를 듣고 있지 않은 것처럼 보일 때는 You don't seem to be listening이라고 하면 된다.

It seems to bother some people that transgender individuals want to be protected by the law.

트렌스젠더들이 법에 의해 보호를 받고 싶다는 사실에 대해 일부 사람들은 불편하게 느끼는 것 같아.

③ It seems that S+V

…처럼 들려

뭔가 잘 모르거나 확신이 없을 때 쓰는 것으로 It seesm~는 "…하는 것 같아"라는 의미이다. It seems (that) 주어+동사의 형태로 쓰면 된다.

It seems that illegal drugs are used by a sizable percentage of today's young people.

불법약물이 오늘날 많은 젊은이들에 의해서 소비되는 것 같아.

···처럼 보여

Seems like~

(It) Seems like+N~

···처럼 보여

It seems+형용사는 앞서 배웠다. 그럼 seem 다음에 명사를 써도 될까? 물론 된다. 다만 like를 덧붙여 (It) Seems like+명사의 형태로 써야 한다. 또한 명사 자리에는 S+V절이 이어 져도 된다.

Seems like drones are being used to spy on people who are not committing a crime.

드론은 범죄를 저지르지 않는 사람들을 감시하는데에 이용되고 있는 것 같아.

It seems to me that S+V

나에겐 ···처럼 들리다, 내가 보기엔 ···인 것 같다

It seems that S+V의 패턴에서 to me를 삽입한 경우로 "내가 보기에는"이라는 부연설명을 덧붙이는 표현이다.

It seems to me that we need to monitor the Internet and ban the online accounts of trolls.

난 우리가 인터넷을 모니터링하면서 넷상의 악플러 계정을 금지해야 될 것 같아.

It appears that S+V

···처럼 보여

학창시절 많이 배웠던 표현으로 주어는 사람이나 사람명사가 이어질 수도 있다는 점을 기억 해둔다.

It appears that the preference for boys has led to a gender imbalance in some societies.

남성선호 사상 때문에 일부 사회에서는 남성 여성간의 불균형이 초래되는 것 같아.

It's like~

① It's like+N

…와 같은거네

It's like~하면 "…와 같은 거네," "…하는 것 같아," "…하는 것과 같은 셈야" 등의 뜻. It seems[looks like]~ 등이 외관상, 주관상 …한 것처럼 보인다라는 느낌인데 반해 It's like~는 바로 앞 대화에서 이야기하고 있는 사물이나 상황을 비유적으로 다시 한번 이야기할 때 쓰는 말이다.

Some people are not able to make enough money to support their families. It's like an economy problem.

일부 사람들은 돈을 충분히 벌지 못하여 가족을 부양하지 못하고 있다. 이는 경제적인 문제의 하나인 셈이야.

② It's like+S+V

…와 같은거네

앞의 내용과 동일한 패턴이지만 N의 자리에 S+V가 이어져 문장이 길어지는 경우이다.

It's like terrorism has almost been forgotten now that everyone is worried about the pandemic.

다들 팬데믹을 걱정하는 요즈음에는 테러리즘을 거의 모두 잊은 것 같아.

③ It's like+ ~ing

…와 같은거네

이번에는 It's like~ 다음에 ~ing가 이어지는 경우이다. "…하는 것과 같은 셈이야"라는 의미이다.

Snowboarding has become very popular with young people who enjoy winter sports. It's like skiing.

스노우보딩은 겨울 스포츠를 즐기는 젊은이들에게 매우 인기가 있어왔다. 그건 스키타는 것과 같은거야.

···같지 않아

It's not like~

1

It's not like+N[~ing]
···와 같지 않아, ···는 아냐

앞서 나온 It's like~의 부정형으로 먼저 It's not like~ 다음에 명사나 ~ing가 이어지는 경우를 살펴본다. 참고로 It's not like that하면 "그런게 아냐"라는 문장이 된다. It's not like you to+V는 상대방이 실망스런 행동을 했을 경우 비난하면서 '···하는 것은 너답지 않다'라고 말하는 법.

It's not like you to get right down to business.
바로 본론으로 들어가는 건 너답지 않다.

2

It's not like S+V
···와 같지 않아, ···는 아냐

이번에는 It's not like~ 다음에 S+V의 절이 이어지는 경우이다. 의미는 동일하여 '···처럼인 것은 아니다,' '꼭 ···는 아니다'라는 말이다.

It's not like civil rights cured all of the problems that are faced by people who are minorities.
시민권은 소수민에게 직면한 문제들 전부를 치유하지는 못한 것 같아.

3

It was like+N[~ing]
···와 같았어

It is like~의 과거형으로 뒤에는 명사, ~ing 혹은 S+V의 절이 이어지는 경우이다.

It was like the government wasting much of the money that was given to it by tax payers.
정부가 납세자들로부터 받은 돈을 너무 많이 쓰는 것 같아.

…하는 셈일거야

It's gonna be like~

1

It's gonna be like+N[~ing]

…하는 셈일거야

It's like~는 look, seem, sound와 같은 맥락의 의미이지만 그 쓰임새는 더욱 많다고 할 수 있다. 이번에는 be going to~ 등과 어울려 만드는 미래형 문장으로 가본다.

It's gonna be like everyone partying when we are finally finished worrying about the pandemic.

그건 우리가 마침내 팬데믹에 대한 걱정을 끝내고 다들 파티를 하는 것과 같은 셈일거야.

2

It's gonna be like S+V

…와 같은 것일거야

It's gonna be like~에 명사나 ~ing가 오는 것을 봤으면 이제는 그 자리에 S+V를 넣어가며 다양한 문장을 만들어보자.

It's gonna be like he failed in life if he can't get a good job with a major corporation.

대기업에 직장을 얻지 못한다면 인생에서 실패한 것과 같은 것일거야.

3

It would be like ~ing[S+V]

…하는 것과 같은 걸거야

이번에는 would를 써서 가정을 해보는 경우이다. 역시 be like~ 다음에는 명사나 ~ing 혹은 S+V 절이 이어진다.

It would be like feeling heat soak into our bodies every single day if we can't stop the greenhouse effect.

우리가 온실효과를 멈추게 하지 못하면 매일마다 몸이 열기에 젖는 듯한 느낌을 갖는 것과 같은 걸거야.

013 I feel like~

…한 것 같아

1 I feel like+N[S+V]

…인[한] 것 같아

역시 같은 의미로 "…한 것 같아"라는 의미. 앞의 It seems (like) ~, It looks like ~가 겉보기에 혹은 주변 상황상 …한 것처럼 보인다라는 뜻인 반면 I feel like~ 주어가 'it'이 아니고 'I'인 점, 그리고 동사가 주관적인 'feel'이라는 점에서 알 수 있듯이 다소 주관적인 표현으로 "내 느낌상 …한 것 같다"라는 뜻이다.

I feel like such an idiot! Well, we better start up again.
난 바보같아! 저기, 우리 다시 시작하자.

2 I don't feel like S+V

…한 것 같지 않아

반대로 …하는 것 같지 않다고 말할 때는 부정으로 써서 I don't feel like~라고 하면 된다.

I don't feel like the leaders understand how to stimulate the economy and create more jobs.
내 생각에 지도자들은 어떻게 해야 경기를 활성화하고 더 많은 일자리를 창출하는지 모르는 것 같아.

3 I feel like ~ing

…하고 싶어

feel like 다음에 동사의 ~ing를 취하면 …을 하고 싶어라는 의미가 된다. 뭔가 먹고 싶거나 뭔가 하고 싶다고 말하는 것으로 반대로 …을 하고 싶지 않다라고 말하려면 부정형 I don't feel like ~ing를 쓴다. 앞서 살펴본 바와 같이 …한 것 같아라는 의미의 feel like 다음에는 명사나 절이 오는 구문과는 다른 의미이다.

I don't feel like chatting anymore, friend.
야, 더 이상 얘기하고 싶지 않아.

4th DAY

내 생각에는,

014

In my opinion,~

❶

In my opinion,

내 생각으로는,

자기 생각을 말할 때 먼저 이 표현을 쓰면 자기의 의견을 부드럽게 전달할 수 있게 된다. 지금부터 말하는 내용이 자기생각에 국한된 것임을 말하기 때문이다.

In my opinion, gay and transgender people have a very hard life because they are disliked and distrusted.

내 생각으로는 사람들이 게이나 트랜스젠더를 싫어하고 배척하기 때문에 그들은 어려운 삶을 살고 있는 것 같아.

❷

My opinion is that S+V

내 의견은 …야

역시 자신의 의견을 겸손하게 말하는 패턴이다. 참고로 support one's opinion은 "…의 의견을 뒷받침해주다"라는 뜻이 된다.

My opinion is that powerful religious leaders are too involved in the US political system.

내 의견은 영향력이 많은 종교지도자들이 너무 미국 정치체계에 연루되어 있는 것 같아.

❸

On what do you base your opinion S+V?

…하다는 네 의견은 어디에 근거를 두고 있어?

좀 어렵지만 상대방의 의견이나 주장에 근거가 있는지, 있다면 무엇인지를 물어보는 표현이다. 근본 문구는 base one's opinion on B(…의 의견의 근거를 B에 두다)이다.

On what do you base your opinion that relatives tend to be generous? My uncle has never helped me financially.

친족들은 서로에게 너그럽다는 네 의견은 어디에 근거를 두고 있는거야? 내 삼촌은 재정적으로 나를 도와준 적이 결코 없어.

015

…라고 생각해

I find that~

I find that S+V

…라고 생각해

find sth하게 되면 물리적인 뭔가를 발견하다가 되지만 I find that S+V하게 되면 스스로 경험을 통해서 뭔가 알게 되었을 때 "내 의견은 …하다"라고 말할 때 사용하는 표현이 된다.

I find that people who have unhappy lives often hold strong opinions about political issues.

행복하지 못한 사람들이 종종 정치적 이슈에 강한 의견을 갖고 있는 것 같다고 생각해.

I found out sth~

…을 알아냈어

find sth와 대비된 표현으로 find out하게 되면 뭔가 노력을 해서 추상적인 것을 알아내다라는 뜻이 된다. 여기서는 먼저 find out의 목적어가 명사인 경우만을 살펴보자. 참고로 find out about sth이라고 쓰기도 한다.

Mike found out about it and he tried to put a stop to it.

마이크가 알아내고서 중단시키려고 했어.

I found out S+V

…을 알아냈어

find out 다음에는 명사 뿐만 아니라 S+V절이나 what, who, why 등의 의문사절이 이어지지도 한다.

I found out air pollution is responsible for causing a large percentage of cancers diagnosed in humans.

난 공기오염이 인간들에서 진단된 많은 비율의 암을 초래한데 책임이 있다는 것을 알아냈어.

I guess S+V

…인 것 같아

I guess 주어+동사의 경우도 I think와 유사한 표현으로 역시 확신이 없는 이야기를 전달할 때 혹은 전달하는 이야기를 부드럽게 할 때 쓰는 표현. 상대방의 이야기에 가볍게 동조할 때 "아마 그럴 거예요"라고 하는 I guess so도 I think so와 더불어 많이 쓰인다.

I guess that drugs have caused the early deaths of many celebrities over the years.

약물이 지난 세월동안 많은 셀렙들의 이른 사망을 초래한 것 같아.

My guess is that S+V

내 생각에는 …인 것 같아

이번에는 guess를 명사로 쓴 경우로 My guess is~의 형태로 자신의 추측을 말하는 표현법이다.

My guess is that the use of drones in residential areas may bother some people living there.

주거지역에서 드론을 이용하는 것은 그곳에 사는 주민들 일부를 번거롭게 할 수도 있는 것 같아.

It's just a guess, but I think S+V

추측이지만 내 생각에는 …인 것 같아

자신의 생각을 조심스럽게 피력하는 표현법이다. 자기의 생각을 꺼내기 전에 "이건 단지 추측 이지만"이란 말을 먼저 하면 된다.

It's just a guess, but I think giving convicts long prison terms will make our society safer.

내 추측이지만, 난 범죄자에게 장기복역을 시키면 우리 사회가 더 안전해질 것 같아.

···라고 생각해, 추측해

017

I suppose that~

1

I suppose S+V

···라고 생각해, 추측해

I suppose S+V는 '생각하다,' '추정하다'라는 의미. 또한 I suppose는 자기가 말한 후에 마지막으로 붙여서 자기 생각에는 그런 것 같다고 덧붙이는 표현방식. 또한 I suppose so는 상대방의 제안이나 부탁에 긍정은 하지만 썩 내키지는 않을 때 쓰는 표현.

I suppose people eat fried foods because they taste good, but they eventually cause health problems.

사람들은 맛이 좋기 때문에 튀김음식을 먹겠지만 결국 건강문제가 발생할거야.

2

I don't suppose S+V

···이지 않을거야

반대는 I don't suppose that~. 그리고 상대방 의견을 물어볼 땐 Do you suppose that~?이라고 하면 된다.

I don't suppose you want to give up your plans to travel to the ocean shore for your summer vacation?

넌 여름휴가에 해변가로 여행갈 계획을 포기하고 싶지는 않을거야.

3

What do you suppose S+V?

···을 뭐라고 생각해?

What do you suppose S+V?는 '뭐라고 생각하냐?,' '추정하니?'라는 말. 여기서 do you suppose는 삽입구로 생각하면 된다. 다시 말해 Do you suppose what S+V?에서 what이 문장 맨 앞으로 빠진 경우이다.

What do you suppose a criminal thinks when he goes somewhere to steal other people's things?

범죄자가 다른 사람들의 물건들을 훔칠 수 있는 어딘가로 가면 그는 무슨 생각을 하고 있다고 생각해?

···라고 말해야겠지

I must say~

1

I must say S+V
···라고 말해야겠지

'···라고 말해야 한다'는 다시 말해 "···라고 말해야겠지"라고 자기가 말하는 내용을 강조하는 표현이다. 뒤에 S+V를 이어 써도 되고 아무 위치에나 ,I must say,라고 삽입해도 된다.

I must say that poaching animals in Africa may cause the extinction of rhinos and tigers.

아프리카에서 동물들을 밀렵하는 것은 코뿔소와 호랑이의 멸종을 초래할 수도 있다고 말해야겠지.

2

I really must point out that S+V
정말이지 ···라고 말해야겠어

앞의 패턴에서 say 대신에 point out(말하다, 주장하다)를 쓰고 강조하기 위해 really를 넣은 표현이다. ~point out the fact that S+V이란 형태를 쓰기도 한다.

I really must point out that some church leaders are mostly interested in money and power, not God.

정말이지, 일부 교회지도자들은 대부분 돈과 권력에 관심이 있을 뿐 신에게는 관심이 없다고 말해야겠지.

3

If you ask me, I think S+V
말하자면, 난 ···라고 생각해

if you ask me는 '내 생각은,' '내 생각을 말한다면,' '내 개인적인 의견을 말하자면'이라는 뜻으로 사용되는 표현.

If you ask me, I think we pay more attention to having more possessions than we do to being happy.

내 생각을 말하자면, 우리는 행복하기 위해 소유해야 되는 것 이상으로 더 소유하는데 신경을 쓰는 것 같아.

Personally I think ~

① Personally, I think S+V

개인적으로 …라고 생각해

I think S+V라고 해도 개인적인 자기 생각을 말하는 표현이지만, 여기서는 이를 좀 더 강조하기 위해서 Personally란 단어를 맨 앞에 넣어준 경우이다.

Personally, I think that drugs need to be developed to stop cognitive decline in older people.

개인적으로 난 노년층의 인지력감퇴를 멈추게 할 약물이 개발되어야 한다고 생각해.

② My personal opinion is that S+V

나는 개인적으로 …라고 생각해

My opinion is S+V라고만 해도 되지만 여기서는 역시 위에서처럼 개인적인 생각이라고 제한하기 위해 personal이란 단어를 opinion 앞에 붙였다.

My personal opinion is that the press should not print details of the private lives of celebrities.

난 개인적으로 언론들이 셀럽들의 사소한 사생활까지는 보도하면 안된다고 생각해.

③ All things considered, S+V

모든 것을 감안할 때, 결국

all things considered는 '결국,' '모든 것을 감안할 때'라는 의미이다. 다음에 S+V의 절로 자신의 의견을 말하면 된다.

All things considered, it's actually great news.

결국 그건 실제로 엄청난 뉴스야.

You know, all things considered I think I raised a pretty good kid.

있잖아, 결국 난 애를 너무 잘 키웠다고 생각해.

I take the view that~

① I take the view that S+V

난 …라는 생각이야

view는 여기서는 특정 이슈에 대한 개인적인 의견, 믿음을 말한다. 그래서 take the view S+V하게 되면 …라는 생각을 하다라는 뜻이 된다.

I take the view that every person can be good and bad, and we need to encourage the better side of their nature.

모든 사람에게 선과 악이 있다고 생각해. 그리고 우리는 본성의 좋은 쪽을 장려해야 돼.

② I take a different view from sb

…와 생각이 달라

위의 1번 패턴에서 view 부분을 a different view from sb로 변형하면 '…와는 생각이 다른'이라는 뜻이 된다.

I take a different view from my friends, and don't think it's necessary to get married.

난 내 친구들과 생각이 달라. 그리고 꼭 결혼을 해야 한다고 생각하지 않아.

③ take the long view of~

장기적인 관점에서 보다

take the long view (of~)는 길게 본다는 것으로 '장기적인 관점에서 보다'라는 뜻.

You've got to take the long view of the stock market.

주식시장은 장기적인 관점에서 봐야 돼.

021 I('ll) bet ~

…을 확신해

❶ I('ll) bet S+V

…을 확신해

bet은 도박 등에서 「돈을 걸다」란 뜻이니 I('ll) bet that S+V는 직역하면 「…하다는데 내 돈을 걸겠다」는 의미. 일부러 돈을 잃으려고 거는 사람은 없으니, that 이하의 사실이 「확실하다」(I'm pretty sure)는 것을 강조하는 표현이 되겠다.

I bet police treat rich people much better than they treat poor people when a crime is committed.

난 경찰이 범죄가 발생했을 때 가난한 사람들을 대하는 것보다 부자들을 훨씬 더 잘 대한다는 것을 확신해.

❷ I bet you S+V

…은 확실해, …은 장담해

'…라는 걸 장담해,' '…을 확실해'라는 뜻. 한편 좀 길지만 I'd bet my last dollar that~이면 …라는 데 내 전 재산을 걸겠다라는 말로 '…라는 건 확실해'라고 강조하는 표현.

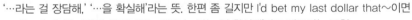

I'll bet students cheated on entrance exams because the proctors never watch them carefully enough.

난 시험감독관들이 학생들을 엄히 감독하지 않기 때문에 입학시험에서 부정행위가 일어난다고 확신해.

❸ You can bet S+V

틀림없이 …할거야

You can bet (sth) S + V는 '장담하지만 틀림없이 …이다'라는 말로 You bet S+V와 같으나 can을 넣어서 좀 부드럽게 만든 경우.

You can bet that he's done the same thing to other women.

걔가 다른 여자들에게도 분명히 같은 짓을 했을거야.

I have to admit it, but~

I have to admit it, but S+V

인정은 하지만, …야

사실을 인정하는 구문으로 I have to admit that S+V이라고 써도 된다. 말하는 내용을 강조하고 싶을 때나, 당혹스럽지만 어떤 일을 시인해야 할 때 쓸 수 있는 표현. 「실은[사실은]」, 「정말이지」 혹은 「유감스럽지만 그 점은 인정해야겠군요」 정도의 뉘앙스로 쓰인다. I must admit that S + V나 I'd have to say that S + V도 서로 바꿔 쓸 수 있는 표현이다.

I have to admit that Steve has a bit of a drinking problem.
스티브가 약간의 알콜중독의 기미가 있다는 것을 인정할 수밖에 없어.

I admit that is true, but I still think S+V

그게 사실이지만, …라고 생각해

역시 상대방의 의견이나 주장을 일편 받아들이면서 자신의 주장을 조심스럽게나마 피력하는 표현이다.

I admit that is true, but I still think that immigrants are an essential part of our work force.
그게 사실이지만 난 이민자들이 우리 노동력의 중요한 부분을 차지하고 있다고 생각해.

I must admit that S+V

…은 인정해야겠군

직역하면 「…한 것을 인정해야만 한다」. 사실이 그러하다는 얘기를 완곡하게 표현한 말이다. 상대방의 의견에 대해 조심스럽게 인정하거나 자신의 속마음을 드러낼 때 사용하는 표현.

I must admit that climate change seems to make every summer almost unbearably hot.
기후변화가 매년 여름을 참을 수 없을 정도로 덥게 한다는 것을 인정해야겠어.

정말이지 …라고는 할 수 없어

I can't really say that~

① I can't really say that S+V

정말이지 …라고는 말할 수 없어

어떤 사실을 부인할 때는 「…하지 않다」라고 직접적으로 부정하는 것보다는 「…라고 할 수는 없다」라고 말하는 것이 좀더 공손하고 예의바른 느낌을 줄 수 있다. 그래서 I can't say that~하면 「…라고는 말할 수 없다」라는 표현이 완성된다.

I can't really say abortion clinics bother me because getting an abortion is a personal decision.

낙태를 하는 것은 개인적인 결정이기 때문에 낙태클리닉이 거슬린다고 말할 수는 없지.

② I can't tell you how 형용사[부사] S+V

얼마나 …한지 이루 말할 수 없어

뭔가 정도가 지나친 상황을 표현하려 할 때 사용할 수 있는 표현이 I can't tell (you) how. 「얼마나 …한지 이루 말할 수 없다」라는 뜻의 부정형으로 강조하는 경우이다. how 뒤에는 「강조하고 싶은 부사[형용사] + S + V」의 어순이 이어진다.

I can't tell you how much I hate it when my friends are always texting others instead of talking to me.

친구들이 나에게 말을 하지 않고 다른 사람들에게 계속 문자를 보낼 때 얼마나 싫은지 이루 말할 수 없어.

③ I wouldn't say that S+V

…라고 할 수는 없어

직역하면 「…라고 말하지 않겠다」라는 의미로 자신의 의견이나 주장을 조심스럽게 피력하는 표현이다. 주절이 부정이므로 that 이하는 자신이 부정하려는 내용을 말하면 된다.

I wouldn't say that it's impossible to get very rich, but it is difficult to find a job with a high salary.

부자가 되는게 불가능하다고 말할 수는 없지만 고임금의 일자리를 찾는 것은 어려워.

···라는게 문제야

The problem is that ~

1

The problem is that S+V

···라는게 문제야

현재 직면하고 있는 문제가 무엇인지 설명하는 패턴. 나의 문제를 말할 때는 My problem is S+V라고 쓰고, 또 다른 문제가 있다고 할 때는 The other problem is that S+V라고 하면 된다. 한편 I think the problem is that S+V이라고 쓸 수도 있다.

The problem is that some people are fearful of letting their children get vaccines for various diseases.

문제는 일부 사람들은 자신의 아이들이 여러 종류의 병을 예방하는 백신맞는 것을 두려워하고 있다는거야?

2

The question is what S+V

문제는 ···야

문제라고 할 때 question을 빼면 섭섭하다. 어떤 애로사항이나 골치아픈, 그러나 풀어야 하는 문제가 있을 때 사용하면 된다.

The question is what holiday makes you feel the happiest and the closest to your family?

문제는 어떤 휴일이 가장 가족과 가깝게 그리고 행복하게 느껴지느냐야.

3

The trouble is S+V

문제는 ···야

문제 명사 3총사 중 세번째는 trouble이다. 곤란, 곤경이라는 의미에서 지금 우리에게 닥친 곤란한 문제가 무엇인지 설명할 때 필요한 패턴이다.

The trouble is that some people want to have a certain career, but they will never have the skills to succeed.

문제는 일부 사람들은 일정한 커리어를 쌓고 싶어하지만 그들이 성공할 기술을 결코 갖지 못할거라는거야.

The real problem is that ~

1

The real problem is that S+V

정말로 문제가 되는 건 …야

「문제가 되는 것은~」으로 시작하는 것과 「~은 진짜로 문제다.」라고 말하는 것은 어감의 차이가 있다. The real problem이 문두에서부터 말하려는 상황의 성격(부정적인)을 미리 알림으로써 심각성을 더 부각시키는 nuance가 담겨 있는 표현이다.

The real problem is that our new boss is changing too many things.

정말로 심각한 건 새로 부임한 사장은 너무나 많은걸 바꾼다는거야.

2

One of the problems with sth is that S+V

…의 문제점 가운데 하나는 …이다

「문제점 가운데 하나」라는 말은 「여러 문제들 가운데 하나」라는 얘기이므로 problem의 복수형을 써서 one of the problems라고 하고, 「…의 문제점」이라 하면 곧 「…가 가진 문제점」이므로 전치사 of도 좋겠지만 with가 의미전달에 있어 훨씬 감이 온다.

I guess that one of the problems with the annual salary system is that employees don't get paid for working overtime.

연봉시스템의 문제 중 하나는 직원들의 야근 수당을 받지 못한다는데 있는 것 같아.

3

The problem is when S+V

…할 때 문제가 돼

The problem is that S+V의 응용표현으로 that 대신에 when을 써서 문제가 발생할 때를 언급할 때 사용한다.

The problem is when parents indulge their children, the children can end up being lazy and poorly behaved.

부모들이 자신의 아이들에 몰입하고, 아이들은 결국 게으르고 형편없이 행동하게 될 때 문제가 돼.

The problem we have is~

1

The problem we have is S+V
우리가 갖고 있는 문제는 …야

문제는 문제인데 어떤 문제인지 설명을 하고 들어가는 문장이다. The problem is~에서 The problem 다음에 we have를 삽입하면 '우리가 갖고 있는 문제'가 된다.

The problem we have is unemployment is rising and our nation's economy is suffering because of it.
우리가 갖고 있는 문제는 실업률이 올라가서 우리나라의 경제가 그 때문에 고통을 겪고 있다는거야.

2

The problem we are facing is S+V
우리가 직면한 문제는 …야

이번에는 The problem 다음에 we are facing를 집어넣어 '우리가 직면한 문제'라고 말해 준다.

The problem we are facing is that tuition fees have become too expensive for university students.
우리가 직면한 문제는 대학교 등록금이 너무 비싸졌다는거야.

3

The question we have to answer is~
우리가 답해야 하는 문제는 …야

문제는 문제지만 우리가 답을 해야 하는 문제라면 The question[problem]~ 다음에 we have to answer를 삽입하면 된다.

The question we have to answer is what will we do if someone in our family gets seriously ill.
우리가 답해야 하는 문제는 가족 중의 한 명이 중병에 걸렸을 때 우리가 어떻게 할 것인가에 대한거야.

4th DAY

4th DAY

어쩔 수 없이 …하다

027

be forced to~

1

be forced to+V

억지로 …해야 한다

주위의 여건 내지 타인의 강제에 의해 어쩔 수 없이 뭔가를 해야 할 때 그러한 상황을 나타내기 좋은 표현이다. be compelled to+V로 써도 된다.

After the sexual allegations were made public, the prominent politician was forced to retire from office.

성적 혐의가 공표되자, 유망한 정치가는 공직에서 물러나야 했어.

2

be allowed to+V

…해도 된다

「…에게 ~하도록 허락하다」라는 기본 문형 allow sb to + V. 하지만 주어 자리에 사물이 오면 「…덕분에 ~할 수 있다」란 번역이 자연스러워진다.

My laptop computer allows me to work at home and on the road.

노트북 컴퓨터 덕분에 나는 집에서도, 이동 중에도 일을 할 수 있다.

3

be not allowed to+V

…해서는 안된다

바로 앞의 be allowed to+V의 반대되는 표현으로 be not allowed to+V는 '…해서는 안된다'라는 의미이다.

She really enjoyed spending time alone, but she was not allowed to do it very often because of her job.

그녀는 정말 혼자 시간보내는 것을 좋아하지만, 직장 때문에 대부분 그렇게 하지 못한다.

노력하다, 애쓰다

make an effort to~

1

make an effort to+V

…하려고 노력하다

노력하다에 해당되는 영어표현은 make an effort[endeavor]가 일반적이다. 그냥 「노력」으로론 좀 모자라 거기에 「열심히」란 수식어를 덧붙이려면 make every[a real] effort나 make one's best endeavor 정도로 표현하면 된다.

After we saw that the girl was too shy to talk to people, we made an effort to make her feel more comfortable.

우리는 그 소녀가 너무 수줍어해서 사람들에게 말을 못하는 것을 봤을 때 우리는 그녀의 맘을 편하게 해주기 위해 노력을 했어.

2

pull out all the stops

최선을 다하다

pull out all the stops는 '가능한 모든 노력을 다하다,' '최선을 다하다'라는 표현.

Sometimes, if you want to really impress someone, you're going to need to pull out all the stops.

종종, 네가 어떤 사람에게 강한 인상을 남기고 싶으면, 넌 최선의 노력을 다해야 할거야.

3

be a waste of effort

헛수고하다

be a waste of time [money, effort]는 waste가 명사로 쓰인 경우로 '시간낭비,' '돈낭비,' '노력낭비'라는 말.

We are required to attend all of our club's weekly meetings, and the latest one was a waste of time.

우리는 매주 열리는 클럽회의에 참석해야 하지만, 지난 회의는 시간낭비였어.

연락하다

029 get in touch with~

4th DAY

❶

get in touch with sb
···에게 연락하다

touch 대신 contact를 사용한 get in contact with sb나 「···에 닿다」, 「이르다」라는 뜻의 reach sb 또한 「연락하다」라는 의미로 함께 기억해둘 표현. 반면 keep[be] in touch with sb하게 되면 ···와 연락을 하고 있다라는 말이 된다.

After he told me about it, I got in touch with one of my college friends and I'm going to meet her on Friday.

걔가 그 점에 대해 내게 말한 다음, 난 내 대학친구 중 한 명에게 연락해서 금요일에 만나기로 했어.

❷

get in touch with sth
···에 밝다, 잘 알다

반면 get in touch with~ 다음에 sth이 오면 sth을 잘 알고 있다, 즉 ···에 밝다라는 의미가 되니 주의해야 한다. 그리 많이 쓰이지는 않는다.

Some people are prone to getting angry very quickly, and they need to get in touch with their feelings in order to remain calm.

일부 사람들은 쉽게 화를 내는데, 침착하기 위해서는 자기 감정을 잘 파악하고 있어야 된다.

❸

be out of touch with~
···와 연락이 없다, ···사정에 어둡다

「···와 연락이 없다」는 뜻의 be out of touch with를 쓴다. 따라서 "I am out of touch with the politicians"라고 말을 하면 「정치인들과의 접촉이 없다」는 얘기도 되지만, 동시에 「정치인들의 사정은 모른다」라는 의미도 포함되어 있다.

It has become more and more apparent that the president is out of touch with the mood of the country.

대통령이 나라의 사정에 어두워지는 것은 점점 더 명백해지고 있어.

···와 ···는 서로 별개의 것이야

It's one thing to~, it's other thing to~

❶ It's one thing to+V, it's other thing to+V

···하는 것과 ···하는 것은 별개의 일이야

It's one thing to~, it's other thing to~는 '···하는 것과 ···하는 것은 별개의 일이다'라는 의미. "It's one thing to say it, it's another thing to show it"은 "말을 하는 것과 행동으로 보여주는 건 별개야"라는 뜻이다.

Being smart is one thing, **but developing a successful international business career** is another.

똑똑한 것과 성공적인 국제 비즈니스 커리어를 쌓은 것은 별개의 문제야.

❷ A is one thing, but B is another

A도 문제지만, B도 문제다

여기서는 but에 주목해야 한다. A도 문제지만 B역시 문제라는 의미의 패턴이다. 뒤에 altogether 같은 부사를 넣어주면 의미가 더욱 분명해진다.

Criticizing people is one thing, **but bullying and humiliating them** is another **issue altogether.**

사람을 비난하는 것도 문제지만, 폭력을 쓰고 수치를 주는 것 역시 같은 문제이다.

❸ That's the one thing S+V

···하게 되는 수도 있어

~one thing이 들어가는 또 하나 중요한 표현. That's the one thing S+V하게 되면 '···하게 되는 수도 있어'라는 말이고 그냥 단순히 That's the one thing하면 '그것도 하나의 가능성이다'라는 말이 된다.

You decided to go out on a date with my best friend? Why? That's the one thing **I told you not to do.**

내 절친과 데이트하기로 했다고? 왜? 그건 내가 너한테 하지 말라고 말릴 일 중의 하나인데.

…하는게 좋아

It's good to~

① It's good to+V

…하는게 좋아

be good to+V의 형태에서 주어로 'It'이 온 경우이다. 그중 유명한 표현인 be good to know는 '…을 알게 돼서 좋다'라는 의미. be good to go[see] 등으로 다양하게 동사를 바꿔서 쓸 수 있다. 반대로 …하는 것이 좋지 않다라고 하려면 It's not good to+V라 하면 된다.

It's not good to spend more money than you have, even if you have some credit cards.

신용카드가 몇 개 있다고 해도, 가진 것보다 더 많은 돈을 쓰는 것은 좋지 않은 일이야.

② It's not good for sb to+V~

…가 …하는 것은 좋지 않아

앞의 It's not good to+V에서 to+V의 의미상 주어를 넣어주는 표현이다. good과 to 사이에 for sb를 삽입하면 된다.

It's not good for Ray to say that women don't work as hard as men in an office setting.

레이가 여성들이 사무실 공간에서 남성만큼 일을 열심히 하지 않는다고 말한 것은 옳지 않아.

③ It's good that S+V

…하는게 좋아

It's good ~ 다음에는 to+V만 오는 것이 아니다. 절이 올 수도 있어 It's good that S+V라고 자기가 좋다고 생각하는 것을 자세히 말할 수 있다.

I think it's good that the majority of people have chosen to wear masks to avoid becoming sick.

난 병에 걸리지 않도록 많은 사람들이 마스크를 쓰는 것이 좋다고 생각해.

···하는 것이 더 나아

It's better to~

It's better to+V~

···하는 것이 더 나아

It's good to+V가 '···하는 것이 좋다'라면 good의 비교급을 사용한 It's better to+V는 '···하는 것이 더 좋다, 더 낫다'라는 의미가 된다.

It's better to assimilate as an immigrant than to remain in an isolated ethnic cluster.

고립된 민족주의 무리로 남아 있는 것보다는 이민자로써 동질화하는 것이 더 나아.

It's better to~ than to+V

···하는 것보다 ···하는 것이 더 나아

비교급이기 때문에 자연스럽게 비교하는 내용이 뒤에 나오기 마련이다. 이때는 ~than to+V를 비교대상으로 넣어주면 된다.

It's better to be honest about your racism than to completely deny you have any racist feelings.

인종차별주의가 전혀 없다고 부정하는 것보다는 인종차별주의에 대해 솔직해지는 것이 나아.

It's better that S+V

···가 더 나아

It's good that S+V가 되듯이 It's better~ 역시 It's better that S+V의 형태가 쓰인다. 또한 that절 대신 if 절이 이어져 올 수도 있다.

It's better that you try not to watch too much pornography because it is affecting your mental health.

정신건강에 해롭기 때문에 너무 많은 포르노를 보지 않도록 하는 것이 더 나아.

…하는게 더 나을 것 같아

I think it's better to~

I think it's better to+V
…하는 것이 더 나을 것 같아

앞의 it's better to+V에 단지 I think~를 붙였을 뿐이다. 역시 문장을 부드럽게 해주는 역할을 해준다.

I think it's better to correct aggressive kids when they are young or they'll have problems later.
공격적인 아이들은 어렸을 때 바로잡아 주어야 더 나을 것 같아, 아니면 나중에 문제가 될거니까.

I think it's better that S+V
…하는게 더 나을 것 같아

역시 I think~로 문장을 부드럽게 한 경우이나 위와 달리 better 다음에 that S+V가 이어지는 경우이다.

I think it's better that gangsters fight each other rather than fighting with innocent people.
갱단들은 무구한 사람들과 싸우느니 자기네들끼리 싸우는게 더 나을 것 같아.

It's better than ~ing
…하는 것보다 나아

단순한 표현으로 It's better than~ 다음에 더 나쁜 일, 안좋은 일을 말하면 된다.

I don't like saving all my money, but it's better than buying a lot of things that I don't need to have.
난 내 돈 전부를 저축하는 것을 좋아하지 않지만, 내게 필요도 없는 많은 것을 사는 것보다는 나아.

It would be better to+V~

…하는게 더 나을거야

「B보다 A가 더 낫다」라는 뜻의 비교급 구문 better A than B. A와 B 두가지 선택 사항 중에 더 나은 하나를 상대방에게 권유할 때 유용하게 쓰이는 표현이다. It would be better A than B는 「둘 중 하나를 선택한다면」이라는 가정의 뜻이 함축되어 있다.

It would be better to take time to talk to some Muslim people rather than being distrustful of them.

이슬람 사람들을 배척하기 보다는 그들과 시간을 내서 얘기를 나누는 것이 더 좋을 것 같아.

I think it'd be better to+V

…하는게 더 나을 것 같아

It would be better to+V의 앞에 I think~를 붙인 경우. 뭔가 단정적으로 말하지 않고 부드럽게 말할 때 사용하면 된다.

I think it'd be better to have fewer movies that show glorified scenes of violence in them.

영화 속의 폭력장면을 미화하는 영화는 소장하지 않는게 더 나을 것 같아.

Wouldn't it be better to+V?

…하는게 더 낫지 않을까?

부정의문문으로 to+V를 하는게 더 낫지 않냐고 상대방의 동의를 구하는 뉘앙스를 갖는다. to+V 대신에 if S+V 절을 이어 써도 된다. 또한 참고로 That would be great for those who~는 "…하는 사람들에게는 적격일 것이다"라는 의미가 된다.

Wouldn't it be better to have many small businesses rather than just a few very powerful corporations?

소수의 강력한 대기업보다 더 많은 중소기업을 갖는 것이 더 낫지 않을까?

…하는 것이 최선이야

It's best to~

❶ It's best to+V

…하는 것이 최선이야

good 다음에는 better 그 다음에는 당연히 best이다. 같은 요령으로 It's best~ 다음에 먼저 to+V를 붙여본다. 부정을 하려면 It's best not to[or to not]+V라고 하면 된다.

It's best to ignore people who go out of their way to insult or offend strangers on the Internet.

인터넷에서 어떡해서든 낯선 사람들을 모욕하고 기분상하게 하는 사람들은 무시하는게 최선이야.

❷ It's best that S+V

…가 최선이야

앞의 good과 better의 경우처럼 that S+V 혹은 if S+V 절이 붙는 경우이다.

It's best that we limit the amount of meat in our diet because it can cause health problems.

건강문제를 일으키기 때문에 우리 식단에서 고기의 양을 제한하는 것이 최선이야.

❸ I think it's best that[if]~

…하는게 최선인 것 같아

역시 최선이라고 강조하지만 이 강조하는 것을 좀 부드럽게 하려면 I think~나 I guess~를 앞에 붙이면 된다.

I think it's best that a man and woman live together before deciding whether to get married.

난 남녀가 결혼여부를 결정하기에 앞서 동거하는 것이 최선인 것 같아.

It's great to~

1

It's great to+V~
···하는게 아주 좋아, ···하는게 잘된 것 같아

이번에는 아주 좋다라는 의미의 great를 써서 위와 같은 패턴을 만들어본다. 먼저 It's great~ 한 다음에 to+V나 that S+V를 붙이면 된다.

It's great to find people that have similar viewpoints online, but it limits your exposure to opposing opinions.

온라인상에서 유사한 생각을 갖고 있는 사람을 만나는 것은 아주 좋은 일이지만, 그 때문에 반대의견을 내는데 제안이 된다.

2

Isn't it great to+V?
···하니 너무 좋지 않아?, ···가 대단하지 않아?

Isn't it great~는 부정으로 시작하는 의문문으로 ···하지 않냐라고 물어보는 문장이다. 자기가 말하는 내용을 강조할 많이 사용한다.

Isn't it great to see companies doing their best to stop polluting our air and waterways?

회사들이 공기와 수로를 오염시키는 것을 막기 위해 최선을 다하는 것을 보는게 너무 좋지 않아?

3

Isn't it great that S+V?
···가 너무 좋지 않아?, ···가 대단하지 않아?

Isn't it great~ 다음에 that S+V 절이 이어지는 경우이다.

Isn't it great that orphans are given a place to live after they no longer have parents to care for them?

고아들이 더 이상 자신들을 돌볼 부모가 없게 된 후에 살 곳을 제공받는 것은 대단하지 않아?

…은 사실이야

It's true that~

❶ It's true that S+V

…은 사실이야, 사실은 …야

어떤 사실을 말할 때 사용하는 표현으로 달리 말하자면 The truth is S+V과 같은 맥락의 표현이 된다.

It's true that we could be doing a lot more to stop the spread of sexually transmitted diseases.

우리가 성병확산을 막기 위해 더 많은 일을 할 수 있다는게 사실이야.

❷ It's not true that S+V

…은 사실이 아냐

이번에는 반대로 뭔가 사실이 아니라고 주장할 때는 It's not true that S+V의 형태를 사용하면 된다.

It's not true that people who live in poverty are less intelligent than people who are wealthy.

가난 속에 사는 사람들이 부유하게 사는 사람들보다 덜 똑똑하다는 것은 사실이 아냐.

❸ Is it true that S+V?

…이라는게 사실이야?

상대방에게 that S+V의 내용이 사실이냐고 물어보는 것으로 Isn't it true that S+V?의 형태로 물어보면 '…가 사실아니냐'고 반문하는 뉘앙스를 띈다.

Is it true that access to guns makes a nation safer, or does that make a nation less safe?

총을 쉽게 구입하는게 나라를 더 안전하게 한다는게 사실야? 아니면, 그 때문에 나라가 더 위험해지는거야?

4th DAY

038

그게 만약 사실이라면…,

If it's true,~

1

If it's true, S+V

만약 그렇다면, …해

'어떤 사실이 맞다면'이라는 조건절을 앞에 쓴 후에 그럴 경우에는 자신의 의견이 뭔지 말하는 표현법이다.

I heard that five percent of people are illiterate, and if it's true, they need to be taught to read.

인구의 5%가 문맹이라고 들었는데, 그게 사실이라면 그들은 읽을 수 있도록 교육을 받아야 해.

2

It is true that S+V, but S+V

그게 사실이긴 하지만, …해

이번에는 일부 사실을 인정하고나서 but~ 이하에 자신의 주장을 피력하면서 이를 반박하는 표현이다.

It is true that buying over the Internet has a few problems, but that is much more convenient than anything when I have no time to spare.

인터넷으로 물건을 구입하는 것은 몇몇 문제가 있는게 사실이지만, 시간이 없을 때에는 그 어느 것보다 훨씬 편리해.

3

It's true that S+V, but it's also true that S+V

…가 사실이지만 …역시도 사실이야

역시 일부 사실을 인정하고나서, 하지만 but~ 이하의 내용도 사실이라는 점을 강조하는 표현법이다.

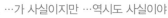

It's true that many leaders are unpleasant people, but it's also true that leaders must be tough.

많은 지도자들은 불쾌한 사람들인게 사실이지만, 지도자들은 강해야 된다는 것 또한 사실이야.

…하는 것은 말이 돼

It makes sense to~

① It makes sense to+V

…하는 것은 말이 돼

make sense는 「이치에 닿다」, 「뜻이 통하다」라는 표현. 반대로 말은 알아들었는데 말하는 내용을 납득할 수 없거나 이해가 되지 않을 경우에는 "It doesn't make any sense"라는 대답으로 따끔하게 자신의 「이해할 수 없음」을 나타낼 수 있다. to+V 대신에 that S+V절이 올 수도 있다.

It makes sense to get the opinions of citizens before the government enacts new laws.

정부는 새로운 법을 시행하기에 앞서 시민들의 의견을 경청하는 것이 맞지.

② It doesn't make sense to+V

…는 말도 안돼

반대로 '…하는 것은 말도 안돼'라면서 부정적인 의견이나 반대 의견을 표현할 때 사용하면 좋은 표현이다. 의문문으로 바꿔서 자신의 주장을 강조할 수도 있다.

It doesn't make sense to copy other cultures if a nation is in danger of forgetting its own heritage.

한 국가가 자신의 고유유산을 잊을 위험에 처했다고 다른 문화들을 복제하는 것은 말이 안돼.

③ It didn't make sense to me because S+V

… 때문에 그건 내게 말도 안됐어

뭔가 도저히 이해가 되지 않는 일이 벌어졌을 때(It didn't make sense to me), 그리고 그 이유는 왜 그런지(because S+V)까지 함께 말하는 문장이다.

When I heard about the discrimination, it didn't make sense to me because all people should be equal.

인종차별에 대해 얘기를 들었을 때, 모든 사람은 평등하기 때문에 그건 내게 말도 안됐어.

I will make sure~

① I will make sure (that) S+V

반드시(꼭) …하도록 할게

make sure은 '…을 확인하다,' '확실히 하다'라는 의미로 회화에서 아주 많이 사용되는 숙어이다. I will make sure~라고 한 다음에 that S+V를 붙여서 다양한 문장을 만들어보자.

> **I will make sure that laws are followed when the demonstrators are marching down the street.**
> 난 시위대들이 시내로 행진을 할 경우에 법집행이 반드시 따르도록 할거야.

② Let me make sure S+V

…을 확인해볼게

특히 Let me make sure that S+V의 형태로 자신없는 부분을 재차 확인할 때 긴요하게 써먹을 수 있다.

> **Let me make sure no one is bullying my kids when they attend elementary school.**
> 우리 아이들이 초등학교에 다닐 때 아무도 우리 아이들을 괴롭히지 못하도록 확실히 할게.

③ Make sure~

…을 확실히 해라, …을 꼭 확인해라

make sure는 어떤 일을 했는지 확인하거나, 어떤 것을 반드시 하도록 다짐받을 때 애용되는 표현. 목적어로 아래 예문처럼 that절이 와서 Please make sure that S+V 혹은 to부정사를 활용하여 Please make it sure to+V의 형태로 쓰인다.

> **Make sure you try traditional medicine for your illness before you go to a hospital.**
> 병원에 가기 전에 네 병에 대한 전통적인 치료법을 반드시 해보도록 해.

…을 확실히 하고 싶어

I want to make sure~

❶ I (just) want to make sure S+V

…을 확실히 하고 싶어

I want to make sure~는 …을 확실히 하고 싶다. 그리고 I'm sure that S+V하게 되면 …을 확신한다는 의미의 표현이 된다.

I just want to make sure the leader of your church is a good and honest person.

난 교회의 지도자는 선하고 정직한 사람이어야 한다는 것을 확실히 하고 싶을 뿐야.

❷ I'm going to make sure (that) S+V

반드시(꼭) …하게 할거야

앞으로의 각오를 말하는 패턴으로 미래형 조동사 will 이나 be going to를 기본적으로 끄집어 내놓자. 다음 이 뒤에 make로부터 나온 'make sure (that) S+V'(반드시 …하게 하다)를 데려와서 연결시키면, 'I'm going to make sure (that) S+V'가 된다.

I'm going to make sure there is a fair trial even though he appears to be guilty of the charges.

비록 그가 기소된 죄목에 유죄인 것처럼 보인다해도 반드시 공정한 재판이 열리도록 할거야.

❸ I want you to make sure S+V

…을 꼭 확인해라

want 다음에 바로 to+V가 이어지지 않고 to+V의 의미상의 주어인 'you'를 넣은 패턴이다. 따라서 I want you to make sure S+V하게 되면 네가 …을 확실히 해라는 뜻으로 앞서 나온 (Please) Make sure S+V와 같은 표현이 된다.

My ex-boyfriend is a psycho, so I changed my e-mail and phone number. I want you to make sure he can't contact me in any way.

옛 남친은 사이코야. 그래서 난 이메일 주소와 전화번호를 바꿨어. 걔가 어떤 방식으로든지 내게 연락하지 못하도록 해.

…을 지켜보자

Let's wait and see~

① Let's wait and see how[what, if] S+V

…을 지켜보자

wait and see는 '일이 앞으로 어떻게 될건지 참고 기다려보다'라는 말. 가끔 문맥에 따라 앞으로 일어날 어떤 일이나 상황이 자신의 예견대로 될 것이라고 자신있게 장담할 때 '두고보라고'하면서 쓰이기도 한다.

Let's wait and see how the system administrator addresses the accusations of cyber stalking.

그 시스템 관리자가 온라인상의 스토킹 혐의에 대해 어떻게 다루는지 지켜보자.

② Why don't we wait and see how[what, if] S+V

…을 지켜보자

Why don't we~ = Let's~ 는 공식처럼 외워둔다. 참고로 Why don't you~는 I want you to+V, 그리고 Why don't I~는 Let me~이다.

Why don't we wait and see how someone who is addicted to drugs can receive treatment for addiction.

약물에 중독된 사람이 어떻게 중독치료를 받을 수 있는지 지켜보도록 하자.

③ You should wait and see if S+V

…인지 지켜봐야 돼

아직 뭔가 확정되지 않을 때 좀 지켜봐야 된다고 상대방에게 조심스럽게 충고할 때 사용하는 표현법이다.

You should wait and see if the migrant workers are treated fairly by the immigration authorities.

넌 이주노동자들이 이민당국으로부터 정당하게 대접을 받도록 지켜봐야 돼.

안됐지만 …야

I'm afraid~

① I'm afraid that S+V

안됐지만[미안하지만] …야

좋지 않은 소식에 대해서 「염려」하는 마음을 담을 경우 afraid를 이용한 I'm afraid (that) ~구문을 쓴다. 예를 들어 I think it will rain이나 I'm afraid it will rain 모두 우리말로는 「비가 올 것 같다」라고 해석되지만, 후자의 경우에는 「비가 올 것 같아서 걱정된다」는 염려의 마음이 담겨 있다.

I'm afraid that pregnant women are often considered useless in today's work force.

안됐지만 임산부는 오늘날 노동인구에서 불필요한 사람으로 종종 간주되고 있어.

② I'm afraid that I+V

안됐지만 난 …해

앞의 패턴 중에서도 특히 that 절의 주어가 'I'로 시작하는 경우로 자기가 …할 수 밖에 없어 미안함을 표현하는 패턴이다.

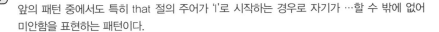

Those kids were spoiled by their parents. I'm afraid that they won't do what I tell them to do when I care for them.

저 아이들은 부모들로부터 버릇이 나빠졌어. 내가 걔네들을 돌볼 때 하라고 하는 것들을 하지 않을까 걱정돼.

③ I'm afraid of+N[~ing]

…을 두려워 해, …가 걱정돼

afraid 본래의 의미로 쓰인 경우이다. I'm afraid~ 다음 of+N[~ing] 혹은 to+V를 이어서 쓰면 된다.

I'm afraid to contact the police when I have a problem because they may be corrupt.

난 경찰들이 부패했을까봐, 문제가 생겼을 때 경찰에 연락하는게 무서워.

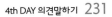

…로 넘어가자

Let's move on~

①

Let's move on to~
…로 넘어가자

(It's time) to move on은 move on 앞에 it's time을 넣어 나쁜 기억은 빨리 털어버리고 다음 단계로 넘어가자고 서두르는 표현. 다음 단계는 to~이하에 적으면 된다. 특히 뭔가 잊고 다음 단계로 가자고 할 때 많이 쓰인다.

Some of us just have to move on to Plan B and make the best of it.

우리 중 일부는 Plan B로 넘어가 최선을 다해야 돼.

②

Let's skip it
그건 건너뛰자

skip it은 건너뛰다라는 말로 '다음으로 넘어가다'라는 의미. 주로 화가 나서 다음주제로 넘어가자고 퉁명스럽게 그냥 넘어가라고 말하는 표현. 참고로 skip school은 '학교를 빼먹다,' skip class는 '수업을 빼먹다.'

Why don't we skip to the end of the story?

이야기 끝으로 건너뛰자.

③

Let me begin by ~ing
내가 먼저 …로 말을 시작할게

먼저 자기 생각을 피력할 때, 그래서 대화를 시작할 때 쓰는 표현이다. by~ 다음에는 동사의 ~ing를 붙이면 된다.

Let me begin by condemning all hate speech that has been found on various Internet websites.

여러 인터넷 사이트에서 발견된 증오연설 모두를 비난하면서 내 이야기를 시작할게.

045

그는 …을 말하는 것 같아

I guess he's talking about ~

① I guess he's talking about ~

그 사람 …을 말하는 것 같아

제 3자의 주장이나 의견을 조심스럽게 정리할 때 사용하면 된다. I guess~나 I think~는 같은 역할을 한다.

I guess he's talking about some of the nation's cultural artifacts that were looted during the war.

걔는 전쟁중에 약탈당한 한 국가의 문화적 공예품 일부에 대해 이야기하는 것 같아.

② I guess I was lucky because S+V

…해서 운이 참 좋았던 것 같아

자신의 운이 좋았던 이유를 because S+V의 형태로 겸손하게 말하는 방법이다.

I guess I was lucky because my former boss did not sexually harass me while I was working.

난 전 사장이 내가 일하는 동안 나를 성적으로 괴롭히지 않아서 운이 좋았던 것 같아.

③ I guess the positive side is that S+V

긍정적인 면은 …라고 생각한다

대화를 하다 보면 한 이슈에 대한 긍정적인 면, 부정적인 면이 무엇인지 언급할 때가 있는데 이때 사용하면 '딱인' 표현이다. 부정적인 면은 the negative side이다.

I guess the positive side is that people started to interact more with their families during the lockdown.

긍정적인 면은 폐쇄조치 동안 가족 간의 접촉이 더 많아지기 시작했다는거야.

I wanted to try~

---

① I wanted to try~

···을 시도하고 싶었어

과거에 내가 시도하고 싶었던 것을 말하는 패턴이다. wanted to~ 다음의 동사자리에 try를 넣으면 된다. 물론 try 다음에는 try and+V, try to+V 등을 쓰면 된다.

I wanted to try to impress people, because it is very important to make a good first impression.

첫인상을 남기는게 아주 중요하기 때문에 난 사람들에게 멋진 인상을 남기고 싶었어.

---

② I just wanted to say that S+V

난 단지 ···라고 말하고 싶었어

자신이 말하고자 하는 내용의 진의를 말할 때 사용하면 된다. 물론 say~ 다음에는 that S+V 를 이어 쓰면 된다.

I just wanted to say that practicing yoga is the best way to relieve the stress of everyday life.

요가를 하는 것이 일상생활의 스트레스를 푸는 최고의 방법이라고 말하고 싶었어.

---

③ I wanted to tell you that S+V

난 단지 ···라고 네게 말하고 싶었어

say와 달리 tell은 말하는 대상을 넣게 되어 있다. 그래서 tell that~이 아니라 tell you that~이라고 해야 한다.

I wanted to tell you that adopting orphans is important for people that wish to have children but can't get pregnant.

고아들을 입양하는 것은 아이들을 갖고 싶지만 임신을 할 수 없는 사람들에게 중요하다고 말하고 싶었어.

…을 네게 알려주고 싶을 따름였어

I just wanted to let you know~

❶ I just wanted to let you know that S+V

…을 너에게 알려주고 싶을 따름였어

내가 말하는 요지 및 핵심은 뭔지 요약정리해줄 때 긴요한 표현이다. let you know that S+V는 that 이하의 내용을 '네게 알려주다'라는 뜻이다.

I just wanted to let you know that auto accidents have been increasing and you need to be careful while driving.

자동차사고가 증가하고 있으니 너는 운전을 더 조심하라고 하는 것을 너에게 알려주고 싶을 따름였어.

❷ I just wanted you to know that S+V

네가 …을 알았으면 좋았겠어

I want you to know that~은 상대방에게 '네가 …을 알았으면 해'라는 표현. 좀 더 격식을 갖추려면 I'd like to let you know~라고 하면 된다.

I just wanted you to know that some people feel Christianity improves the morality of the people who practice it.

기독교가 기독교를 믿는 사람들의 도덕성을 향상시켜준다고 생각하는 사람들이 일부 있다는 것을 네가 알았으면 좋아겠어.

❸ I never wanted you to+V

결코 네가 …하기를 원치 않았어

상대방이 오해할 수도 있을 상황에서 자신의 진의가 무엇인지 설명하고자 할 때 사용한다. to+V의 주체는 'you'이다.

I told you that I was upset with you, but I never wanted you to completely cut off communication with me.

너한테 화났다고 말했지만, 난 결코 네가 나와 소통을 끊기를 원치 않았어.

1

I'll let you know what[if~] S+V

···을 알려줄게

내가 아는 정보를 상대방에게 알려주겠다고 하는 말로 I'll let you know 의문사(what, when, if~) S+V의 구문. 순서를 바꿔 When[If] S+V, I'll let you know의 형태로도 많이 쓰인다.

I'll let you know if anything about your home loan application changes, but it's not easy to borrow large sums.

당신의 주택융자 신청에 관해서 뭐라도 변한게 있다면 알려드리겠지만, 많은 돈을 빌리는 것은 쉽지 않습니다.

2

I don't want to say anything that (S)+V

···한 얘기는 하고 싶지 않아

that 이하의 것 무엇이든 말하고 싶지 않다는 말로 간접적으로 자신의 주장을 피력하는 표현이다.

I don't want to say anything that offends people who are from different backgrounds than myself.

나와 배경이 다른 출신의 사람들을 불쾌하게 할 어떤 말도 하고 싶지 않아.

3

I don't want to talk about+N that~ anymore

난 더 이상 ···한 얘기는 하고 싶지 않아

대화하고 싶지 않은 내용이 화제로 되는 것을 싫어한다는 말로 역시 간접적으로 자신의 주장이나 본심을 드러내는 패턴이다.

I don't want to talk about the serious problems that are going on within our society anymore.

난 우리 사회내에서 벌어지고 있는 심각한 문제들에 대해서 더 이상 얘기하고 싶지 않아.

…을 알려줘

Let me know~

1

Let me know what S+V

…을 알려줘

Let me know 의문사(what, when, where~) S+V의 구문으로 '…을 내게 알려달라'고 상대방에게 부탁할 때 쓰는 표현이다. S+V 대신 의문사 to do~가 올 수도 있다.

The computer virus has encrypted all of your files. Let me know what you plan to do to get access to them.

컴퓨터가 바이러스에 걸려서 네 모든 파일이 암호화됐어. 그 파일들을 열어보기 위해서 넌 어떻게 할건지 알려줘.

2

Let me know if S+V

…인지 알려줘

이번에는 Let me know~ 다음에 if S+V이 붙어서 …인지 아닌지 내가 알려달라고 하는 패턴이다.

I heard you spent a week in the hospital. Let me know if I can help you with anything once you get back home.

일주일간 병원에 입원했다며. 집에 오면 내가 뭐 도와줄게 있는지 알려줘.

3

Could you let me know what[if] S+V ?

…을 알려줄래?

Let me know~ 보다 부드럽게 물어보는 문장으로 앞에 Please를 붙여 Please let me know~ 라고 하거나 Could[Would] you let me know~라고 부드럽게 물어보면 된다.

I wonder what unique talents you might have. Could you let me know what you can do that no one else can do?

난 네가 무슨 독특한 재능을 갖고 있는지 모르겠어. 다른 사람은 못하지만 넌 할 수 있는 것을 알려줄래?

The point is that~

❶ The point is that S+V

문제의 핵심은 …야

뭔가 요점이나 핵심을 상대방에게 말하고자 할 때 사용하는 표현으로 The point is that S+V의 형태를 사용하면 된다.

The point is that in spite of many protests in many different cities, nothing has really changed.

문제의 핵심은 여러 도시에서의 많은 시위에도 불구하고, 바꾸어진게 하나도 없다는거야.

❷ The whole point is that S+V

진짜 목적은 …야

point는 핵심, whole point는 진짜 핵심이란 말. 진짜 핵심의 내용은 that S+V에 써주면 된다.

The whole point is that if we don't control the population growth, there will be mass starvation in the future.

진짜 핵심은, 우리가 인구증가를 조절하지 못하면, 미래엔 엄청난 규모의 기아가 있게 될거야.

❸ The whole point of+N is to+V

…하는 것의 진짜 핵심은 …하는거야

The whole point (of A) is to~에서 the whole point는 중요한 요점이라는 뜻으로 의미는 '…의 (진짜) 목적은 …하는 것이다'라는 뜻이다.

You're supposed to speak through your music. That's the whole point.

넌 음악을 통해 말하기로 되어 있어. 그게 바로 중요한 핵심이야.

그래서 …했어

That's how~

That's how S + V

…하는 방법(이유)이다, 그래서 …을 했어

how 이하를 하게 된 방법을 말하는 표현으로 how 대신에 why를 넣으면 하게 된 이유를 설명하는 구문이 된다. That 대신에 This를 써서 This is how~라고 해도 된다.

That's how laws effect the way that visas are issued to people who want to live here.

그렇게 해서 법은 여기에서 살고 싶어하는 사람들에게 비자가 발급되는거에 영향을 주는거야.

That's not how S+V

…처럼 하는게 아냐

"저렇게 하는거야"는 That is how it's done, "그렇게 해서 그게 일어난게 아냐"는 That's not how it happened라 하면 된다.

That's not how everyone expected to live when we were told there would be equality for all people.

모든 사람들에게 평등하게 될거라는 말을 들었을 때 모두가 다 그렇게 살기를 기대하면 안된다는거야.

This is not how S+V

그런 …가 아냐

That's not what I said는 내 말을 상대방이 오해하고 있을 때 사실과 다름을 말하며 '내말은 그런게 아냐,' 그리고 That's not how I mean it하면 '그런 뜻이 아니야'라는 의미.

This is not how I expected to spend the entire summer, socially distancing inside my own home.

이건 내 가족내에서 사회적으로 거리를 두면서 여름전체를 지내겠다는 것을 뜻하는 것은 아니야.

Is this how you think~ ?

Is this how you think S+V?

넌 …라고 생각하는거야?

직역하면 "넌 이런 식으로 …라고 생각하는거야?," 다시 의역하면 "넌 …라고 생각하는거야?"라는 말이 된다.

Is this how you think it's best to control violence, by hiring a lot more police officers?

넌 더 많은 경찰력을 고용해서 폭력을 조절하는 것이 최선이라고 생각하는거야?

Is that how you+V?

넌 그런 식으로 …하니?

That's how~의 의문형으로 Is that how S+V?의 형태에서 S자리에 you가 오는 경우이다.

Is that how you wasted all of your money, by buying various items while you were shopping online?

이런 식으로 네 돈을 모두 다 탕진한거야, 온라인으로 쇼핑하면서 여러가지 품목들을 사면서 말야?

Is this how it works?

이렇게 돌아가는거야?

참고로 That's not how it works는 "그렇게 해서 돌아가는게 아냐," 그리고 Show me how it works는 "그거 어떻게 하는건지 보여줘"가 된다. 예문을 통해 역으로 이 표현의 의미를 체험해보자.

So when I see my boss doing something illegal, I must keep my mouth shut? Is this how this works?

그래, 사장이 뭔가 불법적인 일을 하는 것을 봤을 때, 난 입을 다물고 있어야 하나? 이렇게 돌아가는거야?

053

I have a mind to~

① I have a mind to+V

…할까 해

have[get] a mind to~는 '…할 맘이 있다'는 것으로 '…하고 싶다'라는 뜻이다. 꼭 …하고 싶다라고 강조하려면 I have a good mind to+V라는 패턴이 있지만 좀 오래된 표현으로 잘 쓰이지 않는다.

I have a mind to invite a refugee to live with us because I sympathize with their situation.

난 난민들의 상황에 안됐다는 맘을 갖고 있기에 한 난민자에게 우리와 함께 살자고 초대할까 해.

② I have half a mind to+V

…할까 말까 망설이고 있어

할까말까 망설이는 상태라면 have half a mind to~라 하면 된다. 그럼 할 맘이 없다고 하면 have no mind to+V라고 생각할 수도 있는데 이렇게는 잘 쓰이지 않으니 참고하기 바란다.

I have half a mind to go to the mayor's office and complain about the restrictions related to the pandemic.

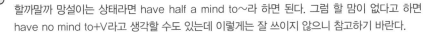

난 시장의 집무실로 가서 팬데믹과 관련된 제한조치들에 대해 불평을 할까 말까 망설이고 있어.

…라고 할 수 있겠지

I would say~

1

I would say that S+V

…라고 할 수 있겠지

말하려는 내용에 확신을 하지 못하고 자신의 의견은 조심스럽게 꺼낼 때 사용할 수 있는 표현이다.

I would say that surveillance cameras are not allowing us to have any privacy when we are in public areas.

우리가 공공장소에 있을 때 CCTV 때문에 우리에게는 전혀 사적인 공간이 없다고 말할 수 있겠지.

2

I would have to say (that) S + V

굳이 말하자면 …해

직역하면 「…라고 말해야만 한다」, 「…라고 말할 수밖에 없다」. 기대했던 것과 다를 때 사실을 인정하며 쓰는 표현으로 I must admit that ~, I must accept that~, I think I have to say that~ 이라고 해도 같은 말.

I would have to say that old people stay home and are very bored if they don't have friends.

노인들은 친구들이 없다면 집에 남아 매우 지루할거라고 말할 수밖에 없어.

3

If you were to ask me if S+V, I would say that ~

내게 …을 묻는다면, …라고 말하겠다

「내게 …을 묻는다면」에 해당되는 'If you were to ask me …'는 가정법 과거형의 문장으로, 동사를 단순히 과거형 asked로 쓰지 않고, 'if … were to+동사원형'의 형태로 씀으로써 현재 내게 그런 걸 물어보는 사람은 없지만 「앞으로 물어본다면」이란 의미가 되는 것이다. 뒤따라 나오는 주절 「~라고 말하겠다」는 "I would say that S+V"를 써준다.

If you were to ask me if I like pornography, I would say that I like to watch it at times.

내가 포르노를 좋아하냐고 묻는다면, 종종 야동을 보는 것을 좋아한다고 말해야겠지.

…을 명심해야 돼

We have to keep in mind that~

1

We have to keep in mind that S+V
우리는 …을 명심해야 돼

어떤 것을 「염두에 두고 있다」는 것은 그것을 「마음 속에 간직하고 있다」는 말이므로, 우선 생각하고 있는 대상을 「소유」 동사 have의 목적어로 취한 뒤, 「마음 속에」라는 뜻의 부사구 in mind로 수식해주면 「…을 염두에 두다」라는 뜻의 동사구 have sth in mind가 완성된다.

We have to keep in mind that our society values attractiveness, and that's why plastic surgery is common.
우리 사회는 외모에 많은 가치를 둔다고, 그래서 성형수술이 성행하는거야.

2

It's important to keep ~ in mind when ~ing
…할 때 …을 염두해두는 것이 중요해

문장의 핵심은 keep ~in mind when ~ing로 '…할 때 …을 명심해야 한다'이다. 물론 when ~ing는 when S+V로 바꾸어 써도 된다.

It's important to keep specific manners and cultural differences in mind when interacting with others.
다른 사람들과 상호교류를 할 때는 특이한 매너나 문화적 차이를 명심해두는게 중요해.

3

I'll keep in mind that S+V
…을 명심해야 해

여기서 명심하거나 염두에 두어야 할 것은 that S+V 절로 길게 뺀 경우이다.

I'll keep in mind that alcohol addiction is like a disease and some people are unable to control it.
알코올 중독은 병과 같아서 일부 사람들은 조절을 하지 못한다는 사실을 명심하고 있어.

넌 …하기만 하면 돼

You only need to~

You only need to + V
넌 …하기만 하면 돼

다른 것 보다도 to이하를 하는 것이 필요하다는 의미를 담은 표현이다. only는 언제나 제한하는 단어나 구문 가까이에 위치하며 놓이는 곳에 따라서 문장의 의미가 달라진다. 또한 There is no need to+V는 '…할 필요는 없다'라는 뜻이 된다.

There's no need to bully other people just because you think you are more powerful than they are.

자기가 더 권력을 갖고 있다고 생각하기 때문에 다른 사람들을 괴롭힐 필요는 없어.

The first thing you need to know is that S+V
먼저 네가 알아둘 것은 …야

영어회화는 별다른 것이 아니다. 우리말하듯 그렇게 자기 생각이나 의사표시를 하면 되는 것이다. 그러나 우리가 인사나 날씨에 대해 한두마디하고 나서는 꿀먹은 벙어리가 되는 이유는 자기의사표시 표현에 서투르기 때문이다. 조금은 길지만 상대방에게 정보를 주거나 충고를 할 때 긴요한 표현.

The first thing you need to know is that many people distrust ideas that are new and radical.

네가 먼저 알아둘 것은 많은 사람들이 새롭고 급진적인 생각을 불신한다는거야.

You don't need to+V
…할 필요가 없어

…할 필요가 없어, …하지 않아도 돼라는 의미. need의 부정형을 써서 You don't need to+V로 쓴 경우이다. You don't have to+V라 해도 같은 의미이다. 참고로 Do you need to+V?는 상대방에게 "꼭 …을 해야 하냐?"고 물어보는 표현이 된다.

They don't hold you responsible. You don't need to blame yourself.

네가 책임있다고 생각하지 않아. 자책할 필요가 없어.

기꺼이 …라고 말할 수 있어

I'd be happy to say that ~

❶ I'd be happy to say that S+V

기꺼이 …라고 말할 수 있어

to 이하의 일을 하는 것이 나에게는 기쁨이므로 「기꺼이 할 수 있다」라는 얘기. 이로부터 「기꺼이 …라고 말할 수 있다」란 표현은 'I'm happy to say (that) S+V ~'라고 하면 되는 것이다. 여기서 am 대신에 would를 써서 조심스럽게 얘기한 경우이다.

I'd be happy to say that every family is happy, but truthfully, most have serious problems.

모든 가정은 행복하다고 기꺼이 말할 수 있지만, 정직하게 말해서 거의 대부분의 가정에는 심각한 문제들이 있어.

❷ I'd just like to say a few words as to~

…하는 것에 대해 몇마디 할게

I would like to+V(…하고 싶어)와 V자리에 say a few words(몇마디하다)가 결합된 패턴이다. as to~ 다음에는 V가 이어진다.

I'd just like to say a few words as to explain how traditional Asian medicine treatments can be effective.

전통적인 한의학 치료법이 얼마나 효과적인지에 대해 몇 마디 할게.

❸ I'm willing to bet (that) S+V

장담하건대 …해

I'd be willing to+V는 '기꺼이 …하겠다,' 즉 누가 부탁하거나, 본인이 어떤 일을 해야 하는 상황이라면 강요하지 않아도 「기꺼이 …하겠다」는 의향을 말하는 표현. to 부정사와 함께 나와 뒤에는 동사원형이 따라온다. 같은 맥락의 표현들로 I'd be happy to, I'd be pleased to, I'd be ready to~도 함께 기억해 두자.

I'm willing to bet that the media sometimes exaggerates stories of racism in order to create controversy.

내 장담하건대, 언론은 논란거리를 만들기 위해 인종차별에 관한 이야기를 가끔 과장하고 있어.

It makes me think of ~

❶ It makes me think of+N

그건 내게 …을 생각나게 해

「A에게 B를 상기시키다」란 말은 숙어 remind A of B말고도 사역동사 make를 이용해 make A think of B를 쓸 수 있다. It reminds me of ~ 혹은 It makes me think of ~(그 것은 내게 …을 생각나게 하다)와 같이 통째로 외워두는 것도 유익하다.

It makes me think of the difficulties that people have when they immigrate to a foreign nation.

그건 사람들이 외국으로 이주할 때 겪게 되는 어려움을 생각나게 해.

❷ It makes me think of all the times when S+V

그 말을 들으니 …했던 때가 생각난다

앞의 패턴과 동일하지만 of~ 이하에 시간명사 all the times 그리고 다음에는 이를 수식하는 when S+V절이 이어지는 경우이다.

It makes me think of all the times when I saw nasty things written on various Internet sites.

그 말을 들으니 다양한 인터넷 사이트에 씌여 있던 더러운 말들을 봤을 때가 생각나.

❸ It got me thinking ~

…이 …을 생각하게 해

It got me thinking ~은 현재분사 형태로 와서 「나로 하여금 …을 생각하게 하다」라는 직접 적인 사역이 아니라 간접적인 사역이다. 즉 It이 나를 생각하도록 강요한 것은 아니지만 생각 하지 않을 수 없게 되었다는 뜻. It은 이미 앞에서 언급한 내용이며 thinking 다음에는 that S+V 혹은 of ~ing 형태를 사용하면 된다.

It got me thinking about how it is important to be kind to people who are living in difficult circumstances.

그건 나에게, 어려운 환경 속에서 살고 있는 사람들에게 친절하게 대하는 것이 얼마나 중요하다는 것을 생각나게 해.

Do you mind ~ing?

1

Do you mind ~ing?

…해도 될까?

mind는 ~ing을 목적어로 취하는 유명동사. Do you mind~ing?하면 …하기를 꺼려하느냐라는 것으로 의역하면 "…해도 될까요?," "…하면 안될까?"로 상대의 양해를 구하는 표현이 된다.

Do you mind working with a woman who is also the boss of everyone in your office?

사무실의 우두머리인 여성과 일해도 될까요?

2

Do you mind if S+V?

…해도 될까?

또한 ~ing 대신에 if절이 와 Would(Do) you mind if S + V?의 구문도 쓰인다는 것을 함께 알아둔다.

Do you mind if your food is processed and frozen, or do you prefer having fresh food?

당신의 음식이 가공되어 냉동되어도 괜찮을까요, 아니면 신선음식을 선호하시나요?

3

Would you mind ~ing[if S+V]?

…해도 될까?

물론 would를 쓰면 do보다 정중해진다. 그렇다고 무조건 존칭을 할 필요는 없다. 친한 친구 사이에도 좀 조심스럽게 부탁할 때도 쓰이니 말이다.

Would you mind if I use your car to visit that client? Mine broke down this morning.

그 고객한테 가봐야 해서 그러는데 네 차 좀 써도 될까? 내 차가 오늘 아침에 고장 났거든.

I'd like to add that~

I'd like to add that S+V
…을 덧붙여 말하고 싶어

I'd like to~(…을 하고 싶어)와 add that S+V(…을 덧붙이다)가 합쳐진 패턴이다. 대화중 혹은 대화 후에 뭔가 덧붙여 말하고 싶은 내용이 떠올랐을 때 사용하면 좋다.

I'd like to add that people who don't sleep enough tend to die earlier than those who get a full night's rest.

충분히 잠을 못자는 사람들은 숙면하는 사람들보다 일찍 사망하는 경향이 있다는 것을 덧붙여 말하고 싶어.

Let me add that S+V
…을 덧붙여 말할게

역시 앞의 패턴과 동일한 의미로 형식만 I'd like to~ 대신에 Let me+V의 형태를 쓴 경우이다.

Let me add that ghosts are not real and I think people just imagine that they exist.

유령들은 실제가 아니라는 것을 덧붙여 말할게 그리고 내 생각에는 사람들이 그냥 유령이 존재한다고 생각하는 것 같아.

I'd like to complain about~
…를 항의할게요

이번에는 I'd like to~ 다음에 complain about[of]+명사[~ing]를 넣어서 뭔가 항의하거나 클레임 걸 때 꼭 알아두어야 하는 패턴을 만들어본다.

I'd like to complain about the amount of noise that the people in the hotel room next to me are making.

호텔 옆방 사람들이 내는 많은 소음량에 대해 항의하려구요.

061

우린 …을 잊으면 안돼

We shouldn't forget that~

1

We shouldn't forget that S+V
…을 명심해야 돼

should는 가벼운 의무로 shouldn't하게 되면 …하면 안된다라는 뜻의 금지를 뜻하게 된다. 여기서는 that S+V를 잊지 않는 것이 우리의 의무라는 말씀.

We shouldn't forget that all people have an obligation to report lawbreakers to the police.

우리는 모두 범법자들을 경찰에 신고해야 하는 의무를 갖는다는 것을 잊으면 안돼.

2

Let's not forget that S+V
…을 잊지 말자

Let's +V의 부정형은 Let's not+V이다. 이번에는 직접적으로 …라는 사실을 우리가 잊지 않도록 하자는 표현법이다.

Let's not forget that there are some families in this country that don't have enough food to eat.

이 나라에는 먹을 것이 충분하지 않은 일부 가정들도 있다는 것을 잊지 말자.

3

We have to recognize that S+V
…을 명심해야 해

recognize가 명사를 목적어를 받아서는 …을 인지하다, 알아보다라는 뜻으로 쓰이지만 recognize that S+V에서는 that 이하가 사실이거나 중요하다는 점을 명심하다, 받아들이다라는 의미로 사용된다.

We have to recognize that everyone is free to choose to worship God in their own personal way.

우리는 모두 개인적인 방식으로 신을 경배하는 것을 자유롭게 선택할 수 있다는 것을 명심해야 돼.

062 It slipped my mind

① It slipped my mind
깜박 잊었어

slip one's mind는 '깜박 잊다'는 말로 주로 사과할 때 사용하는 것으로 slip out of one's mind라고 해도 된다. 또한 사물+go (right/clean) out of sb's mind 역시 '잊다'라는 의미.

You know, I meant to make a list of chores so I would be more organized, but it slipped my mind.

저 말이야, 잔일들의 리스트를 만들 생각이었어. 내가 좀 더 체계적으로 일을 하려고 했는데 그만 깜빡했어.

② I just forgot
깜박 잊었어

뭔가 얘기를 나누다가 할 말을 깜박 잊었을 때는 "What was I saying? I just forgot" 처럼 말하면 되고 완전히 깜박했다고 할 때는 "I totally forget" 그리고 before I forget은 '잊기 전에 말해두는데'라는 의미로 급한 건 아니지만 나중에 잊을까봐 미리 얘기해둘 때 쓰는 말.

A long time ago someone taught me to play go-stop, but I just forgot the rules of the game as the years went by.

오래전에 누가 고스톱하는 방법을 알려줬는데 시간이 흘러 게임의 규칙을 잊었어.

③ We're forgetting ~
…을 우리는 잊고 있어

be forgetting은 과거형태로 쓰여 was forgetting하면 '깜빡했어,' 현재형으로 하면 '…을 잊고 있다'는 말로 특히 뭔가 놓치고 있다는 점을 캐치해서 경각심을 불러 일으킬 때는 We're forgetting~이라고 해도 된다.

It's all fine to make a lot of money and become rich, but we're forgetting the plight of people who have no money.

돈을 많이 벌고 부자가 되는 것은 좋지만 돈이 없는 사람들의 곤경을 잊고 있지.

063

이것으로 …은 …하도록 해

This leads us[me] to~

This leads us[me] to+V
이것으로 우리는[나는] …하도록 돼

좀 어려운 보이는 문장이다. 중요한 축인 lead sb to+V는 "…가 …하도록 이끌다." 그래서 This leads us[me] to+V하게 되면 여기서 "우리가[내가] …하도록 하게 한다"라는 뜻이 된다. 좀 더 의역하자면 아래문장은 "이것으로 우리는 …라는 결론에 다다르게 된다"라는 의미가 된다.

This leads us to conclude that the river that runs through the city has been polluted by factories.
이것으로 우리는 도시를 관통하는 강이 공장들로 인해 오염되었다는 결론에 다다르게 돼.

This brings us[me] to the question of~
…하는 문제가 발생해

"이것이 우리[나]를 …하는 문제로 우리를 데려간다"라는 말로, 뭔가 한 주제의 얘기를 마치고 이를 얘기하다보니 …의 문제가 생겨난다"로 의역해볼 수 있다. 문맥에 따라 우리말을 자연스럽게 바꿀 필요가 있다.

This brings us to the question of how to address the abuse and sexual assaults that occur to women.
이를 얘기하다보니, 여성에게 가해지는 학대와 성적폭력을 어떻게 다루어야 하는지 문제가 발생해.

I guess it goes to show you how~
이걸로 당신도 얼마나 …한지 알 수 있을 거야

어떤 사실이나 현상을 말하거나 보여 준 후, 「이걸 보면 당신도 얼마나 …한지 알 수 있을 거야」라고 말할 때 쓸 수 있는 표현. 여기서 go to~는 「…하는데 도움이 되다」의 의미이며, how 이하는 간접의문문의 형태로 「how+(형용사)+주어+동사」를 쓴다.

I guess it goes to show you how science is useful, but it can't solve all of our problems.
이걸로 과학이 얼마나 유용한지 알 수 있을거야, 하지만 과학이 우리의 모든 문제를 풀 수는 없어.

For example,

① For example,

예를 들면,

아래는 for example이 문장의 맨 앞에 위치해있으나 실제로는 문장의 어디에나 삽입구로 들어 갈 수 있다. 또한 뭔가 자신이 한 얘기의 예를 들 때는 An example of this is~ 라고 하면 된다.

For example, if you eat a diet that is high in fiber, it will significantly reduce your chances of getting cancer.

예를 들면, 고섬유질의 식단을 먹게 되면 그건 네가 암에 걸릴 가능성을 매우 줄여줄거야.

② look at~ for example

예를 들어 …보다

역시 예를 들면서 하는 말로 "예를 들어 …을 보라"라고 할 때 사용한다. 또한 '…의 예를 들다'는 take an example, '…의 선례를 따르다'는 follow sb's example, '…의 모범이 되다'는 be an example to sb 등의 표현들을 함께 알아둔다.

If you want to see a company that has been successful internationally, look at Samsung, for example.

세계적으로 성공한 회사를 보고 싶다면, 예로 삼성을 봐라.

③ The only exception is~

유일한 예외는 …야

뭔가 언급하는 내용의 예외를 말하는 패턴이다. 또한 '예외없이'는 without exception, '…을 예외로 하고'는 with the exception of~, 그리고 예외로 하다는 make an exception이라고 한다.

Every able bodied male is required to serve in the military. The only exception is young men with physical or mental problems.

몸이 건강한 모든 남자는 군복무를 해야 돼. 유일한 예외는 신체적으로나 정신적으로 문제가 있는 젊은이들이야.

I would like to stress that~

❶ I would like to stress that S+V

···을 강조하고 싶어

relieve one's stress, be stressed out에서 보듯 stress하면 글자 그대로 stress이지만, stress 가 동사가 되어 stress that S+V가 되면 '···을 강조하다'라는 뜻이 된다. 또한 stress that point는 '그 점을 강조하다,' stress the importance[need] of~하면 '···의 중요성을 강조하다'가 된다.

I would like to stress that even if someone has gone to prison, they can still be successful in life.

난 어떤 사람이 감옥에 갔다 왔다 해도 여전히 인생에서 성공할 수 있다는 것을 강조하고 싶어.

❷ I would like to put stress on~

···을 강조하고 싶어

이번에는 stress가 명사로 '강조'라는 뜻으로 쓰이는 경우이다. 이때는 put stress on~이라 는 숙어로 쓰인다.

I would like to put stress on the need to find a balance between working hard and recreational time.

워라벨을 찾는 필요성에 대해 강조하고 싶어.

❸ I would like to emphasize that S+V

···을 강조하고 싶어

강조하면 emphasize이다. 가장 기초적인 단어를 이용한 표현이다.

I would like to emphasize that the turmoil caused by the pandemic caused many bankruptcies.

팬데믹이 가져온 소란으로 많은 파산이 일어났다는 것을 강조하고 싶어.

Is it all right if I~?

① Is it all right if I+V?

내가 ···해도 괜찮아?

Is it all right if S+V?하면 상대방의 허가를 구하는 것으로 '···해도 괜찮을까요?,' We'll be all right if~는 '···한다면 우린 괜찮을거다,' 그리고 if it's all right with you는 상대방에게 뭔가 부탁하거나 양해를 구할 때 사용하는 표현. '괜찮다면'이라는 의미.

Is it all right if I contact your ex-girlfriend and ask her to go out on a date with me?

내가 네 전 여친에게 연락해서 나와 데이트를 해도 되냐고 물어봐도 괜찮겠어?

② Is it okay to+V?

···해도 괜찮아?

이번에는 It is okay (+for 사람)+ to+V를 의문문 형태로 바꾼 표현이다. 상대방의 허락을 받기 위한 것으로 "···해도 돼?," "···해도 괜찮아?"라는 뜻으로 Is it okay to+동사/if S+V?로 많이 쓰인다. for+사람은 생략되는 경우가 많고 okay 대신에 위에서처럼 all right을 써도 된다.

Is it okay to discuss the experiences you had while living as a minority in another country?

다른 나라에서 소수민으로 사는 동안 네가 겪은 경험에 대해 토의해도 괜찮겠어?

③ Is it okay if S+V?

···해도 괜찮아?

Is it okay~ 다음에 if S+V절이 이어지는 경우이다.

Is it okay if the government uses closed circuit cameras to monitor the streets of various cities?

정부가 여러 도시의 거리를 모니터하기 위해 폐쇄회로 카메라를 이용해도 괜찮아?

…에 별다른 의견이 없어

I don't have any opinion on whether~

❶ I don't have any opinion on whether S+V

…에 별다른 의견이 없어

상대방과 나누는 이슈에 대해 자신은 특별한 의견을 갖고 있지 않을 때, 문맥에 따라서는 전혀 관심이 없다고 할 때 쓸 수 있는 패턴이다.

I don't have any opinion on whether women should be allowed to legally get abortions.

여성들이 법적으로 낙태받는 것이 허용되어야 된다는 여부에 대해서는 별의견이 없어.

❷ I don't have anything to say on~

…에 대해 할 말이 없어

역시 같은 맥락의 의미로 opinion을 회화체 표현으로 anything to say on~으로 바꾼 패턴이다. on 대신에 about를 써도 된다.

I don't have anything to say about the suicides that have occurred in the Korean entertainment industry.

한국 연예사회에서 일어나고 있는 자살들에 대해 뭐라 할 말이 없어.

❸ The answer is that S+V

내 대답은 …라는거야

The answer is no[yes]는 '대답은 부정[긍정]이야'라는 표현으로 구어체로 많이 사용된다. 여기서는 The answer is that S+V의 형태로 상대방의 질문에 대한 자신의 의견을 말할 때 사용한다. My answer is that S+V이라고 해도 된다.

The answer is that if people wish to be respected, they must show respect to those they interact with.

나의 대답은 사람들이 존경받고 싶다면, 자신들이 교류하는 사람들에게 존경심을 표해야 한다는거야.

…에 달려 있어

It's up to~

1

It's up to sb
…에 달려 있어

be up to 다음에 sb가 오면 그 유명한 It's up to you를 만드는 표현으로 '…가 결정할 일이다'라는 의미. 반면 be up to sth은 주로 부정문과 의문문에서 쓰이며 의미는 '…를 감당할 수 있다,' '…할 수 있다'라는 능력의 여부를 물어볼 때 사용된다.

It's up to each individual judge as to whether a convicted criminal is sentenced to the death penalty.

유죄선고를 받은 죄인이 사형선고를 받는지 여부는 판사 개개인의 성향에 달려 있어.

2

I think it really depends on~
(전적으로) …에 따라 다르다고 생각해

「…에 따라 다르다」, 「…에 따라 좌우된다」란 의미를 가진 depend on[upon]을 떠올리면 된다. 그래서 「그것은 …에 따라 달라진다」라고 하면 주어(it)가 3인칭 단수 현재이므로 depend 뒤에 -s가 붙어 'it depends on ~'이 된다.

I think it really depends on whether people choose to use mass transit or their own vehicles.

대중교통을 사용하거나 아니면 자신의 차량을 이용하는지 여부는 전적으로 사람들 생각에 달렸어.

3

You've got a lot to think about~
…에 대해 생각할 게 많아

about~ 이하의 일을 하는데 신경쓸게 많다는 말로 다시 말해서 "…에 신중해야 한다"라는 의미의 표현이 된다.

You've got a lot to think about when you decide how to volunteer to help your local community.

지역사회를 돕기 위해서는 자원방법에 대해 생각해야 할 것이 많아.

…하지 않을 수 없어

You can't help but~

1

You can't help but+V
…하지 않을 수 없어

help는 「돕다」라는 대표적 의미 외에도 can[cannot]과 함께 쓰여 「…을 피하다」(avoid), 「…을 막다」(prevent)의 뜻을 지닌다. '어쩔 수 없이 …하게 된다'는 식으로 말하고 싶을 때 You can't help but + V를 사용하면 제격이다.

You can't help but be interested in leaders with charisma, even if they happen to be bad people.

지도자들이 나쁜 경우일 때에도 카리스마가 있는 지도자에 관심을 갖지 않을 수가 없어.

2

You can't help ~ing
…하지 않을 수 없어

여기서 but을 생략하고 그냥 You can't help ~ing라고만 해도 되며, You는 상대방을 지칭하는 것이 아니라 보통의 일반인을 의미한다. 주어를 바꿔서 I can't help ~ing라고 해도 된다.

I can't help buying a lot of stuff online, even though I know I will have a huge credit card bill.

많은 신용카드 청구서가 날라오는 것을 안다고 해도 온라인으로 물건을 많이 사지 않을 수 없어.

3

I have no other choice but to + V
…할 수 밖에 없어

「…하는 것 외엔 다른 선택의 여지가 없다」는 말은 곧 싫든 좋든 「…하는 수 밖에 없다」는 얘기. other를 빼고 I have no choice but to+V라고도 한다.

Because no one could pay the rent this month, I have no other choice but to find another place to live.

아무도 이번달 임대료를 낼 수 없기 때문에 난 머무를 다른 곳을 찾을 수 밖에 없어.

···은 누구나 다 아는 사실야

It's common knowledge that~

1

It's common knowledge that S+V

···은 누구나 다 아는 사실야, 상식야

knowledge는 지식, 상식이라는 말로 common knowledge하면 상식이라는 뜻이 된다. 뭔가 당연한 이야기를 할 때 쓰면 좋은 표현이다. 참고로 To my knowledge하면 '내가 알기로는'이라는 뜻으로 사용된다.

It's common knowledge that **people who take risks with their money can make a lot or lose everything.**

자신의 돈으로 위험을 감수하는 사람은 돈을 많이 따거나 모든 것을 잃을 수가 있다는 것은 상식이지.

2

How many times have I told you ~?

내가 ···라고 얼마나 말했니?

'내가 ···라고 도대체 몇번이나 얘기했니?'라고 상대방이 지시를 따르지 않을 때 질책하면서 하는 말로, How many times do I have to tell~?이라고 해도 된다.

How many times have I told you **to safeguard your online financial information from hackers?**

네 온라인상의 금융정보를 해커들로부터 안전하게 보관하라고 내가 얼마나 말했니?

3

I see what you want to say, but I don't agree that S+V

무슨 말하는지 알겠지만 난 ···에 동의못해

상대방이 무슨 말을 하는지 알아듣기는 하겠지만 상대방이 말하는 주장이나 의견에는 동의를 할 수 없다는 다소 긴 패턴이다.

I see what you want to say, but I don't agree that **the police generally discriminate against black people.**

무슨 말을 하는지 알겠지만, 경찰들이 일반적으로 흑인들을 상대로 차별을 했다는거에는 인정못해.

071 I promised myself that ~

…라고 결심했어

❶ I promised myself that S+V

…라고 결심[다짐]했어

「나 자신에게 …을 약속하다」라는 의미인데 즉, 「결심하다」, 「마음을 먹다」의 표현이다. I make up my mind도 같은 뜻으로 사용될 수 있다.

I promised myself that I would save some extra money every month in case of an emergency.

난 위급상황에 대비해서 매달 돈을 조금씩 저축하겠다는 다짐을 했어.

❷ I won't let ~

…하는 일은 절대 없을 거라구요

I will not 즉 I won't[wount] 다음에 도대체 무슨 동사를 써야 할지 막막하기만 하다. 이럴 땐 「…이 ~하도록 놔두다」라는 의미의 「let + 목적어 + 동사원형」을 사용하면 I won't let ~ 으로 뭔가 조치를 취하겠다는 의지를 충분히 나타낼 수 있다.

I won't let the virus lockdown disrupt my social life, because I can facetime with my friends.

난 친구들과 영상통화를 하기 때문에 바이러스에 의한 폐쇄조치가 내 사회생활에 지장을 주지 않도록 할거야.

❸ I decided to+V

…하기로 결정했어

심사숙고해서 …하기로 마음을 먹었다라는 의미로 I('ve) decided to+V 혹은 I('ve) decided that S+V의 형태로 쓰면 된다. 우리가 함께 살기로 했어는 We decided to live together, 시애틀로 이사가기로 했어는 I've decided to move to Seattle이라 하고, 또한 decide to는 make up one's mind로 바꿔쓸 수도 있다.

I decided to have a baby and raise a family by myself even though I have never been married.

내가 결혼은 결코 하지 않더라도 아기를 낳아서 혼자 가정을 꾸리기로 결심했어.

put one's mind to~

1 put one's mind to sth

···에 마음먹다

put A to B는 「A를 B에 두다」라는 뜻인데 목적어인 A자리에 one's mind가 들어간 모양. 직역하자면 자신의 마음을 어딘가에 두거니까 결국 「···에 주의를 기울이다」, 「···에 열중하다」, 「···을 하려고 마음먹다」라는 의미가 포함된다는 사실을 어렵지 않게 유추할 수 있다.

You can attain your goals if you are willing to work hard, all you need to do is put your mind to it.

기꺼운 맘으로 열심히 일한다면 넌 성공을 이룰 수가 있어. 네가 해야 될 일은 단지 그거에 전념하는거야.

2 concentrate on ~ing

···에 집중하다

concentrate 다음에는 on이 뒤따르고 그 다음에는 명사나 동사의 ~ing형을 붙여 쓰면 된다. ···에 집중하다라는 말로 focus on과 동의표현이다.

When the people around me are watching videos and talking on phones, I can't concentrate on what I'm doing.

주변 사람들이 동영상을 보거나 전화로 통화를 하고 있을 때, 난 내가 하는 일에 집중할 수가 없어.

3 brace oneself for

···에 대해 각오하다

brace oneself for[to do]는 '···할 각오를 하다'···할 마음을 단단히 먹다'라는 의미. 한편 수동태로 be braced for~라 해도 '···에 마음의 준비를 하다'라는 의미이다. 참고로 prepare oneself for~역시 "···에 대해 각오하다"라는 표현이다.

The surgeon came out of the operating room and said we should brace ourselves for bad news.

외과의사는 수술실에서 나와서 우리보고 나쁜 소식에 대해 맘을 단단히 먹으라고 말했어.

…하는 것은 좋은 생각일거야

It would be a good idea to~

❶

It would be a good idea to+V
…하는 것은 좋은 생각일거야

It's a good idea to+V에서 be 동사 대신에 would가 들어간 표현이다. 단정적으로 말하지 않고 "…한다면 좋은 생각일게다" 정도로 조심스럽게 혹은 부드럽게 말하는 표현법이다.

It would be a good idea to develop vehicles that can run on solar power instead of using petroleum.
석유를 쓰는 대신 태양열 발전으로 달릴 수 있는 차량을 개발하는 것은 좋은 생각일거야.

❷

It would be an idea not to+V, but to+V
…하지 말고 …해야 좋은 생각일거야

앞의 패턴에 not ~ but(…가 아니라 …인)의 형식이 붙은 경우이다. 즉, not 다음의 to+V를 하지 않고 대신에 but 이하의 to+V를 하는게 더 좋은 생각일거라고 자신의 주장을 말하는 표현이다.

It would be a good idea not to flirt with your co-workers, but to be friendly and helpful instead.
직장 동료들에게 집적대지 않고 대신 친절하고 도움을 주는 것이 좋은 생각일거야.

❸

It's a good idea to begin with~
…로 시작하는게 좋은 생각이야

자신의 주장을 피력하는 것으로 begin with~ 이하부터 시작하는게 좋은 생각이다라는 말이다. begin with~ 다음에는 명사나 동사의 ~ing를 붙여 쓰면 된다.

It's a good idea to begin with conserving energy at home before worrying about energy conservation worldwide.
전세계적으로 에너지 보존에 대해 걱정하기에 앞서 집에서 에너지를 아끼는 것부터 시작하는게 좋은 생각이야.

…하는 것이 중요해

It's important to~

❶ It's important (for sb) to+V

…하는 것이 중요해

뭔가 중요하다고 자신의 주장을 피력하는 패턴으로 It's (not) important~ 다음에 to+V를 먼저 붙여본다.

It's important to research specific exercise routines before you begin to work out at health clubs.

체육관에서 운동을 시작하기에 앞서 특정한 운동습관을 연구하는 것이 중요해.

❷ It's important S+V

…것이 중요해

이번에는 It's important~ 다음엔 that S+V절이 이어지는 경우를 살펴본다. 물론 부정하려면 It's not important that S+V라고 하면 된다.

It's not important leaders are nice, but they must be intelligent and act upon the wishes of the people.

지도자가 착한 것은 중요하지 않아. 하지만 그들은 똑똑해야 하고 국민들의 바람에 따라 행동해야 해.

❸ I think it's important to[S+V]~

…가 중요한 것 같아

It's important~ 다음에 to+V가 오든 that S+V절이 오든 문장의 맨 앞에 I think나 I guess를 붙이면 자신의 주장을 좀 부드럽게 전달할 수가 있다.

I think it's important steps are taken to improve employment opportunities in rural areas of the country.

국가의 비도시지역에서의 고용기회를 향상시키기 위해 중요한 조치가 취해져야 된다고 생각해.

1

A be the most important+N
…가 가장 중요한 …야

역시 자신의 주장을 피력하는 것이지만 최상급을 써서 "…가 가장 중요한 것"이라고 말할 때 사용하면 된다.

Medicine is the most important item in improving the lives of people affected by poverty.
의약품은 가난으로 병에 걸린 사람들을 낫게 하는데 가장 중요한 품목이야.

2

The most important thing is ~ing
가장 중요한 것은 …야

이번에는 The most important thing을 주어로 쓰고 동사부에는 ~ing를 써서 "가장 중요한 것은 …야"라는 구조의 문장이다.

The most important thing is washing your hands and maintaining a distance from others in public.
가장 중요한 것은 손을 씻고 공공장소에서 다른 사람들과 거리를 유지하는 것이야.

3

It's crucial[critical] that S+V ~
…하는 것이 중요해

계속 important만 얘기하면 지겨우니 비슷한 맥락의 형용사 crucial, critical, 혹은 significant 등의 형용사로 바꿔가면서 말해보는 경우이다.

It's crucial that students are educated in a way that they can use the latest business technology.
학생들은 최신 비즈니스 기술들을 사용할 수 있도록 하는 방식으로 교육을 받아야 하는게 중요해.

…하는 방법

the way S+V

① the way S+V

…하는 방법

the way와 S+V 사이에는 관계부사 how가 생략된 형태로 볼 수 있다. 다른 관계부사들이 the time when ～, the place where ～ 등과 같이 「선행사 + 관계부사」의 구조를 갖는 것과는 달리 how는 the way how S + V의 형태로는 절대 사용되지 않는다는 점에 주의해야 한다.

It was not impressive the way the government tried to boost the economy during the financial crisis.

정부가 금융위기 중에 경제를 증진시키기 위해 하는 방식은 인상적이지가 않았어.

② find another way to+V

…할 다른 방법을 찾다

way가 여기에서는 방법이라는 뜻으로 쓰여 「…할 다른 방법을 찾다」의 뜻이다. 이미 있는 방법을 대신할 대안을 찾는 것. to 뒤에는 동사원형이 따라와 way를 직접 수식해주는 to부정사의 형용사적 용법으로 쓰였다는 것도 잊지 말자. know the way는 …하는 방법을 알다라는 의미.

After the house was broken into, we had to find another way to keep ourselves safe and secure.

집에 침입자가 들어온 후에는 우리는 우리 자신을 안전하게 하기 위해 다른 방법을 찾아야 했어

③ You know the way S+V is~

…하는 방법이라는 것을 넌 알고 있잖아

실질적인 문장은 the way S+V is~ 이다. …하는 방법은 …이다라는 의미. 이 문장 전체를 감싸고 있는게 You know~이다. 넌 …을 알고 있잖아 정도로 생각하면 된다. 상대방에게 …하는 방법을 알고 있냐고 할 때는 Do you know the way~?라고 물어보면 된다.

Do you know the way to help people who are having severe mental health problems?

심각한 정신병력을 가진 사람을 도와주는 방법을 알고 있어?

그게 …하는 유일한 방법이야

It's the only way to~

① It's the only way to+V

…하려면 그 방법 밖에 없어

to+V는 실질적으로 주어인 'It'을 받는 것이다. 다시 말해서 "그것은 …하는 유일한 길이다"라는 뜻이다. to+V 대신에 that S+V가 올 수도 있다.

That's the only way they can solve their problems.

그게 걔네들이 그 문제들을 풀 수 있는 유일한 방법이야.

② The only way S+V is to+V[by~ing]

…하는 유일한 방법은 …하는거야

이번에는 주어부를 길게 만든 패턴으로 …하는 유일한 방법은 that S+V이하라고 말하는 표현법이다. is~ 다음에는 to+V 혹은 by ~ing 형태가 이어진다.

The only way people stay married is to remain calm and talk together when problems occur.

사람들이 결혼을 유지하는 유일한 길은 이성을 잃지 않고 문제가 발생했을 때 함께 대화를 하는거야.

③ The only way to+V is to+V[by ~ing]

…하는 유일한 방법은 …하는거야

위와 달리 주어부에 절이 있는게 아니라 to+V구가 오는 문장이다. 역시 is 다음에는 to+V 혹은 by ~ing가 이어진다.

The only way to report news is to use facts and evidence, not create news reports that only express opinions.

뉴스를 보도하는 유일한 방법은 사실과 증거를 이용하는 것이다. 오로지 자신의 의견을 개진하는 뉴스보도를 창작하는게 아니란 말이다.

One way to~ is to~

1

One way to+V is to+V
···하는 한가지 방법은 ···하는거야

위에서는 the only way(유일한 방법)가 무엇인지 말할 때 사용하는 표현이었다. 여기서부터는 특정되지 않은 방법에 대해 말하는 법을 학습해본다.

One way to **make people laugh** is to **tell them about an experience that you had that embarrassed you.**
사람들을 웃게 하는 한가지 방법은 사람들에게 네가 당황했던 경험에 대해 말하는 것이야.

2

Another way to+V is to+V
···하는 또 다른 방법은 ···하는거야

to+V가 두 번 나오니 헷갈릴 수도 있는 표현이다. "···하는 또 다른 방법은 is to+V하는 것이다"라는 말씀.

Another way to **find a partner** is to **go online and use one of the many dating websites for single people.**
애인을 찾는 또 다른 방법은 온라인상의 싱글족을 위한 많은 데이트 웹사이트를 이용하는거야.

···하는 방법이 있어

There is a way ~

1

There is a way S+V

···하는 방법이 있어

Where there's a will, there's a way(뜻이 있는 곳에 길이 있다)라는 표현으로 유명한 There is a way에 S+V절이 붙은 경우이다. 이때는 직설적으로 "···하는 방법이 하나 있다"라는 의미가 된다. 의문문으로 Is there a way to+V?하게 되면 "···하는 방법이 있어?"라는 문장이 된다.

There is a way single mothers raise their children, and it is often without the help of a father.

싱글맘이 아이들을 키울 수 있는 방법이 있는데 그건 종종 아버지의 도움없이 되는거야.

2

There's another way to+V

···하는 다른 방법이 있어

'···할 방법이 달리 없다'고 할 때는 There is no another way to+V, 그리고 Is there another way to+V?하면 '달리 ···할 방법이 있을까?'라는 의미. 참고로 There has to be another way to+V하면 매우 긍정적인 마인드를 담은 표현으로 '···할 방법이 꼭 있을거다'라는 표현.

There's another way to relieve your stress, and you can do it easily if you don't mind exercising.

스트레스를 푸는 다른 방법이 있어. 그리고 운동하는게 괜찮다면 넌 쉽게 그걸 할 수 있을거야.

3

There are two ways of ~ing

···하는 두 가지 방법이 있어

뭔가 선택할 수 있다는 의미. ~ing하는데 방법이 두 가지가 있다고 설명하는 패턴이다. 조금 더 넓게 해서 "···하는 다른 방법들이 있다"고 할 때는 There are other ways of ~ing라고 하면 된다. 한편 "···하는 방법밖에 없다"고 할 때는 There is no way but to+V라 한다.

There are two ways of dealing with people who are angry, and the best way is to be calm and ask why they are upset.

화가 난 사람을 다루는 두가지 방법이 있어. 가장 좋은 방법은 침착하는 것이고 왜 화가 났는지 물어보는 것이야.

가장 좋은 방법은 …하는거야

The best way is to~

1

The best way is to+V
가장 좋은 방법은 …하는거야

주어가 The best way, 동사부는 is to+V로 가볍게 나누어지는 단순한 패턴이다.

The best way is to invest all of your money in real estate and forget all of the other options.

가장 좋은 방법은 부동산에 가진 돈을 다 투자하고 다른 투자방법들은 모두 잊는거야.

2

The best way to+V is to+V
…하는 가장 좋은 방법은 …야

위와 다른 점은 주어부가 The best way에서 The best way to+V로 바뀌었다는 점이다. 가장 좋은 방법인데 무엇을 하는데 가장 좋은 방법인지 to+V가 한정하고 있다.

The best way to make friends is to listen to others and ask them questions about their lives.

친구를 사귀는 가장 좋은 방법은 다른 사람의 말에 귀를 기울이고 그들에게 그들의 삶에 대해 물어보는 것이야.

3

What do you think the best way is to+V?
…하려면 어떤 방법이 최선인 것 같아?

to+V 이하를 하는 최선의 방법이 무엇인지 물어보는 문장이다. 여기에 do you think를 삽입하여 …하는 가장 좋은 방법이 뭐라고 생각해?는 What do you think the best way is to+V?라고 하면 된다.

What do you think the best way is to wipe out the threat of terrorist attacks around the world?

전 세계에서 테러리스트의 공격위험을 없애는 가장 좋은 방법이 뭐라고 생각해?

…하는 방법을 알아

I know how to~

① I know how to+V

…하는 방법을 알아

내가 이미 알고 있다고 말하는 방법 중에 I know how to do it처럼 I know 의문사+to+V 형태로 간편히 말하는 패턴이다.

I know how to save enough money to purchase one of the nicest apartments in our city.

난 시내에 멋진 아파트를 사기 위해 충분한 돈을 모으는 방법을 알고 있어.

② I know what S+V

무엇이 …하는지 알아

의문사 to+V 대신에 I know (that) 주어+동사 혹은 의문사를 이용하여 I know what/why/ how 주어+동사 형태로 쓰는 방법이다. 반대로 모를 때는 I don't know 의문사 to+V 혹은 I don't know 의문사 S+V의 절을 이어 쓰면 된다.

I don't know how to choose a good potential partner that I could end up getting married to.

결국에는 결혼하게 될 수 있는 멋진 잠재력있는 애인 후보를 고르는 방법을 모르겠어.

③ Do you know how to+V?

…하는 방법을 알아?

「방법」이나 「수단」을 의미하는 대표적인 명사는 way다. 따라서 「…하는 방법」이라고 하면 to 부정사로 way를 수식해주면 간단히 해결될 것 같지만, 사실 회화에서는 「the way to+V」 보다는 「방법」 및 「수단」의 의문부사 how를 이용한 「how to+V」를 쓰는 경우가 더 많다.

Do you know how to give advice to teenagers about proper and safe sexual behavior?

십대들에게 올바르고 안전한 성행동에 대해 조언을 해줄 방법을 알고 있어?

…하는 방법을 알려줄래?

Can you tell me how to~ ?

①

Can you tell me how to+V?
…하는 방법을 알려줄래?

상대방에게 궁금한 점이나 정보를 물어볼 때 요긴하게 사용하는 표현으로 Can[Could] you tell[show] me 의문사 S+V? 혹은 간단히 의문사+to+V형태를 써서 Can[Could] you tell[show] me 의문사 to+V?라 해도 된다.

Can you tell me how to relax after work, because I can't seem to calm down in the evening?
저녁에 진정을 하지 못하는 것 같기 때문에 퇴근 후에 어떻게 긴장을 푸는지 알려줄래?

②

show sb how to+V
…에게 …하는 방법을 알려주다

「어떻게 하는 것인지」라는 명사절 또는 명사구는 「어떻게」라는 우리말에서 자동적으로 떠올리게 되는 의문사 how를 이용해 how I should do it[that]이라고 할 수 있다. 또, 「의문사 + to 부정사」의 형태로 how to do it[that]이라고 하면 훨씬 깔끔하고도 보편적인 표현이 된다. 다음으로 「알려주다」라는 뜻의 동사로는 show나 explain 등을 쓰면 된다.

I'd like you to show me how to play the computer games.
그 컴퓨터 게임을 어떻게 하는지 방법을 좀 알려줘.

③

It is really hard to say how+S+V
…의 방법(상황)을 설명하기란 아주 곤란해

how를 무조건 방법만을 말하는 표현으로 한정짓지 말자. 상황이나 상태가 어떠했는지도 말할 수 있겠다.

It is really hard to say how they should behave in public, but we have to inform them.
그들에게 일반인들 앞에서 행동하는 방법을 말하기가 아주 곤란하긴 하지만 말해줘야 한다.

083

…한다면 곤경에 처할거야

S + will be in trouble if ~

❶

S + will be in trouble if S+V

…한다면 곤경에 처할거야

in trouble은 「곤경에 처해」 등의 의미를 가지는데, 이를 응용해 「만약 …한다면 곤경에 처하게 될 거예요」, 또는 「혹여 …한다면 처벌당하게 될 거예요」라는 말을 하고 싶다면 아래 예문과 같이 will be in trouble한 다음, 그 뒤에 「그 만약」에 상당하는 내용을 if절로 이어가면 된다.

The students will be in trouble if anyone discovers that they all got the same grade on their exams.

그 학생들은 누군가 그들이 시험에서 모두 똑 같은 점수를 받았다는 것을 알게 되면 큰일날거야.

❷

get in trouble

곤경에 처하다

be 대신에 get을 쓴 것으로 의미는 동일하다. get in trouble은 기본표현으로 '곤경에 처하다,' '어려움에 처하다'라는 의미.

Mom just threw up her hands when you got in trouble.

엄마는 네가 곤경에 처했을 때 포기했어.

❸

get sb in trouble

…을 곤경에 빠트리다

이번에는 반대로 자신이 곤경에 빠지는 것이 아니라 sb를 곤경에 빠트릴 때는 get sb in trouble이라고 하면 된다.

I didn't mean to get anyone in trouble, but I had to tell authorities that a number of items have been stolen.

다른 사람을 곤경에 처하게 하고 싶지 않지만, 난 많은 품목들이 도난당했다고 당국에 신고했어.

…해서 불편해?

Does it bother you~ ?

1

Does it bother you to+V?

…해서 불편해?, …해서 애로사항이 있어?

상대방이 불편해할 것 같은 일이나 어떤 일을 하게 되면 실례가 되지는 않을까 조심스럽게 물어볼 때 사용하면 된다.

Does it bother you to stay at home every day, because you are missing so many fun things?

아주 많은 재미나는 일들을 놓치고 있기 때문에 매일 집에 있는게 불편해?

2

Does it bother you that S+V

…가 …하다는 게 거슬리니?

앞의 구문에서 to+V 대신에 that S+V가 와서 더욱 다양하게 말해볼 수 있는 유용한 패턴이다.

Does it bother you that sometimes rich people can break the law but the average person cannot?

때때로 평균적인 사람은 그렇게 할 수 없는데 부유한 사람들은 법을 어길 수도 있다는거에 거슬려?

3

What bothers you the most~?

…할 때 가장 불편한 점이 뭐죠?

「귀찮게 하다」, 「불편을 끼치다」는 의미의 동사 bother를 사용해 당신을 가장 귀찮게 하는게 무언지를 묻는 표현이다. most 뒤에 「…할 때」, 「…에 있어」라는 의미의 when절이나 about을 붙여 다양하게 활용할 수 있다.

What bothers you the most when you feel that someone has been treating you in an unfair manner?

누군가가 너를 부당하게 대우한다고 느꼈을 때 가장 불편한 점이 뭐야?

…할 예정이다

085 It is supposed to~

1

It is supposed to+V

…할 예정이다, …하기로 되어 있다

확실한 미래는 will을, 다른 가변 요소들 때문에 변동 가능성이 다분히 있는 경우는 be supposed to+V를 이용하도록 한다.

The government is going to implement a new system which is supposed to stop people from abusing drugs and there is a power struggle between the doctors and pharmacists.

정부는 사람들의 약물남용을 막기 위해 새로운 시스템을 시행하려고 하지만 의사와 약사 사이의 강력한 갈등이 있어.

2

You're supposed to+V

넌 …하기로 되어 있어

「…해야 한다」고 하면 should, must, have to 등의 동사(구)부터 떠오르지만, 그것이 「의무」나 「필요」에 의해서라기 보다는 사전에 그렇게 하기로 정해져 있기 때문인 경우에는 be supposed to + V를 쓰게 된다.

You're supposed to donate a certain percentage of your income every month to the church's treasury.

넌 매달 네 소득의 일정비율을 교회에 기부하기로 되어 있어.

3

You're not supposed to+V

넌 …하면 안돼

반대로 be not supposed to+V하게 되면 …하기로 되어 있지 않다, 나아가서 …하면 안된다라는 의미를 갖는다.

You're not supposed to hide income from the government, because if it's discovered, you'll be in trouble.

넌 정부에게 너의 수입을 숨기면 안돼. 발견되면 넌 큰일나기 때문이야.

It does matter to~

It does matter to sb

…에게 중요해

matter는 동사로 '…에게 중요하다'라는 말로 주로 matter to sb의 형태로 쓰인다. 또한 It does matter S+V처럼 절을 이끌기도 하는데 여기서 does는 강조 조동사이다.

You must be polite to your grandparents and aunts and uncles. Politeness is important. It does matter to them.

너는 할아버지, 할머니, 그리고 숙모, 삼촌에게 예의를 갖추어야 한다. 공손은 중요하고 그들에게 중요한 것이다.

It doesn't matter ~

…은 중요하지 않아, 상관없어

matter는 「문제」라는 뜻의 명사로도 유명하지만 회화에서 not, never, little 등의 부정어와 함께 「중요하지 않다」, 「상관없다」란 의미를 표현하는 경우가 많다. It does not matter who ~라고 하면 누가 …하는 것은 중요하지 않아라는 의미가 된다.

It really doesn't matter who wins the election because most politicians are dishonest and self serving.

선거에서 누가 이기든 정말 상관없어. 대부분 정치가들은 부정직하고 자기 잇속만 차리기 때문이야.

It doesn't matter to me (if~)

난 별로 상관없어

상대방이 나의 의견이나 의향을 물을 때 사용하는 표현으로 어떻게 하든지 나는 상관없음을, 즉 결정권을 상대방에게 일임하는 문장. to me를 생략하거나 혹은 주어 'It'을 빼고 Doesn't matter라고 쓰기도 한다. I don't care는 비슷한 의미로 거의 무관심을 나타내는 표현이다.

It doesn't matter to me if others don't agree with me because I have a strong conviction that I am right.

난 내가 옳다는 강한 신념을 갖고 있기 때문에 다른 사람들이 내게 동의하지 않아도 상관없어.

…와 관련이 있다

have to do with~

have (got) to do with~
상관이 있다

어려운 단어 하나를 생각해 내려 들지 말고 이미 알고 있는 기본동사로 잘 꾸려진 have to do with를 반드시 기억해 둘 것. 따라서 「상당히 관련이 있다」라는 표현을 하려면 have a lot to do with.

All of these viruses have got to do with **the unsanitary conditions in some markets, and people who are not careful washing their hands.**
이 모든 바이러스의 모든 것은 일부 시장의 비위생적인 상태와 손을 씻는데 부주의한 사람들과 관련이 있어.

have something to do with~
관련이 좀 있다

have something to do with는 have to do with와 같은 의미로 '…과 (조금) 관련이 있다' 라는 말.

Some of us suffer from insomnia, which has something to do with **the inability to deal with stress in our lives.**
우리들 중 일부 사람들은 불면증에 시달리는데, 그건 우리 삶에서 받는 스트레스를 다룰 능력이 없다는거와 관련이 있어.

have nothing to do with~
상관이 전혀없다

have nothing to do with는 앞의 것과 반대로 with 이하와 '아무런 관련이 없다'라고 말하는 경우.

The reason you were fired had nothing to do with **your sexual orientation, you were just a terrible worker.**
네가 해고된 것은 네 성적취향과 전혀 관련이 없어. 넌 그저 끔찍한 직원였어.

···하는 것은 ···뿐이야

The only thing (that) ~ is~

The only thing (that) ~ is~

···하는 것은 ···뿐이야

「···하는 것은 ~뿐이다」라는 말은 「···하는 유일한 것은 ~이다」라는 의미로 바꿔서 생각할 수도 있다. 수식어구를 제외하고 보면 주어는 「유일한 것」, 동사는 「···이다」가 된다. 먼저, The only thing이라고 주어를 만든 뒤 관계대명사절로 이를 수식하면 주어부가 완성된다.

The only thing that will stop sickness from spreading is the use of masks and social distancing.

병이 확산되는 것을 막는 유일한 길은 마스크를 사용하고 사회적 거리를 두는 것이야.

The funny thing is that S+V

이상한 건 ···라는 것이다

뭔가 특이하고 이상한 일을 언급하는 표현. 주어부가 수식어구로 수식받아서 길어진 위 패턴과는 다른 형태이다.

The funny thing is that some people who are not qualified to be businessmen become politicians.

비즈니스맨이 될 자격도 없는 사람들 중 일부가 정치가가 되는 이상한 일도 있어.

The good thing about ~ is that S+V

···와 관련해서 좋은 건 ···야

주어는 The good thing~이고 동사는 is that~이하로 복잡해보이지만 실은 단순해 보이는 패턴이다.

The good thing about eating fruits and vegetables is that your body heals more quickly when you get sick.

과일과 야채를 먹는 좋은 일은 병에 걸렸을 때 빨리 몸이 회복된다는 점이다.

···한 때문이야

It's just that~

4th DAY

1

It's just that S+V

···한 것뿐이야, ···한 때문이야

아주 간단한 패턴. 뭔가 현상에 대한 의견이나 이유를 언급할 때 사용하면 된다.

It's just that older people sleep a lot and aren't much fun to spend time with.

노인들은 잠을 많이 자는데 시간을 보낼 재미있는 일이 없기 때문이야.

2

It's not that S+V

···가 아냐

앞의 패턴과 반대인 것으로 ···가 아냐, 혹은 ···이기 때문이 아냐 등으로 생각하면 된다. 참고로 It's not that simple은 "그렇게 단순한게 아냐," It's not that은 "그런게 아냐"라는 뜻이다. It's because S+V라 생각해도 된다.

It's not that I hate politics, but it seems like that it is a subject that people are constantly talking about.

내가 정치를 싫어하는 것이 아니고 사람들이 계속 얘기하는 주제가 된 것 같아서 그래.

4th DAY

090

···하는 사람도 있고, ···하는 사람도 있어

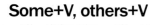
Some ~, others

---

❶

Some+V, others+V

···하는 사람도 있고, ···하는 사람도 있어

어떤 사람은 ···하고, 그 밖의 사람들은 ···한다라는 의미로 세상사람들의 다양성을 언급하는 문장이다. 하지만 실제 영어에서는 the others와 others를 크게 구분을 하지 않고 사용하는 경향이 있다.

Some stayed at home and followed the government recommendations, others decided to engage in risky behavior.
집에서 정부의 권고사항을 따르는 사람도 있고 위험한 행동을 하기로 한 사람들도 있어.

---

❷

Some+V, the others+V

···하는 사람도 있고, 나머지 사람들은 ···해

「일부는 ~한데 그 외 나머지는 ···이다」라는 의미로 the others 대신 the rest를 써도 무방하다. 따라서 여기서는 some+the others[the rest]= '세상사람들'이라는 공식이 성립된다.

Some complain all the time about their problems, the others just quietly go about the work that they need to do.
자신들의 문제에 대해 늘상 불평을 늘어놓는 사람들이 있다. 다른 사람들은 자신들이 해야 되는 일을 조용히 평상시처럼 하는데 말이다.

…가 있는 것 같아

There seems to be~

There seems to be+N
…가 있는 것 같아

seem to는 보통 to 뒤에 동사가 와서 「…할 것 같다」의 뜻으로 많이 사용되는 구문. 추측의 대상이 동작이 아니라 사물일 경우에는 be동사 + N을 사용하면 되고 의미는 「어떤 것의 존재를 추측하다」는 뜻이 된다. I guess there might be + N의 형태로도 표현할 수 있다.

There seems to be a constant traffic jam throughout the day on the streets of our city.
우리 시내의 거리에는 온종일 지속적으로 교통체증이 있는 것 같아.

There must be+N
…가 있겠지, 있는게 틀림없어

틀림없이 뭔가 있을거라고 말하는 패턴이다. 그래서 "뭔가 이유가 있는게 틀림없어"라고 말하려면 "I think there must be a reason for it"이라고 하며 된다.

There must be a way to help lonely and depressed people live happier and fulfilling lives.
외롭고 우울한 사람들이 더 행복하게 그리고 성취감있는 삶을 살수 있도록 도와주는 방법이 있음에 틀림없어.

There's got to be+N
…가 있는게 틀림없어

위의 패턴에서 must 대신 같은 맥락인 has got to+V가 왔을 뿐이다.

There's got to be some way that people from different nations and backgrounds can get along together.
타국가 다른 배경 출신의 사람들이 함께 잘 어울려 살 수 있는 방법이 뭔가 있음에 틀림없어.

···하는데 큰 어려움이 있어

I have a problem ~ing

1

I have a real problem ~ing

···로 큰 문제야

「···하는데 큰 어려움이 있다」, 「···로 큰 문제이다」라는 표현을 하고자 할 때 쓸 수 있는 구문이다. 굳이 바꾸어 쓰자면 have major difficulty with sth[doing sth] 정도. real은 「정말」이라는 뉘앙스를 표현에 부가시켜 문제가 「크다」는 것을 말한다.　,

I have a problem remembering the faces of people that I have only met once or twice.

난 오직 한 두 번 만난 사람들의 얼굴을 기억하는데 문제가 있어.

2

I have a problem with sb[sth] ~ing

···가 ···하는게 문제야

문제가 있는데 자기가 ···하는데 어려움이 있는 것이 아니라 sb[sth]이 ~ing하는데 문제가 있다는 의미의 표현이다.

I have a problem with young people complaining about many things without having much life experience.

젊은이들이 인생 경험은 별로 없으면서도 많은 일에 대해 불평을 늘어놓는게 문제야.

3

We don't have any problem with ~

···하는데 전혀 문제가 없어

전혀 문제가 없다는 말로 We[I] don't have no problem with~라고 해도 된다. 마찬가지로 ~don't have any problem with sb ~ing의 형태로도 쓰인다.

We don't have any problem with premarital sex, but we want to avoid unwanted pregnancies.

혼전섹스에는 아무런 문제가 없으나, 원치않는 임신을 피하고 싶어.

…에 문제있어?

Do you have a problem with~?

Do you have a problem with~ ?

…에 문제있어?, …가 불만이야?

Do you have a problem with sb[sth]?는 상대방이 자신이 한 말에 납득못한다는 태도나 불만스런 태도를 보일 때 무슨 문제라도 있냐고 따지는 듯한 말로, '내 말에 뭐 문제라도 있나?,' '왜 불만야?'라는 의미.

Do you have a problem with being around people who are from different cultures or who are of a different race?

넌 다른 인종이나 다른 문화의 사람들의 주변에 있는게 문제가 있어?

Have you had any problems ~ing?

…하는 데에 어떤 문제가 있었니?

현재완료 경험의 구문. 「지금까지 …하는 데에 무슨 문제가 생긴 적이 있었니?」라고 상대방의 「애로사항」을 물어보는 친절한 표현. ~ing에 동사를 바꿔보면서 다양한 문장을 연습해보며 「나」만이 아닌 「남」도 배려하는 성숙미를 길러보자.

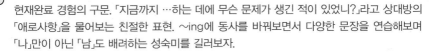

Have you had any problems sleeping **after you work long hours in your office?**

사무실에서 오랜시간동안 일을 한 다음에 잠을 자는데 문제가 있어?

One of the problems with~ is

❶ One of the problems with sth is that S+V

…의 문제점 가운데 하나는 …야

「문제점 가운데 하나」라는 말은 「여러 문제들 가운데 하나」라는 얘기이므로 problem의 복수형을 써서 one of the problems라고 하면 된다. 좀 부드럽게 말하려면 I guess~로 시작하면 된다.

I guess one of the problems with **exercising** is that **you have to have time to do it daily.**

운동을 하는데 문제 중의 하나는 매일 운동할 시간을 내는 것이야.

❷ One of the difficulties with sth is that ~

…의 문제점 가운데 하나는 ~이다

one of the+복수명사의 표현은 아주 많이 나온다. 여기서는 '어려움 중의 하나'라는 뜻이면 어떤 어려움인가는 with sth로 이어 써주고 있다.

One of the difficulties with **protesting** is that **protests can turn violent and cause a lot of damage.**

시위의 문제점 가운데 하나는 시위가 폭력적으로 변하고 많은 손실을 초래하기 때문이다.

❸ One of the disadvantages with sth is that S+V

…에서 단점 중의 하나는 …라는거야

위의 패턴과 동일하나 difficulties가 disadvantages로 바뀌었을 따름이다. disadvantage는 약점, 불리한 점 정도로 이해하면 된다.

One of the disadvantages with **being famous** is that **there is a lot of pressure to be perfect in all aspects of life.**

유명해지는 것의 단점 중 하나는 모든 면의 삶에서 완벽해야 한다는 엄청난 압력을 받는다는 것이야.

…에는 전혀 문제가 없어

There's nothing wrong with~

1

There's nothing wrong with~

…에 전혀 문제가 없다

wrong은 「(상황·결과 따위가) 만족스럽지 않은」이란 의미의 형용사. 먼저 「아무 것도 없다」의 뜻으로 There's nothing을 쓰고 something, nothing, anything 등은 형용사가 뒤에서 수식하니까 nothing 뒤에 wrong을 붙여주면 된다.

There's nothing wrong with eating a lot, but it's important to also exercise in order to stay healthy.

많이 먹는 것에는 문제가 없지만 건강을 유지하기 위해서는 또한 운동을 하는 것이 중요해.

2

There's nothing wrong with sb ~ing

…가 …하는데 전혀 문제가 없다

이번에는 with와 ~ing 사이에 sb를 넣어서 sb가 ~ing를 하는데 전혀 문제가 없음을 말할 수 있다.

There's nothing wrong with students studying all night because they are young enough to rebound.

학생들은 젊어서 바로 회복하기 때문에 밤새 공부하는데 전혀 문제가 없어.

What happened to~?

---

① What happened to sb?

…에게 무슨 일이 생긴거야?

What happened to sth?은 언급했기 때문에 이번에는 What happened to sb가 오는 경우를 살펴본다. to 대신에 with가 와도 된다.

What happened to the actress from a few years ago? She looks older and isn't in many movies anymore.

저 여배우는 몇 년전부터 어떻게 된거야? 더 늙어 보이고 더 이상 영화에 나오는 것 같지도 않아.

---

② What happened to sb ~ing?

…하는 …에게 무슨 일이 생긴거야?

위와 같이 sb에게 무슨 일이 생긴 것인지 궁금해서 물어보지만, 이번에는 sb가 어떤 사람들인지 부가 설명을 하기 위해 뒤에 ~ing를 붙인 패턴이다.

What happened to couples waiting until getting married before having sex with each other?

결혼을 하기 전까지는 섹스하기를 기다렸던 커플은 어떻게 됐어?

---

③ What happened to sb when S+V?

…때 …에(게) 무슨 일이 생긴거야?

이번에는 when S+V를 할 때[하는데], sb에게 무슨 일인 생긴 것인지 궁금해서 물어보는 표현법이다.

What happened to the boss when he was accused of sexually harassing his employees?

성적으로 직원들을 괴롭혔다고 기소된 사장은 어떻게 됐어?

문제가 되는건 …

Here's the thing, ~

1 Here's the thing, ~
문제가 되는건, 실은 말야

Here's the thing은 '그게 말야,' '문제가 되는건,' '실은 말야,' '내가 말하려는 건'이라는 의미로 내가 앞서 한 말에 대한 이유를 대거나 아님 내가 지금 말하려고 하는 게 주요 핵심사항이다라고 분위기를 잡을 때 쓴다. 한편 Here's the deal은 상대방에게 「이렇게 하자」고 뭔가를 제안할 때나, 어떻게 된 상황인지 자초지종을 설명을 할 때 쓸 수 있는 표현이다.

Here's the thing, Sam is a great guy, we had a wonderful date.
실은 말야, 샘은 정말 멋지고 우린 황홀한 데이트를 했어.

2 The thing is S+V
문제의 요점은 …야

The thing is (that)~은 '중요한 건 …야,' '문제의 요점은 …야'라는 뜻. 참고로 That's the thing하게 되면 상대방이 정확히 맞췄다며 '바로 그거야'라는 의미.

The thing is that we can't solve the problem of climate change because nations won't co-operate.
문제의 핵심은 국가들이 협조를 하지 않기 때문에 기후 문제를 풀 수 없다는 것이야.

3 ~ be part of the problem
…가 문제의 일부야

문제 중의 하나나 일부를 언급할 때 사용하는 것으로 바로 뒤에 that+V의 관계사절이 수식하여 무슨 문제인지 언급할 수가 있다.

Voters with a poor education are part of the problem that is causing so many unqualified candidates to be elected.
교육수준이 낮은 유권자들은 많은 자격미달의 후보들을 당선시키게 되는 문제중의 일부야.

…하는게 내겐 너무 낯설어

It seems so strange for me to~

It seems so strange for me to+V
…하다는게 나한테는 너무 낯선 것 같다

내가 to+V하는 것이 낯설게 보인다(It seems so strange~)로 나누어보면 금방 이해가 된다.

It seems so strange for me to visit a large city and see all of its streets and sidewalks empty of people.

대도시를 방문하고 모든 거리하고 보도에 사람들이 비어있는 것을 보는 것은 너무 낯설어.

It makes no difference ~
…은 중요하지 않다, 상관없다

no 대신에 a를 써서 make a difference하게 되면 차이가 나다, 즉 영향을 미치다라는 의미로 쓰인다. 차이의 정도를 덧붙이려면 difference 앞에 big, slight, no 따위의 형용사를 써서 「크게[약간] 다르다」, 「전혀 다르지 않다」 등의 의미를 가뿐히 표현할 수 있다.

It makes no difference if something was intended to be successful if it turns out to be a failure.

뭔가 성공하기를 기대했는데 그게 실패로 결론난다면 별반 차이 없는 것이다.

It's a good[bad] idea because it makes sb think about~
…으로 하여금 …에 대해 생각하게 하니 그건 좋은[나쁜] 생각이야

자신의 의견을 논리적으로 개진할 수 있는 표현. 먼저 It's a good[bad] idea로 결론 짓고 because 이하에 사역동사를 사용하여 「…으로 하여금 ~에 대해 생각하게 하다」(make sb think about)로 논리적 주장을 펼칠 수 있다.

It's a good idea because it makes people think about the consequences of their actions.

사람들이 자신이 한 행동의 결과에 대해서 생각하게 만드니 그건 좋은 생각이다.

…하는 편이 나아

We might as well~

We might as well~
…하는 편이 나아

might as well이 「(별다른 이유가 없다면) …하는 편이 낫겠다」(have no strong reason not to)란 어감인 데 비해 had better는 「…해야 한다」라는(giving firm advice) '충고' (advice), 심지어 '경고'(warning)의 뉘앙스까지 풍긴다.

We might as well accept multi-culturalism, because our world is becoming more and more integrated.
우리 세상은 점점 통합되어 가기 때문에 다문화를 받아들이는 편이 나아.

(It's) No wonder S+V
…하는게 당연하지

It's a wonder that~은 '…가 놀랍다.' 반대로 It's no wonder that~하면 '전혀 놀랍지 않다.' 즉 당연하다, …할 만도 하다라는 뜻이 된다.

It's no wonder computer games became popular with students who are stressed and want to take a break.
스트레스를 받아 쉬고 싶어하는 학생들에게 컴퓨터 게임이 유행하는 것은 이상한 일이 아니지.

It's obvious that S+V
…한게 분명해

S+V한 사실이 명백하다(obvious)가 말하는 표현이다. 간단한 패턴이지만 대화를 주고 받을 때 자신의 논거를 강하게 주장할 때 도움이 되는 문장이다.

It's obvious that some couples get along very well and others are unhappy and due to split up sometime in the future.
아주 잘 지내는 커플들도 있고, 어떤 커플들은 불행하여 미래 언젠가 헤어지게 되는게 분명해.

5
DAY

• 알거나 모르거나 •

DAY

• 말꺼내기 •

DAY

• 의견묻기 •

DAY

• 의사소통 •

DAY

• 의견말하기 •

DAY

• 알거나 모르거나 •

DAY

• 찬성과 반대 •

DAY

• 희망과 감정 •

DAY

• 이유 •

DAY

• 시간과 방법 •

DAY

• 비교, 가정 및 연결어 •

+

**Real-life
Conversations 37**

…을 알아?

Do you know~ ?

1

Do you know S+V?
…을 알아?

Do you know~는 상대방에게 …을 알고 있는지 물어보는 빈출 표현으로 먼저 that S+V 절이 이어지는 경우를 보자.

Do you know some people join secret clubs and cannot tell anyone else about them?
일부 사람들은 비밀클럽에 가입하고 그에 대해서 아무에게도 말하지 않는 것을 알아?

2

Do you know what S+V?
…을 알아?

이번에는 Do you know~ 다음에 절을 붙이는 구문으로 Do you know~ 다음에는 what, how, where 등이 다양하게 오면서 각종 정보를 구하게 된다. 먼저 Do you know와 what S+V절이 결합된 경우이다. ~what to+V를 이어써도 된다.

Do you know what the government plans to do the next time there is a massive viral outbreak?
다음에 엄청난 바이러스가 발생하게 되면 정부가 어떤 계획을 실행할 것인지 알고 있어?

3

Do you know when S+V?
언제 …하는지 알아?

Do you know~와 when S+V절이 합체된 것으로 언제 …했는지(하는지) 알고 있냐고 상대방에게 물어보는 표현이다. when to+V를 이어써도 된다.

Do you know when snow starts to fall in the northern regions of the Korean peninsula?
한반도의 북쪽 지역에 언제 눈이 내리기 시작하는지 알고 있어?

002　Do you know where~ ?

Do you know where S+V?

어디서 …하는지 알아?

어떤 일이 벌어진 혹은 벌어질 장소가 어디인지 물어보는 패턴이다. where to+V를 이어써도 된다.

Do you know where **the emergency supplies are kept for when there are serious accidents?**

심각한 사건들이 발생할 것을 대비해서 비상용품을 어디에 보관하고 있는지 알아?

Do you know who S+V?

누가[누구를] …하는지 알아?

이번에게 어떤 행위를 한 사람이 누군지 알고 있는지 물어보는 문장이다. who to+V를 이어써도 된다.

Do you know who **stole the famous paintings from the museum in the center of Paris?**

누가 파리의 중심지의 박물관에서 유명 유화를 훔쳐갔는지 알아?

Do you know why S+V?

왜 …하는지 알아?

이유를 물어보는 대표적인 패턴으로 왜 S+V를 했는지(하는지) 알고 있냐고 상대방에게 물어보는 문장이다.

Do you know why **protestors get angry and come downtown in order to demonstrate?**

왜 시위자들이 화를 내고 데모를 하기 위해 시내로 왔는지 알고 있어?

Do you know how~ ?

❶ Do you know how S+V?

어떻게 …하는지 알아?

이번에는 how~가 이어지는 경우로 어떻게 S+V를 했는지(하는지) 아냐고 물어보는 표현이다. 특히 Do you know how+형용사 S+V?의 형태로 "얼마나 …인지 알아?"라는 의미로도 쓰인다.

Do you know how an author comes up with the ideas that are needed in order to write a novel?

넌 한 작가가 소설을 쓰기 위해 필요한 아이디어를 어떻게 얻는지 알고 있어?

❷ Do you know how~ ?

어떻게 …하는지 알아?

의문사들에 to+V가 이어질 수 있지만 그 중에 가장 많이 쓰이는 형태는 how to+V이다. "…하는 방법" 등을 물어볼 때 유용하다.

Do you know how long I've wanted this? I hoped for a big wedding ever since I was a little girl.

내가 얼마나 오랫동안 이걸 기다렸는 줄 알아? 난 어린 소녀 때부터 거대한 결혼식을 희망했단 말야.

❸ Do you know if S+V ?

…인지 알아?

know의 목적절로 이번에는 if S+V절이 온 경우인 단순한 패턴이다.

Do you know if we are allowed to be in the city's parks when it is the middle of the night?

한 밤 중에 시내 공원에 출입이 되는지 여부를 알고 있어?

…을 알고 있어
I'm aware of~

① I'm aware of~
…을 알고 있어

be aware of~는 …을 알고 있다, …을 깨닫고 있다라는 의미의 숙어. be aware of 다음에는 명사, 또는 that 절(be aware that S+V) 그리고 의문사 절(be aware of what/how~)이 올 수가 있다.

I'm aware of the need for more parental discipline in the kids that are growing up these days.
요즘에는 아이들에 대한 부모의 훈육의 필요성이 더 증가하고 있다는 것을 알고 있어.

② I'm aware that S+V~
…을 알고 있어

be aware 다음에 바로 that 절이 이어지는 경우이다. 잘 알고 있다고 할 때는 I'm well aware that S+V이라고 쓴다.

I'm aware that the embassy doesn't grant work visas unless the person can prove that he has a good job.
대사관은 좋은 직장에 취업할 능력을 보여주지 못하면 취업비자를 발행해주지 않는다.

③ I'm aware of what[how]~
…을 알고 있어

이번에는 be aware of~ 다음에 의문사절이 이어지는 표현이다.

I'm aware of what a large tropical storm would do to the houses located near the ocean.
대형 태풍이 불면 해안가에 위치한 가옥들이 어떻게 될런지 알고 있어.

…을 몰라

I'm not aware of~

I'm not aware of~

…을 몰라, …을 알지 못해

반대로 …을 알고 있지 못한다고 말하려면 I'm not aware of~ 다음에 명사를 이어쓰면 된다.

I'm not aware of any laws that prevent students from skateboarding on the sidewalk.

학생들이 보도에서 스케이트보딩을 하지 못하게 하는 무슨 법이라는게 있다는 것을 알지 못해.

I'm not aware that S+V

…을 모르고 있어

모르고 있지만 모르고 있는 사실을 that S+V의 절로 쓴 경우이다.

I'm not aware that the economy improved at all over the last six months of the year.

금년도 상반기에 경제가 좋아지지 않았다는 것을 알고 있어.

I'm not aware of what~

…을 몰라

that 절 뿐만 아니라 what 등으로 시작하는 의문사 절이 이어질 수 있다.

I'm not aware of what people said about me, but it is probably just some sort of gossip.

사람들이 나에 대해 뭐라고 하는지 모르지만 아마도 일종의 뒷담화겠지.

…을 알고 있어?

006 Are you aware of~?

1

Are you aware of[that]~ ?
…을 알고 있어?

반면 상대방에게 뭔가 알고 있냐고 물어볼 때는 Are you aware of+명사? 혹은 Are you aware that S+V?의 형태로 써주면 된다.

Are you aware of the polls that show that the president has become deeply unpopular?
대통령의 인기가 정말 형편없다는 여론조사에 대해 알고 있어?

2

Are you aware of what (S+) V?
…을 알고 있어?

의문사절이 이어질 때는 of를 빼면 안된다. 그래서 짐이 어떻게 지내는지 알고 있어?라고 물어보려면 Are you aware of what's going with Jim?이라고 해야 한다.

Are you aware of what kind of rides and attractions are available at the Disneyland amusement park?
디즈니 놀이공원에서 뭐를 타고 인기있는 곳이 어딘지 알고 있어?

3

You're aware of~(?)
너 …을 알고 있어(?)

그냥 평서문처럼 쓰이기도 하고 혹은 끝만 올려서 …을 알고 있냐고 상대방에게 물어보는 아주 편리한 화법이다.

You're aware of the fact that if you don't meet the deadline, you'll be fired immediately?
마감시한을 못 맞추면 바로 해고라는 것을 알고 있어?

…가 확실해

I'm sure of~

1

I'm sure of~

…가 확실해

sure는 회화용 단어라 할 정도로 영어회화에서 아주 많이 쓰인다. 먼저 여기서는 내가 확신하고 있는 이야기를 할 때 사용되는 I'm sure of를 알아본다.

I'm sure of the need to improve the transportation infrastructure in our largest cities.
우리의 대도시들에 교통인프라를 향상시켜야 하는 필요성이 있다고 확신해.

2

I'm sure about~

…가 확실해

이번에는 of 대신에 전치사 about가 이어져 I'm sure about~으로 쓴 경우이다.

I'm sure about buying a new car, because I'd rather drive to work than ride the bus.
난 버스 대신 차로 출근하는 것을 좋아하기 때문에 차를 새로 뽑을게 확실해.

3

I'm sure that S+V

…가 확실해

sure 다음에 바로 that S+V 절이 이어져서 자기가 확신하는 부분을 말해주면 된다.

I'm sure that people understand the problems, but they don't know how to fix them.
사람들은 문제점들을 이해하고 있는게 확실하지만, 그들을 어떻게 고칠 것인가는 몰라.

…을 확실히 모르겠어

I'm not sure about~

① I'm not (so) sure about~

…을 확실히 모르겠어

이번에는 반대로 말하는 내용이 자신이 없을 때는 I'm not sure~이라고 한다. 역시 sure 다음에는 about, of 등이 이어진다. 강조하려면 sure 앞에 so를 넣어주면 된다.

I'm not so sure about celebrating Halloween because I really don't like wearing costumes.

난 정말이지 의상입는 것을 싫어하기 때문에 할로윈을 즐길지 확실히 모르겠어.

② I'm not sure that S+V

…인지 잘 모르겠어

뭐가 뭔지 확신할 수 없거나 어떤 일을 바로 결정할 수 없을 때 아주 요긴하게 써먹을 수 있다. sure 다음에는 확신할 수 없는 그것을 that절 이하로 써주면 된다.

I'm not sure that anyone can slow down the rate that the earth's temperature is increasing.

지구의 기온이 올라가는 정도를 누가 낮출 수 있는지 난 모르겠어.

③ I'm not sure what~

…인지 잘 모르겠어

I'm not sure 의문사 to+V 구문과 I'm not sure what S+V 등 의문사절이 오는 구문도 함께 연습해보도록 한다.

I'm not sure what these texts mean, because I don't know the mood of the person who texted.

난 이 문자를 보낸 사람의 기분을 모르기 때문에 이 문자들이 의미하는게 뭔지 잘 모르겠어.

❶

I'm not sure if S+V
…일지 모르겠어

be sure를 써서 I'm not exactly sure라고 하고 이 뒤에 「…인지 (아닌지)」의 부연설명을 해 주고 싶다면 그대로 접속사 if를 쓰고 하고 싶은 말을 S+V절로 만들어 덧붙여 주면 된다.

I'm not exactly sure if a principal's recommendation is good at all universities, but I had a friend who got into university from a recommendation that his principal gave him.

한 교장선생님의 추천서가 모든 대학에 효과가 있을지 잘 모르겠지만, 내 친구 하나는 자기 교장선생님이 주신 추천 서로 대학에 입학했어.

❷

I'm not even sure if S+V
…인지 조차 확신이 안 선다

I'm not sure 뒤에 조건절이 아닌 「명사절을 이끄는 if」가 와서 「…인지 아닌지 확신할 수 없 다」라는 의미로 쓰이고 있다. 게다가 「…조차」를 뜻하는 even까지 가세해 그 불확실함을 더 욱 흔들어 놓고 있으니 정말 아무것도 확신할 수 있는 게 없을 때 쓰면 딱 좋을 표현.

I'm not even sure if the cops carefully investigate the suspected crimes of powerful people.

경찰들이 권력자들의 의심되는 범죄를 주의깊게 조사했는지 조차 확신이 안서.

❸

I'm not sure, but I think S+V
잘 모르겠지만 …라고 생각해

「…을 확신을 하지 못하지만 그럴지도 모른다」라는 의미에서 but으로 유도되는 절이 오기도 한다. 자신의 말하는 내용에 확신이 없거나 혹은 조심스럽게 의견을 내놓을 때 쓰면 된다.

I'm not sure, but I think this coming winter will be a bad time for outbreaks of viruses.

잘 모르겠지만 난 이번 오는 겨울이 바이러스 발생으로 아주 안좋은 시기가 될 것 같아.

…가 확실해?

Are you sure of ~?

Are you sure of~ ?

가 확실해?

이번에는 상대방의 말이나 어떤 상황이 확실한지 다짐을 요구하는 패턴으로 Are you sure~ 다음에 of나 about을 붙이면 된다.

Are you sure of the facts, or are you just repeating rumors that you think are true?

사실을 확인한거야, 아니면 네가 사실이라고 믿는 소문을 그냥 반복하는거야?

Are you sure S+V?

…가 확실해?

의문문형태로 sure 이하의 내용이 믿기지 않거나 놀라울 때 정말인지 확인할 때 쓰는 표현이다. Are you sure S+V?의 형태로 사용하면 된다.

Are you sure we got permission, or are we still waiting to hear whether permission was granted?

우리가 허가를 받은게 확실해? 아니면 우리는 허가가 떨어질지 어떨지 소식을 기다리고 있는거야?

You sure~ ?

…가 확실해?

의문문에서 맨 앞의 조동사 Are가 생략된 경우로 비문법적인 문장이기는 하지만 실제 회화에서는 아주 많이 쓰인다.

You sure you know where we're going? I feel like we should stop and ask for directions.

우리가 지금 어디로 가는지 알고 있는게 확실해? 내 생각에 우리 그만 멈추고 길을 물어야 될 것 같아.

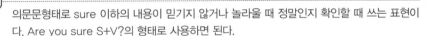

…인 것 같지 않아

I don't know~

I don't know~

…인 것 같지 않다, …일지 모르겠어

I don't know why, I don't know about that, I don't know the exact figure처럼 I don't know+명사의 패턴이다. 물론 that S+V이 이어질 수 있지만 의문사절이 이어지는 경우가 더 많다.

I don't know about politics, but I do read a lot about the lifestyles of famous celebrities.

정치에 대해서 모르겠지만, 유명 셀렙들의 라이프스타일에 대해서는 많은 글을 읽어.

I don't know (much) about~, but~

난 모르겠지만 …해

반대의견을 제시하기 위해 먼저 자신을 낮추는 표현법. 더욱 낮추려면 much를 넣어서 정말 많이 모르겠지만이라고 해도 된다.

I don't know much about medicine, but when I am sick, I always follow the doctor's instructions.

의료에 대해서는 잘 모르지만, 내가 아프면 난 항상 의사선생님의 지시사항을 따라.

I don't know, but I'm sure~

잘은 모르겠지만, …은 확실하다

역시 자신이 알고 있는 내용을 겸손하게 말하거나 잘 모르는 내용을 말할 때 사용하면 된다.

I don't know for sure, but I'm sure David wants to go to the basketball game with you tonight.

잘은 모르겠지만, 데이빗이 오늘밤 너와 함께 농구경기를 보러 가고 싶어하는게 확실해.

…을 몰라

I don't know what~

1

I don't know what S+V

…을 모르겠어

I don't know 다음에 주어+동사의 절을 넣어서 …을 잘 모른다라고 말해보는 구문. 먼저 가장 많이 쓰이는 I don't know what S+V를 살펴본다.

I don't know what Helen ate for dinner, but she was up vomiting for most of the night.

헬렌이 저녁으로 뭘 먹었는지 모르지만 밤새 내내 토했어.

2

I don't know where[when] S+V

…을 모르겠어

역시 모르긴 모르지만 언제 어디서 …가 어떻게 되었는지 모르겠다고 할 때 쓰는 표현. 좀 어렵지만 I don't know where you're going with this(이걸로 네가 뭘 말하려는지 모르겠어)는 이 패턴에 속한다.

I don't know where the virus came from, but many people said it originated in meat markets in China.

바이러스가 어디로부터 왔는지 모르겠지만, 많은 사람들은 중국의 고기시장에서 시작되었다고 해.

3

I don't know who S+V

…인지 모르겠어

누가 …했는지 모르겠다고 who S+V를 쓴 경우로 상대적으로 그렇게 많이 쓰이지 않는다.

I don't know who I will marry, but I hope that my marriage will last my entire lifetime.

내가 누구와 결혼할지 모르겠지만 난 내 결혼이 평생동안 지속되기를 바래.

013 I don't know why~

I don't know why S+V

왜 …하는지 모르겠어

왜 S가 V하는지 모르겠다고 말하는 것으로 비교적 이유를 말할 때 많이 쓰인다.

I don't know why some students are favored, but the teachers need to treat us more fairly.

난 왜 일부 학생들이 혜택을 받는지 모르겠지만 선생님들은 더 공평하게 우리를 대해야 돼.

I don't know how S+V

난 어떻게 …하는지 몰라

S가 어떻게 V를 해야 할지 모르겠다고 당황해하며 하는 말.

I don't know how my dad started smoking cigarettes, but I am hoping that he will quit some day.

내 아버지가 어떻게 담배피기를 시작했는지 모르지만 난 언젠가는 금연하실거라 희망해.

I don't know if S+V

…인지 모르겠어

가장 많이 쓰이는 패턴으로 "…인지 아닌지 모르겠어"라는 의미로 I don't know if ~는 꼭 암기해둔다.

I don't know if he likes the way that I look, but I wish he would ask me out on a date.

난 걔가 내 모양새를 좋아하는지 모르겠지만 내게 데이트 신청을 했으면 해.

…하는 것을 모르겠어

I don't know how to~

1

I don't know how to+V
난 어떻게 …하는지 몰라

I don't know 다음에는 의문사 S+V만 오는 것이 아니라 의문사 to+V가 자주 사용된다. 먼저 가장 많이 애용되는 how to+V를 붙여 문장을 만들어보자.

I don't know how to ride a motorcycle, and I would be scared to try to learn to do it.

오토바이 타는 법을 모르지만, 겁에 질려 배우려고도 하지 않을거야.

2

I don't know what to+V
무엇을 …하는지 몰라

이번에는 what to+V가 이어지는 경우이다. 뭐라고 해야할지 모르겠네요라는 의미의 I don't know what to say가 여기에 속한다.

I don't know what to tell my friends when they ask me to join them when drinking.

친구들이 같이 술먹자고 내게 말할 때 뭐라고 말해야 할지 모르겠어.

3

I don't know what to think of~
…을 어떻게 생각해야 할지 모르겠어

좀 길고 어렵지만 어떻게 생각해야할지 몰라 고민할 때 사용하는 표현으로, I don't know what to+V의 패턴에 think of[about]가 이어진 것뿐이다.

I don't know what to think of people who say they believe in space saucers and aliens.

비행접시나 외계인이 있다고 믿는다고 말하는 사람들을 어떻게 생각해야 할지 모르겠어.

왜 …하는지 모르겠어

I don't see why~

1

I don't see why S+V
왜 …하는지 모르겠어

왜 …하는지 모르겠다라는 의미로 여기서 see는 understand로 이해하면 된다. 왜 이것 때문에 네가 괴로워하는지 모르겠어는 I don't see why this bugs you라고 간단히 처리하면 된다.

I don't see why everyone needs to serve for a period in the nation's military.
난 왜 다들 군대에서 일정기간 복무를 해야 되는지 모르겠어.

2

I don't understand why[how~] S+V
왜 …한지 모르겠어

이번에는 노골적으로 understand를 써서 왜 혹은 어떻게 S+V한지를 알지 못한다고 말할 때 쓰는 패턴이다.

I don't understand why we can't do a better job keeping the streets safe for pedestrians.
사람들이 걸어다니기에 거리를 안전하게 만드는데 왜 우리가 더 잘하지 못하는지 이해가 안돼.

3

I don't understand[see] the point of~
…의 요점을 모르겠어

상대방이 말하는 요지나 요점을 파악하기 힘들 때는 이 패턴을 써서 대화의 막힌 부분을 뚫어야 한다.

I don't understand the point of taking classes in subjects that are never going to be useful.
전혀 쓸모가 없는 과목들을 배우는 요점을 모르겠어.

내가 알기로는 아냐

Not that I know of

① Not that I know of
내가 알기로는 그렇지 않아

그저 No!란 대답에 비해 좀 더 겸손한 느낌을 주는 표현. 즉, 아니긴 아닌데 정확히는 모르겠다는 의미이다. 그 자체로도 완벽한 문장이지만 답변 자체가 그리 명쾌하지 않은 관계로 I'll go and check, I'll go make sure(가서 확인해 보겠다) 등의 부연설명이 이어지기도 한다.

Am I going to be traveling to Canada in this upcoming year?
No, not that I know of.

내년에 캐나다로 여행갈거냐고? 아니, 내가 알기로는 그렇지 않아.

② Not that I'm aware of

내가 알기로는 아냐

이번에는 알다라는 의미의 동사구 be aware of~를 써서 만든 문장으로 Not that I know of와 같은 의미이다.

When he asked if there was a coffee shop nearby, I told him
not that I'm aware of.

근처에 커피샵이 있냐고 물어봤을 때 난 내가 알기로는 없다고 말했어.

③ Not that I remember[recall]

내가 기억한바로는 아냐

이번에는 기억이란 단어, remember나 recall를 써서 내가 기억한바로는 그렇지 않다고 부드럽게 말하는 표현법.

Was anyone in our class expelled for breaking the school's rules? No, not that I remember.

우리반에서 학칙을 어겨서 퇴학당한 학생이 누구 있냐고? 아니, 내 기억으로는 없어.

Can't you see~?

1

Can't you see~?

…을 모르겠어?

상대방이 몰랐던 사실에 약간 놀라고 화가 났을 때 사용할 수 있는 표현. 어떻게 …을 모를 수가 있지라는 의미가 내포되어 있다.

Can't you see how important it is to have many friends and to be social instead of being lonely?

많은 친구들이 있고 외롭게 혼자 있는 것보다 사교적인게 얼마나 중요한지 모르겠어?

2

Don't you know S+V?

…을 몰랐어?

부정의문문으로 물어보면 문맥에 따라 뉘앙스가 질책이나 비아냥을 할 수도 있다. 유명한 바람둥이와 사귀다 실연당한 친구에게 Don't you know he's a heartbreaker?라고 말하는 것은 "걔가 바람둥이인지 몰랐단말야?"라고 질책하는 것이다.

Don't you know that people who make a lot of big promises are often being dishonest?

큰 약속들을 하는 사람들이 종종 거짓말쟁이라는 것을 몰랐단말야?

3

Don't you understand~ ?

…을 모르겠어?

역시 "그것도 모르나?"라는 핀잔성 표현이다.

Don't you understand that we need to feel loved in order to have a fulfilling life?

삶을 성취하기 위해서는 사랑을 받을 필요가 있다는 것을 몰랐단말야?

자세히는 몰라

I don't know all the details

1

I don't know all the details
자세한 건 몰라

in detail(자세히)이란 부사구로 우리에게 친숙한 단어 detail은 「세부 내용」이란 의미의 명사. 여기서처럼 not know all the details라고 하면 조금은 알지만 자세한 건 모른다라는 내용의 표현이다.

There has been a report of an airliner crashing, but I don't **know all of the details yet.**

항공기 사고에 대한 보고서가 있지만 난 아직 자세한 건 몰라.

2

I'm not sure of all the details
자세한 것은 몰라

don't know~ 대신에 be not sure of~를 쓴 경우이다.

I'm not sure of all of the details, **but apparently the divorce was caused because of cheating.**

자세한 건 모르겠지만, 명백하게 부정 때문에 이혼을 하게 된거야.

3

I don't know exactly what happened
무슨 일인지 정확히 모르겠어

무슨 일이 일어났는지 자세히는 모른다고 할 때 쓰는 표현으로 exactly가 중요 단어. 정확히는 모른다는 말.

The election results have not been released yet, so I don't **know exactly what happened.**

선거결과는 아직 발표되지 않았어, 그래서 난 어떻게 될런지 정확히 모르겠어.

…을 몰라

I have no idea~

① I have no idea~

…을 몰라

idea를 '아이디어'로 생각하면 안된다. have no idea는 숙어로 don't know와 같은 뜻으로 I have no idea what/who S+V 혹은 간단히 I have no idea what/who to do~ 하면 무엇(누가)이 …인지 모른다라는 표현이 된다.

I have no idea what to do when someone suddenly bursts out crying in my presence.

갑자기 누군가가 내 앞에서 울음을 터트릴 때 어떻게 해야 할지 모르겠어.

② I had no idea that ~

…하는 줄은 몰랐어

전혀 알지 못했다는 표현으로 I had no idea는 knew보다 더 강한 의미를 전달할 수 있다. I didn't have any clue도 같은 뜻.

I had no idea that he was going to come to the party and pick a fight with your brother.

그가 파티에 와서 네 형한테 시비를 걸 거라고는 생각도 못했어.

③ Does anyone have an idea of ~ ?

…에 대해 알고 있는 사람 있어요?

have an idea of는 「…에 대한 개념[생각]이 있다」, 즉 「…에 대해 알다」(know of)라는 의미. 여기서 anyone은 of 이하에 의문사 S+V의 절을 이어서 말해본다.

Does anyone have an idea of how much it costs to fly there during high season?

성수기에 비행기로 거기에 가는 데 얼마나 드는지 누가 좀 알아요?

Do you have any idea~ ?

1

Do you have any idea what S+V?

…을 알고 있어?

상대방이 뭔가 알고 있는지 모르는지 궁금해서 물어보거나 혹은 "알기나 하냐." "넌 몰라"라는 뉘앙스를 풍기면서 던질 수 있는 표현. Do you have any idea+의문사(what~)~?의 형태로 쓰면 된다.

Do you have any idea what career gives me the chance to make the most money?

어느 경력을 가져야 가장 돈을 많이 벌 수 있는 기회를 줄 수 있는지 알아?

2

Do you have any idea how~ ?

얼마나 …한지 알아?

단순히 알고 있는 지 여부를 묻는 경우가 아닌 너 모르지 않냐라는 의미로 쓰이는 경우에는 의미상 결국 You have no idea+의문사 S+V와 일맥상통하는 표현이다.

Do you have any idea how small disagreements end up becoming huge arguments?

아주 사소한 의견차이가 결국 커다란 다툼을 야기하게 되는지 알기나 해?

3

Do you have any idea who~?

…하는 사람이 누구 있어?

have any idea는 의문형태에서 상대방에게 혹 좀 아는게 있나 혹은 좋은 생각이 있냐라고 물어볼 때 사용되는 표현이다.

Do you have any idea who would try to harm your son?

당신 아들을 해치려고 할 사람이 누구 있나요?

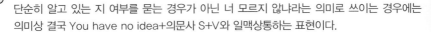

5th DAY

…을 알고 있어?

Do you realize ~?

Do you realize S+V?

…을 알고 있어?

realize는 …을 깨닫다 그래서 알고 있다라는 말로 일상회화에서 많이 쓰인다. 또한 과거에 내가 몰랐다라고 하려면 I didn't realize~라고 하면 된다.

Do you realize some people are able to lie constantly without feeling ashamed or embarrassed?

창피한 감정도 없이 계속 거짓말을 해댈 수 있는 사람이 있는 것을 알아?

I realize that S+V ~

…라는 사실을 알게 되다[깨닫다]

어떤 것을 인지하고 깨달아서 알고 있다고 말하려면 I realize that S+V 혹은 I realize 의문사 S+V라고 하면 된다.

I realize that Jim seems nice, but sometimes a bad person hides behind a kind looking face.

짐은 착해보이지만, 종종 친절한 얼굴 표정 뒤에 나쁜 인간이 내재되어 있어.

I realize how to+V

어떻게 …하는지 알아

how 이하 하는 방법을 깨달아 지금 알고 있다고 말하는 문장으로 realize 다음에 의문사구 (how to+V)가 이어지는데 주의한다.

I realize how to impress people, so I try to wear nice clothes and act in a polite, dignified manner.

난 사람들에게 어떻게 인상을 주는지 알아. 그래서 난 멋진 옷을 입고 예의바르고 품위있게 행동하려고 해.

I can see that~

① I can see that S+V

…을 알겠어

역시 여기서 see는 understand로 that 이하의 내용을 알겠다라는 의미이다. 단독으로 I can see that하면 "알겠어"라는 문장이 된다.

I can see that she is upset, so I plan to keep quiet and listen to her talk about her problems.

난 걔가 화가 난지 알겠어, 그래서 조용히 하고 걔가 자기 문제에 대해 얘기하는 것을 경청할거야.

② I can imagine that S+V

네가 얼마나 …한지 알겠어

머리속에서 그려 상상하여 알겠다는 의미의 표현으로 상대방의 말한 내용이나 상황을 미루어 짐작해서 알 수 있다는 의미이다.

I can imagine that you liked your vacation, but now it's time to get back to work.

네 휴가가 맘에 든 것은 알겠는데 이제는 일을 다시 시작해야지.

③ I can imagine how you~

네가 얼마나 …한지 알겠어

이번에는 that 절 대신에 의문사 how로 시작해서 얼마나 …한지 이해한다, 알고 있다라는 느낌을 주는 패턴이다.

I can imagine how you felt when you saw your ex-girlfriend engaged to another man.

네 옛 여친이 다른 남자와 약혼하는 것을 봤을 때 네 심정이 어떤지 알겠어.

내가 이해가 되는 것은 …야

What I don't get is~

1

What I don't get is~
내가 이해못하는 것은 …야

먼저 What I don't get 전체가 주어부이고, get은 see처럼 understand의 의미로 쓰인 경우이다.

What I don't get is how a robber can steal money from a heavily guarded location and not get caught.
내가 이해가 안되는 것은 어떻게 도둑이 경비가 삼엄한 장소에서 돈을 털고 잡히지 않을 수 있냐는거야.

2

What I don't understand is why ~
…의 이유가 뭔지 모르겠어

여기서는 솔직히 understand를 쓴 경우로 앞의 표현과 같은 맥락의 표현이다.

What I don't understand is why some people don't try harder to be financially successful.
내가 이해가 되지 않은 것은 왜 일부 사람들은 금전적으로 성공하기 위해 더 열심히 하지 않느냐는거야.

3

What I can't understand is how~
어떻게 …하는지 이해가 되질 않아

주어부에서 don't가 can't로 바뀌어서 how와 어울려 얼마나 …한지 이해할 수 없다라는 정도를 표현하고 있다.

What I can't understand is how he could be happy just staying home and playing video games all day.
내가 이해가 되지 않는 것은 집에만 있으면서 온종일 컴퓨터 게임만 하는데 어떻게 행복할 수 있냐는거야.

024

I wonder what~

① I wonder what S+V

···을 모르겠어, ···가 궁금해

I guess는 확실하지는 않아도 대강 그럴 것 같다는 추측이지만 I wonder[was wondering] 의문사 주어+동사는 정말 몰라서 궁금한 내용을 말할 때 쓰는 표현이다.

I wonder what she will do after she gets married and has a few kids of her own.
난 걔가 결혼을 해서 자기 자식을 몇 낳게 되면 걔가 어떻게 할지 모르겠어.

② I wonder when S+V

···을 모르겠어, ···가 궁금해

이번에는 언제 S+V했는지 모르고 궁금할 때 사용하면 된다. 상대방에게 꼭 어떤 내용을 물어본다기 보다 그저 어떠한 사실이나 상대방의 말에 대해 의구심을 나타내는 표현으로 볼 수도 있다.

I wonder when a person decides on the career that they are best suited to have.
난 사람이 자신에게 가장 어울리는 커리어를 언제 선택하는지가 궁금해.

③ I wonder where S+V

···을 모르겠어, ···가 궁금해

어디서 S+V했는지 몰라서 궁금할 때 말하면 된다.

I wonder where the scientists found the data that was needed to sequence human DNA.
난 인간의 DNA의 배열순서를 밝히는데 필요했던 데이터를 어디서 발견했는지가 궁금해.

I wonder who~

1

I wonder who S+V
누가 …했는지 모르겠어

누가 …을 했는지 주체를 모르겠다는 말로 모르겠음을 강조하려면 I really wonder who S+V라고 하면 된다.

I wonder who students get to tutor them before they take the university entrance exams.
난 학생들이 대학입학시험을 치루기 전에 자신들을 가르칠 사람으로 누구를 찾게되는지 궁금해.

2

I wonder why S+V
왜 …인지 모르겠어

이번에는 도대체 왜 S+V가 되었는지 이해가 안되고 궁금할 때 사용한다.

I wonder why some people like an adventurous lifestyle, and others prefer to do things that are routine and predictable.
다른 사람들은 일상적이고 예측 가능한 일을 하기를 더 좋아하는데 일부 사람들은 왜 모험적인 삶을 좋아하는지 모르겠어.

3

I wonder how many~
얼마나 많은 …가 …할지 모르겠어

how many~로 얼마나 많이 …할지, 문맥에 따라 걱정이나 감탄을 할 때 하지만 정확히 얼마나 될지 모를 때 사용하면 된다.

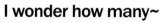

I wonder how many kilometers that an average person walks during the course of a year.
평균적인 사람이 일년에 몇 킬로를 걷는지 궁금해.

…일지 미심쩍어

I wonder if ~

1

I wonder if S+V

…일지 미심쩍어, …이지 않을까

wonder는 「…이 아닐까 생각하다」(think that is not so)라는 뜻의 동사로, 전치사 about의 도움을 받아 명사를 목적어로 취할 수도 있지만, 대개의 경우에는 「I wonder if[whether] + 주어 + 동사」의 간접 의문문 형태로 쓰인다.

I wonder if the gossip I read is true, or whether it is exaggerated to make it more interesting.

내가 읽은 가쉽이 사실인지 아니면 더 흥미롭게 만들기 위해 과장되었는지 모르겠어.

2

I'm wondering if S+V

…일지 모르겠어

주어부가 현재진행형(I'm wondering)을 써서 궁금해하는 정도를 강조하는 어법이다.

I'm wondering if good decisions made in life are more important than having a strong work ethic.

살면서 결정을 잘 하는 것이 아주 근면하게 일하는 것보다 더 중요한지 모르겠어.

3

I was wondering if S+V

…인지 아닌지 궁금했어

이번에도 역시 주어부가 바뀌어서 과거진행형으로 쓰인 것으로 if 이하의 내용을 과거에 궁금해했다는 것을 강조한다.

I was wondering if you decided to try online dating or you preferred to have people set you up on dates.

난 네가 온라인 데이트를 하기로 했는지 아니면 사람들로 하여금 너에게 데이트 친구를 소개받는 것을 더 좋아하는지 궁금했어.

027

···해도 될까요?

I wonder if ~ could~

1

I wonder if ~ could~

···해도 될까요?, ···할 수 있을지 모르겠어

I wonder[was wondering] if S+could/would~ 의 경우에는 궁금하다라기 보다는 상대방에게 공손하게 부탁하는 문장으로 쓰인다는 점을 주의해야 한다.

I wonder if an actor could be as heroic as the person that he plays in a movie.

한 배우가 영화에서 맡았던 캐릭터처럼 영웅적일 수 있는지 모르겠어.

2

I was wondering if I could~

···해도 될까(요)?

전형적인 패턴. 내가 could 이하를 해도 될는지 궁금하다, 즉 ···을 해도 될까요?라고 정중히 허락을 구하는 표현이다.

I was wondering if I could change my personality to become kinder and more thoughtful.

내가 내 성격을 바꿔서 좀 더 친절하고 사려깊은 사람이 될 수 있을까.

3

I was wondering if you could~

···해줄래(요)?

이번에는 if 이하의 주어를 you를 써도 당신이 ···을 해줄래요?라는 의미로 정중하게 그리고 겸손하게 부탁을 하는 문장이 된다.

I was wondering if you could recommend a good buffet restaurant located in this area.

이 지역에 위치한 괜찮은 뷔페 식당을 추천 좀 해줄래요.

···인 것 같지 않아

I doubt that ~

1

I doubt that S+V
···인 것 같진 않아, ···일지 모르겠어

의심동사 doubt을 쓴 것으로 ···인지 의심스럽다라는 의미이다. 반면 I suspect that S+V이면 (안좋은 일이)···생길거라 의심한다는 뜻이다.

I doubt that you will be able to finish if you take on a project that involves too much work.

많이 일을 요하는 프로젝트 건을 맡게 되면 네가 제대로 끝마칠 수 있을지 모르겠어.

2

I doubt if S+V~
···일지 미심쩍어, ···이지 않을까?

that 대신에 if를 쓴 경우로 if 이하인지 아닌지 의심스럽다라는 뉘앙스를 갖는다.

I doubt if he takes time to relax because his schedule keeps him in the office for many hours a day.

업무일정 때문에 하루에 오랫동안 사무실에 있다 보니 쉴 수 있는 시간이 있을지 모르겠어.

3

I doubt it[that]
그럴 리 없지

앞서 얘기했듯이 doubt는 그렇지 않을거라고 의심하는 단어로 I doubt it[that]하게 되면 "그렇지 않을거야"라는 뜻이 된다.

A: You think she'll remember more details?
걔가 좀 더 자세한 걸 기억하리라 생각하니?

B: I doubt it.
그렇지 않을 걸.

❶ I have no doubt about~

…을 의심치 않아

…을 의심치 않아라는 말로 about 다음에는 명사가 이어지면 된다.

I have no doubt about the risks that are associated with investing money in a new company.

신생회사에 돈을 투자하는 것과 관련된 위험은 명백하지.

❷ I have no doubt that S+V

…을 믿어 의심치 않아, …을 확신해

'…를 의심하지 않는다,' '의심의 여지가 없다'라는 표현이다.

I have no doubt that police are issuing tickets to drivers who park their cars illegally downtown.

시내에 불법주차한 차주들에게 경찰이 딱지를 발급하는 것은 확실한 일이지.

❸ No doubt S+V

…은 의심의 여지가 없어

(There is) No doubt (about it)은 '물론이지,' '확실해,' '의심의 여지가 없어'라는 뜻으로 상대방의 말에 동의하면서 쓰는 표현이다.

No doubt you can do the work, but we need someone with more experience to help you.

물론 네가 그 일을 할 수 있겠지만 우리는 너를 도울 경험이 많은 사람이 필요해.

…가 확실해

There is no question about~

1

There is no question about~

…에 대해 의문의 여지가 없어

about 이하의 내용에 의문점(question)이 없다는 말은 다시 말하면 의문의 여지가 없다는 뜻이 된다. 줄여서 No question about that이라고도 쓴다.

There is no question about the quality of these steaks, but I can't eat meat because I'm a vegetarian.

이 고기의 질에 대해서는 의문의 여지가 없지만 난 채식주의자여서 고기를 먹을 수가 없어.

2

There's no question S+V

…가 확실해

about~ 대신에 (that) S+V절이 온 경우이다. S+V에 확실하다고 생각되는 내용을 말하면 된다.

There's no question we need good nutrition, but it is hard to get if only processed foods are available.

영양섭취를 잘해야 하는 것은 확실한데, 가공식품만 먹는다면 그렇게 하기가 어려워.

3

I can say with certainty that S+V

확실히 …라고 말할 수 있어

with certain은 확실히(certainly)라는 말. 결국 확실히 I can say that S+V라는 말은 "확실히 …라고 말할 수 있다"가 된다.

I can say with certainty that poverty motivates many people to work harder to succeed.

내 확실히 말할 수 있는데, 가난은 많은 사람들이 성공을 위해 열심히 일하도록 동기부여를 줘.

I can't figure out why ~

1

I can't figure out why S+V

왜 …인지 모르겠어

figure out은 곰곰이 머리를 써서 뭔가를 알아내다라는 의미의 동사구이다. 명사를 목적어로도 받지만 여기서는 뒤에 why S+V라는 절이 이어져서 "왜 …인지 모르겠어"라는 의미가 된다.

I can't figure out why people feel depressed because there is always something to be happy about.

언제나 기뻐할 일이 있기 마련인데 왜 사람들이 우울해지는지 그 이유를 모르겠어.

2

I've been trying to figure out ~

…을 생각중이야

figure out이 과거부터 지금까지 생각을 해서 뭔가 알아낸다는 점에서 현재완료와 잘 어울릴 수밖에 없다.

I've been trying to figure out why some people are popular and other people are social outcasts.

어떤 사람들은 인기가 많고 또 다른 사람들은 사회적으로 따돌림을 받는지 그 이유를 생각 중이야.

3

Let's figure out why S+V

왜 …인지 알아보자

동료들과 함께 왜 S+V인지 이유를 알아내자고 하는 권유형 문장.

Let's figure out why researchers decided that it would be better if everyone wore a mask in public.

모든 사람들이 공공장소에서 마스크를 쓰는게 더 좋을거라고 연구자들이 왜 결정했는지 그 이유를 알아보자.

Now I understand why~

Now I understand why S+V

왜 …한지 이제야 알겠어

어떤 상황이나 사실 등에 대한 이해가 전혀 안되다가 그 상황 혹은 사실이 왜 그런 가에 대해서 비로소 이해가 되어 그간의 답답함이 해소될 때 사용하는 표현. 여기서 now는 「이제야」, 「지금」 등으로 해석하면 되고 why 뒤에는 「주어+동사」의 절 형태로 이해하지 못했던 상황을 적어주면 된다.

Now I understand why people take their shoes off when they enter someone's apartment.

왜 사람들이 다른 사람의 아파트에 들어갈 때 신발을 벗는지 그 이유를 이제야 알겠어.

I'm starting to understand ~

이제야 (좀) …을 이해하기 시작했어

「…을 이제야 좀[겨우] 알 것 같다」가 바로 그것인데, 이 말은 곧 「이제 비로소 슬슬 이해가 혹은 납득이 되기 시작한다」는 얘기로, 「슬슬 …하기 시작한다」는 말인 I'm starting [beginning] to 뒤에 「이해하다」의 understand를 붙여 I'm starting to understand ~라고 하면 된다.

I'm starting to understand the importance of sending career criminals to jail for a long time.

난 이제서야, 전문적인 범죄자들을 장기간 감옥에 감금하는 것의 중요성을 이해하기 시작했어.

I've started to notice that S+V

…라는 사실을 알아차리게 되다

「…하게 되다」라는 의미로도 사용가능한 start to+V 구문을 활용해보자. 그러면 「…하다는 사실을 알아차리게 되다」라는 의미의 표현은 start to notice[realize] that S+V의 형태가 된다.

I've started to notice that attractive people get better service than people who are average looking.

난 매력적인 사람들이 평범한 모습의 사람들보다 더 나은 서비스를 받는 것을 알아차리게 됐어.

얼마나 …한지 알다

know how + 형용사 + it is

① know how+형용사+ it is
그것이 얼마나 …한지 알다, 너무나 …하다는 사실을 알다

how 이하가 know의 목적절 역할을 하는 구조. 여기서 how는 의문사가 아니라 「너무나 …한」이란 의미로, 뒤에 이어지는 형용사를 강조하여 감탄문을 만드는 것이다.

Many people drink too much even though they know how bad it is for their health.
건강에 얼마나 해로운지 알면서도 과음하는 사람들이 많다.

② I want you to know how+형용사+it is
얼마나 …한지 알아주면 좋겠어

you가 얼마나 형용사한지 알아주기를 바란다는 소망의 표현이다. it is~ 다음에는 to+V구를 써서 it의 구체적 내용을 언급할 수 있다.

I want you to know how great it is to be able to sleep for eight or nine hours every night.
난 네가 매일밤 8–9시간 잠을 잘 수 있는게 얼마나 대단한 일인지 알아주면 좋겠어.

③ make sb realize how+형용사+S+V
…하는 게 얼마나 …한지 …가 깨닫게 되다

make는 사역동사로 sb가 얼마나 …한지를 깨닫게 하다라는 의미가 된다.

You made me realize how silly some students act when they make excuses to their teachers.
너 때문에 그 학생들이 선생님들에게 변명을 댔을 때 얼마나 어리석을 행동을 하는 건지 깨닫게 되었어.

···을 알 수가 없어

There's no telling ~

There's no telling
알 수가 없는 노릇이다

앞으로 일이 어떻게 될지, 어떤 일이 벌어질지 모른다고 하는 패턴으로 여기서는 단독으로 쓰인 경우이다.

There's no telling. Just see what happens in the future.
알 수 없지. 앞으로 어떻게 되나 봐.

There's no way to tell ~
그건 아무도 몰라

(There's) No way to tell (wh~) 또한 알 길이 없다라고 단독으로 쓰이거나 아니면 wh~들이 붙어 뭐가 알 길이 없는지 구체적으로 말하기도 한다. '그건 아무도 몰라.' '알 방법이 없다.'

There's no way to tell if you will go bald when you're older, you'll have to wait and see.
네가 나이가 들어서 대머리가 될 것인지는 아무도 몰라. 두고봐야지.

There's no telling what[how]~
···을 알 수가 없어

'···은 알 수가 없어.' '알 길이 없다'라는 말로 특히 앞으로 안 좋은 일이 일어날 거라는 불안감 속에서 하는 표현.

There's no telling what goals you can achieve if you really work hard to see them through.
목적달성을 위해 정말로 열심히 일한다면 어떤 목적을 달성할지 알 수가 없어.

…는 모르는 일이야

You never know~

❶ You never know what[wh~]

…는 모르는 일이잖아

단독으로 You never know라고 하면 "모르는 일이잖아"라는 의미이고 모르는 일까지 구체적으로 말하려면 의문사 S+V를 붙여 쓰면 된다.

You never know what will happen in the future, as it always brings something unexpected.

항상 예상하지 못한 일이 생기듯이 미래에 어떤 일이 일어날지는 아무도 모르는 일이잖아.

❷ I know nothing of~

…을 전혀 몰라

of 이하의 내용에 대해서는 아는게 하나도 없다고 말하는 표현. 상대방이 뭔가 자신이 전혀 모르는 화제를 꺼낼 때 사용하면 좋은 표현.

I know nothing of cooking traditional foods, but I hope to take a class that will teach me how to do it.

난 전통음식요리에 대해 아는게 전혀 없지만, 요리방법을 가르쳐주는 수업을 듣기를 바래.

❸ Nobody knows~

아무도 몰라

단독으로 Nobody knows는 "아무도 알 길이 없어"라는 말로 Who knows!와 같은 의미. 모르는 내용까지 말하려면 의문사 S+V를 붙여주면 된다. 그래서 "아무도 비밀리에 무슨 일이 생기고 있는지 몰라"라고 하려면 Nobody knows what goes on behind closed doors라고 하면 된다.

Nobody knows what happened in that old house, but it has been suspected of being haunted for a long time.

그 낡은 집에 무슨 일이 있었는지 아무도 몰라, 하지만 오랫동안 유령이 나오는 집이라고 의심되고 있어.

···전혀 몰라

I knew almost nothing about ~

① know nothing about~

···대해 전혀 모르다

know nothing of와 같은 의미의 표현.

My wife knows nothing about keeping the house clean, so we are constantly arguing about it.

나의 아내는 집을 청결하게 유지하는 법을 전혀 몰라. 그래서 우리는 계속해서 그 문제로 다투어.

② I knew almost nothing about ~

···에 대해 아는 게 거의 없었어

모르기는 모르지만 거의 아는게 없다고 하려면 know almost nothing about~이라고 해주면 된다.

I knew almost nothing about foreign cultures, so I was shocked when I ended up living overseas.

외국문화에 대해 아는게 거의 없어. 그래서 난 해외에서 살게 되었을 때 충격을 받았어.

③ never know whether or not S + V

···인지 어떤지[아닌지] 절대 알 수 없어

if는 '가정'의 접속사 용법 이외에 「···인지 아닌지」(=whether)란 의미로 명사절을 이끌기도 한다. 의미가 그런 탓에 '알다[모르다] / 궁금하다'란 뜻의 동사들 뒤에 자연스럽게 어울린다. 예를 들자면 know, see, be not sure, remember, doubt, wonder, ask 등이다.

You never know whether or not a stranger can be trusted to help if you are in trouble.

너는 한 이방인이 네가 곤경에 처해있을 때 너에게 도움을 줄거라 신뢰할수 있는지 여부는 절대 알 수 없어.

037

…에 대해 할 말이 없어

I don't have anything to say~

① I don't have anything to say on[about]~

…에 대해 아는게 없어

역시 별로 아는게 없는 화제가 대화의 중심이 되면 곤란해지기 마련이다. 이런 때는 솔직하게 …에 대해서 할 말이 없다라고 하면 된다. 문맥에 따라 반대와 무관심의 표현이 될 수도 있다.

I don't have anything to say about international issues, but I hope they won't cause problems for everyone.

국제이슈에 대해 말할게 아무 것도 없지만 모든 사람들에게 문제를 야기하지 않으면 좋겠어.

② I don't have any opinion on[about]~

…에 대해 할 말이 없어

이번에는 직설적으로 의견이란 opinion이란 단어를 쓴 경우. 화제는 on~ 혹은 about~ 이하에 써주면 된다.

I don't have any opinion on abortion, but there are some people who insist that it is murder.

난 낙태에 대해 할 말이 없어, 하지만 일부 사람들은 그게 살인이라고 주장하고 있어.

I don't understand what you mean by~

① I don't understand what you mean by~

네가 …라고 했을 때의 의미가 뭔지 모르겠어

좀 길어서 어렵게 느껴진다. by~ 이하에 상대방이 말한 것을 적고 해석은 by 이하라고 말하는게 무슨 말인지 난 이해가 안돼라고 하면 된다.

I don't understand what you mean by threatening to quit your job because of a dispute.

난 네가 다툼 때문에 직장을 그만두겠다고 협박을 했을 때 그게 무슨 말인지 모르겠어.

② I don't quite follow what you said about~

…에 대해 네가 한 말을 이해못하겠어

이번에는 이해하다가 understand에서 follow로, 상대방의 의미(what you mean by)가 네가 …에 대해서 한 말(what you said about)로 바뀌었을 뿐이다.

I don't quite follow what you said about dreams being premonitions of the future.

미래에 대한 전조라고 꾼 꿈에 대해 네가 한 말을 이해못하겠어.

③ I didn't catch what you said (about)~

무슨 말인지 못알아들었어

단독으로도 많이 쓰이는 I didn't catch what you said는 네가 무슨 말을 하는지 못알아들었다라고하는 말로 못알아들은 내용은 about~이하에 적으면 된다.

I didn't catch what you said about how to save money while shopping online.

온라인으로 쇼핑을 하면서 어떻게 돈을 절약할 수 있다는 말인지 못알아들었어.

039

넌 …을 몰라

You're not aware of~

1

You're not aware of~

넌 …을 몰라

be aware of~의 반대 의미로 of 이하에는 명사나 의문사 절을 이어쓰면 된다.

You're not aware of how important good hygiene is in keeping people healthy and free from sickness.

사람들의 건강을 유지하고 병을 예방하기 위해서 좋은 위생상태가 얼마나 중요한지 넌 몰라.

2

You don't realize ~

넌 …을 몰라

상대방이 …을 깨닫지 못하고 엉뚱한 소리를 할 때 넌 아직 …을 이해하지 못하고 있다고 말할 때 쓰면 된다.

You don't realize that some people are not logical, they generally act based on their emotions.

넌 일부 사람들은 비논리적이어서 보통 감정에 따라 행동한다는 것을 몰라.

3

You don't understand~

넌 …을 몰라

가장 쉬운 단어 understand로 상대방이 이해못하고 있음을 말할 수 있다. 조금 수위를 조절해서 부드럽게 말하려면 You don't seem to understand~라고 하면 된다.

You don't understand how little money that people have in some of the poorest nations.

최빈국가의 일부 나라에서는 사람들에게 돈이 얼마나 없는지 모를거야.

I am curious to see if~

1

I am curious to see if S + V~
…일지 호기심이 든다

be curious는 궁금하다, 호기심이 들다라는 표현으로 여기에 to see if S+V가 붙여 만든 패턴이다. 단독으로 (I'm) Curious라고도 쓴다.

I am curious to see if anyone made plans for next year's summer festivals, or if they will be cancelled.
누가 내년도 여름축제 계획을 세웠는지 아니면 축제가 취소될런지 정말 알고 싶어.

2

ask me if ~
…인지 아닌지 묻다

if절 이하가 사실인지 여부를 묻는 표현으로 이때 if절은 조건절이 아닌 명사절이다.

The doctor asked me if I needed to renew my prescription.
그 의사는 나에게 새로운 처방전이 필요하냐고 물었다.

3

keep sb in suspense
…을 애타게 하다, 궁금하게 하다

sb를 긴장 속에 두다에서 발전해서 …을 애타게 하다, 궁금하게 하다라는 의미로도 쓰인다. leave sb in suspense라고 해도 된다.

The more popular dramas on TV keep us in suspense until the last episode is broadcast.
많은 인기 TV 드라마는 마지막 에피소드가 방송될 때까지 우리를 애타게 해.

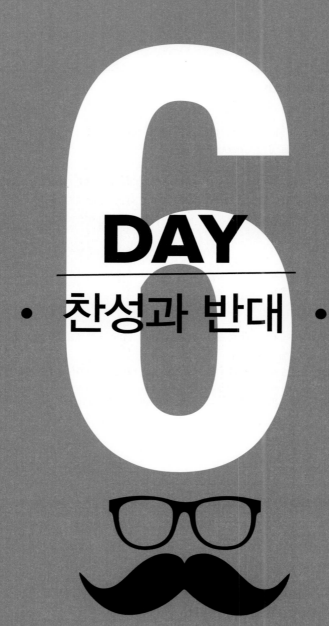

DAY 6
찬성과 반대

DAY

• 말꺼내기 •

DAY

• 의견묻기 •

DAY

• 의사소통 •

DAY

• 의견말하기 •

DAY

• 알거나 모르거나 •

DAY

• 찬성과 반대 •

DAY

• 희망과 감정 •

DAY

• 이유 •

DAY

• 시간과 방법 •

10

DAY

• 비교, 가정 및 연결어 •

+

**Real-life
Conversations 37**

agree with ~

agree with sb
···와 동의하다

말솜씨가 좋은 사람이라도 상대방의 반응이 시큰둥하면 얘기할 맛이 안나는 법! 대화를 잘 하기 위해서는 맞장구치는 법을 배울 필요가 있다. 가장 기본적으로는, 「동의」를 나타내는 동사 agree를 써서 I agree with you라고 할 수 있다.

You don't have to agree with your boss, but he will get angry if you contradict him publicly.

넌 네 사장말에 동의할 필요는 없지만, 네가 공개적으로 반박하면 사장이 화를 낼거야.

I totally agree with you that S+V
···라는 점에서 너와 아주 똑 같은 생각이야

강조하려면 totally, fully 등의 부사를 넣어서 말해주면 된다. agree 뒤에 이어지는 전치사는 with sb[sth], on[about] sth, to+V 등이 있다. 혹은 agree that S+V도 쓰인다.

I totally agree with you that the criminal justice system needs to be reformed to be more fair.

사법정의제도가 더 공정해지도록 개혁이 되어야 한다는 너의 말에 완전히 동의해.

I couldn't agree more
전적으로 동감이다

부정을 뜻하는 not이나 never가 비교급과 함께 쓰여서 최상급의 의미가 되는 경우로 하려던 말을 더 강조해서 말하고 싶을 때 쓸 수 있는 표현이다. 따라서 can't agree more는 「그보다 더 동감할 수 없을 만큼 전적으로 동감이다」라는 의미. 반대로 I couldn't agree less는 전적으로 반대다라는 뜻.

When you mentioned that summer here is way too hot, I couldn't agree more.

이곳의 여름이 너무 덥다고 말했을 때, 난 네 말에 전적으로 동감이야.

I agree with you on~

① I agree with you on~

···라는 점은 나도 그렇게 생각해

상대방에게 동의하지만 어떤 거에 동의하는지를 함께 말할 때 사용하는 표현법이다. agree with you on sth이라고 하면 된다.

I agree with you on your love of football, because it is the most entertaining sport to watch.

너의 미식축구사랑에 동의해, 보기에 가장 흥미로운 스포츠이기 때문이지.

② I agree with A but I don't agree with B

A에는 동의하지만 B에는 동의하지 않아

어떤 거에 동의하고 어떤 거에 동의하지 않는 자신의 의견을 분명하게 밝힐 수 있는 패턴이다. A와 B의 자리에는 사람이나 사물이 올 수 있다.

I agree with your opinion about the need to make social media better, but I don't agree with your opinion that we need censorship.

난 소셜미디어를 더 좋게 만들어야 되는 필요성에 대한 너의 의견에 동의하지만 검열이 필요하다는 네 의견에는 동의하지 않아.

③ I have to agree that S+V

···에 동의해야겠네

앞서 말한 것처럼 agree 다음에 that S+V 절이 이어지는 경우. that S+V에 동의하는 내용을 적으면 된다.

I have to agree that Samsung phones beat most others because of their features and reliability.

삼성폰이 그 특장점과 신뢰성으로 다른 회사들을 앞섰다는 사실에 동의해야겠어.

①

I agree with part of what you said,
네 말에 부분적으로는 동의해.

좀 어려운 표현이다. 네가 한 말(what you said)의 일부만(part of) 동의한다(agree with)는 말로 상대방의 말에 전적으로 동의하지 못하고 일부만 동의할 때 사용하면 된다.

I agree with part of what you said, but I don't think that computers will completely replace books.
네가 한 말에 부분적으로는 인정하지만, 컴퓨터가 완전히 책을 대체할거라고는 생각하지 않아.

②

I agree with most of what you said, but~
네 말에 거의 동의하지만,

이번에는 part of 대신에 most of를 써서 역시 전적으로 동의는 아니지만, part of보다는 많이, 즉 거의 동의하지만이라는 뜻으로 but~ 이후에 자기의 다른 생각을 말하면 된다.

I agree with most of what you said, but I don't think Chinese will become the dominant business language.
네 말에 거의 동의는 하지만, 중국어가 제 1의 비즈니스 공용어가 될 것 같지는 않아.

③

I agree with most of the points you've made, but~
네가 주장하는 요점에 거의 동의하지만,

make the point는 자신의 주장을 이해시키는 것으로 the points you've made는 네가 말하는(주장하는) 요점이라는 뜻이 된다.

I agree with most of the points you've made, but it's likely Twitter will become obsolete in a few years.
네가 주장하는 요점에 거의 동의하지만, 트위터는 몇 년내에 거의 사장될 가능성이 있어.

그 점에 거의 너에게 동의하지만,

I agree with you completely on that point, but~

1

I agree with you completely on that point, but~
그 점에 있어 네 말에 거의 동의하지만,

역시 길다. 하지만 어떤 토픽에 대해 서로 의견을 주고받을 때는 말이 좀 길어질 수밖에 없다. 이번 역시 상대방 말에 완전히 동의한다고 말하고 나서 조심스럽게 자신의 의견을 꺼낼 때 사용하면 된다.

I agree with you completely on that point, but I need to say that no one knows what the future will bring.
그 점에 있어 네 말에 거의 동의하지만, 미래가 어떻게 될지는 아무도 모른다고 말해야 돼.

2

I agree with you to some extent, but I still can't understand why~
어느 정도 네 말에 동의하지만, 난 아직 왜 …인지 이해가 안돼

더 길다. to some extent는 어느 정도라는 의미. 따라서 이 표현은 어느 정도 상대방에게 동의하지만 왜 …인지 아직 이해가 되지 않는다고 말할 때 이용하면 된다.

I agree with you to some extent, but I still can't understand why anyone would use outdated computer programs.
어느 정도 네 말에 동의하지만, 난 왜 구식의 컴퓨터 프로그램을 쓰려는 사람이 있는지 이해가 안돼.

3

come to an agreement
합의에 도달하다

come to가 갖는 기본 개념은 '상태의 귀결'이며 to 이하에 명사(상당어구)가 이어져서 「(결국) …한 상태가 되다」란 의미를 나타낸다. 따라서 「합의에 도달하다」란 표현은 come to an agreement 정도로 표현할 수 있다는 것을 눈치챌 수 있을 것이다.

It won't be easy to come to an agreement with North Korea because their negotiators are very shrewd.
북한과의 협상은 북한 협상가들이 매우 영악하기 때문에 합의에 도달하기는 쉽지 않을거야.

I'm afraid I can't agree with you~

① I'm afraid I can't agree with you~

네 말에 동의하기 어려워…

I'm afraid는 상대방이 듣기에 불편한 얘기를 말할 때 먼저 꺼내는 말로 여기서는 상대방의 말에 동의하지 않는 미안한 감정을 나타낸다.

I'm afraid I can't agree with you about the need to have closed circuit cameras on every street.

모든 거리에 CCTV를 설치해야 된다는 네 말에 난 동의하기가 어려워.

② I'm afraid I have to disagree that S+V

…에 동의하지 못하겠어

역시 I'm afraid~로 반대하는 문장을 감싸고 있는 경우이다. disagree는 agree의 반대어로 동의하지 않다, 반대하다라는 의미가 된다.

I'm afraid I have to disagree that our plans must be postponed, because we can start them right now.

우리의 계획을 당장 시작할 수 있기 때문에 계획이 연기되어야 한다는 점에 동의하지 못하겠어.

③ I beg to differ

난 생각이 달라

'생각이 다르다'는 말로 상대방의 말에 이견을 말할 때 사용하면 된다.

When you stated that we have a lot of crime, I beg to differ. Our nation is safer than most other nations.

우리나라에 범죄가 너무 많다고 네가 말했을 때 난 너와 생각이 달라. 우리나라는 다른 어느 국가보다 안전해.

난 전적으로 …에 동의하지 않아

I entirely disagree with you~

I entirely disagree with you~
난 전적으로 …에 동의하지 않아

상대방에 동의하지 않을 때는 I disagree with you이고 이를 강조하기 위해서 '전적으로'라는 부사 entirely를 삽입한 경우이다.

I entirely disagree with you about the need for a smaller army, as we need a big army to ward off threats.
군대가 막강해야 위험들을 물리칠 수 있기 때문에 더 작은 규모의 군대가 필요하다는 것에 대해서는 전적으로 동의하지 않아.

agree to disagree
이견이 있다고 인정하다

이견이 있다고 인정하다'라는 다소 수사학적, 외교적인 표현. 서로 동의하지 않는다는 점에서만 동의가 이루어졌다는 의미이다.

I understand your point about how it's nice to have many children, but we will have to agree to disagree.
난 아이들이 많은게 얼마나 멋지냐는 너의 주장을 이해는 하지만, 우리는 이견이 있다는 것을 인정해야 될거야.

I find it difficult to agree with you on~
…에 너와 동의하기 어렵겠어

역시 상대방의 말에 동의하지 않음을 나타내는 표현이지만 find it difficult to+V(…하는 것이 어려워보인다)라는 표현을 썼을 뿐이다.

I find it difficult to agree with you on how to motivate people to work harder at their jobs.
직원들이 직장에서 더 열심히 일하도록 동기를 부여하는 방법에 너와 동의하기 어렵겠어.

I don't think I will~

I don't think I will~
난 …하지 않을거야

I don't think는 상대방과 반대되는 의견을 말하거나 자기가 말할 내용이 부정의 내용일 때 꺼내는 표현이다. 여기서는 I don't think~ 다음에 I will~이 이어지는 경우이다.

I don't think I will go to the hospital for a while because I'm afraid of catching a virus.

바이러스에 걸릴까 두려워서 난 한동안 병원에 가지 않을거야.

I don't think I can~
…할 수 없을 것 같아

I think+부정문보다는 I don't think+긍정문을 쓰는게 일상회화에서는 일반적이다.

I don't think I can describe the dreams I had last night because they were so strange.

지난 밤에 꾼 꿈이 하도 이상해서 그 꿈을 묘사할 수 없을 것 같아.

I don't think it's a good idea to+V
…하는 것은 좋은 생각 같지 않아

상대방의 의견이 그리 좋은 생각이 아니라고 부드럽게 반대하며 자기 생각을 피력하는 표현법이다.

I don't think it's a good idea to declare your love early in a relationship with someone.

누군가와 사귀면서 초기에 너의 사랑을 말하는 것은 좋은 생각 같지가 않아.

…하는 것 같지 않아?

But don't you think~?

① But don't you think~?

하지만 …라고 생각되지 않아?

부정의문문 Don't you think S+V?는 단순히 의견을 물어볼 때도 사용되지만 문맥에 따라서는 질책이나 자기 자랑질을 할 때 사용되는 경우가 많다.

But don't you think it's a good idea to save as much money as possible for the future?

하지만 미래를 대비해서 가능한 많은 돈을 저축하는 것이 좋은 생각이라고 생각되지 않아?

② But wouldn't you agree~?

하지만 …에 너도 동의하지 않겠어?

가정법 조동사 would가 나오면 좀 아릿해지는게 당연지사. 조건절이 생략된 것으로 "…한다면, 넌 …에 동의하지 않겠니?"라는 의미이다.

But wouldn't you agree that we are more productive when we come back from a vacation?

하지만 우리가 휴가갔다오면 더 생산적이 될거라는 점에 너도 동의하지 않겠어?

③ Do you think so? ~ , indeed, but I don't think~

그렇게 생각해? …. 정말로, 하지만 난 …라고 생각하지 않아

Do you think so?는 굳어진 표현으로 "그렇게 생각해?라는 의미. 그리고 반대되는 문장을 이어 말하고 나서 다시 한번 자신의 반대의견을 어필하는 다소 어려운 문장이다.

Do you think so? Some sugary foods taste very good, indeed, but I don't think they are good for our health.

그렇게 생각해? 설탕이 함유된 일부 음식들은 맛은 좋지만 사실, 하지만 건강에 좋다고는 생각하지 않아.

6th DAY

사실은 …야

The truth is that~

① The truth is that S+V

사실은 …야

The truth is~는 뭔가 사실내지는 진실을 말하기 시작할 때 꺼내는 표현법. 또한 It's true that~은 '…은 사실이다.' Is it true that~?은 '…가 사실이야. 정말이야?' 그리고 Isn't it true that~?하면 '…가 사실아냐?'라고 물어보는 표현.

The truth is that we feel proud of our achievements, even if no one has acknowledged them.

사실은 아무도 우리의 성취물을 인정하지 않지만 우리는 우리의 성취물에 자부심을 느끼고 있어.

② That's true, at least in~ but~

그게 사실이기는 하지만,

상대방의 말에 일부 인정하고 자신의 다른 생각을 말하는 패턴이다. at least in~에 상대방에게 동의하는 것을, but ~ 이하에는 자신의 이견을 말하면 된다. It's true that S+V, but~ 이라고 해도 된다.

That's true, at least in theory, but you know that things work differently in the real world.

적어도 이론적으로는 사실이지만 실제 세상에서는 다르게 상황이 작동한다는 것을 너도 알잖아.

③ That's true, but it's also true that~

사실이지만 …역시 사실이야

비슷한 표현이지만 상대방의 의견에 동조하면서 자기가 말하는 것 역시 맞는 말이라는 점을 역설할 때 사용하면 좋은 표현법이다.

That's true, but it's also true that beauty is skin deep and it's a person's character that matters most.

그게 사실이지만, 아름다움 또한 피상적인거야. 그리고 가장 중요한 것은 사람의 성격이야.

That's not true

1

That's not true
그건 사실이 아냐

상대방 말의 진위에 대해서 말하는 것으로, 여기서는 직설적으로 네 말이 사실이 아니다라고 부정하는 문장이다.

When you hear people say young people waste time, that's not true. They are still learning about things.

젊은 사람들은 시간을 낭비하고 있다고 말하는 것을 들을 때 그건 사실이 아냐. 젊은이들은 아직도 이런저런 일들을 배우고 있는거야.

2

That may be true, but S+V
그게 사실일지도 모르지만…

추측의 may를 써서 상대방의 말이 100% 사실은 아닐지라도 어느 정도 맞다는 부분긍정의 문장이다. 역시 자신의 다른 의견을 제시하기에 앞서 먼저 상대방을 인정해주는 예의바른 문장.

That may be true, but I have not found anything that can prove that is a factual statement.

그게 사실일지도 모르겠지만, 난 아직 그게 사실에 기반을 둔 진술이라는 것을 증명해줄 아무런 것도 발견하지 못했어.

3

What you're saying is not true
네가 하는 말은 사실이 아냐

좀 더 강조하여 사실이 아닌게 "네가 말하는 것"이라고 말하는 문장이다. What you're saying이 통째로 주어부가 되었다.

What you're saying is not true, it is a rumor that was spread by someone over the Internet.

네가 하는 말은 사실이 아냐. 누군가에 의해서 인터넷상에 퍼진 소문이야.

좋은 생각일 수도 있지만,

That may be a good idea, but~

1

That may be a good idea, but~
좋은 생각일 수도 있지만,

뭔가 반대의견을 조심스럽게 펼치려고 할 때 사용하면 좋은 표현. may를 써서 100% a good idea가 아니라고 말하면서 but~ 이하에 자기 의견이나 생각을 피력하면 된다.

That may be a good idea, but people are going to be resistant to changing their lives in order to accommodate it.
좋은 생각일 수도 있지만 사람들은 거기에 맞추기 위해 삶을 변화시키는데 거부감을 가질거야.

2

It's not a good idea for sb to+V
…가 …하는 것은 좋은 생각이 아냐

이번에는 직설적으로 sb가 to+V를 하는 것은 좋은 생각이 아니라고 자신있게 말하는 표현이다. 좀 부드럽게 말하려면 That doesn't sound like a very good idea라고 해도 된다.

It's not a good idea for you to push others to change, you need to lead by example instead.
네가 다른 사람들을 몰아붙여서 변화를 하게 하는 것은 좋은 생각이 아냐, 넌 그 대신 모범을 보이면서 리드해나가야 돼.

3

It would be a good idea to+V
…을 한다면 좋은 생각일 수도 있겠는데

would가 들어가면 일단 조심! to+V가 조건절로 …을 한다면 좋은 생각일 수도 있겠다고 가정하는 패턴이 된다.

It would be a good idea to survey the club members to see if they will admit a new member.
클럽 멤버들을 관찰하면서 걔네들이 신입회원을 받을지 여부를 알아보는게 좋은 생각일 수도 있겠어.

012

그럴 수도 있지만,

That may be so, but~

① That may be so, but S+V

그게 그럴 수도 있지만,

역시 상대방의 주장이나 의견을 일부 받아들이면서 자신의 다른 주장이나 의견을 말하는 패턴이다.

That may be so, but many people sleep fewer hours per night than their bodies need.

그게 그럴 수도 있지만, 많은 사람들은 매일밤 그들의 몸이 요구하는 것보다 더 적은 시간 잠을 잔다.

② You may be right, but S+V

네가 맞을 수도 있지만, …

상대방의 말이 맞을 수도 있지만 아닐 수도 있다고, 상대방의 주장을 반박하거나 이견을 피력할때 사용하면 된다. You're probably right, but ~(아마 네 말이 맞겠지만, 맞는 말이지만)라고 해도 된다.

You may be right, but science has proven that women can do most of the jobs that men do.

네가 맞을 수도 있지만 과학은 남성이 하는 거의 모든 일들을 여성들이 할 수 있다고 증명하고 있다.

③ Don't be so quick to+V

너무 성급하게 …하지마

상대방이 너무 빨리 의견을 주장하거나 성급한 판단을 할 때 제동을 거는 표현이다.

Don't be so quick to dismiss new ideas, because innovation is what drives a nation's economy.

새로운 생각들을 너무 성급하게 묵살하지마, 한 국가의 경제를 추진하는 것이기 개혁이기 때문이야.

013

You're right in saying~

1

You're right in saying~

···라고 말하는 점에서는 네가 맞아

이번에는 상대방의 말에 동의하지만 전적이 아니라 부분적으로 동의하는 표현법이다. 맞기는 맞지만 saying~ 이하의 내용만 맞다는 말씀.

You're right in saying that hobbies are good, because they allow us to relax and destress.

취미생활은 좋은거라고 말하는 것은 맞아. 왜냐면 취미생활로 우리는 긴장을 풀고 스트레스를 풀 수 있기 때문이야.

2

You're right in the sense that S+V

···라는 의미에서 네 말이 맞아

역시 부분 인정해주는 표현법으로 that 이하라는 의미에서는 네 말이 맞다라고 말하는 문장 이다.

You're right in the sense that we can't correct mistakes, we can only learn from them.

우리는 실수를 바로잡을 수 없다는 점에서 네 말은 맞아. 우리는 실수로부터 배울 따름이야.

3

You're right except that S+V

···만 빼고 네 말이 맞아

이번에는 반대로 that~ 이하의 내용만 빼고는 네 말이 맞다고 역시 부분동의를 하는 패턴이 다.

You're right, except that people are selfish and will always act in their own interest.

사람들은 이기적이고 항상 자신의 이익을 추구하는 행동을 할거라는 것만 빼고 네 말이 맞아.

…라고 말할 때는 네 말이 맞아

You're right when you say~

1

You're right when you say~
…라고 말할 때는 네 말이 맞아

역시 부분동의하는 패턴. say~ 이하라고 말할 때는 네 말이 맞다라고 맞장구를 쳐주는 문장이다.

You're right when you say that a woman's smile is by far her most attractive physical feature.

여성의 미소는 여성의 가장 매력적인 신체적 특징이라는 네 말은 맞아.

2

You were right when you said~
…라고 말했을 때 네 말이 맞아

이번에는 상대방이 과거에 한 말에 뒤늦게나마 동의할 때 사용하는 표현법이다.

You were right when you said that we should make a bucket list of things we should do before we die.

네가 우리는 우리가 죽기 전에 해야 할 일을 정리해야 된다고 말했을 때 네 말이 맞았어.

015 ···을 이해못하겠어

I don't see the point of~

1

I don't see the point of~
···라는 것을 이해못하겠어

상대방이 of~이하라고 주장하는 요지(point)를 이해할 수 없다고 할 때 쓰면 된다. 여기서 see는 understand라고 바꿔 써도 된다.

I don't see the point of even trying.
난 그 시도 자체의 이유를 이해못하겠어.

2

I guess you have a point, but I'd like to+V
네 말이 일리가 있기는 하지만 난 ···하고 싶다

상대에게 이견을 나타낼 때도 최대한 예의바르게, 상대의 기분을 상하게 하지 않으면서 결국 할 말은 다 하는 게 현명하다. 먼저 상대방의 의견을 인정해 준(you have a point) 다음 but으로 말을 살짝 돌리고 예의바른 표현의 대표격인 would like to로 자기 의사를 말하는 것이다. 한편, I guess you have a point 대신에 I take your point를 넣어도 같은 뜻이 된다.

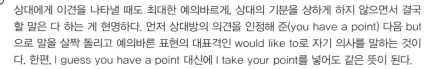

I guess you have a point, but I would like to offer you a few suggestions.
네 말이 일리는 있다고 생각하지만 내가 몇 가지 제안을 하고 싶어.

016

I thought you said~

1

I thought you said S+V

···라고 네가 말한 걸로 아는데···

상대방이 예전에 한 말을 상기시켜주는 표현이다. 단지 You said S+V라고 해도 되고 좀 부드럽게 I thought you said S+V라고 해도 된다.

I thought you said he said something that hit home.

난 걔가 정곡을 찌르는 말을 했다고 네가 말한 걸로 아는데.

2

You said something different

넌 뭔가 다른 이야기를 했어

대화를 하다 보면 초점을 못 맞추거나 핀트가 어긋나는 얘기를 하는 경우가 있다. 이때 이를 바로잡아주기 위해 시작하는 문장이다.

You said something different to me last night than what you are saying to me right now.

넌 어젯밤에 지금 나에게 하는 얘기와 다른 얘기를 했어.

3

I'm glad you mentioned[said] that S+V

···라고 말해서 기뻐

상대방이 드디어 자기의 생각과 동일한 이야기를 했을 때 기뻐서 감사하다고 말하는 표현법이다.

I'm glad you mentioned that cyberbullies are on the Internet, because they are often abusive.

난 네가 인터넷상에 사이버폭력이 있다고 말해줘서 기뻐, 왜냐면 그 폭력은 종종 매우 심하기 때문이야.

6th DAY

She said~

She said S+V
개가 …라고 했어

He(She) said 주어+동사 하면 "그가 혹은 그녀가 …라고 말했어"라는 뜻이 된다. tell를 써서 He(She) told me that 혹은 He(She) told me to+V라 써서 개가 …라고 말했어라고 하면 된다.

She said no one likes to eat chocolate ice cream, but that is actually my favorite flavor.

개는 아무도 초콜릿 아이스크림을 좋아하지 않는다고 했지만 실은 그건 내가 가장 좋아하는 맛이야.

I never said that S+V
난 절대로 …라고 한 적이 없어

상대방의 오해를 바로잡아주는 패턴이다. 자신은 …라고 말한 적이 절대로 없다고 강조하는 문장이다.

I never said that pop music was bad, but it is very crude compared to classical music.

난 팝뮤직이 나쁘다고 절대로 말한 적이 없어. 하지만 클래식 음악에 비하면 매우 조악하지.

I didn't know S+V
…을 몰랐어

과거의 일어난 일을 몰랐다고 말할 때 사용하는 표현. didn't know S+V 형태로 S+V에 자기가 몰랐던 내용을 기록하면 된다. 단순히 몰랐을 때나 혹은 좀 의외의 사실로 놀랐을 때 사용하면 된다.

I didn't know I wasted your time, because I thought we were just taking it easy today.

네 시간을 낭비한 줄 몰랐네. 오늘 그냥 우리 편하게 시간을 보내는 것으로 생각했거든.

...에 반대야

I'm against~

❶

I'm against+N

...에 반대야

자신이 반대하는 내용을 N의 자리에 넣으면 된다. 그래서 사형제도를 반대한다고 하려면 I'm against the death penalty라고 하면 된다.

I'm against guns being owned by many people, because it leads to shootings and violence.

많은 사람들이 총기를 소지하는거에 반대야, 총격사건과 폭력을 초래하기 때문이야.

❷

It goes against~ to+V

...하는 것은 ...에 어긋나

against는 「...에 반대하여」, 「...에 거슬러」라는 뜻의 전치사. 여기에 동사 go가 붙어 go against가 되면 「...에 반항[항거]하다」, 「...에 거스르다」라는 뜻이 된다. It goes against의 it은 앞서 나오는 내용을 말해주거나 문장 안의 to 부정사 이하를 받아주는 가주어로 쓰인다.

It goes against my principles to hire someone without meeting them.

면접을 보지 않고 채용하는 것은 내 원칙에 어긋난다.

❸

I'm opposed to~

...에 반대해

같은 맥락으로 be opposed to+N하게 되면 N을 반대한다는 자기 의견을 말하게 된다.

I'm opposed to the death penalty because the government shouldn't be allowed to kill people.

정부는 사람을 죽게 해서는 안되기 때문에 난 사형제도를 반대해.

I'm in favor of~

① I'm in favor of~

난 …에 찬성해

I'm against~의 반대표현으로 of~ 이하의 내용에 찬성한다는 말이다. 예로 상대방에게 사형제도를 찬성하냐고 물어보려면 Are you in favor of the death penalty?라고 하면 된다.

I'm in favor of broadcasting government hearings so that we can understand what is going on.

난 정부 청문회를 방송하는데 찬성이야. 그래야 우리가 무슨 일이 벌어지고 있는지를 알 수가 있잖아.

② I'm not in favor of~

난 …에 반대해

앞 표현에 부정어 'not'을 넣어서 I'm against~와 동일한 의미를 갖게 된다.

I'm not in favor of censoring the Internet because it would limit our right to free speech.

언론의 자유를 제한할 수도 있기 때문에 난 인터넷 검열에 찬성하지 않아.

③ I'm for it

난 찬성이야

다양한 용법의 전치사 for가 be동사를 만나면 「…에 찬성하다」(support)라는 동사구가 된다. 반대로 「반대」할 경우에는 for 대신 against를 쓰면 되는데, 두 표현 모두 be동사와 전치사 사이에 all을 넣어 의미를 강조할 수 있다. 한편 I'm on your side도 찬성과 지지를 나타내는 표현.

If someone proposes a new holiday that will give us more free time, I'm for it.

누군가 새로운 휴일을 제안해서 우리에게 더 많은 자유시간이 주어진다면, 난 찬성이야.

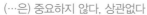

난 …에 상관없어

I don't care~

❶ I don't care (about)~

(…은) 중요하지 않다, 상관없다

I don't care~는 무관심을 나타내는 표현. I don't care about+명사하면 …가 알게 뭐야,
관심없어라는 뜻으로 쓰인다. 응용해서 I don't care about sb ~ing라고 할 수도 있다.

I don't care about taking risks in life, because we need to take risks in order to feel alive.

인생에서 위험을 무릅쓰는 것은 개의치 않아, 살아있음을 느끼려면 모험을 해야 하기 때문이야.

❷ I don't care wh~

…은 관심없어

I don't care~ 다음에 다양한 의문사 S+V절이 이어지는 경우이다. …해도 난 상관없어, 개
의치 않아라는 뜻이다.

I don't care when I meet the girl of my dreams, but I hope it happens in the next few years.

언제 내 이상형의 여자를 만나는지는 상관없지만 앞으로 몇 년안에 그런 일이 일어났으면 좋겠어.

❸ I don't care if S+V

…해도 신경안써, …하든 상관안해

많이 쓰이는 패턴은 아무래도 I don't care if S+V일 것이다. …을 하든말든 신경쓰지 않는다
라는 말.

I don't care if I have a car or not, because I live close to my job and a shopping center.

난 직장과 쇼핑센터 근처에 살기 때문에 자동차가 있던 말던 상관없어.

6th DAY

I couldn't care less~

I couldn't care less

알게 뭐람

단독으로 쓰인 경우. 상대방의 질문에 자기는 상관없고 관심도 없다는 것을 퉁명스럽게 말하는 표현법이다.

You don't like my fashion choices or any of the clothing I wear? Well, so what? I couldn't care less.

나의 패션감각이 맘에 안들고 내가 입는 옷 중 맘에 드는게 없다고? 그래, 그래서 어쨌다고? 알게 뭐람.

I couldn't care less about+N

…라도 알게 뭐람

비교급과 부정문이 만나 최상을 나타내는 Couldn't be better(아주 좋다)와 동일한 유형. I don't care보다 강도가 높은 I couldn't care less는 남의 행동이나 말에 전혀 관심이 없다는 뜻으로 「알게 뭐람」이라고 내뱉는 말이다. 여기서 less 다음에 about+N이 이어지는 경우를 본다.

I couldn't care less about the secrets of others, but I want my own secrets to remain private.

다른 사람들의 비밀에는 관심없어. 하지만 나의 비밀은 지켜지기를 원해.

I couldn't care less if~

…라도 알게 뭐람

이번에는 상관없는 일을 구체적으로 말하고 싶을 경우에 about+N 외에 if S+V절을 활용하는 경우이다.

I couldn't care less if you have personal problems, you still need to get the work done before the deadline.

너에게 개인적인 문제가 있다해도 난 상관없어. 넌 마감시한까지 일을 끝마쳐야 해.

…해도 괜찮아

I don't mind ~ing

1

I don't mind ~ing
…해도 괜찮다, 기꺼이 …하지

'기꺼이 …하다'(be willing to)라는 의미로 don't 대신에 wouldn't로 써도 된다. 특히 I don't mind telling[admitting]~은 좀 말하기 힘든 말을 시작할 때 꺼내는 표현으로 '정말 이건 알아 줘야 하는데,' '까놓고 말해서'라는 뜻으로 사용된다. 응용해서 I don't mind sb ~ing도 써본다.

I don't mind checking in on your girlfriend, but I don't want her to think that I'm spying on her.

내 여친이 뭐하는지 확인해도 괜찮지만, 난 내가 자기를 감시하고 있다는 생각을 여친이 하지 않으면 좋겠어.

2

I don't mind if S+V
…해도 상관없어

특히 I don't mid if I do는 굳어진 표현으로 상대방의 제의에 승낙할 때 쓴다. "그러면 좋지," "그거 좋지"라는 의미이다.

I don't mind if you use Facebook, but I avoid it because it seems to be a waste of time.

네가 페이스북을 해도 상관없지만 난 시간낭비인 것 같아 하지 않고 있어.

3

I don't mind ~ing because S+V
…하기 때문에 …해도 괜찮아

「이러이러한 이유때문에 나는 아무렇지도 않다, 괜찮다」라는 얘기. 즉, 「싫지 않다」는 말이다. 이럴 때 곧잘 쓰이는 표현이 유명한 I don't mind인데, 여기에 접속사 because를 연결시켜 'I don't mind because S + V'의 형태를 갖춰 한꺼번에 기억해 두도록 하자.

I don't mind debating something because it helps me to understand differing opinions.

난 뭔가 토의하는 것에 개의치 않아, 다른 의견들을 내가 이해하는데 도움을 주기 때문이야.

네 말이 맞아

You said it

1

You said it
네 말이 맞아

You said it은 역시 직역하면 말이 안된다. 상대방의 말에 전적으로 동감한다는 말로, '네 말이 맞아,' '내말이 그말이야'라는 뜻. 문맥에 따라 '당신이 말했어'라는 단순한 의미가 되기도 한다. Well said나 I'll say도 같은 맥락의 표현이다.

You said it. I am in complete agreement with your feelings about the loneliness of the modern era.

네 말이 맞아. 현대의 외로움에 관한 네 감정에 전적으로 동의해.

2

You can say that again
그렇고 말고

상대방의 말에 전적으로 동의한다는 걸 강조하는 표현으로 that을 강하게 발음해야 한다. '두 말하면 잔소리지,' '정말 그렇다니까,' '딱 맞는 말이다'라는 의미.

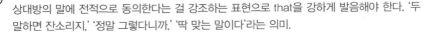

You can say that again. My thoughts are the same as yours regarding these subjects.

그렇고 말고. 이 주제들에 대해서 내 생각은 너의 생각과 똑같아.

3

Tell me about it!
그러게나 말야!

「말하지 않아도 네가 무슨 말 하려는지 다 알아!(I know just what you mean! You don't have to explain it to me!)라는 뜻의 이 표현은 「동의」를 나타내는 I agree, That's right 등과도 일맥상통한다.

Tell me about it! Politicians need to care more about the concerns of the people who elect them.

그러게나 말야! 정치인들은 자신들을 뽑아준 국민들의 관심사에 대해 좀 더 신경을 써야 해.

❶ You're telling me!

누가 아니래!

직역하면 「너는 나에게 말을 하고 있다」라는 종잡을 수 없는 의미가 되어 버리고 만다. 이는 상대방의 말에 전적으로 동의할(showing very strong agreement) 때 사용하는 맞장구 표현으로, 우리말로 하자면 「누가 아니래!」, 「정말 그래!」 정도가 된다.

You're telling me! I studied for over six days to prepare, and I feel like I am totally lost.

누가 아니래! 6일 넘게 시험을 준비했는데, 완전히 망친 것 같아.

❷ You got it

네 말이 맞아

상대방이 어떤 사실에 대해 제대로 이해하고 말할 때, 혹은 바른 말을 할 때 동사 got에 액센트를 주어 You got it!하고 말하면 「옳거니!」, 「그래 맞아!」, 「바로 그거야!」, 「제대로 이해했군!」 정도의 의미가 된다. 강조하려면 You're damn right라고 하면 된다.

You got it. Now keep on going. 맞아. 이제 계속 하라고.

So, from now on, we do it my way, you got that?

그래, 지금부터 내 방식대로 할거야, 알겠어?

❸ Now you're talking!

이제야 말이 통하는군!

드디어 말을 하는구나? 그럼, 지금까지 개가 짖었다는 거야 뭐야? 「지금까지는 눈치코치 없이 엉뚱한 말만 하더니 이제서야 제대로 상황에 맞는 말을 하고 있구나!」, 즉 「이제야 말귀를 알아들었다」는 의미.

You think it's a good idea to eat some food before we start?
Now you're talking!

출발하기 전에 음식을 좀 먹는게 좋은 생각이라는거지? 이제야 말이 통하는군!

That's it!

1

That's it!
바로 그거야!

내가 생각하는 것을 상대방이 콕 찍어서 말하거나 행동으로 옮겼을 때 「바로 그거야」(That's what I meant)하면서 확인하는 말. 광범위한 뜻으로 사용되는 That's it은 일이나 말을 맺으면서 「그게 다야」(That's all), 혹은 어떤 문제에 대해 더 이상 말하기 싫을 때에 「그만 두자」라는 의미로도 쓰인다.

That's it! That's the idea that will help guide us to develop a new social media program.
바로 그거야! 바로 그 생각이 우리가 새로운 소셜 미디어 프로그램을 개발하는데 도움을 줄거야.

2

That's it?
이게 다야?, 이걸로 끝이야?

좀 황당해하며 혹은 상대방을 불신하는 뉘앙스로 '그게 전부야?,' '그걸로 끝이야?'의 의미가 된다.

Your plan is to get married to a rich guy and lead a happy life? That's it?
돈많은 남자와 결혼해서 행복한 삶을 사는게 계획이라고? 그걸로 끝이야?

3

Is that it?
그런거야?

'그런 거야?,' '내말이 맞는거야?'라는 말로 상대방의 행동에 대한 혹은 상황에 대한 자기의 판단이 옳은지 확인할 때 사용한다.

You feel that religions help bring people together, regardless of culture? Is that it?
종교는 문화에 상관없이 사람들을 함께 뭉치게 해주는 것 같다고? 그런 말이야?

026 That's for sure

그건 확실해

❶ That's for sure

그건 확실해

for sure는 틀림없는 사실이나 긍정을 말할 때 '확실히,' '틀림없이'라는 의미로 쓰여 상대방의 말에 맞장구를 칠 때 사용한다.

When you say the holidays are a special time for families, I would say that's for sure.

휴일은 가족들을 위한 특별한 시간이라고 말할 때. 그건 맞는 말이라고 해야겠지.

❷ That's a good point

좋은 지적이야

어떤 토픽을 갖고 대화를 해나갈 때 아주 좋은 단어가 point이다. 여기서는 상대방의 말에 맞장구 이상으로 칭찬을 해주는 것으로 "정말 맞는 말이야"라는 의미이다.

That's a good point. We do need to make sure that we take time to understand each other.

좋은 말이야. 우리는 시간을 내서 서로를 확실히 이해하도록 해야 해.

❸ That's a good suggestion

좋은 제안이야

이번에는 상대방이 아주 좋은 어떤 제안이나 제의를 했을 때 「맞장구+칭찬」을 해주는 표현이다.

Someone recommended that I see a doctor about my continual fever. That's a good suggestion.

누가 나보고 나의 간헐적인 발열에 대한 진찰을 받으라고 했어. 좋은 제안이야.

You've got a point there,

1

You've got a point there,

네 말에 일리가 있어.

「네 말에 일리가 있다」, 즉 「그래, 바로 거기에 문제의 요지가 있어」, 「그래, 맞아」, 「바로 그렇지」 등의 의미를 내포하고 있는 You've got a point there는 상대방의 말에 동의할 때 유용하게 쓸 수 있는 표현. 그냥 You've got a point라고 해도 된다.

When you say that art is an important way to express feelings, you've got a point there.

예술은 감정들을 표현하는데 중요한 방식이라고 말했을 때 네 말에 일리가 있어.

2

I get your point

네 말을 알아듣겠어

만능동사 get에는 understand라는 의미가 있다. 그래서 이 표현은 I see your point, I understand the point you are making 등으로 생각하면 된다.

I get your point, **but I don't see how living without the Internet will make your life better.**

네가 무슨 말하는지 알겠지만, 어떻게 인터넷없이 사는게 삶이 더 윤택하게 된다는건지 모르겠어.

3

I see your point, but~

네 말이 뭔지 알겠지만.

상대방의 말의 요지를 알아들었지만 자기와 생각이 좀 다를 경우에 조심스럽게 이 표현을 사용하면 된다.

I see your point, but **there are many ways to express your feelings without getting angry.**

네 말이 무슨 뜻인지 알겠지만, 화를 내지 않고도 네 감정들을 표현할 수 있는 방법이 많아.

원래 다 그런거야

That's the way it is

That's the way it is
원래 다 그런거야

'원래 그런거야,' '다 그런 식이야,' '인생이란 다 그런거야,' '사는게 다 그렇지'라는 말로 상대방을 위로할 때 쓰면 좋은 표현.

We are influenced by the culture we are born in more than any other, and that's the way it is.

다른 어떤 문화보다 우리가 태어난 문화에 우리는 영향을 받아. 원래 다 그런거야.

That's exactly the way I feel
나도 바로 그렇게 생각해

상대방의 말에 동조하는 것으로 내가 느끼는 것과 내가 생각하는 것과 정확히 일치한다는 의미이다.

I could not marry someone I was not in love with. That's exactly the way I feel.

내가 사랑하지 않는 사람과 결혼할 수 없었어. 내 생각이 바로 그런거야.

That's what I was thinking!
내 말이 그 말이야!

상대방이 나와 같은 생각을 하고 있다면 그 어찌 기쁘지 않으리오. That's what I was thinking은 대화시 상대방이 나와 같은 생각의 말을 할 때 기쁘다고 맞장구치는 표현.

That's what I was thinking. **He needs to hire a lawyer with more experience.**

그게 내가 생각했던거야. 그 사람은 좀 더 경험이 풍부한 변호사를 고용해야 할걸.

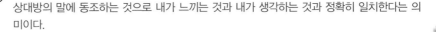

You got that right

1

You got that right!

네 말이 맞아!, 바로 그거야!, 옳거니!

You got that right은 '네 말이 맞아'라는 말로 You're right과 같은 의미. 또한 I got that right는 '내가 이해를 제대로 했다'라는 뜻으로도 쓰인다.

You got that right. There's no way a convict can get a high paying job in society.

네 말이 맞아. 기결수가 사회에서 고임금의 직장에 들어가는 수는 없어.

2

You took the words out of my mouth

내 말이 그 말이야

직역하면 내 입에 있는 말을 상대방이 채갔다는 말로 "바로 내가 하려는 말이 그 말이야," "내 말이 그 말이야"라는 의미가 된다.

You took the words right out of my mouth. We can all do our part to improve things.

내 말이 바로 그 말이야. 우리는 상황이 좋아지도록 하기 위해서 모두 자기의 역할을 해야 돼.

3

You hit the nail right on the head

정곡을 찔렀어

직역하면 못의 머리를 정확히 치다라는 뜻으로 비유적으로 '정곡을 찌르다,' '맞는 말을 하다,' '요점을 찌르다'라는 의미로 쓰인다.

You hit the nail right on the head. There is no place in sports for athletes that cheat.

정곡을 찔렀어. 속임수를 쓰는 스포츠 선수에게 설 자리가 없는거야.

네 말이 맞는 것 같아…

I think you're right~

1

I think you're right about~

…는 네 말이 맞는 것 같아…

단독으로 I think you're right로 해서 상대방의 말이 맞다고 동의할 수도 있고 구체적으로 뭐가 맞는지 말하려면 about~ 이하에 써주면 된다.

I think you're right about needing a mentor to guide you through your career.

직장경력을 가이드 해줄 멘토가 필요하다는 네 말은 맞는 것 같아.

2

I guess you're right about~

…는 네 말이 맞는 것 같아

think가 guess로 바뀐 경우. 역시 단독으로도 쓰이거나 about~ 이하에 뭐가 맞는지 써주면 된다.

I guess you're right about the constant talking on cell phones being annoying.

핸드폰을 끊임없이 떠들어대는 것은 짜증난다는 너의 말은 맞는 것 같아.

3

I guess you're right because S+V

네 말이 맞아, 왜냐면…

단정짓는 듯한 인상을 피하려면 조금 겸손하고 소극적인 「내 생각엔 …인 것 같아」라는 의미로 I guess를 붙여주면 된다. 하지만 I guess you're right까지만 반복하는 「최소한의」 의사표시로 만족하지 말고, 때로는 과감하게 그 뒤에 because 절을 시도해 상대방의 말이 맞는 「근거」까지 제시해 보도록 하자.

I guess you're right because the media has reported that people are staying home this summer.

네 말이 맞아, 왜냐면 언론보도에 따르면 이번 여름에 사람들은 집에 머무를 것이기 때문이야.

네 말에 동의해

I'm with you

1

I'm with you
동감이야

직역하면 「나는 너와 함께 있다」라는 말이 되는 I'm with you는 상대방의 의사에 대한 「동의」 (agreement) 및 「지지」(support)를 나타내는 표현. 「나도 네 생각과 같아」라고 맞장구를 칠 때나, 「내가 있잖아」라고 힘들어 하는 친구를 위로할 때 쓸 수 있다.

If you feel like it is important to maintain old family traditions, I'm with you.

오래된 가족의 전통들을 유지하는게 중요하다고 네가 느낀다면, 나도 동감이야.

2

I'm with you on that one
그 점은 나도 그렇게 생각해, 전적으로 동감이야

의견일치의 「대상」은 전치사 on을 써서 「I'm with you on + 의견일치 대상」으로 연결할 수 있는데, 위 문장의 경우엔 상대방의 말 전체를 that one으로 받은 경우이다.

I'm with you on that one. I'd like to be rich and powerful when I get older.

그 점은 나도 그렇게 생각해. 난 나이가 들어서 부자가 되고 권력도 있기를 원해.

3

I'm on your side
난 네 편이야

be on one's side는 …의 편이다, …와 생각을 같이 하다라는 뜻이 된다. take one's side 라고 해도 된다.

Hey, don't worry about the disagreement you had. I'm on your side in that.

야, 의견충돌에 대해서 걱정하지마. 그 점에 있어서 난 네 편이야.

032

이건 너무해

This is too much

---

① This is too much
이건 너무해

too much는 this가 가리키는 상황이나 행동이 「터무니없는」, 「감당할 수 없을 정도로 너무 어렵고 힘든」 것을 의미. 한편 지나친 호의나 과분한 선물을 받고 「그러실 필요는 없는데요」라는 뜻으로도 쓸 수 있다.

I'm glad you confided your secrets to me, but this is too much for me to handle.

네가 나에게 비밀을 털어놓아서 기쁘지만, 이건 내가 처리하기에는 무리가 있네.

---

② Easier said than done
말이야 쉽지

Easier said than done은 it is가 생략된 비교급 구문으로, 말로 떠들어대는 것이야 쉽지만 그것을 실행하기란 어렵다(easy to talk about but difficult to do)라는 뜻으로 사용되는 격언이다.

Everyone wants to be popular and well respected, but it is easier said than done.

다들 유명해지고 존경받기를 원하지만 그게 말이야 쉽지.

---

③ I don't blame you
그럴 말도 하지

사전적 의미로 blame은 「비난하다」, 「흠을 잡다」라는 뜻이어서 I don't blame you를 단순히 「널 비난하지 않는다」라고 해석할 수 있지만, 이에 더 나아가 어떤 일에 대해 「네 처신이 당연해」라는 의미로 사용된다. 「그럴 만도 하지」, 「나라도 그랬을거야」하면서 상대방의 말이나 행동에 동조할 때 유용하게 쓰인다.

If you decided to leave that group because you were getting bullied, I don't blame you.

네가 괴롭힘을 당했기 때문에 그 그룹 탈퇴를 결정했다면, 그럴 만도 해.

그렇고 말고!

Absolutely!

Absolutely!

당연하지!

상대방의 말에 강하게 동의할 때 하는 아주 간단한 표현. Definitely, Certainly 등도 같은 의미로 반대로 강하게 반대할 때는 Absolutely not!처럼 뒤에 not을 넣어주면 된다.

Absolutely! I'd be glad to come out to a nightclub with you and meet some new people.

당연하지! 너와 함께 나이트클럽에 나가서 새로운 사람들과 만난다면 그야 즐겁겠지.

I hear you

동감이야

단독으로 I hear you하게 되면 상대방의 말에 공감하다, 동감하다라는 뜻이 된다. Right on the button 또한 같은 맥락의 의미.

I hear you. My father died years ago and I still sometimes feel sad remembering him.

동감이야. 아버지는 수년 전에 돌아가셨고 난 아직도 가끔 아버지를 생각하면 슬퍼져.

No kidding!

진심야!, 농담이지!

상대방의 말에 약간 놀라거나 혹은 사실확인시 '설마?,' '너 농담하냐!,' '진심야,' '농담이지!' 그리고 사람들 다 아는 사실을 이제야 알았냐라고 말할 때도 쓰이는데 이때는 '그걸 이제야 안거야'라는 뜻이 된다.

No kidding! I didn't realize that your ex-boyfriend was still stalking you.

진심이야! 너 옛 남친이 아직도 널 스토킹하고 있는 줄 몰랐어.

That's what I'm saying

① That's what I'm saying

내말이 바로 그거야

상대방이 한 말이 자기의견과 똑같다는 의미로 상대방 말에 동의하는 것. '내말이 바로 그거 야,' '내말이 그말이라니까'라는 뜻이다.

Of course, it's good to keep in contact with middle school friends! That's what I'm saying!

물론이지, 중학교 친구들과 연락을 하고 지내는게 좋아! 내 말이 바로 그거야!

② That's exactly what I was trying to say

내가 하려던 말이 바로 그거야

또한 That's what I say라 하면 '내가 바로 그 말을 하려던거였어'라는 말인데 여기서는 조금 전에 내가 하려고 했던 말이 바로 그거라고 말하는 것으로 be trying to+V를 사용한 경우이 다.

I really dislike it when someone mooches off me. That's exactly what I was trying to say.

누가 나한테 빈대붙는 것 정말 싫어해. 내가 하려던 말이 바로 그거야.

③ That's exactly what I think

내 생각이 바로 그거야

나도 그렇게 생각했다. 즉 '내말이 그말이야'라는 말로 상대방이 내가 생각했던 바를 말할 때 반가움 속에 맞장구치는 표현.

I prefer talking to one friend instead of being in a room with many people. That's exactly what I think.

많은 사람들과 한 방에 있는 것보다 한 친구와 얘기를 하는게 더 좋아. 내 생각이 바로 그거야.

035 I don't see why not

1

I don't see why not
왜 안되겠어

상대방 제안에 안될 이유가 없다고 보고 긍정적인 답변을 할 때 '그러지 뭐, 안될게 뭐있어?'
라는 의미이다.

Sure, you can video chat with the study group this evening. I don't see why not.
물론, 넌 오늘 저녁에 스터디 그룹과 함께 영상통화를 해라. 안될게 뭐 있겠어.

2

I don't see anything wrong with that
그건 전혀 문제가 없어 보여

역시 상대방의 말이나 제안에 동의하는 것으로 직역하면 "그 점에 뭐가 잘못된 것이 보이지
않는다"가 된다.

Stella chose to break up with her boyfriend and date someone new. I don't see anything wrong with that.
스텔라는 남친과 헤어지고 새로운 사람과 데이트를 하려고 했어. 그건 전혀 문제가 없어 보여.

3

I have no objection to~
…에 반대하지 않아

상대방 의견에 동의하는 것으로 objection 단어 앞에 no를 붙였다. have 대신에 see를 써
도 된다.

I have no objection to gay people, but I don't really understand their way of thinking.
난 게이들을 반대하지 않지만, 정말이지 그들의 생각하는 방식이 이해가 안돼.

It's not a question of~

It's not a question[a matter] of~

…는 문제가 안돼

자기 주장을 역설하면서 사용할 수 있는 표현. of~ 이하는 문제가 되지 않는다, 즉 괜찮다라는 의미로 question 대신에 matter를 써도 된다.

It's not a question of liking someone, the issue is whether you are able to trust them.

누군가를 좋아하는 것은 문제가 안돼, 문제는 네가 그들을 믿을 수 있느냐야.

The question is not whether S+V

…인지 여부는 문제가 안돼

whether 이하가 어떻게 되든 그건 문제가 되지 않는다, 즉 상관없다, 괜찮다라는 뜻의 표현이 된다.

The question is not whether you feel embarrassed, the question is whether you did a bad thing.

네가 창피함을 느끼는 것의 여부는 문제가 안돼, 문제는 네가 나쁜 짓을 했냐는 여부야.

That's a completely different matter

그건 전혀 별개의 문제야

상대방과 다른 자신의 의견을 내세울 때 사용하는 것으로 completely를 써서 강조하고 있다.

I am interested in lowering pollution in cities, but that is a completely different matter.

난 도시들의 오염을 낮추는데 관심이 있지만 그건 전혀 별개의 문제야.

6th DAY

It's too much to say~

1

It's too much to say~
···라고 말하면 너무 심하지

It은 가주어, 진주어는 to~ 이하이다. say 이하를 말하면 그건 너무 정도가 지나친 것이다라고 상대방의 의견에 반박하는 표현이다.

It's too much to say the problem is solved, but many fewer people have contracted the virus.

문제가 해결되었다고 말하면 너무 심하지만 많으나 더 적은 사람들이 바이러스에 감염됐어.

2

It's unreasonable to say that S+V
···라고 말하는 건 너무 해

unreasonable, 즉 비이성적이라는 말은 역시 문맥에 따라 너무하다, 지나치다라는 의미를 가질 수 있다.

It's unreasonable to say that we can predict the future, but people still go to fortune tellers.

우리가 미래를 예측할 수 있다고 말하는 건 너무하지만 사람들은 그래도 점쟁이들에게 가고 있어.

3

What you are saying is in fact +V
네가 사실 말하고 있는 것은 ···라는거야

in fact는 삽입구이다. 그래서 What you are saying이 주어부가 된다. 네가 사실 말하고 있는 것은 ···라는거라는 의미로 상대방의 말하고자 하는 내용을 수정정리하기 위한 표현이다.

What you are saying is in fact time means more to older people than to younger people?

네가 사실 말하고 있는 것은 시간은 젊은 사람들에게 보다는 더 나이든 사람들에게 의미가 있다라는 말이지?

038

단지 …때문에 …라고 말하면 안돼

You can't say that~ simply because~

You can't say that~ simply because S+V

단지 …때문에 …라고 말하면 안돼

상대방의 의견이나 주장을 좀 투박하고 직설적으로 반박하는 표현이다. 강한 의견대립이 있을 경우에 쓰면 된다.

You can't say that an entire nation is bad simply because they have a bad leader.

단지 지도자가 좋지 않다고 해서 나라 전체가 안좋다고 말하면 안돼.

You can't generalize about~

…을 일반화하면 안돼

역시 직설적인 표현으로 어떤 특정한 사건이나 상황을 보고 이를 일반적으로 그런 것으로 생각하면 안된다고 반박하는 표현이다.

You can't generalize about all black people based only on the color of their skin.

오로지 피부색을 근거로만 해서 흑인들을 일반화해서는 안돼.

You can't generalize from~ that S+V

…하는 …로 일반화해서는 안돼

from 이하를 근거로 해서 that S+V를 일반화해서는 안된다는 말씀.

You can't generalize from people living in poverty that they are lazy and untrustworthy.

가난 속에 사는 사람들을 보고 그들은 게으르고 신뢰할 수 없는 사람들이라고 일반화해서는 안돼.

039
It's against the rules to~

…하는 것은 규칙에 어긋나는거야

---

1 It's against the rules to+V
…하는 것은 규칙에 어긋나는거야

뭔가 규칙과 원칙에 어긋하는 일을 표현할 때 사용한다. 진주어는 It~, 가주어는 to+V 이하이다.

It's against the rules to enter certain countries without obtaining a travel visa.

관광비자를 얻지 않고 어떤 나라에 입국하는 것은 규칙에 어긋나는거야.

---

2 It's illegal to+V
…하는 것은 불법이야

이번에는 어떤 일이 단순한 규칙에 어긋하는 것이 아니라 법에 저촉되는 불법임을 주장할 때 필요한 패턴이다.

It's illegal to throw trash and other garbage out of your car while you are driving.

운전하면서 차창밖으로 쓰레기를 무단투기하는 것은 불법이야.

---

3 It's not normal to+V
…하는 것은 정상이 아냐

역시 뭔가 비정상적인 일이 일어났을 때 표현하는 것으로 반대로 어떤 일이 지극히 정상적이라고 말할 때는 It's normal to+V라고 하면 된다.

It's not normal to sleep during the daytime and stay awake during the night.

낮에는 잠을 자고 밤에는 깨어있는 것은 정상이 아냐.

…하는 것이 더 나을거야

It would be better to~

It would be better to+V
…하는 것이 더 나을거야

It is better to+V에서 is가 would be로 바뀐 경우이다. 의문문으로 Would it be better to+V?하게 되면 …하는 것이 더 낫겠어?라고 물어보는 문장이 된다.

It would be better to have plastic surgery and be attractive than to remain ugly.

못생긴 상태로 그대로 있기 보다는 성형을 해서 매력적으로 보이는게 더 나을거야.

Wouldn't it be better to+V?
…하는 것이 더 낫지 않을까?

to+V 이하를 하는 것이 더 낫지 않냐고 반문하는 표현으로 to+V 대신에 if S+V를 써도 된다.

Wouldn't it be better to stay in a nice hotel than to go camping in an old, smelly tent?

낡고 냄새나는 텐트에서 캠핑하러 가는 것보다 멋진 호텔에서 머무는 것이 더 낫지 않을까?

It would be an idea not to~, but to~
…하지 않고 …하는 것이 더 좋은 생각일거야

not~ but이 들어간 문장으로 not to+V를 하는 것이 아니라 but to+V를 하는 것이 더 좋은 생각일거라는 의미이다.

It would be an idea not to take offense at everything, but to try to be more compassionate.

만사에 기분을 상하지 않고 더 이해하려고 노력하는 것이 더 좋은 생각일거야.

But can't we~ , instead?

❶

But can't we~ , instead of~ ing?
…하는 대신에 …을 할 수는 없을까?

부정의문문으로 자신의 주장을 역설하고 있다. instead가 있는 걸로 봐서는 상대방과 다른 주장을 말하고 있는 것임을 알 수 있다. 예를 들어 대신 우리 이걸 잊을 수는 없을까?라고 하려면 Can't we just put this behind us, instead?라고 하면 된다.

But can't we be honest about our feelings instead of denying that they exist?
우리 맘에 있는 감정을 부정하는 대신에 감정에 솔직해질 수는 없는걸까?

❷

Would it be all right if S+V, instead?
대신에 …을 해도 괜찮을까?

Would it be~ to+V[if S+V]?는 아주 자주 쓰이는 표현이다. be 다음에는 all right 뿐만 아니라, okay, better 등의 단어가 올 수도 있다.

Would it be all right if we took a tour of the city and bought some souvenirs instead?
기념품을 사는 대신에 도시를 한바퀴 둘러봐도 괜찮을까?

❸

Instead of~ , what about~ ?
…하는 대신에 …하는게 어때?

역시 한 문장에 상대방의 의견을 반대하고 자신의 주장을 what about~ 이하에 말하는 표현법이다.

Instead of worrying about getting old, what about enjoying our time together right now?
나이드는 것을 걱정하는 대신에, 지금 당장의 시간을 함께 즐기는게 어때?

넌 …라고 말해도 되지만,
It's all right for you to say that~ but~

1

It's all right for you to say that S+V but~
넌 …라고 말해도 되지만

역시 상대방의 의견에 반박하는 경우. 상대방이 말한 것이 괜찮지(all right) 만 내 생각은 … 하다라는 형태의 패턴이다.

It's all right for you to say that **money means nothing, but personally, I want more money.**

네가 돈은 아무런 의미가 없다고 말해도 되지만, 개인적으로 난 더 많은 돈을 원해.

2

That's all right for you, but~
그게 너에게는 괜찮지만,

이번에도 너에게는 괜찮지만 실은 …하다라고 자신의 주장을 말할 때 사용하는 문장이다.

That's all right for you, but **I am worried about what happens to our souls after we die.**

너에게는 괜찮겠지만 난 우리가 죽은 후에 우리 영혼에 무슨 일이 있을지 걱정돼.

3

It's easy for you to say~ , but~
넌 그렇게 말하는게 쉽겠지만,

계속해서 상대방의 말에 태클을 걸면서 자신의 주장을 피력하는 패턴이다.

It's easy for you to say, but **it is harder for me to forgive than it is for you.**

넌 그렇게 말하는게 쉽겠지만, 난 네가 그러는 것보다 용서하는 것이 나에겐 더 힘들어.

···라는 점을 놓쳤어

You missed the point of~

You missed the point of~

넌 ···라는 점을 놓쳤어

상대방 주장이나 의견의 맹점을 찾아서 공격하는 문장이다. of~ 이하라는 중요한 점을 상대방이 놓쳤다고 말하고 있다.

You missed the point of going to church; it is to learn to love your fellow man.

넌 교회가는 이유를 놓치고 있어. 교회에 가는 것은 인간을 사랑하는 것을 배우기 위함이야.

It's misleading to+V

···는 호도하는거야, 오해를 불러일으키는거야

역시 상대방 의견이나 주장의 잘못된 점을 지적하는 것으로 misleading은 잘못 인도하는, 즉 호도하는, 오해를 불러 일으키는 정도로 해석하면 된다.

It is misleading to post a photoshopped pictureof yourself on a dating website.

데이팅 웹사이트에 너 사진을 뽀샵해서 올리는 것은 오해를 불러일으키는거야.

Your~ is far from the truth

너의 ···는 전혀 사실이 아냐

be far from~은 '···와 혹은 ···하는 것과 전혀 다르다'라는 그래서 '정반대'라는 의미도 갖는다. 여기서는 너의 ···는 전혀 사실과 다르다라는 말이다.

Your belief about how one side is perfect and the other side is terrible is far from the truth.

한쪽은 완벽하고 다른 쪽은 형편없다는 너의 믿음은 전혀 사실이 아냐.

If you insist on~, then we can't~

① If you insist on~, then we can't+V

계속 …을 주장한다면 우리는 …을 할 수가 없어

insist on~은 고집스럽게 계속 …을 주장하는 것을 말하는 유명 동사구로 on 이하에는 명사나 ~ing가 이어진다. 상대방이 대화를 풀어나갈 생각없이 자기 주장만 고집할 때 사용하면 된다.

If you insist on not kissing or touching me, then we can't continue to date.

네가 계속해서 키스도 만지지도 못하게 하면 우리는 계속 데이트를 할 수가 없어.

② I see what you want to say, but~

무슨 말하고 싶은지 알겠지만,

상대방의 의도나 주장을 알겠지만 실은 …하다라고 상대방과 다른 자기 주장을 풀어나가는 표현법이다.

I see what you want to say, but the way you are explaining it is confusing.

네가 무슨 말을 하고 싶은지 알겠는데, 네가 설명하는 방식은 혼란스러워.

③ If you think S+V, what about~?

네가 …하게 생각한다면 …은 어때?

이번에는 조금 부드럽게 상대방의 의견을 바꿔보려고 할 때 사용하는 표현이다.

If you think walking takes too much time, what about riding there on my motorcycle?

걷는게 시간이 너무 걸린다고 생각하면, 내 오토바이를 타고 거기에 가는게 어때?

6th DAY

I don't like the idea of~

❶

I don't like the idea of ~ing
⋯한다는 것은 맘에 들지 않아

아주 많이 쓰이는 표현이다. 부드럽게 어떤 사실의 사건에 대해 반대의견을 표현할 때, 서두를 장식하면 좋을 듯한 패턴이다.

I don't like the idea of borrowing money from a friend because there could be a problem paying it back.
돈을 다시 갚는데 문제가 있을 수 있기 때문에 친구로부터 돈을 빌리는 것은 맘에 들지 않아.

❷

It would be nice not to+V
⋯하지 않는게 좋겠어

It would be nice to ~라고 하면 앞서 언급된 일이 만일 생긴다면 「이런저런 부분이 좋을 것이다」란 뜻으로 아직 일어나지 않은 일에 대한 견해를 말할 때 쓸 수 있는 표현. to 부정사의 부정은 to 앞에 not을 붙이므로 'It would be nice not to + V로 해주면 된다.

It would be nice not to worry about money and health problems as we grow older.
우리가 나이가 들어감에 따라 돈이나 건강문제에 대해 걱정을 하지 않는게 좋겠어.

❸

You know how ~
⋯가 어떤지 알잖아

상대방에게 「⋯가 어떤지 알고 있지 않느냐」 하면서 자기 주장을 관철시키기 위한 포석용 구문.

You know how nightmares can continue to scare us even after we wake up from a dream.
넌 악몽은 잠이 깬 이후에도 우리를 얼마나 무섭게 하는지 알잖아.

…하는건 어려워

It's difficult to~

It's much more difficult to+V
…하는 것은 훨씬 더 어려워

단순한 It's difficult to+V의 형태에서 much more를 삽입하여 '훨씬 더 어렵다'라는 점을 부각하는 표현이다.

It's much more difficult to achieve a goal than it is to identify a goal you are aiming for.
네가 노리는 목표가 무엇인지 확인하는 것보다 목표를 달성하는 것이 훨씬 어려워.

It's difficult to see why S+V
왜 …인지를 이해하는건 쉽지 않아

이번에는 to 다음의 동사에 see가 온 경우. 여기서도 see는 understand로 이해하면 된다.

It's difficult to see why girls date ugly guys, but some of them have good personalities.
왜 여자들이 못생긴 남자와 데이트하는 이유를 이해하는 건 쉽지 않지만, 그들 중에는 성격이 좋은 사람들이 있을거야.

But it's more logical to think~
하지만 …라고 생각하는게 더 논리적이야

상대방 주장의 논리를 깨트리고 자기의 의견이 더 논리적(logical)이라고 상대를 반박하는 패턴이다.

But it's more logical to think about your future rather than fixating on the past.
과거에 고착되는 것보다는 미래를 생각하는게 더 논리적이야.

1

I admit that is true, but~
그게 사실이지만, …

상대방이 이야기한 사실이 부분적으로 맞는 경우라면 먼저 '맞는 말'임을 인정하고 나서 but~ 이후에 자기의 다른 논리를 내세우면 된다.

I admit that is true, but **sometimes I do crazy things when I drink too much alcohol.**

그게 사실이지만, 때로는 난 술을 너무 많이 마시면 미친 짓을 해.

2

I could be wrong, but~
내가 틀릴 수도 있겠지만,

이번에는 자신의 주장을 피력하는데 먼저 자신이 틀릴 수도 있다고 말하고 시작하는 겸손하고 예의 바른 표현이다.

I could be wrong, but **I believe that eventually your wife will call off the divorce proceedings.**

내가 틀릴 수도 있지만 난 결국 네 아내가 이혼절차를 취소할거라 믿어.

3

I respect your opinion, but~
네 의견을 존중하지만,

아무리 상대방의 의견을 존중하지만 자기 생각이 다를 때 사용하면 된다.

I respect your opinion, but **I don't personally feel religious and I don't attend church.**

네 의견을 존중하지만, 난 개인적으로 종교를 믿지 않고 교회에 다니지도 않아.

I understand the point you are making

---

①

I understand the point you are making, but~
네가 무슨 말을 하려는지 알겠지만…

make one's point는 좀 이해하기 어려운 표현으로 '자기 주장을 밝히다,' '남들에게 자기 주장을 알아듣게 하다'라는 의미. 그래서 You've made your point하면 '무슨 말인지 알겠어,' '네 뜻을 알겠어'라는 말이 되고, Make your point하면 '자세히 너의 의견을 설명해봐라'는 뜻이 된다.

I understand the point you are making, but you need to get a different perspective on life.
네가 무슨 말을 하려는지 알겠어, 하지만 넌 인생을 다른 시각으로 볼 필요가 있어.

---

②

I take your point as far as ~ concerned
…한 네 주장을 받아들이겠어

take one's point는 …의 포인트(요점)를 받아들이다라는 것으로 '…의 말을 이해하다'라는 뜻이 된다. 단 여기에 조건, as far as~ concerned라는 제한적인 조건이 달린 경우이다.

I take your point as far as relationships are concerned, but you never know when you will fall in love.
애인과 사귀는 것에 관한 한 네 주장을 받아들이겠지만 네가 언제 사랑에 빠질지는 모르는거야.

---

③

I don't understand how you can be so~
어쩜 그렇게 …한지 이해가 안돼

so 다음에 형용사만 오거나, 이 형용사를 부가설명해 주는 수식구가 이어져서 상대방에게 어떤 불만을 토로할 때 사용한다.

I don't understand how you can be so cynical when there is much to be optimistic about.
긍정적으로 볼게 많이 있는데 어떻게 그렇게 시니컬할 수 있는지 이해가 안돼.

6th DAY

That's not the case

That's not the case
그렇지 않아

이는 그 경우가 아니다. 이건 그렇지 않아라고 상대방의 말을 부정하고 반박할 때 필요한 표현이다.

You have often accused me of cheating on you, but that's not the case.

넌 내가 너 몰래 바람을 폈다고 비난하지만 실은 그렇지 않아.

It's not ~ at all
전혀 그렇지 않아

not ~ all all은 전혀 그렇지 않다라는 의미로 강한 부정의 표현이다. 상대방이 전혀 엉뚱한 이야기를 할 때 쓰면 된다.

It's not **a promotion I'm trying for** at all, **but rather I always try to do excellent work.**

내가 노리는 것은 승진이 전혀 아니야. 그러기보다는 난 항상 일을 잘하려고 노력해.

But on the other hand,~
하지만 다른 한편으로는,

상대방의 말을 어느 정도는 인정해주고, 하지만 다른 한편으로는 다른 시각, 다른 의견도 있을 수 있음을 설명하면 된다.

I love to eat pizza, but on the other hand, **it's quite fattening and not very healthy.**

난 피자먹는 것을 좋아하지만, 다른 한편으로는 그건 살을 찌우게 하고 건강에 별로 좋지 않아.

That's not my idea of~

…하는 것은 내 생각이 아냐

자신의 생각이 잘못 전달되었을 때 바로 잡고 싶으면 이 표현을 쓰면 된다.

If you want to go to the track and watch cars race, that's not my idea of **a date.**

경주장에 가서 자동차 경주를 보고 싶다면, 그건 내가 생각하는 데이트는 아냐.

In what way do you think S+V?

어떻게 …라고 생각하는거야?

좀 생소하고 낯설은 표현일 수도 있다. In what way~는 어떤 면에서, 어떤 점에서라는 말로 간단히 How~라고 생각하면 된다.

In what way do you think **couples show affection after they have been together for decades?**

어떻게 커플이 수십년간 같이 살아온 후에 애정표현을 드러낼 수 있다고 생각하는거야?

DAY 7

희망과 감정

+

Real-life Conversations 37

I hope that~

I hope that~

…하기를 바래

자기의 희망사항을 말하는 표현. I hope to+V~ 또는 I hope S+V의 형태로 …하기를 바래라는 뜻이다. to 이하나 S+V에 자신의 희망사항을 말하면 된다.

I hope that each person will be able to be with their friends and family by the end of the year.

난 각 사람들이 연말까지는 가족과 친구들과 함께 할 수 있기를 바래.

I am hoping to~

…하기를 바래

그냥 hope만을 이용하는 것보다 am hoping이라 해서 한층 더 그 바램이 간절하고 말을 하고 있는 이 시점에도 원하고 있다는 점을 표현한다.

I am hoping to raise funds to start an Internet website catering to singles in their 30s.

30대의 싱글족에게 식사를 제공하는 웹사이트를 시작할 자금을 모으기를 바래.

I hope you don't mind me ~ing

내가 …해도 괜찮겠지

내가 ~ing 이하를 해도 신경쓰지(mind) 않기(don't)를 바란다는 말. "내가 …을 해도 괜찮겠지"라는 뜻으로 상대방의 양해를 구하는 표현이다.

I hope you don't mind me asking you about your own personal political beliefs.

내가 너의 개인적인 정치적 신념에 대해서 물어봐도 괜찮겠지.

···하기를 바래

I wish to~

I wish to+V

···하기를 바래

주로 공식적이고 형식적인 상황에서 쓰는 표현이다. 예를 들어 기차역에서 "연착을 사죄드립니다"라고 할 때는 We wish to apologize for the late arrival of this train이라고 한다.

I wish to hear about the most important experience you've had in your life.

난 네가 네 인생에서 있었던 가장 중요한 경험에 대해 듣기를 바래.

I wish (that)~

···하면 좋을텐데

「···하면 ~할텐데」라고 현재 사실과 반대되는 상황을 가정해보는 표현. 가정법이므로 that 이하의 동사는 과거시제. 유사표현으로 I hope (that) ~이 있지만, I hope의 경우에는 실현가능한 일에 대한 바람을 나타내는 반면, I wish는 비현실적이거나 실현불가능한 상황에 대한 유감을 나타낸다.

I wish that I was more powerful so that I could change the world and make it better.

나에게 더 큰 힘이 있어서 내가 세상을 바꾸고 더 나은 곳으로 바꿀 수 있으면 좋을텐데.

I wish sb + sth

···에게 ~을 기원하다

want 보다 더 강한 의미의 표현이다. 주로 I wish you a merry Christmas나 I wish you a happy New Year 등 덕담용 표현으로 적격인 4형식 구문이다. 이때의 I wish~는 I hop와 같다고 생각하면 된다.

I wished them a merry Christmas and a happy New Year when I saw them at the party.

파티에서 그 사람들을 만났을 때 크리스마스 잘 보내고 새해 복 많이 받으라고 말해줬어.

7th DAY

…에 맘이 편치 않아

I don't feel comfortable~

1

I don't feel comfortable with[~ing]
…하는 게 마음 편치 않다

불편을 느끼는 사항은 전치사 with를 쓰면 뭣 때문에 마음이 편치 않은지가 연결된다. with sth 대신 ~ing를 바로 이어 써도 된다. 또한 because로 시작하는 부사절을 이용해도 된다.

I don't feel comfortable with criticizing people I don't know for their bad behavior.
내가 잘 모르는 사람들의 그릇된 행동에 대해서 비난하는게 맘이 편치 않아.

2

I wouldn't be comfortable if S+V
…한다면 내가 불편할거야

가정법 표현으로 if 다음의 절에서 시제는 과거이다. 반대는 I would be comfortable if S+V라고 하면 된다.

I wouldn't be comfortable if I borrowed a lot of money from my family members.
내가 가족들로부터 많은 돈을 빌린다면 내가 맘이 편치 않을거야.

3

It makes sb uncomfortable to+V
…하는 것은 …을 불편하게 해

사역동사 make를 쓴 경우로 to+V 이하를 하는 것은 sb의 심기를 불편하게 할 것이라는 의미의 표현법이다.

It makes people uncomfortable to see someone getting loud and acting foolish.
어떤 사람이 큰 소리를 지르고 어리석게 행동하는 것은 사람들을 불편하게 만들어.

…가 안됐네

I'm sorry to hear about~

① I'm sorry to hear about~

…의 얘기를 들어 유감이야, 안됐어

사과하는 표현이지만 상대방에게 안 좋은 일이 일어났을 때 위로하는 표현으로 사용되기도 한다. I'm sorry about/for/about+명사로 쓸 수도 있지만 뒤에 to+동사나 절이 와서 I'm sorry to+동사, I'm sorry (that) 주어+동사의 형태로 많이 쓰인다.

I'm sorry to hear about how the poor economy has caused so much unemployment.

정말 안좋은 경제 탓에 많은 실업이 초래된 것에 대해 유감이야.

② I'm sorry to hear about sb ~ing

…가 …한다는 얘기를 들어 안타까워

마찬가지로 안타까운 얘기를 들어서 안됐다고 위로하는 패턴으로 여기서는 구체적으로 sb가 …하게 된 것이 안타깝다고 얘기를 하고 있다.

I'm sorry to hear about some guys abusing their wives after they have been drinking.

어떤 남자들은 술을 마신 후에 자신의 아내를 폭행한다는 얘기를 들어 안타까워.

③ I'm very sorry to hear that S + V

…라는 얘기를 들어서 굉장히 유감이다[안타깝다]

이번에는 들은 얘기를 S+V의 절의 형태로 자세히 말해주는 문장이다. 여기서는 sorry를 강조하기 위해서 very를 넣었다.

I was very sorry to hear that he and his band had decided to quit in 2018 because I really liked their music.

정말 그들의 음악을 좋아했기 때문에, 그와 그의 밴드가 2018년도에 해체를 결정한다는 얘기를 듣고 매우 안타까웠어.

…에 만족해

I'm happy with~

1

I'm happy with[about]~

나는 …에 만족해

I'm+형용사/과거분사+전치사~의 형태로 나의 감정이나 상태를 나타내는 표현. I'm happy~ 다음에 왜, 무엇 때문에 happy한 이유까지도 말하는 구문이다.

I'm happy with having a stable job and a healthy family, because I don't need to be rich.

난 부자가 될 필요가 없기 때문에 안정적인 직장과 건강한 가족이 내게 있어 기뻐.

2

I'm not happy that S+V

…해서 안됐어

be not happy~ 다음에 왜 기분이 안좋은지 구체적으로 말해주는 that S+V를 이어서 쓴 경우이다. 반대로 기분이 좋다고 하려면 I'm happy that S+V라고 하면 된다.

I'm not happy that they made it more difficult to cast a vote in the next presidential election.

그들이 다음 대통령 선거에서 투표하는 것을 더 어렵게 만들어놔서 안됐어.

3

I'd be happy to+V

기꺼이 …하겠어, …할 수 있다면 더없이 좋겠어

I'd~는 I would~의 줄임말로 가정법 패턴이다. to+V가 조건절이 된다. 직역하면 …할 수 있다면 더 없이 좋겠어, 다시 말해서 자기는 기꺼이 …을 하겠다라고 옮겨지는 표현이다.

I'd be happy to talk with my neighbors if they become upset about something that I have done.

내가 한 무슨 일로 해서 화가 났다면 난 내 이웃과 기꺼이 이야기를 하겠어.

…해서 기뻐

I'm just glad to~

I'm just glad to+V

…하게 되어 기뻐

…하게 되어 (내가) 기쁘다라는 의미로 I'm glad to+V 형태로 사용하면 된다. Glad to meet you에서 보듯 구어체에서는 I'm을 생략하기도 한다.

I'm just glad to **feel healthy again after being very sick for the past few weeks.**

지난 몇주간 무척 아팠다가 다시 건강을 되찾아서 무척 기뻐.

I'm just glad that S+V

…하게 되어 기뻐

짧은 영어에서 긴 영어로 가게 해주는 기능 구문. 먼저 기쁜 마음을 I'm glad~라고 한 다음, that~ 이하에 기쁜 이유를 문장으로 서술하면 된다. that 이하를 다양하게 바꿔보면서 영어 문장의 응용력을 강화해 보자.

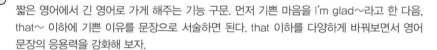

I'm just glad that **I can still go shopping, even though I don't have a lot of money to spend.**

나에게 쓸 돈이 많지 않더라도 아직 쇼핑을 할 수 있어서 기뻐.

I'm really lucky that ~

…만으로도 기쁘다, …여서 정말 다행이야

이번에는 happy나 glad 대신에 lucky가 온 경우이다. that 이하에 자신이 왜 lucky한지 말해주면 된다.

I'm really lucky that **I found out she was crazy before our relationship started to get serious.**

우리 관계가 더 진지해지기 전에 걔가 미쳤다는 것을 알게 되어서 정말 다행이야.

…가 걱정돼

I'm worried about~

1

I'm worried about~

…가 걱정돼

근심, 걱정의 대표적 구문. 「내가 뭔가를 걱정한다」고 표현할 때는 I'm worried about ~을, 그리고 고민속에 빠져 있는 상대방에게 위로의 말을 할 때는 Don't worry about ~, 또는 You don't have to worry about~이라고 하며 용기를 북돋워 주면 된다.

I'm worried about planning for the future, because our lives can be so unpredictable.

난 우리의 삶은 너무 예측불허이기 때문에 미래에 대한 계획을 세우는게 걱정돼.

2

I'm worried about A ~ing

A가 …하는 것이 걱정돼

위 표현을 응용한 것으로 걱정하는 사람과 그 사람이 왜 걱정하게 행동하는지를 말해줄 때 사용하면 좋은 표현법이다.

I'm worried about trolls posting nasty messages under my updates on my personal blog.

악플러들이 내 개인적인 블로그의 업데이트한 글 밑에 더러운 글을 올리는 것이 걱정돼.

3

I'm worried that S+V

…가 걱정돼

걱정하는 내용을 S+V라는 절의 형태로 좀 자세히 말해주는 패턴이다. 특이하게도 I worry that S+V라고 써도 된다. 따라서 I worried S+V는 I was worried S+V와 같은 의미가 된다.

I'm worried that kids won't get enough physical activity because they are always using computers.

아이들은 언제나 컴퓨터를 하기 때문에 신체적인 행동을 충분히 하지 못할 것 같아 걱정이야.

I'm concerned about+N[S+V]

…가 염려돼

좀 뉘앙스가 다르지만 뭔가 염려된다고 할 때는 be concerned about~ 혹은 be concerned that S+V의 형태로 써주면 된다.

I'm concerned about cigarette smoking causing many new cases of lung cancer among the elderly.

노년층에 많은 새로운 폐암환자를 초래하는 담배흡연이 염려가 돼.

Don't give it a second thought

걱정하지마

사람들은 어떤 일이 생기면 그 일과 관련해서 「이런 저런 불필요한 연상」, 즉 second thought를 갖게 되는 데 그런 생각을 하지 말라고 할 때 쓸 수 있는 말이다. 「별다른 걱정은 하지마」 정도의 뜻.

I know you are stressed about getting a ticket for speeding, but don't give it a second thought.

네가 속도위반딱지를 받는 것에 스트레스를 많이 받지만, 너무 걱정하지마.

7th DAY

I regret ~ing

1

I regret ~ing

···을 후회해

명사를 목적어로 받아 regret+N의 형태로 많이 쓰이지만 여기서 자신이 한 행동을 후회하는 I regret ~ing를 연습해본다. 명사로 써서 I feel regret for~라고 해도 된다.

I regret confessing my deepest secrets to a woman who is prone to blabbing to all of her friends.

자기 친구들에게 이야기를 털어놓는 경향이 있는 여성에게 나의 깊은 속내 비밀을 고백한게 후회가 돼.

2

I regret that S+V

···을 후회해

후회하는 내용을 좀 길게 좀 자세히 말을 하려면 I regret~ 다음에 바로 that S+V절을 이어 말하면 된다.

I regret that I lived far away and saw my father only a few times in the years before he passed away.

내가 멀리 살아서 아버지가 돌아가시기 전 몇 년 동안 단지 몇 번 밖에 뵙지 못한게 후회가 돼.

3

I regret to tell you S+V

유감스럽지만 ···야

뭔가 상대방에게 안좋은 소식이나 이야기를 꺼낼 때 먼저 시작하는 말이다. I regret to tell you~다음에 (that) S+V의 절을 이어 쓰면 된다.

I regret to tell you that your order was cancelled by the online vendor and it will not be delivered.

유감스럽지만, 귀하의 주문은 온라인 상의 판매상에 의해 취소처리 되어 발송되지 않을 것입니다.

…가 참 안됐어

It's too bad about ~

① It's too bad about sb~

…가 참 안됐어

상대방에게 안좋은 일이 생겼을 때 하는 대표적인 표현인 That's(It's) too bad를 응용한 패턴이다.

It's too bad about the migrant workers getting detained for months at the immigration facility.

이주노동자들이 이민국시설에서 수개월동안 억류되는 것이 참 안됐어.

② It's too bad about sb whose~

…가 참 안됐어

위 표현을 응용한 것으로 안좋은 일을 당한 위로받을 사람과 함께 왜 위로받아야 하는지 그 원인과 함께 쓰는 표현법이다.

It's too bad about the kids whose parents didn't take care of them as they grew up.

성장할 때 부모님의 돌봄을 받지 못했던 아이들이 참 안됐어.

③ It's too bad about sth~

…가 참 안됐어

이번에는 안좋은 일을 about~ 이하에 말하는 경우이다.

It's too bad about the office building collapsing due to it being poorly constructed.

부실 공사로 인하여 그 빌딩이 붕괴되어 참 안됐어.

…가 참 안됐어

It is too bad that ~

It is too bad that ~

…라니 너무 안됐어, …은 안된 일이야

이번에는 안된 일을 that S+V의 형태로 말해본다.

You're right, but it is too bad that there are people out there that have so little respect for others.

네 말이 맞지만, 타인들을 거의 존중하지 않는 사람들이 세상에 있다는건 너무 안된 일이야.

It's too bad what~

…가 참 안됐어, …가 아쉬워

It's too bad~ 다음에는 that S+V절만 오는게 아니라 what S+V의 의문사절도 올 수 있다.

It's too bad what you were promised was not actually given to you by your employer.

네가 받은 약속은 실제로는 네 고용주가 한게 아니라니 참 안됐어.

It's too bad because S+V

…라니 참 안됐네

이번에는 왜 안됐는지 그 이유를 because S+V의 절로 표현하는 경우이다.

It's too bad because we really need to clean up the litter and there is no one to help us.

우리는 정말이지 쓰레기를 치워야 하는데 우리를 도와줄 사람이 아무도 없어서 참 안됐어.

011

I'm anxious to~

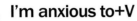

---

❶

I'm anxious to+V

…을 몹시하고 싶어

기본적으로 anxious는 초조한, 조급한 등의 의미지만 be anxious for+N, be anxious to+V, 그리고 be anxious that S+V의 형태로는 몹시 …하고 싶다라는 의미가 된다.

I'm anxious to meet the love of my life and make plans to start the future together.

내 평생의 사랑을 만나서 함께 미래를 시작하는 계획을 몹시 세우고 싶어.

---

❷

I'm anxious to hear that S+V

…을 몹시 듣고 싶어해

be anxious to+V의 형태에서 V자리에 hear that S+V가 이어진 경우이다. 물론 hear from~ 이 올 수도 있다.

I'm anxious to hear that the pandemic is starting to fade and we can all get back to normal.

팬데믹이 사그라들기 시작해서 우리 모두 정상생활로 돌아갈 수 있다는 소식을 몹시 듣고 싶어.

---

❸

I'm anxious about~

…에 대해 걱정돼

anxious 본래의 의미로 쓰인 경우로 뭔가 안좋은 일이 일어날 것 같아 초조하고 불안하고 걱정이 된다는 의미이다.

I'm anxious about the test results from the hospital because I hope the illness isn't serious.

병이 별거 아니기를 바라기 때문에 병원에서 나오는 테스트 결과가 어떨지 무척 걱정돼.

···라니 안됐어

It's a shame ~

1

It's a shame to+V

···하다니 안타까운 일이야

그냥 단독으로 It's[That's] a shame하면 '안타깝다,' '안됐다,' '유감이다' 아니면 '실망스럽다' 라는 뜻이고 It's[That's] a shame to~는 '역시 ···하다니 안타까운 일이다,' '실망스럽다'라 는 의미.

It's a shame to **tear down historic buildings because those things help us remember the past.**

역사적인 건물들은 우리에게 과거를 기억하게 해주기 때문에 그것들을 철거한다니 안타까운 일이야.

2

It's a shame that S+V

···은 안됐어

안타깝고 유감인 일을 길게 말하려면 It's a shame~ 다음에 that S+V의 절을 이어서 쓰면 된다.

It's a shame that **we have no spare time because I really want to develop some hobbies.**

난 정말이지 취미생활을 좀 개발하고 싶은데 낼 시간이 없어 안타까워.

3

It's such a shame that S+V

···은 정말 유감이야

안타까운 정도와 유감의 강도를 좀 세게 하려면 such를 삽입하면 된다.

It's such a shame that **some people never find a partner and end up living lonely lives.**

어떤 사람들은 평생 같이 할 파트너를 못찾고 결국 외로운 삶을 살게 되어서 정말 안됐어.

It's a pity that~

①

It's a pity
안됐어

단독으로 쓰이는 It's a pity는 안됐네라는 위로의 문장으로 That's too bad나 What a shame!과 같은 의미로 생각하면 된다.

It's a pity that cancer kills so many people because it is a slow and painful disease.

암은 서서히 진행되는 고통스런 질병이기 때문에 암 때문에 많은 사람이 죽는 것은 안된 일이야.

②

It's a pity that S+V
...가 안타까워, 아쉬워

안타까운 내용을 좀 자세히 말하려면 It's a pity~ 다음에 that S+V 절을 이어서 쓰면 된다.

It's a pity that we get fat from eating cakes and ice cream because they taste so good.

케익이나 아이스크림은 너무 맛있기 때문에 그것들을 먹어서 살이 찌는게 아쉬워.

③

It's unfortunate that S+V
...은 안된 일이야

이번에는 a pity나 a shame 대신에 형용사 unfortunate를 쓴 경우이다.

It's unfortunate that thieves steal our things because we deserve to keep the things we paid for.

도둑들이 우리 물건들을 훔쳐가는 것은 안된 일이야. 우리가 돈을 주고 구매한 물건들은 우리는 갖고 있을 가치가 있는거니까 말야.

…라는 생각이 들어

I have a feeling that~

❶ I have a feeling that S+V

…같아, …라는 생각이 들어

a feeling은 머릿속에 떠오르는 생각이나 느낌이라는 말로 의역하면 "…할 것 같아"가 된다. 말하는 내용에 자신은 없지만 자신의 느낌을 조심스럽게 말할 때 사용하면 된다.

I have a feeling that no one trusts government officials to do a good job in a time of crisis.

공무원들이 위기 상황에서 일을 잘 해낼거라고 아무도 믿지 않는다는 생각이 들어.

❷ I('ve) got a feeling S+V

…같아

같은 내용이나 have = have got = 've got = got이라는 원칙에 따라 바꿔썼을 뿐이다.

I've got a feeling you would like to be on a beach somewhere instead of working in an office.

넌 사무실에서 일하는 대신에 해변가 어디에 있고 싶어한다는 느낌이 들어.

❸ I have feelings for sb

…을 좋아해

특히 feelings처럼 복수가 되어 have feelings for sb하게 되면 …을 좋아하는 감정이 있다, 즉 좋아한다는 의미가 된다. 반대로 감정이 없다라고 하려면 have no feelings for라고 하면 된다.

I have feelings for my co-worker, but I think she is engaged to get married to another man.

난 동료에게 감정이 있지만, 걔는 다른 남자와 약혼하고 결혼하기로 한 것 같아.

···에 무척 들떴어

I'm very excited~

1

I'm very excited to+V

···해서 들떴어, 신나

동사 excite의 수동형 be excited를 사용하면 되는데, 물론 주어는 사람이 된다. 이때 「어떠어떠한 상태에 이르게 하다」라는 의미의 만능동사 get을 be 동사 대신에 쓰게 되면 상태보다 동작에 초점을 맞춘 좀 더 역동적인 표현이 된다.

I'm very excited to tour the studios where they make movies and hope to meet some actors.

영화를 만드는 스튜디오를 구경하게 되어 너무 신나고 배우들을 만날 희망을 하고 있어.

2

I'm very excited about~

···해서 신나

be[get] excited 뒤에 「관련」을 나타내는 전치사 about을 붙이고 이어서 흥분하게 만드는 대상을 언급하면 만사 OK! 또는 about~ 이하를 that S+V 절로 이어 말해도 된다.

I'm very excited about finishing the project because the end of work is always a relief.

한 프로젝트의 끝은 언제나 안도하게 하기 때문에 그 프로젝트를 끝내게 돼서 너무 신나.

3

get worked up

흥분하다, 푹 빠지다

work sb up하게 되면 「···의 감정을 고조시키다」(excite sb's feelings)라는 의미의 표현으로, 특히 get worked up이라는 형태로 쓰여 get excited(흥분하다, 푹 빠지다)와 같은 뜻을 나타낸다.

That's because she gives a great sales pitch. The customers get so worked up that they buy all of her products.

그 여자 판매 화술이 뛰어나서 그래요. 고객들이 그 여자 말에 혹해서 제품들을 몽땅 사게 된다니까요.

I'm sad ~ing

① I'm sad ~ing

…하다니 슬퍼

슬플 때 쓸 수 있는 표현이 바로 I'm sad ~ing이다. 왜 슬픈지 ~ing 이하에 넣어주면 된다. 응용해서 "슬픈 일은 …야"라고 하려면 That sad thing is~ 라고 하면 된다.

I'm sad thinking of all the friends and family members I can't visit while I'm stuck at home.

집에서 못나가게 되어 방문할 수 없는 친구와 가족들 모두를 생각하니 슬퍼져.

② I'm sad to hear that S+V

…하다니 슬퍼

that S+V 이하의 내용을 듣고 나니 슬프다는 말로 hear 대신에 see를 써도 된다. 또한 강조하려면 ~very sad~라고 한다.

I'm sad to hear that he won't help the people who lost their homes during the big storm.

대형 폭풍이 와서 집을 잃게 된 사람들을 걔가 도울 수 없다는 얘기를 들으니 슬퍼.

③ It is sad to+V

…하다니 슬퍼

가주어(It)과 진주어(to+V)를 이용한 표현으로 to+V 이하에 슬픈 내용을 말하면 된다.

It is sad to know that some people buy pets and then abuse or abandon them.

애완동물을 사서 학대하거나 유기하는 사람들이 있다니 슬퍼.

···에 화가 나

I'm angry at~

① I'm angry at~
···에 화가 나

angry 뒤에 이어지는 전치사는 at, with 등이 이어진다. 좀 더 세게 말하려면 be fed up with, be pissed off라고 하면 된다.

I'm angry at the people who post insults anonymously on various Internet websites.
여러 인터넷 사이트에 익명으로 모욕적인 말들을 올리는 사람들에게 화가 나.

② I'm angry because S+V
···때문에 화가 나

이번에는 화가 나는 이유를 because S+V 절의 형태로 말하는 경우이다. I'm angry that[when] S+V라고 써도 된다.

I'm angry because he said he wanted to marry me, but then left me for another woman.
나와 결혼하고 싶다고 말해놓고 다른 여자 때문에 나를 떠나버린 개 때문에 화가 나.

③ What makes me really angry is (that) S+V
정말 화나는 건 ···야

화내는 이유를 언급하는 표현. 사역동사 make와 선행사를 포함한 관계대명사 what을 이용해서 What makes me really angry까지 주어부로 만든 경우이다.

What makes me really angry is that we pay their salary with our tax money, yet they have the power to give political favors which are very lucrative.
나를 정말 화나게 하는 것은 우리 세금으로 그들에게 급여를 주는데도 그들은 매우 이익이 되는 정치적 호의를 줄 수 있는 힘을 갖고 있다는 거야.

…에 만족해

I'm satisfied~

① I'm satisfied with ~

…에 만족해

기본적인 숙어로 with~ 이하에 흡족한 것을 말하면 된다. 물로 I am satisfied (that) S+V의 형태로도 쓸 수 있다.

I'm satisfied with the explanation the politician gave, even though some people think he's lying.

비록 일부 사람들은 거짓말이라고 생각하고 있지만, 난 그 정치가가 한 해명에 만족해.

② I'm pleased to+V

…해서 기뻐

Pleased to meet you로 잘 알려진 패턴. I'm pleased~ 다음에 나오는 전치사는 with나 about이다. 여기처럼 to+V가 붙을 수도 있는데, 특히 would be pleased if~[to ~]로 '…하면 기쁠텐데'라는 의미라는 것을 알아둔다.

I'm pleased to find income inequality is decreasing and people are generally doing better financially.

소득불균형이 줄어들고 사람들은 전반적으로 금전적으로 더 나아지고 있다는 것을 알게 돼 기뻐.

③ I'm frustrated because S+V

…에 짜증나

be frustrated 뒤에 짜증나게 만드는 대상을 with sb or sth으로 나타내줄 수도 있고, 짜증나는 이유를 구구절절 설명하고 싶으면 because 절을 만들어 붙여줄 수도 있다.

Although the man was frustrated, he was kind and we managed to finish the conversation with a few long pauses and a bit of Konglish.

비록 그 남자는 실망했지만, 친절했고, 우리는 간간히 긴 침묵과 콩글리쉬로 대화를 마칠 수가 있었어.

…해서 다행이야

I'm relieved that~

I'm relieved that S+V

…해서 다행이야

relief의 동사형인 relieve가 수동형으로 쓰인 경우로 be relieved to~ 혹은 be relieved that S+V하게 되면 '…를 하게 되어 다행이다, 맘이 놓인다'라는 의미.

I'm relieved that we got help from the policemen when there was a robbery in our apartment building.

우리 아파트에게 절도사건이 발생했을 때, 경찰관으로부터 도움을 받아서 다행이야.

I'm nervous about~

…을 걱정하다

가장 먼저 떠오르는 표현은 be worried about일 테지만, 여기서는 「바짝 긴장한다」, 「신경을 곤두세우고 있다」, 「…로 애태우다」는 냄새를 물씬 풍기는 be[feel] nervous about~을 기억하기로 하자.

I'm nervous about seeing my friend because we have been arguing a lot about different things lately.

최근 여러 다른 일들로 많이 다투었기 때문에 내 친구를 보는게 걱정이야.

I'm proud of~

…가 자랑스러워

뭔가 자랑스러운 일이 벌어졌을 때 사용하는 표현이다. I'm proud of sb for sth 혹은 I'm proud of what~ 등의 형태로 쓰인다.

I'm proud of having a father who was smart and successful and taught me many things about life.

현명하고 성공했으며 내게 인생에 대한 많은 일들을 가르쳐 주신 아버지가 있어서 난 자랑스러워.

7th DAY

아무 거리낌없이 …하다

be not at all embarrassed to~

1

be not at all embarrassed to+V

아무 거리낌없이 …하다

be embarrassed to+V[that S+V]처럼 수동태 문형으로 자주 사용되는데 「…하는 것을 부끄럽게 여기다」란 의미를 표현한다. 이것을 부정문으로 만들고 「전혀」란 의미로 at all을 덧붙여 부정을 강조하면 된다.

It's mostly teenagers and they are not at all embarrassed to **kiss or touch each other in public places.**

그건 거의 십대들인데 그들은 아무 거리낌없이 공공장소에서 서로 키스하거나 애무를 해.

2

be not shy when it comes to+N

…에 대해서는 전혀 거리낌이 없다

역시 같은 맥락으로 shy를 부정하면(not shy) 거리낌이 없다라는 뜻이 된다.

I have an acquaintance that is not shy when it comes to **girls that he wants to go out with.**

지인이 한 명 있는데, 그는 자기와 함께 데이트하고 싶어하는 여자들에게는 전혀 거리낌이 없어.

3

It is strange for sb to + V

…가 …하다니 이상한 일이야

반대로 sb가 뭔가 좀 평소와 달리 이상한 일을 할 때는 It's strange for sb to+V의 형태로 말해주면 된다.

It is strange for **people to talk to strangers about the problems they are having with their sex lives.**

사람들이 자신의 성생활에 겪는 문제들을 잘 모르는 사람들에게 얘기를 하는 것을 보면 이상해.

…에 실망했어

I'm disappointed in~

I'm disappointed in~

…에 실망했어

실망했다고 하려면 많이 캐주얼하게 쓰이는 let sb down이 있지만 기본숙어인 be disappointed~ 역시 많이 쓰인다. 먼저 전치사 in~이 이어지는 경우를 살펴본다.

I'm disappointed in the type of friends who are always borrowing money and asking for extra help.

항상 돈을 빌리고 그리고 나서 더 빌려달라고 하는 유형의 친구들에게 실망했어.

I'm disappointed by~

…에 실망했어

역시 같은 내용이지만 disappointed 뒤에 이어지는 전치사가 at, about, 혹은 by가 오는 경우이다.

I'm disappointed by the reporting that is being done these days because it often doesn't seem truthful.

종종 사실과 다른 것 같은데도 이루어지는 요즈음 보도에 실망했어.

I'm disappointed to+V

…해서 실망스러워

실망한 이유를 to+V에 말하는 패턴.

I'm disappointed to see that the old buildings in this neighborhood are so dirty and need so much repair.

이 동네의 낡은 빌딩들이 너무 더럽고 수리해야 할 곳이 너무 많은 걸 보고 실망했어.

7th DAY

4

I'm disappointed that S+V

…가 실망스러워

역시 동일한 의미이지만 실망한 이유를 좀 자세히 그리고 좀 길게 that S+V 절의 형태로 써 주는 표현법이다.

I'm disappointed that you don't bathe more regularly because you are really beginning to smell bad.

넌 정말 냄새나기 시작하기 때문에 네가 더 정기적으로 목욕을 하지 않는 것에 실망스러워.

5

I will[would] be disappointed if S+V

…하면 실망할거야

좀 복잡해 보인다. if S+V가 현실이 되면 혹은 된다면 난 실망할거라는 의미로 아직 실망하지 않고 if절이 현실이 되면 실망하게 될거라는 뜻으로 상대방에게 주의나 충고를 할 때 혹은 희망사항을 역으로 말할 때 사용하면 된다.

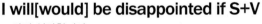

I will be disappointed if scientists do not develop more vaccines that are able to stop the spread of major illnesses.

심각한 질병의 확산을 막을 수 있는 더 많은 백신을 과학자들이 개발하지 못하면 난 실망스러울거야.

022

...에 감사해

I appreciate sb ~ing

1

I appreciate sb ~ing

...가 ...해줘서 고마워

thank보다는 좀 정중한 표현. I appreciate 다음에 sb나 sth이 와도 되고 여기서처럼 sb ~ing의 형태가 이어져도 된다. 물론 I appreciate it처럼 감사한 내용을 that[it]으로 받아도 된다.

I appreciate you taking **the time to talk to young people, because they really need a lot of personal guidance.**

젊은이들에게는 개인적 가르침이 정말 많이 필요하기 때문에 젊은이들에게 시간을 내서 얘기해줘서 고마워.

2

I (just) want to tell you how much I appreciate~

...가 얼마나 감사한지 몰라

내가 얼마나 감사하는지 말하고 싶었다는 얘기는 무척 감사했다라는 것을 강조하는 표현법이다. I want you to know how much I appreciate it~라고 해도 된다.

I just want to tell you how much I appreciate you inviting **me to your house so that I could share your family's holiday traditions.**

나를 너의 집에 초대해서 너의 집안의 휴일전통을 공유하게 해줘서 얼마나 감사한지 몰라.

3

I would appreciate it if you~

...해주면 고맙겠어

감사표현이라기보다는 부탁하는 표현으로 if 다음에는 동사의 과거형이나 would, could 등이 온다.

I would appreciate it if you would quiet down because **everyone in our building can hear the noise you're making.**

우리 빌딩의 모든 사람들에게 네가 내는 소음이 들리기 때문에 좀 조용히 해주면 고맙겠어.

…에 고마워

I'm grateful~

①

I'm grateful for~

…에 고마워

단독으로 I'm really grateful이라고도 많이 쓰이지만 여기서는 I'm grateful 다음에 for~가 이어지는 경우를 살펴본다.

I'm grateful for a job that allows me to pay my bills and save a small amount of money every month.

내가 청구서들을 내도록 해주고 매달 조금이나마 돈을 저축하게 해주는 일자리를 줘서 고마워.

②

I'm grateful to sb for~

…가 …해줘서 고마워

위의 패턴에서 to sb를 삽입한 경우이다. 고맙기는 하지만 누구에게 고마워하는지 한 문장에 밝히는 문장이다. for~ 다음에는 명사나 ~ing가 이어지면 된다.

I'm grateful to your sister for being so kind and visiting me every day while I was in the hospital.

네 누이가 친절하게도 내가 입원했을 때 매일 병문안을 와줘서 고마워.

③

I'm just grateful that S+V

…한 것만 해도 감사하다

그냥 I'm grateful이라고 하면 호의에 감사의 뜻을 표하는 것이 되겠지만 앞에 「단지」, 「다만」이라는 뜻을 가진 just라고 하는 초점부사가 붙어 「…한 것에 감사할 따름이다」, 「…한 것만 해도 다행이다」라는 뜻. 불행 중 다행이라는 어감의 표현으로, I'm just thankful[glad] that ~이라고 해도 마찬가지.

I'm just grateful that Jim broke only his hand and nothing else.

짐이 손만 부러지고 다른 데는 안 다친 것만 해도 천만 다행이다.

I apologize for~

❶ I apologize for~

…에 사과할게

무지 미안해서 sorry로는 부족할 경우에는 apologize라는 동사를 사용하면 된다. 먼저 미안한 내용을 for~나 about~ 이하에 말하는 경우이다.

I apologize for acting rudely to you, but our cultures are different and I hadn't realized I was behaving badly.

너에게 무례하게 행동한 점 사과할게. 하지만 우리의 문화는 서로 다르고 난 내가 무례하게 행동했다는 것을 깨닫지 못했었어.

❷ I apologize to sb

…에게 사과할게

이번에는 미안한 내용을 말하지 않고 사과할 대상만 말하는 경우이다. to sb를 이어 쓰면 된다.

I apologize to the people who had to listen to our argument, because I'm sure it was embarrassing to hear.

우리의 다툼을 들을 수밖에 없던 사람들에게 사과해. 듣기에 매우 당황스러웠을 것이라 확신하거든.

❸ I apologize to sb for sth

…에게 …에 대해 사과해

이번에는 사과하는 대상과 저지른 잘못까지 함께 한 문장에 표현하는 패턴이다.

I apologize to you guys for being so selfish, because I should have shared my things with you.

너희들과 나의 일들을 함께 공유했어야 했는데, 내가 너무 이기적으로 행동해서 미안해.

…하면 기분이 좋아

It feels good to~

1

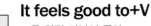

It feels good to+V

…을 하면 기분이 좋아

어떤 이슈에 대한 호감이나 반감을 나타낼 수 있는 표현이다. 반감일 경우에는 It doesn't feel good to+V라고 하면 된다.

It feels good to be out of the army and free to go back to school and lead my life normally.

군 제대를 하고 자유롭게 학교로 돌아가서 정상적으로 나의 생활을 하게 되니 기뻐.

2

I'd feel better if S+V

…한다면 기분이 나아질거야

가정법 패턴으로 if S+V 이하가 된다면 내 기분이 좋아질거라는 아직 실현되지 않은 일을 이야기한다.

I'd feel better if the people who lied to me would leave and I never had to see them again.

내게 거짓말을 한 사람들이 나를 떠나서 내가 다시는 그들을 볼 필요가 없어진다면 기분이 더 나아질거야.

3

Would you feel better if S+V?

…하면 기분이 더 좋아지겠어?

반대로 상대방에게 if S+V 이하가 된다면 기분이 좋아지겠냐고 역시 가정법을 이용해 질문하는 패턴이다.

Would you feel better if I offered to give you the possession that I cherish most in the world?

내가 세상에게 가장 소중히 간직하고 있던 것을 너에게 준다고 하면 기분이 좀 더 좋아지겠어?

It makes me feel better~

1

It makes me feel better~

…하면 기분이 더 좋아져

feel better는 기분이 더 좋아지는 것을 말하며, 사역동사 make와 결합하여 make sb feel better하게 되면 sb의 기분이 더 좋아지게 하다라는 의미가 된다.

It makes me feel better when I have a chance to take a shower and get my body clean.

샤워를 할 기회가 되고 몸을 깨끗이 하게 되면 기분이 더 좋아져.

2

It would make me feel better if S+V

…하게 되면 내 기분이 더 좋아질거야

가정법 would를 놓치면 안된다. if S+V 이하가 된다면 그 때문에 나의 기분의 더 좋아질텐데라는 아직 현실화되지 않은 사실을 말한다.

It would make me feel better if we took a side road because being on the highway is so dangerous.

고속도로를 타면 무척 위험하기 때문에 샛길을 타면 내 기분이 더 좋아질거야.

3

Would it make you feel better if S+V?

…하면 기분이 더 좋아지겠어?

역으로 if S+V 이하가 된다면 상대방의 기분이 좋아지겠냐고 물어보는 패턴이다.

Would it make you feel better if we stopped gossiping about the people we work with?

우리와 함께 일하는 동료들에 관한 뒤담화를 그만두면 네 기분이 더 좋아지겠어?

…을 더 좋아해

I prefer A to B

I prefer A to B
B보다 A를 더 좋아해

내가 뭔가 더 좋아한다고 말할 때 필요한 동사가 바로 prefer이다. 이 용법 중 하나로 먼저 prefer A (to B) A를 (B보다) 더 좋아하다라는 패턴을 살펴본다.

I prefer winter to summer because the summer heat is too intense and makes me stay inside.

여름의 열기는 너무 강해서 어쩔 수 없이 집안에 있게 하기 때문에 여름보다는 겨울을 더 좋아해.

I prefer ~ing to ~ing
…하기 보다 …하는 것을 더 좋아해

앞의 패턴에서 A와 B의 자리에 명사 대신에 동사의 ~ing가 자리잡은 점이 다르다.

I prefer walking to driving a car because I'm out of shape and need to get more physical exercise.

난 건강상태도 안 좋고 더 육체적인 운동을 해야 하기 때문에 차를 타는 것보다 걷는 것을 좋아해.

I prefer to+V
…가 더 좋아

이번에는 prefer의 목적어로 명사나 ~ing가 아니라 to+V가 와서 "난 …하는 것이 더 좋아"라는 의미를 갖는 패턴이다.

I prefer to ignore people who insult me because they are generally unhappy and want to make others unhappy.

나를 모욕을 하는 사람들은 일반적으로 불행하고 다른 사람들의 불행을 바라기 때문에 난 그들을 무시해버려.

I prefer N rather than N

…보다 …을 더 좋아해

I prefer A rather than B의 패턴이다. A와 B의 자리에는 명사, 동사의 ~ing, 혹은 to+V가 이어진다.

I prefer dogs rather than cats because dogs are very loyal companions and they show real affection.

난 고양이보다 강아지를 더 좋아하는데 그 이유는 강아지들은 매우 충직한 동료이고 실제로 애정을 표시하기 때문이야.

I'd prefer to+V

난 …을 더 좋아할거야

would가 들어간 문장이다. 부드럽게 뭔가 거절할 때 사용하면 좋은 표현으로 to+V 이하를 하는걸 자신이 더 좋아한다는 의미이다.

I'd prefer to leave the party before 11pm because after that people start to drink too much.

저녁 11시 이후에는 사람들이 과음을 하기 시작하기 때문에 11시 전에 파티에서 떠나는 것을 더 선호해.

I'd prefer not to+V

난 …을 하지 않을거야

앞의 패턴을 부정하는 문장이다. prefer와 to 사이에 부정어 not을 삽입하였다.

I'd prefer not to bother people with my problems, so I don't talk much about the things that bother me.

내 문제들로 해서 사람들을 괴롭히지 않을거야, 그래서 난 내 골치 아픈 문제들을 많이 얘기 안해.

I have the impression that~

I have the impression that S+V
…하는 인상을 받았어

좋은 인상을 남기는 것은 make a good impression이라고 하고, …에게 …하다는 인상을 주다는 give sb the impression that S+V라고 하면 된다. 여기서 have 대신에 get를 써도 된다.

I have the impression that some friends are jealous of the success that I've had in my life.
내 친구들 일부는 내가 인생에서 거둔 성공을 질투한다는 인상을 받았어.

My impression is that S+V
난 …하는 인상을 받았어

자기가 받은 인상, 즉 생각은 that S+V 이하 하다고 말하는 표현법이다. 첫인상이라고 하면 first를 넣어서 My first impression~이라고 하며 된다.

My impression is that alcoholics always start drinking again after they have sworn that they will stop.
알코올중독자들은 금주를 약속한 후에도 항상 다시 술을 마시기 시작한다는 인상을 받았어.

My feeling is that S+V
내 느낌은 …해

역시 어떤 사람이나 사물, 이슈에 대한 자신의 인상이나 느낌을 말해주는 단순한 구조의 패턴이다. 또한 "내 직감은 …라는 것이야"라고 말하려면 My own instinct feeling is that S+V라고 하면 된다.

My personal feeling is that when people don't work toward a goal, they get lazy and complacent.
내 개인적인 느낌으로는 사람들이 한 목표를 향하여 일을 하지 않을 때는 게을러지고 현실에 안주하는 것 같아.

I'm not at ease with~

I'm not at ease with

…하는게 마음 편치 않다

be at ease with~하면 서로 편한 사이다, 맘이 편하다라는 뜻이 되고, 반대로 be not at ease with~하게 되면 "…와 혹은 …하는게 마음이 편치 않다"라는 의미가 된다.

I'm not at ease with staying alone overnight in the house of my sister's new boyfriend.

내 누이의 새로운 남친 집에서 혼자 밤을 지새는게 마음 편치 않아.

It's sick to think that S+V

…을 생각하면 역겨워

불편한 정도가 아니라 토할 정도로 지겹고 역겹다라고 말할 때는 sick이란 단어를 It's+형용사+to+V의 패턴에 넣으면 된다.

It's sick to think that so many people have that much disregard for people's privacy.

그렇게 많은 사람들이 사람들의 사생활에 대해 그렇게 많이 무시한다고 생각하니 역겨워져.

It makes me sick to think S+V

…을 생각하면 역겨워져

이번에는 make sb sick to+V의 패턴을 활용하는 것으로 가주어(It)와 진주어(to think~)의 형태로 구성되어 있다. 비슷한 표현으로 It makes me feel uneasy~(…하는 게 마음 편치 않다)도 있다.

It makes me sick to think children are abused by their parents and other people that are supposed to protect them.

아이들을 보호해야 하는 부모나 다른 사람들로부터 아이들이 학대받는 것을 생각하면 역겨워져.

7th DAY

난 괜찮아

That's okay with me

1

That's okay with me
난 괜찮아

대화 중에 난 괜찮다, 상관하지 않는다라고 말할 때 사용하면 좋은 문장이다.

If you decide that we should break up and start dating other people, that's okay with me.
네가 우리는 헤어져야 하고 다른 사람과 데이트를 해야 한다고 결정했다면, 난 괜찮아.

2

Sounds fine to me
난 좋아

상대방의 말에 동의하는 것으로 앞에 주어 'It'이 생략된 경우이다.

My parents said they were planning a family trip to the seashore, and that sounds fine to me.
부모님은 해변가로 가족여행을 준비하고 있다고 말했는데, 난 좋아.

3

No problem
괜찮아, 문제없어

상대방이 미안하다고 할 때 혹은 뭔가 부탁을 할 때 혹은 고맙다고 할 때 '걱정하지마,' '괜찮아,' '그럼요' 등의 의미로 다양하게 사용된다.

No problem. **I can contact you tomorrow to see if you have time to grab some coffee and talk for a while.**
문제없어. 커피먹으면서 잠시 얘기할 시간이 너에게 있는지 확인하기 위해 내일 너에게 전화할게.

빨리 …하고 싶어

I can't wait to ~

① I can't wait to+V

몹시 …하고 싶다

「몹시[어서 빨리] …를 하고 싶다」는 뜻. to 뒤에는 동사원형이 오며, 「~가 어서 빨리 …했으면 좋겠다」고 할 때는 to 부정사의 의미상 주어를 이용해 I can't wait for sb/sth to~의 형태를 쓰면 된다. I'm dying to~도 같은 의미.

I can't wait to tell everyone about our new research and development team.

한시바삐 새로 생긴 연구개발팀에 관해 모든 사람들에게 알리고 싶어 죽겠어.

② Hopefully S+will+V

…하면 좋으련만

미래시제의 문장 앞에 Hopefully를 딱 갖다 놓은 패턴이다. S+V의 내용이 실현되었으면 좋겠다라는 희망을 담게 된다. 한편 '…에 대해 강한 기대를 걸다'는 have very high hopes for~라고 쓰면 된다.

We have very high hopes for your son in the NASA aerospace engineering program at John Hopkin's University.

우리는 존 홉킨스 대학의 NASA 우주공학 프로그램에 참여하고 있는 네 아들에 강한 기대를 걸고 있어.

③ I'm looking forward to ~ing

…하기를 기대해

look forward to에서 to는 전치사로 다음에는 전치사의 목적격으로 명사나 명사상당어구가 나와야 한다.

I really look forward to coming home at the end of the day and being greeted by my dog.

난 퇴근 시간에 집에 들어와 강아지가 반겨하는 것이 정말 기다려져.

It would help if~

① It would help if S+V

…하게 되면 도움이 될거야

역시 아직 실현되지 않았지만 희망사항 등을 말하고 싶을 때 쓰면 된다. 축약해서 It'd help if~의 형태로 써도 된다.

It would help if everyone donated some money to the church to pay for its operating expenses.

모든 사람들이 교회에 기부금을 내서 그걸로 교회 운영비를 충당하게 되면 도움이 될거야.

② It would be nice to+V

…하면 좋을텐데

would가 소망을 나타내어 「…하면 좋을텐데」라는 뜻. 기억할 것은 if절 뒤에 나오는 내용이 화자의 입장에서 「좋은」 일이라는 점이다.

Times have changed and it is becoming more acceptable.
I must admit, it would be nice for my boyfriend to kiss me good-bye on the subway before he goes home for the night.

상황이 바뀌었고 그것을 더욱 받아들이는 상황으로 변했어. 인정하지만, 내 남친이 밤에 집에 가기 전에 지하철에서 내게 굿바이 키스를 하는 것은 정말이지 좋을거야.

③ It'd be nice if S+V

…한다면 좋을텐데

만약 if 이하가 '자신이 아닌 제 3자'에게 이익(benefit)이 되는 것을 표현하고 싶으면 It would be nice for him if ~라고 중간에 이익이 되는 주체를 말해주면 된다. nice 대신 good이나 great를, 아니면 명사구로 a good thing을 써도 좋다.

It'd be nice if couples would not bicker in public, but rather wait until they got home to argue.

커플들이 공공장소에서 다투기보다는 기다렸다가 집에 가서 다툰다면 그게 좋을텐데.

4

If only I could+V

…할 수 있다면 좋을텐데

여기서 could는 가정법이다. could 이하의 일을 할 수 있다면 얼마나 좋을까라는 말이다. 예로 들어서 내 느낌을 말로 표현할 수 있다면 얼마나 좋을까라고 하려면 If only I could put into words how I feel이라고 하면 된다.

If only I could pay off all of my credit card bills, it would eliminate a lot of the stress in my life.

내 신용카드 청구액 전부를 갚을 수 있다면 좋을텐데. 그러면 내 인생의 많은 스트레스가 없어질텐데.

All I want to do is~

① All I want to do is+V

내가 원하는 건 …뿐이다

All을 선행사로 하여 목적격 관계대명사 that을 생략한 All I want to do is ~. 이 패턴에서 be동사 뒤에 덜렁 동사원형이 나오고 있는게 다소 어색해 보일 수 있다. 이는 주어부 속에 to do가 포함된 경우에 ~ to do is to + V의 형태로 to가 반복되는 것을 피하기 위한 것이다.

All I want to do is concentrate on studying, because good grades are essential to land a prestigious job.

내가 원하는 것은 공부에 집중하는거야. 왜냐면 좋은 성적은 일류 일자리를 얻는데 필수이거든.

② All you need to do is + V

…하기만 하면 돼

All you need to do가 문장의 주어부이고 동사는 is로, 「네가 해야 할 모든 것은 is 이하의 것이다」 즉 「is 이하의 것만 하면 된다」(The only thing you need to do is ~)는 얘기가 된다.

All you need to do is develop a revolutionary app for cell phones and you will become rich.

핸드폰에서 사용될 획기적인 어플을 개발만 하면 돼, 그러면 너는 부자가 될거야.

③ The last thing I want to do is ~

내가 가장 하기 싫은 건 …이다

반대로 내가 가장 늦게 하고 싶은 것, 즉 의역하면 내가 가장 하기 싫은 것은 …이다라는 의미다.

The last thing I want to do is make a bad impression when I meet people for the first time.

내가 가장 하기 싫은 것은 내가 처음으로 사람들을 만났을 때 나쁜 인상을 주는 것이야.

DAY

8

이유

DAY

• 말꺼내기 •

DAY

• 의견묻기 •

DAY

• 의사소통 •

DAY

• 의견말하기 •

DAY

• 알거나 모르거나 •

DAY

• 찬성과 반대 •

DAY

• 희망과 감정 •

DAY

• 이유 •

DAY

• 시간과 방법 •

10

DAY

• 비교, 가정, 연결어 •

+

**Real-life
Conversations 37**

···에 놀랐어

I'm surprised to~

I'm surprised to + V

···에 놀라다

잘 알려진 숙어로 be surprised by[at]~의 형태로 쓰인다. 여기서는 I'm surprised~ 다음에 to+V가 이어져 오는 경우를 살펴본다. 참고로 take sb by surprise는 'sb를 깜짝 놀라게 하다.' 그래서 be taken by surprise하면 '깜짝 놀라다'가 된다.

I'm surprised to see how stylish everyone looks, because their new clothes cost a lot of money.

다들 외양이 얼마나 멋진지 놀랐어. 왜냐면 그들의 새로운 옷들의 비용이 엄청나기 때문이야.

I'm surprised (to find) that S+V

···에 놀라다

이번에는 놀란 이유를 that S+V의 절에 담는 표현법이다. that S+V 앞에 to find를 붙여서 "···라는 것을 알고 나서 깜짝 놀랐어"라고 쓰기도 한다.

I'm surprised to find that the museums are closed, because usually they are open throughout the week.

박물관은 보통 주중내내 열기 때문에 문을 닫았다는 것을 알고 나서 놀랐어.

You'll be surprised when ~

···하면 깜짝 놀랄거야

뭔가 상대방을 놀라게 할 사실을 말할 때 사용하는 표현으로 상대방의 당혹감을 좀 누그러뜨릴 수 있는 기능을 하고 있다.

You'll be surprised when you see what kinds of birthday gifts that your friends got for you.

네 친구들이 너를 주려고 가져온 선물들의 종류를 보면 너는 깜짝 놀랄거야.

…에 놀랐어

I'm shocked~

① I'm shocked to[about, by]~

…에 충격받았어

놀라다하면 물론 be surprised~가 가장 알려져 있다. 여기서는 이보다 좀 더 놀랐을 때는 be shocked를 쓰고 뒤에는 to, about, 혹은 by를 쓰면 된다.

I'm shocked about the violence that took place during the protests that occurred yesterday.

어제 일어난 시위 중에 발생한 폭력에 충격을 먹었어.

② I'm amazed that S+V

…에 무척 놀랐어

역시 무척 놀랐을 경우에는 be amazed를 쓸 수도 있다. 이때는 be amazed at~, be amazed to see[hear]~ 혹은 be amazed that S+V의 형태로 사용하면 된다.

I'm amazed that anyone likes working at a job that is difficult to do and has a low salary.

일도 어렵고 급여도 적은 일자리에 다들 일하기를 좋아한다니 무척 놀랐어.

③ I hardly expected to find that S+V

…라는 사실을 거의 예상 못했어

be expected to+V는 …가 예상되다라는 의미. 그런데 여기에 부정부사 hardly가 붙어있으니 그 의미는 '거의 예상못했다'가 된다. 뭔가 놀랍고 의외의 일이 일어났을 때 말하면 된다.

I hardly expected to find that my girlfriend had secretly decided to start dating other men.

내 여친이 비밀리에 다른 남자들과 데이트를 시작하기로 했다는 것을 거의 예상 못했어.

···가 믿겨져?

Can you believe~ ?

1

Can you believe S+V?

···가 믿겨져?

놀라운 사실이나 말도 안되는 것을 알았을 때 그 놀라움을 표현하는 방법. Can you believe S+V?의 형태로 "···라는게 믿겨지니?"라고 물으면 된다.

Can you believe some people have chosen to live most of their lives in expensive hotels?

일부 사람들은 인생의 거의 전부를 값비싼 호텔에서 머물기로 선택한다는게 믿겨져?

2

Can you believe how much~?

얼마나 ···한지 믿겨져?

Can you believe~ 다음에 that S+V절이 아니라 how~로 시작하는 문장이 이어지는 경우이다. how 다음에는 주로 much, many, hard 등이 온다.

Can you believe how much money is spent annually to fund the armed forces of our nation?

우리나라의 국방력에 매년 지출하는 돈이 얼마나 많은지 믿겨져?

3

Do you believe S+V?

···을 믿어?, ···라고 생각해?

이번에는 동사를 Can에서 Do로 바꿔 말하는 것으로 상대방에게 단순히 that S+V의 내용을 믿는지 물어보는 것이다. 참고로 believe in~하면 "···의 존재를 믿다"라는 의미가 된다.

Do you believe divers can find gold and other treasure from ships that sunk hundreds of years ago?

수백년 전에 침몰한 배에서 금과 다른 보물들을 다이버들이 찾을 수 있다고 생각해?

정말이지 …해

You better believe~

❶ You better believe S+V

정말이지 …해

굳어진 표현으로 You better believe it!은 자신의 말이 사실이라고 강조하는 표현으로 우리 말로는 "정말야!," "확실해!"라는 말이 된다. 위 패턴은 'it' 대신에 (that) S+V 절을 쓴 경우이다.

You better believe we need to clean up the air because pollution is causing many breathing problems.

공기오염은 많은 호흡기 질환을 초래하기 때문에 정말이지 공기를 청정하게 해야 돼.

❷ Would you believe S+V?

…을 믿으라고?

'지금 그걸 믿으라는거야?'라는 뜻으로 갑작스럽고 놀라운 일로 그다지 받아들이고 싶지 않을 때 사용할 수 있다. 그래서 Would you believe it?하면 "그게 정말이야?," "그걸 지금 말이라고 하는거야?"라는 뜻이 된다.

Would you believe the police caught criminals trying to make counterfeit money to use to buy things?

물건들을 사는데 이용하려고 위조지폐를 만들려고 했던 범죄자들을 경찰이 잡았다는게 믿겨져?

❸ Would you believe me if I said S+V?

내가 …라고 말했다면 믿겠어?

뭔가 놀라운 믿기 어려운 이야기를 간접적으로 돌려서 하는 표현이다.

Would you believe me if I said rich people can choose to live anywhere they want to in the world?

부유한 사람들은 세상 어디든 자신들이 살고 싶은 곳에서 살 수 있다고 내가 말한다면 넌 믿겠어?

8th DAY

I can't believe~

I can't believe (that) S + V

도대체 ···을 믿을 수가 없어, ···라니 믿기질 않아

can't believe~는 「어떤 사실에 대해 놀라움을 금치 못하겠다」는 뉘앙스가 깔려 있는 표현. 뒤에는 believe의 목적어가 될 수 있는 「명사」나 「대명사」 혹은 각종 「절」이 올 수 있으며, can't 대신 couldn't를 써도 좋다.

I can't believe the number of young people who show such affection towards each other in public these days.

요즘 공공장소에서 서로를 향해 진한 애정을 표현하는 젊은이들의 수가 믿기지 않을거야.

I can't believe how many ~

···가 얼마나 많은지 믿기지가 않는다

「정말 많다」는 것을 강조하고 싶을 때 쓸 수 있는 표현. many 대신에 much를 써서 셀 수 없는 명사의 양에 대한 놀라움을 표현할 수도 있고, 형용사를 써서 정도에 대한 놀라움을 표시할 수도 있겠다.

I can't believe how many applicants we interviewed for the job.

그 일을 놓고 얼마나 많은 지원자들을 면접했던지 믿기지 않을 정도예요.

You can't believe how~

넌 얼마나 ···하는지 모를거야

역시 상대방이 몰랐던 그리고 들으면 놀랄 이야기를 전할 때 사용하는 표현법이다. You can't believe that S+V라고 써도 된다.

You can't believe how quickly everything changes in a big city, compared to a small town.

작은 마을에 비해서 대도시에서는 모든 일들이 얼마나 빨리 변하는지 넌 모를거야.

···가 믿기지 않아

It's hard to believe that ~

❶ It's hard to believe that S+V

···라니 믿어지지 않는다, ···은 상상도 할 수 없어

「어렵다」는 말에서 hard를 끌어내어 S+is hard로 간단한 구조를 만든 다음, to 부정사를 이용해 to believe that ~으로 해결한다. 단, 영어에서는 주어가 길어지는 걸 별로 좋아하지 않으니까 to+V 주어를 가주어 it으로 대치하면 It is hard to believe that ~이라는 표현이 완성된다.

It's hard to believe that you took the driver's test four times and never managed to pass it.

네가 면허시험을 4번이나 치루고 아직도 통과하지 못했다는게 상상이 안돼.

❷ It's hard to imagine that S+V

···라니 믿어지지 않는다, ···은 상상도 할 수 없어

It is+형용사+(for+사람)+to+V의 형태 중 가장 많이 쓰이는 것 중의 하나로 It is hard(difficult) to+V~나 It is (not) easy to+V의 형태로 어떤 일이 하기 쉽다거나 아님 어렵다거나 말할 때 많이 애용되는 표현이다.

It's hard to imagine that anyone wants to be outside when it's bitter cold and the snow is falling.

밖의 날씨가 매섭게 춥고 눈이 내릴 때 밖에 나가고 싶어하는 사람이 있다는게 믿기지가 않아.

❸ It's difficult to believe that S+V

···라니 믿어지지 않는다, ···은 상상도 할 수 없어

뭔가 믿기 어려운 이야기를 들은 다음에 정말 믿기지가 않는다고 놀라면서 할 수 있는 패턴이다.

It's difficult to believe that some married couples divorce when they seem to be so happy.

일부 결혼한 부부는 겉으로는 행복해 보이는데 이혼을 하는게 믿어지지 않아.

Why are you~?

1

Why are you (so)~?

너는 왜 그렇게 …해?

상대방에게 이유를 물어보는 표현으로 Why is[are] you+형용사/~ing/pp~?의 형태로 쓰인다. "그게 왜 중요해?"라고 하려면 Why is that important?, "왜 우는거야?"라고 하려면 Why are you crying? 라고 하면 된다.

Why are you so cynical and negative about the people that you have to interact with?

네가 교류해야 하는 사람들에 대해 왜 그렇게 시니컬하고 부정적이야?

2

Why do you~ ?

넌 왜 …해?

앞의 패턴과 동일한 의미이나 여기서는 동사를 통해서 상대방이 왜 그러는지를 물어보는 표현법이다. Why do you say that?은 상대방이 왜 그런 말을 했는지, Why do you think so?는 상대방이 왜 그렇게 생각하는지, 각각 그 이유를 물어보는 것이다.

Why do you avoid using Facebook when most of your friends have social media accounts there?

네 친구들 대부분 페이스북에 소셜미디어 계정을 갖고 있는데 너는 왜 페이스북 사용을 하지 않는거야?

3

Can't you+V~ ?

…못해?, …하지 못해?

Can you+V?하면 단순하게 상대방에게 부탁할 때 쓰이지만, 부정의문문으로 Can't you+V?하게 되면 좀 의아해하면서 혹은 따지는 억양으로 "…도 못해?"라는 뉘앙스를 띈다.

Can't you understand why it's easier to get more work done when you're alone rather than when people are around?

주변에 사람이 많이 있을 때보다 혼자 있을 때 더 많은 일을 쉽게 할 수 있는지 그 이유를 이해못한단 말야?

① Why did you+V~ ?

왜 …을 한거야?

상대방이 과거에 왜 그런 행동을 했는지 궁금해하거나 의아해하면서 물어보는 문장이다.

Why did you take a taxi to your destination when you already have so little money to spend?

지출한 돈이 거의 없는 상태인데 왜 목적지까지 택시를 타고 간거야?

② Why didn't you~ ?

왜 …을 하지 않은거야?

상대방의 과거의 행동에 대한 이유를 물어보는 것으로 왜 …하지 않았냐고 물을 때는 Why didn't you+V?를 사용한다.

Why didn't you tell anyone about your health problems and that you were in the hospital?

왜 아무에게도 네 건강문제와 네가 병원에 입원했다는 사실을 말하지 않은거야?

③ Why didn't you tell me ~ ?

왜 내게 …을 말하지 않은거야?

앞의 Why didn't you~에 tell me sth[or that S+V]를 붙인 패턴이다. tell 다음에는 간접목적어, 즉 sb가 온다는 점을 기억한다.

Why didn't you tell me that you were scared of being left alone during the nighttime?

야간에는 홀로 있는 것을 무서워한다는 것을 왜 내게 말하지 않은거야?

①

How can you+V?

어떻게 …할 수가 있어?

How can[could] you+V?는 상대방의 어처구니 없고 이해할 수 없는 행동에 놀라면서 하는 말로 "어떻게 …할 수가 있냐?"라는 뜻. 반대로 어떻게 …하지 않을 수 있냐?라고 물어보려면 How can(could) you not+V?로 하면 된다.

How can you trust people that you know have lied to you at times in the past?

과거에 수시로 너에게 거짓말했던 것을 알고 있는 사람들을 어떻게 믿을 수가 있어?

②

How can you say S+V?

어떻게 …라고 말할 수 있어?

상대방의 의견이나 주장에 동의할 수 없다고 할 때 강조하면서 반박하는 표현이다. 단독으로 How can you say that?이라고 하면 "어떻게 그렇게 말할 수 있어?"라는 뜻이 된다.

How can you say a relationship is over when you haven't broken up with that person yet?

사귀는 사람과 아직 헤어지지 않은 상태에서 관계가 끝났다고 어떻게 말할 수 있어?

③

How could you say S+V?

어떻게 …라고 말할 수 있어?

앞의 표현에서 can을 could로 바꿔서 좀 부드럽게 만든 패턴이다. that S+V절만 오는 것이 아니다. 예를 들어 How could you say such a thing?하게 되면 "네가 어떻게 그런 말을 할 수 있어?"라는 의미가 된다.

How could you say we will remain friends when you are moving to a country that is far away?

멀리 떨어진 시골로 이사가면서 어떻게 우리가 친구로 남을 것이라고 말할 수 있어?

어떻게 그렇게 …할 수 있어?

How can you be so~ ?

❶

How can you be so~ ?
어떻게 그렇게 …할 수 있어?

이번에는 How can you~ 다음에 be+형용사가 와서 상대방이 어떻게 '형용사'할 수 있냐고 역시 반문하는 패턴이다. 형용사를 강조하기 위해 so가 앞에 위치한 것이다.

How can you be so tired when you had the chance to sleep twelve hours last night?
지난밤에 12시간을 잠을 자고나서 어떻게 피곤해할 수 있는거야?

❷

How can you be so sure S+V ?
어떻게 …을 그렇게 확신하는거야?

위의 패턴에서 형용사 자리에 sure가 온 경우로 How can you so sure (that) S+V?하게 되면 "어떻게 …라는 것을 그렇게 확신하는거냐"고 하면서 상대방의 경솔함이나 부주의를 질책하는 문장이 된다.

How can you be so sure our business will succeed when we don't yet have any customers?
우리에게는 아직 손님이 한 명도 없는데 어떻게 우리 사업이 성공할거라고 그렇게 확신하는거야?

❸

How can you say all this, when~?
…한데 넌 어떻게 이런 말을 할 수 있는거야?

상대방의 말에 놀라거나 기가 막히고 코가 막힐 때 반박하는 자신의 주장까지 한꺼번에 말할 수 있다. when~이하인데 넌 어떻게 이런 말을 할 수 있는거야라고 하면서 상대방에 반박한다.

How can you say all this, when you know most of it is untrue or has not been verified?
그것의 대부분이 사실과 다르고 아직 증명되지 않았는 걸 알고 있는데 어떻게 이런 말을 할 수 있는거야?

How can you not~ ?

①
How can you not+V~ ?
어떻게 …하지 않을 수 있어?

서로 의견이 달라 대화를 하다가 상대방의 생각에 놀라거나 할 때 사용하는 것으로 "어떻게 …하지 않을 수 있냐?"라고 물어보려면 How can(could) you not + 동사?로 하면 된다.

How can you not love your mom and dad after they raised you and guided you through life?
너희들을 양육하고 인생을 통해 너희들을 이끌고 왔는데 어떻게 네 부모님을 사랑하지 않을 수 있어?

②
How could you not tell me~?
어떻게 내게 …을 말하지 않을 수 있어?

상대방이 당연히 자기에게 말해야 되는 것을 말하지 않았을 때 화들짝 놀라거나, 얼굴을 붉히면서 할 수 있는 말이다.

How could you not tell me that you thought my boyfriend had been hitting on you?
어떻게 내 남친이 너에게 유혹을 했다는 생각을 내게 말하지 않을 수 있어?

③
How can you not know~ ?
어떻게 …을 모를 수가 있어?

상대의 무관심이나 상대방의 무지함에 대해서 놀라면서 하는 말이다. 어떻게 know 이하를 모를 수가 있냐라는 말로 know 다음에는 명사나 S+V절이 올 수 있다.

How can you not know what the most special or important thing is in your life?
무엇이 네 인생에서 가장 특별하고 중요한 것인지 어떻게 네가 모를 수 있어?

How can you think of~ ?

How can you think of~?

어떻게 …할 생각을 할 수 있어?

상대방이 기가 막힌 행동이나 말을 했을 때 '도대체 어떻게 …라는 생각을 할 수 있는 거야?' 라고 답답해하면 된다. How can you think about ~ing ~?라고 써도 된다. 상대방의 생각이나 행동에 대해서 가벼운 질책을 하는 의문문이 아닌 의문문 형태로, 끝을 내려 읽는다.

How can you think of that girl as your friend when she says bad things about you to other people?

그녀가 다른 사람들에게 너에 대해 안좋은 말을 하는데 어떻게 그녀를 네 친구라고 생각할 수 있어?

How can you even think of[about]~?

어떻게 …할 생각을 할 수 있니?

상대방에게 항의하는 문장. even을 써서 말하는 사람의 불쾌한 감정을 강조하고 있다. 상대방의 생각이나 행동에 대해서 가벼운 질책을 하는 의문문이 아닌 의문문 형태로, 역시 끝을 내려 읽는다.

How can you even think about eating some dessert after we had such a huge meal?

그렇게 거하게 식사를 하고 난 후에 어떻게 디저트를 좀 먹겠다는 생각을 할 수 있어?

How can you think that S+V ~?

어떻게 …라고 생각할 수 있어?

think 다음에 S+V절이 이어지면서 좀 자세하게 답답해 하면 된다. 엉뚱한 생각을 말하면서 좋은 생각이라고 말하는 상대방에게는 How can you think this is a good idea?라고 해 주면 된다.

How can you think that fast food is healthy when it obviously makes people fat?

패스트푸드는 사람들을 살찌게 하는데 어떻게 그게 건강식이라고 생각할 수 있어?

How come~ ?

① How come~ ?

어째서 …하는거야?

의문문임에도 불구하고 주어·동사의 도치 없이 S+V의 어순이 유지된다는 점에서 의문문보다 부담없이 쓸 수 있는 표현이다. 뒷부분 없이 How come?이라고만 해도 훌륭한 구어체 문장이 되는데 이는 "어째서?"라며 간단하게 사건의 「연유」를 묻는 질문.

How come some people become popular when they have such sour personalities?

일부 사람들은 성격이 그렇게 안좋은데 어떻게 유명해진거야?

② How come you think ~ ?

왜 …라고 생각해?, …라고 생각하는 이유가 뭐야?

How come~의 응용표현으로 상대방이 왜 think~이라고 생각하는 이유를 물어보는 문장이 된다. 달리 표현하자면 Why do you think S+V?라고 해도 된다.

How come you think that rich people are happier than people with a moderate amount of money?

부유한 사람들은 돈이 그렇게 많지 않은 사람들보다 더 행복하다고 왜 그렇게 생각하는거야?

③ How come you didn't~ ?

왜 …하지 않은거야?

이번에는 상대방이 과거에 didn't~이하의 일을 왜 하지 않았는지 물어보는 패턴이 된다. didn't~ 다음에 다양한 동사를 넣어서 문장을 만들어본다.

How come you didn't wait until after you had gotten married to sleep with your fiance?

네 약혼남과 결혼할 때까지 기다리지 못하고 잠자리를 왜 한거야?

How dare you~ ?

How dare you+V?

어떻게 …할 수가 있어?

How dare you+V?는 '어떻게 감히 …할 수가 있냐?'라는 강한 분노의 표현이다. 단독으로 How dare you!는 '네가 뭔데!,' '네가 감히'라는 뜻.

How dare you come here and start criticizing and insulting the people who have been doing difficult work!

네가 감히 어떻게 여기에 와서 어려운 일을 하고 있는 사람들을 비난하고 모욕을 하는거야!

Don't you dare+V

멋대로 …하지마

Don't you dare+V ~, Don't you dare you~는 '멋대로 …하지 마라'라는 뜻. 단독으로 Don't you dare!하면 '그러기만 해봐라'라는 뜻으로 상대방의 행동을 저지할 때 사용하는 표현.

Don't you dare come back to my home or to my workplace, or I will be calling the police!

멋대로 내 집이나 내가 일하는 곳으로 돌아오지마, 그러면 난 경찰에 신고할거야!

You wouldn't dare+V

감히 그렇게는 못하겠지

You wouldn't dare (do sth)!는 단독으로 혹은 뒤에 동사를 이어 붙여서 상대방이 감히 그 렇게 못할 것이다라는 강한 불신을 품고 있는 표현. '그렇게 감히 못하지'라는 의미.

You wouldn't dare tell anyone about the secrets that I have confided in you!

너를 믿고 털어놓은 비밀들에 대해 감히 누구에게도 말하지 못하겠지!

얼마나 …한지 이루 말할 수 없어

I can't tell how~

I can't tell (you) how~

얼마나 …한지 이루 말할 수 없다

I can't tell (you) how~ 는 「얼마나 …한지 이루 말할 수 없다」라는 뜻의 부정형으로 강조하는 경우이다. how 뒤에는 「강조하고 싶은 부사[형용사] + S + V」의 어순이 이어지며 이때 you는 대화시 당연히 듣는 사람을 지칭하게 되므로 종종 생략되기도 한다.

I can't tell you how upset I was to hear that.
그 얘기듣고 내가 얼마나 화났는지 몰라.

I can't tell you how relieved I was to return home after being on such a long trip.
그렇게 긴 여행을 하고 난 후에 집에 돌아갈 수 있게 돼 얼마나 안심이 되는지 모르겠어.

I don't believe it!

뜻밖이야!, 이럴 수가!

놀람이나 짜증을 나타낼 때, '뜻밖이네,' '이럴수가'에 해당된다. 한편 I don't believe this!는 '이건 말도 안돼'라는 뜻으로 뭔가 이상한 상황에 처했을 때 혹은 그다지 원하지 않는 방향으로 자신의 상황이 진행되어갈 때 사용하는 표현. You don't say!도 같은 의미이지만 오래된 표현으로 그리 많이 쓰이지는 않는다.

God! I don't believe it! When did you get to town?
어휴, 뜻밖이네. 언제 시내에 온거야?

You got pregnant last year and had a baby that no one knows about? I don't believe it!
작년에 임신해서 아무도 모르게 아이를 낳았다고? 말도 안돼!

…라니 믿기질 않아

I don't think it's true that~

1

I don't think it's true that S+V
도대체 …을 믿을 수가 없어, …라니 믿기질 않아

뭔가 사실임이 드러났지만 도저히 믿기지 않을 때 사용하면 된다. that 이하의 내용이 사실임을 인정하고 하는 말이다.

I don't think it's true that everyone needs at least eight hours of sleep to have a productive day.
사람들은 하루를 생산적으로 보내기 위해서는 적어도 8시간 잠을 자야 된다는 사실을 믿을 수가 없어.

2

I didn't think that I was going to + V
…하게 될 줄은 몰랐어

자기가 to+V 이하를 하게 될 줄은 몰랐다라는 말로 약간 놀라면서 하는 말이다. 한치 앞을 볼 수 없는 세상사를 얘기하면서 자연스럽게 나올 수밖에 없는 표현이다.

I didn't think that I was going to fall head over heels in love with a girl that I just met.
내가 만나자마자 한 여자와 그렇게 사랑에 푹 빠지게 될 줄 몰랐어.

3

I don't buy it
못믿어

상대의 말을 「못믿겠어」라고 할 때 구어체에서 자주 쓰이는 표현이 바로 I don't buy it. 여기서 buy는 정말로 「믿다」(believe or accept)라는 뜻. 비슷한 표현으로 No way 등이 있다.

If you expect me to believe that Kevin saw a ghost in his apartment, sorry, but I don't buy it.
케빈이 자기 아파트에서 유령을 봤다는 것을 내가 믿을거라고 생각한다면, 미안하지만, 난 못믿어.

어떻게 네가 …할 수 있는지 이해가 안돼

I don't know how you can~

❶

I don't know how you can+V

어떻게 네가 …할 수 있는지 이해가 안돼

상대방의 행동이나 생각에 도저히 동의하거나 이해할 수 없을 때 사용하면 된다. 조금 길지만 한번 알아두면 자기의사를 표현할 때 많은 도움이 된다.

I don't know how you can **take items that are not yours and keep them for yourself.**

어떻게 네가 네 물건이 아닌 것을 가져와서 지니고 있는지 이해가 안돼.

❷

I don't understand how you can be so ~

어쩜 그렇게 …한지 이해가 안 돼

역시 상대방이 어떻게 …할 수 있는지 이해가 안된다는 문장. 위 표현과 다른 점은 know 대신 understand를, 그리고 can+V가 아니라 can be (so)+형용사가 쓰인다는 것이다.

I don't understand how you can be so **kind to people and then talk about them behind their backs.**

네가 사람들에게 그렇게 친절하게 대하고 나서는 뒤에서는 그들 험담을 할 수 있는지 이해가 안돼.

…가 …하는 것은 본 적이 없어

I've never known sb to~

1

I've never known sb to+V

…가 …하는 것을 본 적이 없어

뭔가 유명인이 기존 이미지와는 전혀 다르게 행동했을 때 놀라면서 할 수 있는 패턴이다. 여기서 known은 seen 정도로 생각하면 된다.

I've never known Chris to drink too much beer.

크리스가 그렇게 술을 많이 마시는 것을 본 적이 있어.

I've never known anyone to turn down the opportunity to receive free money or gifts.

공짜돈이나 선물을 받을 기회를 거절하는 사람을 본 적이 없어.

2

This hasn't happened since ~

이런 일은 …이래로 일어났던 적이 없어

This hasn't happened since~(이런 일은 …이래로 일어났던 적이 없어)나 The last time this happened was ~(이 일이 마지막으로 일어났던 건 …야) 등을 함께 기억해두면 여러 상황에서 다양하게 구사할 수 있다.

This hasn't happened since the time when I was a young student attending university.

내가 대학다닐 때의 젊은 학생일 때 이후로 이런 일은 일어났던 적이 없어.

I would have never thought that ~

❶ I would have never thought that S+V

···일 거라고는 생각도 못했었어

조건절에 해당하는 if절이 보이진 않지만 would have + pp의 형태를 띄는 가정법 과거완료형의 표현으로 「···인 줄은 꿈에도 생각 못했었다」는 의미를 갖는다. 「생각지도 못한 사실을 알게 되었을 때」나 「충격적인 소식을 들었을 때」 굉장히 놀랐다는 의미에서 이용해 볼 수 있는 표현.

I would have never thought that I would stay awake all night and not even sleep for a few minutes.

단 몇 분간이라도 자지 않고 내가 밤을 꼬박 새울거라고는 생각도 못했었어.

❷ Who would have thought S+V?

···라고 누가 생각이나 했겠어?

뭔가 놀라운 이야기를 듣고 맞장구칠 때 사용하면 좋은 표현이다. 이 역시 의문문이 아닌 의문문 형태로, 끝을 내려 읽는다.

Who would have thought a building could look so nice on the outside yet be so dirty and old on the inside?

한 건물의 밖의 모양이 그렇게 깔끔한데 그 안은 정말 더럽고 낡을 수 있다고 누가 생각이나 했겠어?

❸ I never thought about~

···에 대해서는 생각해본 적이 없어

말하고 있는 현재를 기점으로 과거에는 about 이하에 대해서는 아무런 생각이나 개념이 없었다는 의미의 표현이다. 같은 의미로 I have no idea about을 사용할 수 있다.

I never thought about them selling the company to someone outside the family.

그 사람들이 식구가 아닌 사람에게 회사를 팔아 넘긴다는 것은 생각해 보지도 않았어.

…하는 것은 …해

It's ~ to~

1

It's+형용사+to+V

…하는 것은 …해

진주어 가주어의 대표적인 패턴. to+V 이하를 하는 것(It)은 형용사하다라는 의미. 자신의 주장이나 의견을 말할 때 사용한다. 다양한 형용사를 넣어가면서 문장을 만들어본다.

It's terrible to spend a lot of time doing something and then realize your time was all wasted.

어떤 일을 하는데 많은 시간을 보내고나서 자기가 시간을 전부 낭비했다는 것을 깨닫는 것은 정말이지 끔찍해.

2

It's+형용사+that S+V

…는 …해

이번에는 to+V가 아니라 that S+V하는 것은 형용사하다라는 뜻으로 역시 다양한 형용사를 바꿔가면서 자신의 의견이나 주장을 말해본다.

It's great that some people find true love when they join an online dating website.

온라인 상의 데이트 사이트에 가입하고서 진정한 사랑을 찾는 일부 사람들 보면 대단해.

3

It's+N that~

…는 …해

It's ~ that S+V의 구문에서 It's~ 다음에 형용사가 올 수 있는 것은 아니다. 여기서는 명사가 오는 경우를 살펴본다.

It's criminals that cause financial problems for older people by stealing their identities.

노년층 사람들의 신분을 도용해서 금융적 문제를 일으키는 것은 범죄자들이야.

너무 .해서 …하지 못해

too~ to~

① too~ to~

너무 …해서 …하지 못해

too~to+V 용법. too 뒤에는 「…해서」에 해당되는 형용사를, to 뒤에는 「…할 수 없다」에 해당되는 동사를 원형 그대로 써준다. 직역하면 「…하기에는 너무 …하다」이므로, 이로부터 「너무 …해서 …할 수 없다」란 부정의 의미로 옮겨진다.

I'm too busy to call back any of my clients this week, so please take care of them for me.

너무 바빠서 이번 주에는 아무 고객에게도 회답 전화를 해 줄 수가 없으니, 내 대신 그들을 좀 처리해줘.

② so~ that S+V

너무 …해서 …해

too[so] + 형용사 + that S+V 패턴으로 내용이 부정적일 경우에는 so 대신 too를 쓴다.

The film rating committee has a lot of power so I wonder how many films are made that they deem as too political that they don't allow us to see.

영화심의위원회는 너무 막강한 힘이 있어서 얼마나 많은 영화들이 그들이 너무 정치적이라고 판단하는 바람에 관람 불가가 되었는지 궁금해.

③ such a+명사 that S+V

…하는 것은 …다

so 대신에 such가 오면 뒤에 명사가 놓인다. 이때 명사가 단수형이어서 부정관사 a(an)가 오게 되면 It was such an expensive dinner ~와 같이 such +a(an)+N의 순서가 된다.

That was such a fun night out that I think we should do it again sometime soon.

밖에서 너무나 재미있는 저녁시간을 보내서 조만간 다시 한 번 그런 시간을 가졌으면 좋겠다.

I have no reason to~

1

I have no reason to+V

내가 …할 이유는 하나도 없어

「S+have[has] no reason that S+V」 형태로 reason 다음에는 that절 외에도 to 부정사구가 뒤따라 나올 수 있다. 또한 There is no reason that S + V의 형태로 「…할 이유가 없다」는 뜻으로 that 이하의 사실에 대해 강한 반발을 나타내기도 한다.

I have no reason to wake up at 4 a.m. every morning because I'll be on vacation for the next week.
다음주는 휴가이기 때문에 매일 오전 4시에 일어날 이유가 없어.

2

The reason for ~ is that S+V

…의 이유는 …야

for 이하의 이유를 that S+V에 말하는 구조. 예로 내가 그만두는 이유는 사장이 너무 깐깐해서야라고 말하려면 The reason for quitting is that the boss is so tight라고 할 수 있다.

The reason for many of the arguments is that politicians created a large divide between their parties.
많은 논쟁이 발생하는 이유는 정치가들이 그들의 정당으로 크게 양분되었기 때문이야.

3

The reason S+V is that[because] S+V

…한 이유는 …야

위의 패턴과 동일한 의미이지만 이유를 설명해야 하는 행동이 for+N[~ing]가 아니라 S+V의 절로 나온 경우이다. 더욱 자세히 말할 수 있는 표현이다.

The reason I eat vegetables and fish is that I don't want meat producing animals to be harmed.
내가 채식과 생선을 먹는 이유는 고기가공시에 동물들이 다치는 것을 원하지 않기 때문이야.

What reason did ~ ?

❶ What reason did sb+V?

뭣 때문에 …가 …했을까?

계속되는 reason을 이용한 표현으로 여기서는 What reason~?의 경우들을 살펴본다. 무슨 이유로 sb가 V를 했을까라는 말로 What reason은 한 단어로 Why로 생각하면 된다.

What reason did your friends give for not coming and helping you set up for the festival?

와서 축제시설 준비하는 것을 도와주지 않는다고 하면서 무슨 이유를 댄거야?

❷ What reason did S+give for ~ing?

…가 …한 이유를 뭐라고 했어?

위 패턴의 V자리에 give가 온 경우이다. 이를 역으로 생각하면 give a reason for~하게 되면 "…에 대한 이유를 대다"라는 의미가 된다는 것을 알 수 있다.

What reason did Steve give for drinking too much and getting thrown out of the nightclub?

스티브가 과음하고 나서 나이트클럽 밖으로 쫓겨난 이유를 뭐라고 했어?

❸ What was the reason for sb to+V?

뭐 때문에 …가 …했을까?

역시 sb가 to+V 이하를 한 이유가 뭐 때문이었는지 상대방에게 물어보는 문장이다.

What was the reason for the students not to be selected to be in the club they wanted to join?

무엇 때문에 학생들이 가입을 원하는 클럽에 뽑히지 않은걸까?

024

그건 …한 이유 중의 하나야

That's one of the reasons~

1

That's one of the reasons S+V
그건 …한 이유 중의 하나야

이유를 말할 때 why나 reason를 빼면 섭섭할 것이다. 어떤 일에 대한 자신의 판단을 말하는 데 사용하는 표현법이다.

That's one of the reasons we took our classes online this year instead of attending school.

그런 이유 중의 하나로 우리는 금년에 학교에 가기 보다는 온라인으로 수업을 들었어.

2

That's one of the reasons why S+V
그건 …한 이유 중의 하나야, 그래서 …하기도 해

That's the reason why ~라고 해도 마찬가지가 되는데, 앞 문장이 why 이하의 결과를 초래한 다양한 「원인들 가운데 하나」인 경우에는 「…중에 하나」라는 one of를 이용해 That's one of the reasons why ~라고 하면 된다.

That's one of the reasons why some pop groups are successful and others are not.

그런 이유 중의 하나로 일부 팝그룹은 성공을 하고 어떤 그룹은 그렇지 못하는거야.

3

Part of the reason for this is that S+V
이에 대한 이유 중 일부는 …야

이 표현에서 part of는 (원인 중의) 일부를, the reason for는 「…의 이유」를, this는 앞에서 이미 언급된 내용을 가리킨다. 한편 Part of the reason for this is that ~은 One of the reasons for this is that ~으로 바꾸어 쓸 수 있다.

Part of the reason for this is they received bad publicity.

이것에 대한 이유 중 일부는 그 사람들의 평판이 좋지 않았다는거지.

What makes you think ~ ?

1

What makes you think so?

왜 그렇게 생각해?

상대방의 생각이나 판단의 근거를 묻는 질문으로 「네가 그렇게 생각하도록 만든게 뭐야?」, 즉 Why do you think so?와 같은 의미이다. 여기서 so는 상대방이 앞에서 말한 내용을 그대로 받는 것이다.

You feel that you will be able to accomplish all of your goals?
What makes you think so?

난 너의 모든 목표들을 이룰 수 있을거라고 생각해? 왜 그렇게 생각해?

2

What makes you think that S+V ?

무엇 때문에 …라고 생각하니?

구체적인 내용을 밝히려면 so 자리에 that 절을 이어서 What makes you think that S + V?(…라고 생각하는 이유가 뭐야?)로 나타내면 된다. 직역하면 「무엇이 너를 …라고 생각하게 만드니?」라는 전형적인 사역의 의미를 띠는 문장이다.

What makes you think that our product won't be ready to launch before the end of next month?

무엇 때문에 우리 상품이 다음 달이 되어야 출시가 될거라고 생각하는거야?

3

Why do you think ~?

왜 …라고 생각하시죠?

어떤 사실에 대해 혹은 상대방의 의견에 대해 「왜 그렇게 생각하는지」를 묻는 표현으로 그 다음에 (that) S + V를 쓰거나 상대방의 말을 그대로 받는 so를 붙여 Why do you think so? 하면 언제든 상대방의 고견(?)을 들을 수 있다.

Why do you think American movies have become so popular around the world?

넌 왜 미국영화가 전세계적으로 인기가 좋다고 생각해?

What makes you so sure~ ?

❶ What makes you so sure S+V?

왜 …하다고 확신하는거야?

무슨 근거로 '…을 확신하냐?'라는 것으로 상대방이 확신하는 근거를 물어보거나 혹은 문맥에 따라 불만을 표시하는 표현이 되기도 한다.

What makes you so sure that attending meetings isn't just a big waste of our time?
넌 왜 회의에 참석하는 것이 그렇게 시간을 낭비하는 것이 아니라고 확신하는거야?

❷ That's what makes you+형용사

그게 바로 너를 …하게 해주는거야

'형용사' 자리에 다양한 단어를 넣어가면서 문장을 만들어본다. That's what makes you so special하게 되면 "그게 바로 널 특별하게 만들어주는거야"라는 의미가 된다.

You try to understand your opposition, and that's what makes you smarter than them.
넌 반대편을 이해하려고 해, 그게 바로 너를 그들보다 더 똑똑하게 해주는거야.

What made you~ ?

❶ What made sb + V?

뭣 때문에 …가 …했을까?

What makes sb+V?의 시제를 과거로 바꾼 패턴이다. 사역동사이므로 What made sb~ 다음에 동사원형이 와야 한다.

What made your son get so upset and start throwing a major temper tantrum?

뭣 때문에 네 아들이 그렇게 화를 내고 짜증을 크게 쏟아내게 된거야?

❷ What made you decide to+V?

왜 …하기로 결정했어?

What made you decide to + V?는 「무엇이 너로 하여금 …하기로 결정하게 만들었냐?」, 즉 어떤 결정을 내리게 된 「요인」이나 「이유」를 묻는 표현. 의문사 why를 써서 Why did you decide to + V ?라고 직접적으로 물어볼 수도 있다.

What made you decide to study an unusual subject like the development of Russian literature?

넌 왜 러시아 문학의 발전과 같은 잘 안하는 주제를 공부하기로 결정한거야?

❸ That's what made sb + V

그래서 …한거야

직역하면 「그것이 …를 ~하게 만들었다」의 뜻. 어떠한 행동이 나오게 된 이유를 설명할 때 자주 쓰이는 표현으로, 먼저 행동을 하게 된 이유를 언급해주고 나서 that's what made라는 표현을 빌어 그 결과 나타난 행동을 이어 말해주면 된다.

That's what made my friend choose to get up and exercise at five a.m. every morning.

그래서 나의 친구는 매일 아침 5시에 일어나 운동을 하기로 했어.

That's what ~

❶ That's what S+V

그게 바로 …이다

That's what S+V~는 S가 V하는 것이 바로 that이라는 의미로 "바로 그게 내가 …하는 거야"라는 의미이다. 뭔가 강조할 때 쓰는 구문으로 더 강조하려면 That's exactly what~하면 되고 부정으로 하려면 That's not S+V라 하면 된다.

That's what you get paid for. 그게 네가 돈받고 하는 일이잖아.
That's what she said, in a nutshell. 간단히 말해서 그게 걔가 말한거야.

❷ That's why S+V

그래서 …하는 거다

원인과 결과를 말하는 방법으로 why 뒤에 「결과」에 해당되는 내용을 「절」의 형태로 써주어야 한다는 사실. 따라서 That's why~ 구문 앞에 먼저 이유가 되는 사항을 언급해 주어야 한다.

That's why we can't just choose to stay in our beds all day and let our life pass us by.
그래서 우리는 하루 종일 침대에 누워 인생을 허비할 것인가를 선택하지 못하는거야.

❸ Is that why S+V?

그게 바로 …한 이유야?

상대방의 이유를 단순히 확인하거나 혹은 문맥에 따라 그게 이유가 되냐면서 면박을 줄 때 사용하면 된다.

Is that why medical school training is so hard and many of the students choose to drop out?
그게 바로 의대수업이 어렵고 많은 학생들이 중퇴하는 이유야?

Do you think that is why~?

Do you think that is why S+V?

그래서 …한거야?

That's why S+V를 좀 더 부드럽게 물어볼 때 사용하면 된다. 앞에 Do you think~를 붙이기만 한 패턴이다.

Do you think that is why single mothers often decide that they shouldn't get remarried?

바로 그래서 싱글맘들은 종종 그들이 재혼해서는 안된다고 생각하는거야?

I don't understand why S+V

왜 …인지 이해가 안돼

대화를 하다보면 도무지 이해가 안되는 상황에 부닥치게 되는 경우가 종종 있는데, 그럴 때 유효적절한 표현으로 I don't understand why ~ 가 있다. why 뒤에는 절이 와서 「왜 …하는지 이유를 모르겠다」라는 뜻을 나타내게 된다.

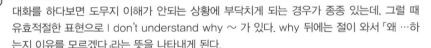

I don't understand why some people are so fussy about the style of clothing that they wear.

왜 어떤 사람들은 자신들이 입는 옷의 스타일에 그렇게 까다로운지 이해가 안돼.

I can't figure out why S+V

왜 …인지 모르겠어

figure out은 생각해서 알아낸다는 의미로 understand와 같다고 생각하면 된다. 단독으로 I can't figure out why(난 그 이유를 모르겠어)라고도 쓰인다.

I can't figure out why mice keep getting into our kitchen even after we set out poison for them.

우리가 쥐를 잡으려고 쥐약을 갖다 놨는데도 왜 그렇게 쥐들이 부엌으로 들어오는지 모르겠어.

…의 이유가 뭘까?

What caused ~?

❶ What caused ~?

…의 이유가 뭘까?

굳이 why를 쓰지 않아도 「이유」를 물어볼 수 있다. 여기서는 cause를 쓰고 주어를 What으로 쓴 경우이다.

What caused the heat wave that occurred last summer, do you think it could have been global warming?

지난 여름에 일어난 혹서의 이유는 뭘까, 지구 온난화이었을거라고 생각해?

❷ What caused sb to + V ~?

뭣 때문에 …가 …을 했을까?

「cause+sb+to+V」 형태는 「…가 ~하는 원인이 되다」라는 뜻. 여기서 의문사 what을 주어로 하고 동사 cause를 과거형으로 바꿔서 What caused sb to+V?하면 「무엇이 …가 ~하게 했냐?」, 즉 「무엇 때문에 …가 ~했냐?」고 이유를 묻는 표현이 된다.

What caused your first date to be the start of a serious relationship with your girlfriend?

무엇 때문에 너의 첫 데이트가 네 여친과의 진지한 관계의 시작이 되었을까?

❸ What is the cause of ~?

…의 이유가 뭘까

과거의 이유를 물어보려면 What was the cause of~ ?라고 하면 되고, 바로 그게 …의 원인이야라고 말하려면 That's what causes~라고 하면 된다.

What is the cause of the computer virus that infected my computer last week?

지난 주에 내 컴퓨터를 감염시킨 컴퓨터 바이러스의 원인은 뭘까?

031   Why should I~ ?

---

①

Why should I+V?

내가 왜 …을 해야 돼?

단순히 어떤 처사에 대해서 이유가 궁금할 때 「왜 그래야 하는거죠?」라고 질문을 하거나, 나아가 그 이유에 대해 불만이 있을 때 떨떠름한 얼굴 표정으로(make sour face) 「내가 왜, 뭣 때문에?」라고 따질 때도 사용하는 표현이다.

> **Why shouldn't I pursue a job that I would like to have rather than working in a boring position?**
> 내가 왜 지루한 자리에서 일하기 보다 내가 하고 싶은 일자리를 찾으면 안돼?

---

②

Why do I have to+V?

내가 왜 …해야 되는거야?

이번에는 같은 의미이지만 좀 더 강한 동사구 have to+V를 써서 내가 왜 그래야 하는지 좀 세게 반문하고 있다.

> **Why do I have to be polite to everyone, even the people who seem to treat me in a rude manner?**
> 사람들은 나에게 무례하게 대하는 것처럼 보이는데 내가 왜 그들에게 친절해야 되는거야?

---

③

Why do I need to + V?

내가 왜 …해야 되는거야?

마찬가지로 have to~ 대신에 need to~를 쓴거 외에는 다른 점은 없다.

> **Why do I need to carefully wash my hands after I come into contact with various people in public?**
> 공공장소에서 여러 사람과 접촉을 한 후에는 왜 내가 손을 잘 닦아야 하는거야?

왜 …을 신경쓰는거야?

Why do you care what~ ?

① Why do you care what~ ?

왜 …을 상관하는거야?

단독으로 Why do you care? 혹은 What do you care?하게 되면 "무슨 상관이야?"이라는 무관심의 표현이 된다.

Why do you care what other people say about you if you know that those things are not true?

다른 사람들이 너에 대해 사실과 다른 말을 하는 것을 아는데 왜 그들이 뭐라하든 왜 상관하는거야?

② Why would you say S+V?

왜 …라고 하는거야?

상대방의 의견이나 주장에 이해할 수 없다는 의미의 패턴이다. 단독으로 Why would you say that?하게 되면 "왜 그런 말을 하는거야?"가 된다.

Why would you say Gary surfs the Internet so much whenever he is supposed to be working on our project?

넌 왜 게리가 우리 프로젝트 일을 해야 될 때마다 왜 그렇게 많이 인터넷을 둘러보고 있다고 말하는거야?

③ I'm surprised at your comment on~

…에 대한 너의 주장에 놀랐어

각양각색. 상대방의 의견이나 주장이 자기와 너무 달라 놀랐을 때 쓸 수 있는 표현이다.

I'm surprised at your comment on racial bias, because we know that all humans have inherent predjudices.

우리 인간은 모두 내재하는 편견을 갖고 있다는 것을 알고 있기 때문에 너의 인종편견에 대한 주장에 난 놀랐어.

8th DAY

사실일리가 없어!

033 It can't be true!

1

It can't be true!
사실일리가 없어!

상대방이 건네는 소식이나 주장에 그럴리가 없다고 강하게 부정하는 표현이다. "It" 대신에 That이나 This를 써도 되고 아니면 아예 주어를 생략하고 Can't be true!라고만 해도 된다. It's not possible!로 같은 맥락의 표현.

You mean that chocolate ice cream is one of the most fattening foods available? It can't be true!
네 말은 초콜릿 아이스크림이 시판중인 가장 살찌게 하는 식품 중의 하나라는거야? 사실일리가 없어!

2

It is unbelievable!
믿을 수 없어!

어떤 사실이나 상대방이 하는 말이 도저히 믿기지 않을 때 던질 수 있는 표현이다. It is unreal! 또한 같은 맥락의 문장이다.

The garbage trucks come so early in the morning and make noise that wakes everyone up! It is unbelievable!
쓰레기 트럭이 아침에 너무 일찍 와서 소음을 내 모든 사람을 깨우고 있어! 정말 믿을 수 없어!

3

You're joking!
농담하지마!

역시 상대방 말에 놀라서 하는 말로 "정말이야?," "농담이지?" 정도에 해당된다. 조동사를 바꿔서 You must be joking!(농담하는거지!)이라고 해도 된다.

You say that you think my sister is the most beautiful girl in the world? You're joking!
네 말은 우리 누이가 세상에서 가장 아름답다고 생각한다는거야? 농담하지마!

말도 안돼!

You can't be serious!

1

You can't be serious!
사실아니지!

be serious (about sth)는 '(…에 대해) 심각하다,' '장난이 아니다'라는 의미. 상대방의 말이 믿기지 않을 때 사용하면 된다.

You can't be serious! There is no way I would even try skydiving or jumping out of an airplane.

장난이지! 내가 스카이다이빙이나 비행기에서 뛰어내리는 시도조차 하는 일은 없을거야.

2

You're kidding!
농담하지마!, 장난하는거지!

상대방을 불신하거나 의도를 모를 때 '농담하지마,' '장난하는거지!,' 그리고 약간 놀랐을 때 '정말야!'라고 의미하는 표현.

I don't believe you when you tell us that you robbed a bank years ago. You're kidding!

오래전에 네가 은행을 털었다는 이야기는 믿을 수가 없어. 농담하지마!

3

No way!
말도 안돼!, 그럴리가 없어!

상대방의 말을 강하게 부정할 때에 쓰는 표현으로 '절대 안돼!,' '말도 안돼!' '싫어'라는 의미.

There is not a chance that I would ever talk to Susan again after she called me a bitch. No way!

수잔이 나를 나쁜년이라고 부른 후에는 다시는 개와 얘기나눌 가능성은 없어. 절대 안돼!

그만 좀 해!

Give me a break!

1

Give me a break!
그만 좀 해!

'좀 봐줘요' 또는 지겨우니 '그만 좀 하지 그래'라는 뜻으로 아주 많이 사용하는 표현. give it a break, cut me a break도 같은 의미.

Give me a break! I offered you four different foods for dinner and you still complained that you didn't like any of them.

그만 좀 해! 저녁으로 네가지 다른 음식을 제공했는데 넌 여전히 아무 것도 맘에 들지 않는다고 불평을 하고 있어.

2

Give it a break!
그만 좀 해!

앞서 나온 표현과 같은 의미이다. 다만 me 대신에 it을 쓴 점만이 다르다.

You are constantly complaining that you can't find the right type of guy to marry. Give it a break!

넌 항상 결혼할 잘맞는 타입의 남자를 찾을 수 없다고 불평만 하네. 그만 좀 하라고!

3

Get out of here!
말도 안돼!

상대방에게 「나 놀리지 마」(Stop your teasing!), 「내가 그 말을 믿을 것 같아?」(Don't expect me to believe that!) 등과 같은 반응을 보일 때 즐겨 쓰는 표현이다. 「거짓말하다」라는 뜻의 동사 bullshit을 이용, Are you bullshitting me?라고 해도 같은 의미.

Get out of here! There's no way she said yes.

그럴리가! 걔가 받아들였을 리가 없어.

I want you to leave! Get out of here!

그만 가봐! 꺼지라고!

It's because~

① It's because S+V

…하기 때문이야

That's why S+V는 결과를 말할 때, That's because S+V는 원인을 말할 때 사용한다. 여기서는 That 대신에 It를 썼을 뿐이다.

We like playing sports, and it's because it makes us physically fit and enhances our ability to work as a team.

우리는 운동경기하는 것을 좋아해. 그건 운동을 하면 신체적으로 튼튼해지고 하나의 팀으로 일하는 능력을 향상시켜 주기 때문이야.

② What did sb+V ~ for?

뭣 때문에 …가 …했을까?

What~for?는 문맥에 따라 다양하게 쓰일 수 있는데 여기서는 What~ for?=Why가 될 수 있는 경우를 살펴본다. 상대방이 별로 중요하지 않은 문제에 집착할 때 "What are you taking this so seriously for?"라고 말할 수 있다.

What did the new club members go home for? They usually have such a good time on our camping trips.

신입회원들은 뭣 때문에 집에 간걸까? 걔네들은 캠핑여행하면서 즐거운 시간을 보통 보내는데.

③ It's what got me to+V

그 때문에 내가 …된거야

그게 바로 나를 to+V하게 한 것이다라는 의미로 문맥에 따라 이유를 말할 때 사용되기도 한다.

It was terrible to see someone dying of lung cancer, and it's what got me to quit smoking cigarettes.

누군가 폐암으로 죽어가는 것을 보는 것은 끔찍한 일이야. 그 때문에 내가 금연을 하게 된거야.

4

For one thing~ and for another~
한편으로는 …하고, 또 다른 편으로는 …하다

많은 이유 중에서 '우선 한가지 이유는,' '우선 첫째로는,' '한가지 말하자면'이라는 뜻이고 이어서 또 다른 이유를 언급할 때는 for another~라고 하면 된다.

You need to improve yourself. For one thing, you're sloppy and overweight, and for another, you tend to be lazy.

넌 스스로를 발전시켜 나아가야 돼. 한편으로는 넌 무성의하고 몸무게도 많이 나가, 다른 한편으로는 넌 게으른 경향이 있어.

5

Have you ever wondered why S+V?
…의 이유가 뭔지 생각해 본 적 있니?

wonder why S+V는 왜 …인지 궁금하다라는 의미. 이를 현재완료 의문형으로 변형하고 이 안에 ever를 살짝 넣어서 문장을 만든 것이다.

Have you ever wondered why some people believe in God and others think God doesn't exist?

어떤 사람들은 신이 존재한다고 믿고, 또 다른 사람들은 신은 존재하지 않는다고 생각하는지 그 이유가 뭔가 궁금해 본 적이 있어?

6

see ~ as reason for~
…을 …의 근거로 생각하다

for 이하의 일을 한 이유가 see의 목적어이다라는 말. 그래서 "그가 이틀 연속으로 지각했다고 그를 해고하는 이유로 생각하지 않는다"라고 하려면 I really don't see being late two days in a row as reason for firing him라고 하면 된다.

Some of the owners of shops saw the pandemic as a reason to shut down for a few months.

일부 가게 주인들은 팬데믹 때문에 몇 달간 문을 닫아야 한다고 생각해.

8th DAY

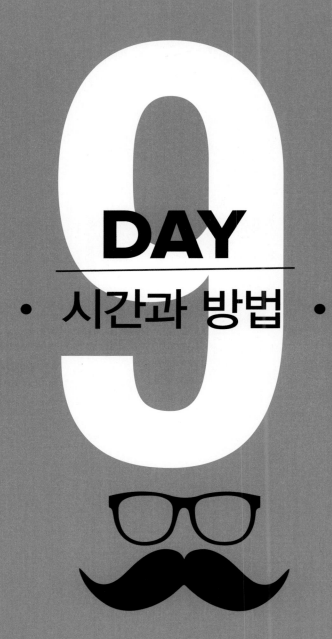

DAY 9

시간과 방법

+
Real-life
Conversations 37

…할 때이야

~ is a time when~

~ is a time when S+V

(날짜/명절)은 …의 시기야

특정한 날짜나 명절에는 S+V를 하는 때라는 뜻으로 "…에는 …을 하는 때야"라는 의미가 된다.

Christmas is a time when family members gather together to reminisce and exchange gifts with one another.

성탄절은 가족 구성원들이 함께 모여서 추억담을 회상하고 선물을 서로 주고 받는 때야.

There are times when S+V

…할 때가 있어

여기서 that[when]은 시간 관계부사이므로 days, nights, weeks, months 등 시간을 의미하는 명사들이라면 어떤 것이라도 자리를 바꾸어 응용해볼 수 있다. 이는 「항상 …하다」란 말과는 느낌이 다른 표현으로 「늘상 그런 건 아니지만…」 정도의 뉘앙스를 풍긴다.

There are times when television shows grab our attention and we have to watch the entire series.

TV 드라마가 우리의 관심을 끌어, 전 시리즈를 봐야 하는 때가 있어.

There was one time that S+V

한번은 …했었어

과거에 한번은(one time)은 S+V를 했다는 말로 that 대신에 when을 써도 된다.

There was one time that I learned about how important it is to have good friends during tough times.

어려운 시기에 좋은 친구들이 있다는게 얼마나 중요한 일인지에 대해 배운 때가 한번은 있었어.

002

…한 수많은 경우가 있어

There have been a number of occasions~

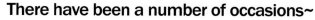

❶

There have been a number of occasions~

…한 수많은 경우가 있어

「특정한 경우」란 의미의 명사 occasion을 이용하는데 그런 경우가 한번이 아니라 여러번 있다는 말이므로 복수형을 쓴다. 그리고 상황에 대한 자세한 내용 설명은 that이나 when이 이끄는 관계부사절로 해결한다. 결국 완성된 문형은 There are occasions that[when] S+V.

There have been a number of occasions when I've gotten frustrated because I wasn't learning English as fast as others.
난 다른 사람들처럼 빨리 영어를 배우지 못했기 때문에 좌절을 겪은 적이 아주 많았어.

❷

That is often the case

그런 경우가 꽤 있어

"That is often the case"는 대개 상대방의 말에 대한 대답으로 쓰인다. 상대방이 언급한 사실을 주어 That으로 받고 「경우」, 「예」(example)를 의미하는 case를 be 동사의 보어로 받고 있다.

That was often the case when it came to training new employees.
신입사원들을 교육할 때 그런 경우들이 있었어.
In the past that was often the case.
과거에는 그런 경우가 있었어.

There comes a time when~

1

There comes a time when S+V

···할 때가 와[올거야], ···할 때도 있는거야

세상사 이런 경우 다양한 경우가 있다는 말. 앞의 내용과 유사하나 동사로 come이 왔다는 점에 유의한다. time 대신에 moment를 써도 된다.

There comes a time when **children need to become more independent from their parents.**

아이들이 부모들로부터 더욱 독립적으로 되어야 하는 때가 오는거야.

2

There never comes a moment when S+V

···한 때는 결코 없어

이번에는 반대로 ···하는 때는 전혀 없다라고 하려면 come 앞에 never를 넣어주면 된다.

There never comes a moment when **they regret eloping and getting married when they were young.**

젊었을 때 눈맞아 도망가 결혼한 것을 후회하는 때는 결코 없어.

3

There comes a point when S+V

···할 때가 있어

time이나 moment가 아니라 어느 시간상의 시점을 말하는 point를 쓴 경우이다.

There comes a point when **I can't stay awake anymore and I have to lay down and sleep, wherever I am.**

더 이상 깨어 있지 못하고 어디에 있든지 누워서 자야 되는 때가 있어.

004

…하는건 시간문제야

It's only a matter of time before ~

1

It's only a matter of time before S+V

…하는건 오로지 시간문제야

S+V가 일어나는 것은 단지 시간의 문제일 뿐 확실하다는 의미의 패턴이다. 앞에 It's (just) only~를 붙여도 된다.

It's only a matter of time before the Internet fails and people have to find an alternate way to communicate.

인터넷이 먹통이 되어서 사람들은 소통하기 위해 다른 방법을 찾아야 하는 것은 오로지 시간문제야.

2

It was a matter of time before S+V

…는 시간문제였어

이번에는 과거에 어떤 일이 일어났는데 그 일이 일어나는건 단지 시간문제일뿐, 일어날 수밖에 없다는 뉘앙스를 풍기는 패턴이다.

It was a matter of time before the problems you faced at work caused you to have anxiety in your personal life.

직장에서 직면한 문제들로 해서 개인적인 삶에 걱정을 갖게 되는 것은 시간문제였어.

3

It's (just) a matter of time till S+V

…하는 것은 시간문제야

위의 표현들과 같은 맥락의 패턴으로 단지 before 대신에 till을 썼을 뿐이다.

It's just a matter of time till we can project a hologram of ourselves while chatting on a cell phone.

핸드폰으로 채팅하면서 우리 자신의 홀로그램을 투영하게 되기까지는 시간문제야.

005 It's time to~

…할 때야

1

It's time to+V

(이제) …할 때야

…할 시간이 되었다라는 의미. 하지만 시간의 순서상 …할 차례가 되었다는 것이 아니라 의당 벌써 했어야하는 일인데 좀 늦은 감이 있다라는 뉘앙스를 풍기는 표현. 물론 It's time for dinner(저녁먹을 때다)처럼 바로 명사가 올 수도 있다.

It's time to solve some of the communication problems that you have had with your girlfriend.

네 여친과 있어왔던 소통문제의 일부는 풀어야 할 때야.

2

It's (about) time (that) S+V

벌써 …했어야지

일종의 현재사실과 반대가 되는 사실을 말하는게 되어 뒤에 절이 올 때는 It's time you got a job(네가 직장을 가져야 할 때다)처럼 과거형을 쓰게 된다.

It's about time that some agency planned another space mission to revisit the surface of the moon.

달의 표면을 다시 방문하기 위해 어떤 기구가 또 다른 우주탐사기를 벌써 계획했어야 돼.

3

It's high time S+V

더 늦기 전에 …할 때야

'it's time ~'에서 한발짝 더 나아가 'it's high time ~'이라고 하면 「…할 적절한 때다」란 의미. high time은 「마침 좋은 때」, 「더 늦으면 안되는 꼭 알맞은 때」라는 뜻이다.

It's high time you learn how to cook food that tastes good, rather than just cooking mediocre meals.

넌 형편없는 음식을 요리하기 보다는 맛좋은 음식을 어떻게 요리해야 하는지를 배워야 할 때야.

9th DAY

006

···하는데 ···의 시간이 걸려

It takes me+시간+to ~

It takes me+시간+to+V

···하는 데 ~의 시간이 걸린다

take는 「(시간 따위가) 걸리다」란 의미의 동사로 「It takes sb+시간+to+V」, 또는 「It takes+시간+for sb+to+V」의 문형으로 사용되어 「···가 ~하는 데 시간이 걸리다」란 뜻을 나타낸다. 이처럼 take는 주어가 사물이 되면 시간, 돈, 노력 따위를 「필요로 하다」(need)란 의미를 갖게 된다.

It takes me some time to figure out someone's personality and whether they are kind or self centered.

누군가의 인성을 알아보고 그들이 친절한지 아니면 자기 중심적인지를 알아내는데는 시간이 좀 걸려.

It will take you about+시간명사

(너에게는) ···정도 시간이 걸려

어떤 일을 하는데 소요되는 시간을 말하는 것으로, you를 뒤로 빼내 It will take about+시간+for you to+V의 형식으로도 가능하다.

It will take you about ten minutes to finish the report you are working on.

작업하고 있는 과제물을 마무리하려면 10분 정도 걸릴 겁니다.

It takes a while to + V

···하는 데는 시간이 좀 걸린다

기본적인 단어 time 대신에 while을 쓴 경우이다. a while은 시간이 좀 걸린다라는 의미의 명사이다.

I think so too, but it takes a while to get used to it. I was trying to figure out what "chuka" meant, but then I realized that it was short for "chuk-ha."

나도 그렇게 생각해, 하지만 그거에 익숙해지는데 꽤 시간이 걸렸어. 난 "추카"가 뭘 의미하는지 알아내려고 했고 그런 다음 그게 "축하"의 줄임말인 것을 알게 되었어.

…하는데 얼마나 시간이 걸려?

How long will it take to~ ?

① How long does it take to+V ~?

…하는 데 얼마나 걸려?

「(…가) ~하는 데 (시간)만큼 걸리다」라는 평서문의 형태로 쓰면 It takes (sb) + 시간 + to + V라는 유명 문형이 된다. How long does it take to~까지를 통째로 외워두고 to 이하에 시간이 얼마나 걸릴지 궁금한 내용을 이어서 표현한다.

How long does it take to plan a party if you want to invite fifteen or twenty people to your house?

집에 15명 내지 20명을 초대한다면 파티를 기획하는데 걸리는 시간은 얼마나 돼?

② How long will it take to+V?

…하는데 시간이 얼마나 걸릴까?

이번에는 미래시제 will을 써서 물어보는 경우이다. 회화에서 가장 뻔질나게 등장하는 표현 중 하나로 「…하는 데 걸리는 시간·기간」을 물을 때 쏠쏠하게 써먹을 수 있으니 문장을 통째로 외워두자.

How long will it take to hack into an e-mail account if you do not have the person's password?

패스워드를 모른 상태에서 누군가의 이메일 계정을 해킹하는데 얼마나 시간이 걸려?

③ How long do you think S+will+V ~?

…하는데 얼마나 걸릴거라고 생각해?

시간이 얼마나 걸리냐고 물어보는 것은 같은 맥락이나 중간에 do you think을 삽입하여, 상대방이 생각하기에 얼마나 걸리는지 물어본다는 느낌을 주는 표현이다.

How long do they think it will be until the part arrives?

부품이 도착하는 데 얼마나 걸릴거라고 생각해?

9th DAY

008

얼마나 빨리 …?

How soon~ ?

How soon~ ?
얼마나 빨리…?

How+형용사로 이어지는 의문문으로 How often과 더불어 일상생활 영어회화에서 자주 쓰이는 구문이다. How soon~?은 "얼마나 빨리…해?"라는 의미이다.

How soon will we be able to take off our masks and attend large social gatherings again?

얼마나 빨리 우리는 마스크를 벗고서 대규모 사회적 모임에 다시 참석할 수 있을까?

How often~ ?
얼마나 자주 …해?

의문사 how 뒤에 빈도부사 often을 쓰면, How often do you go to the movies? 또는 How often do you go swimming? 등과 같이 주로 취미나 습관을 물어보는 표현이 된다. 생기본이면서도 우리 일상생활 속에서 자주 등장하는 유용한 표현이니 자주(often) 써먹도록 하자.

How often do you have to get up to pee during the night after you've been drinking a lot of beer?

맥주를 아주 많이 마신 후에 새벽에 소변 누려고 얼마나 자주 일어나야 해?

How long ago was+N?
…했던게 얼마나 오래 전 일이지?, 얼마나 (오래)됐지?

N이 일어난 이후에 얼마나 시간이 지났는지 물어보는 것으로 과거의 사건들을 기억해낼 때 필요한 패턴이다.

How long ago was the big economic crisis in Korea?

한국에서 대형 경제 위기가 온 것은 얼마나 오래됐어?

···한지 ···가 됐어

It has been+시간+since ~

1

It has been+시간+since~

···한지 ···가 됐어

현재완료형하면 꼭 빠지지 않고 등장하던 구문. 「since 이하의 일을 한 지가 얼마나 지났다」는 의미로 접속사 since 뒤에는 「절」(S + V)이 온다. 이때 동사는 반드시 「과거형」이어야 한다는 사실을 명심할 것!

It has been over two months since we ordered the supplies and we still haven't received them.

사무용품을 주문한지가 2달이 넘었는데 아직도 못받았어요.

2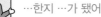

Whenever[Every time] S + V1~, S + V2

···할 때 마다 ···하다

「···할 때마다」라는 뜻의 whenever나 every time (that) 등을 써서 「Whenever[Every time] S + V1~, S + V2」로 만든 패턴. 또한 좀 과장하면 「V1하지 않고는 V2하지 않는다」(S + not + V1 ~ without + V2의 동명사형)라는 이중부정으로 나타낼 수도 있다.

Whenever a thunderstorm arrives in the area, some of my classmates stay inside because of the noise.

이 지역에 천둥이 칠 때마다, 반 학생들 중 일부는 소리에 놀라 밖으로 나가지 않아.

3

not ~ until~

하고 나서야 ···하다, ···까지 ~하지 않다

not ~ until은 until 이하의 상황이 되면서 그때까지의 상황이 바뀌는 것, 즉 우리말의 「···하고 나서야 비로소 ~하다」라는 의미에 가깝다.

I don't think this problem will be resolved until Japan makes a real public apology for its actions.

이 문제는 일본이 자신의 행동에 진정한 공개적인 사과를 하기 전까지는 풀리지 않을 것 같아.

010 · I can't remember the last time~

…한 마지막 때가 기억안나

1

I can't remember the last time S+V

…한 마지막 때가 기억안나

마지막으로 S+V한 때가 언제인지 기억이 나지 않는다라는 문장이다. 기억이 가물가물 나지 않는 것을 S+V에 넣어주면 된다.

I can't remember the last time I saw any of the students that I attended elementary school with.

함께 초등학교를 다녔던 학생들 중 누구라도 마지막으로 본 적이 언제인지 기억안나.

2

I (can) remember back+몇년(a few years)+when(관계부사) S+V …로 거슬러 올라가 …했던 때가 떠올라

'I (can) remember back + 몇년(a few years) + when(관계부사) + S + V'의 꼴이 된다. 이때 조동사 can을 삽입하면 의미상에 큰 차이는 없지만, 문장에 자기의 감성이 좀 더 실리게 되어 더욱 생동감있고, 촉촉한 표현이 되는 것이다.

I can remember back 3 years ago when we met for the first time, inside a small coffee shop.

3년전에 조그만 커피숍 안에서 처음으로 만났던 때가 기억나.

3

One thing that we have to remember is that S + V

한가지 기억해두어야 할 것은 …이야

상대방에게 「이것만은 꼭 잊지 말고 기억하자」고 하고 싶을 때 또는 「상대방이 잊고 있는 사실을 상기시켜 줄 때」 쓸 수 있는 표현으로 remember 대신 know, listen to 등의 다른 동사를 넣어 다양히 활용해 볼 수 있는 표현이니 알아두면 유용하게 써먹을 수 있을 것이다.

One thing that we have to remember is that we are competing against ourselves.

우리가 기억해야 할 것 하나는 우리가 서로 경쟁하고 있다는 점이다.

011 ···한게 그때가 처음였어

It was the first time that ~

1

It was the first time (that) S+V
···한게 그때가 처음였어

뭔가 처음으로 일이 벌어졌을 때 쓰는 표현으로 반대로 ···한게 그때가 처음이 아녔어라고 하려면 It wasn't the first time S+V라고 하면 된다.

It was the first time that we considered getting engaged, because we'd been dating for around a year.
우리는 일년 정도 데이트를 해왔기 때문에 그때 처음으로 우리는 약혼하는 것을 고려했어.

2

It was the first time that S+V in at least~
···한 것은 ···년 만에 처음이었어

It is the first time (that) ~이라는 뼈대에 that절은 경험을 나타내는 완료시제를 써야 「···한 것은 ~만에 처음이다」라는 얘기를 제대로 표현할 수 있다. 다음으로 「몇년만에」라는 표현은 과거의 일정 기간 「동안」을 나타내는 전치사 in을 사용하여 in ~years로 나타낸다.

It was the first time that we had sex in at least a week because we had both been traveling elsewhere.
우리는 서로 다른 곳을 여행하고 있었기 때문에 우리가 섹스를 한 것은 적어도 일주일만에 처음였어.

3

Was this your first time to do that?
이거 처음 해보는거야?

Is this your first time to+V/ that S+V~? 형태로 상대방에게 ···하는 것이 처음이냐고 물어보는 표현이다. ···하는 것이 처음이야[아니야]라고 하려면 It's (not) the first time to+V~/ that S+V~ 이라고 하면 된다. 또한 간단히 This is [not] my first time하면 난 처음이야[아니야]라는 뜻이 된다.

You skipped the entire school day and didn't tell anyone about it. Was this your first time to do that?
넌 학교 수업일을 몽땅 빼먹고 아무에게도 얘기를 하지 않았어. 이렇게 한게 이번이 처음이야?

9th DAY

012

…을 회상하기 시작했어

I started to think back on~

I started to think back on~

…을 회상하기 시작했어

「생각하다」라는 가장 일반적인 동사구 think on로 틀을 잡은 뒤, 「돌이켜」라는 뜻의 부사 back으로 이를 수식해서, think back on 하면 「회상하다」라는 의미가 된다. 여기에 …하기 시작했다라는 뜻으로 started to+V를 붙여주면 된다.

I started to think back on all of the times I had done foolish things that I later came to regret.

나중에 후회하게 되는 어리석은 짓들을 했던 시절들이 다시 생각나기 시작했어.

I'm trying to think back on the time when S+V

…한 때를 기억해내려고 해

다시 think back on~을 이용한 패턴을 하나 더 만들어보자. 여기 패턴은 좀 더 구체적인 경우로 S+V한 때를 기억해내려고 한다는 의미이다.

I'm trying to think back on the time when we met initially and remember what my first impression was.

우리가 처음 만났던 때를 기억해내서 내 첫인상이 어땠는지를 기억하려고 하고 있어.

It makes me think of all the times when S+V

그 말을 들으니 …했던 때가 생각나

It makes me+V는 그게 V를 하게 하다, 그리고 It makes me think of~하게 되면 그게 …를 생각나게하다, 즉 'It' 때문에 when~ 이하가 생각나게 된다라는 문장이다.

It makes me think of all the times when we wasted hours and hours playing computer games online.

그 말을 들으니 우리가 시간을 낭비하며 온라인 컴퓨터 게임을 하던 때가 생각이 나네.

네가 …을 안말했잖아

You forgot to mention~

① You forgot to mention~

…는 말하지 않았잖아

직역하면「네가 …를 언급하는 것을 잊었다」. 동사 forget은 과거에 있었던 일을 잊었을 때는 바로 뒤에 동명사를 쓰지만, 이처럼 해야할 일을 잊은 경우에는 to 부정사가 나온다는 것을 기억해 두자.

You forgot to mention that he wanted me to bring the reports with me to the board meeting.

내가 중역회의에 그 보고서를 가지고 오기를 그가 원했다고 말하지 않았잖아.

② I'll never forget that time when S+V

…했던 그 때를 절대 잊지 못할거야

S+V 했던 때를 절대 잊지 못하다, 즉 긍정적이든 부정적이든 …했던 때를 꼭 기억하고 있겠다는 다짐의 표현이다.

I'll never forget that time when it rained so much that our whole neighborhood flooded.

비가 억수로 쏟아져서 우리 동네 전체가 침수됐던 때를 절대 잊지 못할거야.

③ It seems like just yesterday that S+V

…가 바로 엊그제 일 같아

동사 seem(또는 feel)과「…처럼」의 뜻으로 쓰이는 like, 그리고 yesterday를 그냥 연결시키기만 하면 된다. 그리하여 이에 해당되는 완전한 표현을 만들어 보면, 'It seems(feels) like (just) yesterday (that) S + V ~' 구문!

It seems like just yesterday I was celebrating the New Year and trying to decide on a New Year's Resolution.

새해를 기념하고 새해결심을 결정하려고 한 때가 바로 엊그제 같아.

9th DAY

014

그렇게 되면 …하게 될거야

It'll give us time to~

It'll give us time to+V
그렇게 되면 우리가 …할 시간을 갖게 될거야

It'll give sb time to+V를 직역하면 그것이 sb가 to+V 이하를 할 시간을 줄거다. 즉 그렇게 되면 sb가 …할 시간이 있게 될거야라는 뜻이 된다. 주어인 It이나 That은 어떤 상황을 뜻하 는 것으로 생각하면 된다.

It'll give us time to adjust from the hot and humid summer weather to the cooler weather of autumn.
그렇게 되면 우리가 덥고 축축한 여름날씨를 더 시원한 가을 날씨로 조정하는데 우리가 시간을 갖게 될거야.

Sometimes S+V, but most of the time S+V
가끔은 …하지만 대부분은 …하다

뭔가 일부 인정은 하면서 자기의 주장을 말할 때 긴요한 표현이다. sometimes는 '때때로'라 는 의미이다.

Sometimes I go out to places with my friends, but most of the time I am content to stay home and do things in my house.
때로는 친구들과 이곳저곳 돌아다니지만 대개는 집에 머물러 집안에서 이런저런 일들을 하는 것에 만족하고 있어.

I spend + 시간 + ~ing
〜하느라 …의 시간을 보내다

spend 다음에 시간 그리고 동사의 〜ing형을 써서 「…하는 데 얼마의 시간을 보내다」라는 의미. It takes time (for+sb) to〜로도 바꾸어 쓸 수 있다.

As I sit here on the subway train on my way to work, I just realized that I spend more time commuting back and forth to work than I get as actual holiday time.
출근길 열차에 앉아 있으면서 난 내가 얻는 휴가 시간보다 출퇴근하는데 더 많은 시간을 소비한다는 것을 깨달았어.

I was just ~ing

1

I was just ~ing
그때 막 …을 하고 있었어

대화가 시작하기 전까지 어떤 것을 계속 하고 있었다(had been doing something)는 의미의 표현. I was ~ing에 just가 붙어「그때 막」하고 있었다는 완료의 의미를 강조하고 있는 구문이다.

I was just ordering lunch from the catering company for tomorrow's staff meeting.
외식업체에 내일 있을 직원회의 때 먹을 점심을 막 주문하고 있었어.

2

I was just trying to + V
막 …하려고 했었어

be trying to+V에서 과거형으로 was trying to+V처럼 쓰게 되면 과거에 to+V 이하를 하려고 했었다라는 말로 다시 말하자면 자신의 원래 의도 혹은 하려고 했지만 아직 하지 못한 얘기를 말할 때 사용하면 된다.

I was just trying to understand why anyone would want to move to another nation and start a new life there.
누군가는 왜 다른 나라로 이민을 가서 거기서 새로운 삶을 살기로 하려는지 이해를 해보려고 했어.

3

have a long way to go before ~
한참 후에나 …하다, …하기 전까지 시간이 많이 남았다

before 이하의 상황이나 일이 있기 위해서는 앞으로 많은 시간이나 노력이 필요하다고 할 때 이용하면 된다.

The company has a long way to go before it can be considered an international company.
그 회사는 세계적인 회사로 인정받을 수 있기까지는 가야할 길이 멀다.

4

What are you planning to ~ ?

뭘 …할 계획이냐?

be planning to~는 직역하면 「…를 계획하고 있다」, 쉽게 말해 「…를 할 것이다」라는 얘기. 하지만 be going to에 비해 주체자의 의도가 보다 능동적이고 적극적이라는 점이 다르다. 역시 to 뒤에는 동사원형이 온다.

What are you planning to talk about during the meeting that was called for this afternoon?

오늘 오후에 소집된 회의에서 무엇에 대해 얘기할 건가요?

5

while ~ing

…하는 동안에

기간의 「…동안」을 나타낼 때는 전치사 for를 쓰지만, 어떤 구체적인 행위를 「하는 동안」이라고 하려면 접속사 while S + V~ 구문을 쓴다. 단, 주절과 while이 이끄는 종속절의 주어가 동일할 때는 S + be는 흔히 생략되어 while 뒤에 ~ing 형태가 바로 온다.

Jake wants to turn the style of the room into French, while his wife is in favor of a typically American look.

제이크는 그 방 스타일을 프랑스식으로 바꾸고 싶은 반면 아내는 전형적인 미국식을 더 좋아한다.

6

especially when ~ing

특히 …할 때는 더 (그렇다)

주절의 내용을 뒷받침해주는 근거 또는 이유를 나타내는 표현으로 구체적인 근거를 말하는 when 앞에 especially를 덧붙임으로써 주절행위의 당위성을 강조하고 있다.

Taking some English lessons is a great idea especially when planning on coming to the US.

영어교습을 받는 건 정말 좋은 생각이야, 특히 미국에 올 계획이 있다면 더 그렇지.

It's on the tip of my tongue
혀끝에서 뱅뱅 도는데

어떤 말이 생각 날듯 날듯 안날 때, 흔히 「입안에서 맴도는데, 그게 뭐였더라?」라는 말을 많이 하는데, 영어에서도 이와 같은 개념으로 It's on the tip of my tongue이란 말로 나타낸다.

I'm trying to remember the name of the most famous museum in Paris, but it's on the tip of my tongue.

난 파리에 있는 모든 유명한 박물관 이름을 기억하려고 하는데, 그게 혀끝에서 뱅뱅 도네.

DAY 10

• 비교, 가정, 연결어 •

차라리 …할거야

I'd rather~

① I'd rather+V

차라리 …할거야

I'd(would) rather~ 다음에 바로 동사원형을 붙이면 되고 또한 I'd rather S+V(과거)의 형태로 …하는게 좋겠어라는 의미로도 쓰인다. 반대로 차라리 …하지 않을래라고 하려면 I'd rather not+동사원형을 쓰면 된다.

I'd rather talk to someone in person than use a cell phone or my computer to do some video chatting.

난 핸드폰이나 컴퓨터를 사용해서 화상채팅을 하는 것보다 차라리 직접 만나 이야기를 나누겠어.

② I'd rather A than B

B보다는 오히려 A할래

비교대상을 넣어 I'd rather A than B(B하기 보다는 차라리 A하겠어)라고 쓰기도 한다. would rather A than B는 많이 외웠던 것으로 「B보다는 오히려[차라리] A가 낫다」라는 뜻의 표현.

Today, however, many upper-middle class people consider leaving because they just want to escape from the Korean rat race. They would rather be comfortable than have to overwork themselves here.

하지만 오늘날 많은 상류층 사람들은 한국의 치열한 경쟁으로부터 벗어나기를 원하기 때문에 이민을 염두에 둔다. 그들은 여기서 과로를 해야 되는 것보다 오히려 편해지고 싶어한다.

③ Wouldn't you rather+V~, instead of+~ing?

…하는 대신 …하는게 낫지 않을까?

Wouldn't you rather+V?는 잘 쓰이는 표현으로 우리말로는 "…하는게 낫지 않을까"라는 의미. 부정의문문 특유의 뉘앙스를 띈 문장으로 …하는게 나을거야라는 뜻을 갖는다. 여기에 instead of~ing를 뒤에 붙여서 문장이 길어진 경우이다.

Wouldn't you rather have an interesting hobby to occupy your time, instead of sitting around and being bored?

자리에 앉아서 지루하게 시간을 보내는 대신 흥미로운 취미생활로 너의 시간을 사용하는 것이 더 낫지 않을까?

002

…할 길[방법]이 전혀 없어

There's nothing to~

There's nothing to+V

…할 아무 것도 없어

to 이하의 행동을 할 방법이나 길이 전혀 없다. 즉 "…을 할 길이 없다"라는 부정적인 의미의 표현이다. 참고로 There's nothing to stop sb from ~ing하게 되면 'sb가 …하는 것을 막을 길이 없다.' '아무것도 sb가 …하는 것을 막을 수가 없다'라는 의미가 된다.

There's nothing to **lose by going out and trying new and different things that might interest you.**

밖으로 나가서 너의 관심을 끌지도 모를 새롭고도 다른 일들을 해본다고 해도 잃을게 아무 것도 없을거야.

There's nothing I can do to+V[about+N]

내가 …에 대해 할 수 있는 것은 아무 것도 없어, 속수무책이야

There's nothing~ 다음에 주어로 'I'가 오는 경우이다. 내가 어찌할 도리가 없다고 표현할 때 사용하면 좋은 표현이다.

There's nothing I can't **share with you.**

너랑 함께하지 못할 게 아무것도 없어.

There's nothing you can do to+V[about+N]

네가 …대해 할 수 있는 것은 아무 것도 없어

There's nothing you can do about it(그건 속수무책이야)의 형태로 많이 쓰이는 패턴이다. 위에 보듯이 do~ 다음에는 to+V 혹은 about+N이 이어진다.

There's nothing you can do about **it. So stop bitching.**

그거 속수무책이야. 그러니까 더 이상 불평하지마.

There's nothing left for us to do except+V

…가 …하는 것 외에는 아무 것도 남은 것이 없어

우리가 할 수 있는 일이라고는 except~ 이하를 하는 것이외에는 남은 일이 없다고 말하는 것으로 뭔가 부정적이고 암담한 현실을 말할 때 사용한다.

There's nothing left for us to do except sit back and grow old together.

우리가 그냥 가만히 앉아서 같이 나이드는 것 외에는 우리에게 남은 것이 아무 것도 없어.

There's nothing worse than~

…보다 더 나쁜 짓은 없어

There's nothing worse than~은 '…보다 더 나쁜 것은 없다'라는 말로 뭔가 안좋은 일을 강조해서 표현하는 문장.

You know there's nothing worse than watching your kids suffer.

자식이 고통받는 것을 보는 것보다 최악인 건 없다는 것을 알잖아.

There's nothing for sb (but) to+V

…가 …을 할 수밖에 없어

There's nothing for sb (but) to~는 sb가 to~이하를 하는 것외에는 달리 방법이 없다는 것으로 'sb가 …을 할 수밖에 없다'라는 표현.

There's nothing for us to talk about.

우리가 얘기를 나누는 수밖에 없어.

I mean, there's nothing for me to do but to leave.

내 말은 내가 떠나는 것 외에는 달리 할 방법이 없다는거야.

There's nothing like ~

1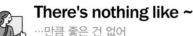

There's nothing like ~

…만큼 좋은 건 없어

우리말에서도 「…만큼 좋은 게 없다」는 말을 「…만한 게 없어」라고 다소 함축적으로 표현하듯이, good이나 better 등의 단어가 들어있지는 않지만 There's nothing like ~라고 하면 「…만큼 좋은 것은 없다」는 것을 나타낸다.

There's nothing like sitting down with friends to a home cooked meal and a few bottles of beer.

친구들과 함께 앉아서 집에서 요리한 식사를 하고 맥주 몇 병을 마시는 것만한 것이 없어.

2

There's nothing like A to+V

…하기 위해서는 …만한게 없어

위 패턴을 응용한 것으로 to+V 이하를 하기 위해서 A만한게 없다, 즉 A가 to+V 이하를 하는데는 최고이다라는 뜻이 된다.

There's nothing like being sick for a while to make you appreciate how nice it is to be healthy.

건강한게 얼마나 좋은 것인지 감사하도록 하게 위해서는 잠시 아픈 것보다 더 좋은 것은 없어.

3

There's nothing like A when S+V

…할 때는 …만한게 없어

"There's nothing like a hot bath when you are really tired"라고 하면 「정말 피곤할 땐 목욕만한 게 없어요」라는 것에서 보듯 A가 만큼 좋은게 없는데 그 조건을 to+V 대신 when S+V를 쓴 점이 다르다.

There's nothing like getting praised by your boss when you have done a good job on a project.

한 프로젝트를 잘 끝냈을 때 상사로부터 칭찬을 받는 것만큼 좋은 것은 없어.

···만큼 좋아하는게 없어

There's nothing I like more than~

❶ There is nothing I like more than~

···만큼 좋아하는 게 없다, ···을 가장 좋아한다

「···하는 것보다 내가 더 좋아하는 것은 없다」라는 의미로 There is nothing I like more than~ 뒤에는 명사나 명사에 상당하는 어구를 넣어주면 된다. 여기서 like는 앞의 There's nothing like~의 경우와는 달리 동사이다.

There is nothing I like more than to escape from reality into a dark, relaxing movie theater with a bag of popcorn.

팝콘과 함께 어둡고 긴장을 풀어주는 극장으로 현실로부터 탈출하는 것보다 더 좋은 것은 없어.

❷ Nothing is more ~ than~

···하는 것보다 더 ···하는건 없어

뭔가 자기가 최고로 좋아하는 것을 말하는 것으로 굳이 문법적으로 말하자면 비교급으로 최상급을 만드는 방법이다. 앞에 I think~을 붙여서 I think that nothing is more+형용사+than~라고 해도 된다.

Nothing is more irritating than listening to your neighbor make a lot of noise in his apartment all night long.

밤새 옆집 사람이 아파트에서 내는 엄청난 소음을 듣는 것보다 더 화나게 하는 것은 없어.

❸ The +비교급 S+V, the+비교급 S+V

···하면 할수록 점점 더 ···하다

형용사나 부사의 비교급에 관한 항목에 이르면 반드시 나오는 'the+비교급 ~, the+비교급 ~'의 구문이 그것. 「~」 부분에는 「S+V」의 형태가 들어가는 것이 보통이다.

I love watching you in action because the more you work, the less I have to.

난 네가 일하는 걸 보는게 좋아, 왜냐하면 네가 일을 더할수록 난 덜해도 되니까.

10th DAY

점점 좋아지고 있어

005 be getting better and better

be getting better and better
점점 더 나아지고 있다

뭔가 계속 이어서 더 좋아지고 있다고 말하는 것으로 be getting의 진행형과 better and better의 반복법을 기억해둔다.

It wasn't easy to join the military and start training, but it is getting better and better as time goes along.

군대에 들어가 훈련을 시작할 때는 쉽지 않았지만, 시간이 흘러감에 따라 점점 더 나아지고 있어.

be getting harder and harder (to+V)
(…하기가) 점점 더 어려워지다

반대로 더 어려워진다고 할 때는 harder and harder를 쓰면 된다. 뭐가 어려운 지를 말하려면 to+V를 붙여 쓰면 된다.

Every New Year's I promise myself that I'm going to finally quit smoking and every year it gets harder and harder.

매년 새해에 마침내 금연을 하겠다고 다짐을 하지만, 매년 그게 점점 더 힘들어져.

become more and more+형용사
점점 …하게 되다

같은 맥락으로 become more and more+형용사하게 되면 점점 …하게 된다라는 표현으로 위의 패턴들과 같은 맥락이다.

I have noticed that the programs on TV are becoming more violent, the language is becoming more obscene and the scenes are more provocative than ever before.

TV의 프로그램이 점점 폭력적이 되고, 언어는 점점 더 외설적이고, 그리고 장면들은 그 어느때보다 더 자극적으로 되고 있다는 것을 알게 되었어.

···가 생각했던 것보다 더 ···한

more ~ than sb thought

~more ~ than sb thought
···가 생각했던 것보다 더 ···한

비교급 + than + S + thought의 패턴으로 실제 회화에서는 think 외에 imagine, expect, suppose 등 여타 「기대」류 동사들도 바꿔가며 써먹을 수 있다.

Buying a diamond engagement ring for my girlfriend took more money than I thought it would.

여친에게 줄 다이아몬드 약혼반지를 살 때 내가 예상했던 것보다 더 많은 돈이 들었어.

~more~ than sb thought to+V
···하기가 생각보다 ···해

한 단계 응용해서 생각보다 어려운게 뭔지 구체적으로 함께 말해주는 문장이다. 앞의 패턴 뒤에 to+V를 붙여주기만 하면 된다. 그래서 학교숙제를 따라가는게 생각보다 어려웠다라고 하려면 It's been harder than I thought to keep up with schoolwork라고 하면 된다.

Wow, it costs much more than I thought to try and buy a house and a car these days.

와, 요즘에 집과 차를 사는데 생각보다 더 많은 돈이 들어.

비교급 + than ever before
그 어느 때 보다도 더 ···한

강조어 ever를 이용한 「비교급 + than ever before」를 쓰면 된다. 예로 「그 어느 때보다도 더 폭력적인」은 more violent than ever before라고 한다.

My friends are working harder than ever before to find good jobs in the nation's tech sector.

내 친구들은 우리나라의 기술분야에서 좋은 일자리를 찾는데 그 어느 때보다도 더 열심히 노력하고 있어.

007

가장 좋은 점은 …야

The best part is ~

1

The best part is S+V
가장 좋은 점은 …야

좀 생소하지만 the best part, 반대인 the worst part, 그리고 the easy part와 역시 그 반대인 the hard part를 잘 기억해두면 영어말하는데 큰 도움이 된다.

The best part is we brought our tablets so we'll be able to watch movies while we're riding on the bus.

가장 좋은 점은 우리가 태블릿을 가져와서 버스를 타는 동안 영화를 볼 수 있다는 점이야.

2

The hard part is S+V
어려운 점은 …야

언급했듯이 뭔가 어려운 부분이 무언지 말하려면 The hard part is S+V의 형태로 써주고, 반대로 쉬운 부분은 The easy part is S+V의 형태로 써주면 된다.

The hard part is he broke up with me via a text message, so I never got to confront him face to face.

힘든 점은 그가 문자를 통해 나와 헤어져서 난 그와 얼굴을 대면할 수 없었다는거야.

3

the best+명사 + I've pp is~
지금까지 …한 것 중에 가장 …한 것

「…한 적이 있는 가장 멋진, 혹은 가장 좋은 뭔가」에 대해서 얘기할 때는 the best 뭔가 +I've pp구문을 적극 활용하자. 뒤의 pp 부분에는 ~I've ever had, I've got, I've seen 등이 주로 이어진다.

The new SBS variety program is the best show I've seen on TV in the past few years.

SBS의 버라이어티 프로그램이 지난 몇 년간 TV에서 본 것 중에서 가장 멋진 쇼야.

…가 처음 …한 …야

be the first ~ to~

1

be the first sth to+V
…한 최초의 …이다

the first를 명사로 써서 be the first to~ to+V의 형태로 '처음 …한다'라는 의미로도 쓰일 수 있다. 여기서는 the first+sth의 형태를 먼저 살펴보기로 한다.

My great grandfather was the first individual in my family to attend and graduate from a four year university.

나의 증조부는 우리 가족 중에서 최초로 4년제 대학교를 다녔던 분이셨어.

2

be the first sb to + V
…한 최초의 …이다

「…한 최초의 ~이다」라는 표현 역시 to 부정사의 형용사적 용법에 입각한 'be the first sb to+V'로, to 이하의 동사가 앞의 sb를 꾸며주는 것이다.

My girlfriend was the first woman to ever enchant me enough to fall in love with her.

나의 여친은 내가 사랑에 빠지게 할 정도로 나를 황홀하게 만든 최초의 여자였어.

3

be the last thing I should+V
…하게 될 것 같지 않다, …하기 힘들 것 같다

the last thing~이 붙으면 가장 …하지 않을 것이다라는 의미를 갖는다. 유명한 The last thing I want to+V는 가장 원치않는 일을 말할 때, the last thing I expected는 전혀 예상 못한 일을 언급할 때 사용하면 된다.

Going out with my friends is the last thing I should do when I have so much work waiting for me at home.

난 집에서 해야 할 일이 아주 많아서 친구들과 외출하게 될 것 같지는 않아.

009

…해라

You'd better ~

1

You'd better+V

…을 해라

You'd better+동사는 보통 친구나 아랫사람에게 하는 말로 …해라, …하는 게 좋을 것이라는 뜻. 보통 줄여서 You'd better, I'd better, we'd better로 쓰고 아예 had를 빼고 I(We, You) better+V라고 쓰기도 하고 심지어는 인칭도 빼고 Better+V라 쓰기도 한다.

You'd better go and do the things you enjoy because life is short and some people regret not having fun.

인생은 짧고 즐기지 못한 것을 후회하는 사람들도 있으니 나가서 네가 즐거워하는 일들을 하도록 해.

2

You'd better not+V

…하지마라

부정형은 You'd better not do this처럼 better 다음에 not을 붙이면 된다.

You'd better not mess around with people who are disreputable or they will get you in trouble.

평판이 안좋은 사람들을 건드리지 않는게 좋아. 그렇게 되면 네가 곤경에 처하게 될거야.

3

You'd better~, or you will~

…해라 그렇지 않으면 넌 …하게 될거야

명령문, or S+V의 패턴으로 …해라 그렇지 않으면 …하게 될거야라는 의미이다. 명령문자리에 명령에 가까운 You'd better를 쓴 경우이다. 반대로 …하지마라, 그러면~ 이라고 하려면 You'd better not+V, or you'll~이라고 하면 된다.

You'd better see a doctor about those symptoms or you will gradually become sicker and sicker.

의사에게 가서 그 증상들을 진찰받아보도록 해. 그렇지 않으면 넌 점점 더 병이 깊어질거야.

I will~ even if~

① I will+V~, even if S+V

…할지라도 …할거야

양보의 접속사를 사용한 even if S+V 이하, 즉 비록 …할지라도 난 …하겠다는 다짐의 표현이다. 반대로 비록 …할지라도 난 결코 …하지 않겠다는 부정의 다짐을 할 때는 I'll never+V, even if S+V라 한다.

I will propose marriage to her every day, even if she rejects me every time I ask her.

내가 청혼할 때마다 거절할지라도 난 매일 그녀에게 청혼을 할거야.

② Even though S+V, S+V

비록 …라 해도, …하다

though나 even though나 양보의 의미이긴 마찬가지이나, 강조부사 even이 붙어 있으면 좀더 어조가 강해진다. although도 though와 거의 비슷하게 쓰이지만, though처럼 앞에 even이 붙지 않는다는 사실도 다시 한번 확인한다.

Even though he is very popular, I know that it must be difficult to put your career on hold for almost five years, then come back.

걔가 매우 인기가 좋다할지라도, 거의 5년간 커리어를 중단했다가 다시 돌아오는 것은 어려울 것이라고 생각해.

③ I'll+V, only if S+V

오직 …할 때에만 …할거야

역시 다짐의 표현이지만 이번에는 양보의 접속사로 반대되는 내용을 말하는 것이 아니라, 오로지 …하는 조건하에서만 …을 하겠다는 제한적 다짐의 표현이다.

I'll join you at a concert, only if we agree on the type of music and the musician who is performing.

난 우리가 연주하는 음악과 음악가에 동의하는 경우에만 너와 함께 콘서트에 갈거야.

10th DAY

011   마치 …인 것처럼
as though

1

as though[if]
∼ 마치 …인 것처럼

as if[though]와 함께 「(실상은 그렇지 않으면서) …인 것처럼 (…하다)」의 의미로 두루 쓰인다. as though[if] 다음에 오는 절은 가정법 형태를 띄기 때문에 주절의 시제와 일치하지 않는 경우가 많다는 것을 잊지 말자.

Rude and arrogant people often act as though they are more important than any other person.
무례하고 거만한 사람들은 종종 자신들이 다른 어떤 사람보다도 중요한 것처럼 행동해.

2

feel as though[if]
…인 것처럼 생각하다

V+as though[if] S+V의 패턴으로 V자리에는 feel이나 look 등의 동사가 오게 된다. 그래서 걘 뭔가 다른 생각을 하고 있는 것처럼 보여라고 하려면 He looks as if he has something else on his mind라고 하면 된다.

The problems in their marriage don't seem serious, but she feels as though they should get a divorce.
그들 결혼생활 문제는 심각해 보이지 않는데도 그녀는 이혼을 해야 된다고 생각하고 있어.

3

It is as if S+V
…하고 있는 것 같아

It's as if[though] S+V의 형태로 그건 as∼ 이하하는 것 같다라는 의미. 과거로 쓰려면 It was as if[though] S+V라고 쓰면 된다.

We used to be very good friends, but after our argument, it is as if we have become bitter enemies.
우리는 매우 좋은 친구들였지만, 다툼이 일어난 이후에는 우리는 아주 매정한 적이 되어버린 것 같아.

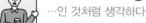

If~ not, you will~

If~ not, you will+V

…을 하지 않는다면[…가 아니라면] 넌 …하게 될거야

If S+V절이 부정으로, 이 부분은 "…을 하지 않는다면," 혹은 "…가 아니라면" 정도로 이해하면 된다. 이런 조건 하에서 "넌 …하게 될거다"라는 예측의 표현이다.

If you can not come up with enough money, you will have to move to a different apartment.

충분한 돈을 마련하지 못하면 넌 다른 아파트로 이사가게 될거야.

Unless S+V, you will+V

…하지 않는다면 넌 …하게 될거야

unless는 if~ not과 동일한 표현으로 단어들만 바뀌었을 뿐 의미는 동일하다.

Unless the prime minister is replaced, you will have a major economic disaster in this country.

수상이 교체되지 않으면, 우리나라는 엄청난 경제적 재난을 맞게 될거야.

I'll never+V, unless S+V

…하지 않는 한 난 결코 …하지 않을거야

어떤 조건이 이루어지지 않는다면 자신은 결코 …하지 않겠다는 강한 부정의 다짐표현이다.

I'll never lie to my friends, unless I tell them a lie in order to avoid hurting their feelings.

난 친구들의 감정을 상하지 않게 하기 위해 거짓말을 하지 않는 한 결코 내 친구들에게 거짓말을 하지 않을거야.

10th DAY

013

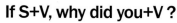

If~ why did[didn't] you~ ?

❶

If S+V, why did you+V ?

…한다면 넌 왜 …한거야?

조건절하에서 상대방이 왜 과거에 V를 했는지 물어보는 혹은 문맥에 따라서는 따지는 표현이 된다. 반대로 "…하는데 넌 왜 …을 하지 않은거야?"라고 하려면 ～ why didn't you+V? 라고 하면 된다.

If you slept all night last night, why did you feel so tired in the middle of the afternoon?

지난밤에 밤새 잠을 잤다면, 넌 왜 오후 한창일 때 그렇게 피곤한거야?

❷

If you+V, what do you+V?

네가 …한다면, 넌 뭐를 …할테야?

역시 조건절 하에서 상대방이 어떻게 뭘 할건지 물어보는 표현이다.

If you run out of money before you get your salary, what do you do to pay for the things that you need.

급여가 나오기 전에 돈이 떨어진다면, 네가 필요한 물건들 살 때 돈을 어떻게 지불할거야?

❸

If you don't agree to~, what's your~?

네가 …에 동의하지 않는다면 네 …은 뭐야?

달달 외워놓지 못하면 실제 대화에서 꺼내 사용하기가 무척 어려운 표현이다. 상대방이 동의를 하지 않는다면 너의 …는 무엇이냐고 물어보는 것으로 your 다음에는 의견, 생각과 관련된 단어가 오게 마련이다.

If you don't agree to get more physically fit, what's your plan for when you get older and fatter?

신체적으로 더 건강해지는데 동의하지 않는다면, 네가 나이가 들고 그래서 더 뚱뚱해졌을 때의 네 계획은 뭐야?

만약 …라면 그럼 …야

If ~, then~

① If S+V, then S+V

만약 …라면 그럼 …야

「만일에 …되면, …도 …될 것이다」라는 것으로 주절과 종속절이 인과관계를 이루는 형태. 모두들 이미 잘 알고 있는 if S+V~, then S+V절을 이용하면 된다. 이런 경우, 동사의 시제는 직설법의 시제에 따른다. 물론 then은 생략될 수 있다.

If you're a good student and have a good relationship with your principal, then he will probably help you.

네가 괜찮은 학생이고 교장과 좋은 관계를 유지하고 있다면, 교장은 아마도 너를 도와줄거야.

② If you+V, then we can+V

만약 …라면 그럼 우리는 …할 수 있을거야

어떤 조건 하에서 우리가 무엇을 할 수 있다라고 말하는 제한적 상황을 말할 때 사용하는 표현현법이다. 반대로 그 조건 하에서는 우리는 …을 할 수 없다고 하려면 ~ then we can't+V 라고 한다.

If you agree to go on a date with me, then we can go anywhere you think would be fun.

네가 나와 데이트가는거에 동의한다면, 우리는 네가 재미있다고 생각하는 곳이라면 어디든지 갈 수 있어.

③ If you insist on~, then we can't+V

네가 …을 고집한다면 우리는 …을 할 수가 없어

상대방이 계속 뭔가 고집할 때, 그렇게 고집하면 우리는 …을 할 수 없다고 말하는 패턴이다. insist on~ 다음에는 명사나 동사의 ~ing가 오게 된다.

If you insist on holding grudges against people, then we can't continue to be friends with them.

사람들에게 앙심을 계속 품고 있다면, 우리는 그 사람들과 계속 친구관계를 유지할 수가 없어.

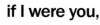
1

if I were you,
내가 너라면,

'…라면'이라고 탄식하면서 현재와 반대되는 이야기를 가정할 때는 If 주어+과거동사, 주어+would/could+동사원형 형태를 쓰면 된다. …라면 …했을텐데라는 의미. If I were you(내가 너라면), If I were in your shoes(내가 너의 입장이라면) 등이 대표적인 표현들이다.

I know you feel sad, but if I were you, I would make more of an effort to find friends and be social.

네가 슬프다는 것을 알고 있지만, 내가 너라면, 난 오히려 친구들을 찾아서 함께 시간을 보내는 노력을 하게 될거야.

2

I would~ if I were you
내가 너라면 …할거야

if I were you는 가정법을 이용한 표현중의 하나로 "내가 너라면"이라는 뜻이다. 주로 상대방에게 조언(advice)을 할 때 사용하는데, 내가 너라면 …할텐데라고 하려면 I would~를, 반대로 내가 너라면 …하지 않을텐데라고 하려면 I wouldn't~라고 문장을 만들면 된다.

I would concentrate on improving your personality and forget about plastic surgery if I were you.

내가 너라면 난 인성을 발전시키는데 집중하고 성형수술을 잊어버렸을거야.

3

What would you do if S+V
…라면 넌 어떻게 하겠냐?

if S+V 이하를 한다면 넌 어떻게 하겠냐라는 의미. 어떤 조건이 이루어진다면 넌 어떻게 할건지를 물어볼 때 사용한다. 지나간 이야기와 반대되는 가정을 하려면 What would you have done if S+V?(…라면 어떻게 했겠어?)라고 하면 된다.

What would you do if you had only a month to live and you had an unlimited amount of money?

만약 네 수명이 한 달 남았고, 돈은 무제한으로 있다면 넌 어떻게 하겠어?

If that is the case, then~

1

If that is the case, then S+V

만약 그렇다면, 그럼…

상대방이 어떤 일에 대한 사정을 설명할 때 「만약 사정이 그러하다면」하면서 그에 대한 자신의 추론, 의견 등을 펴나갈 때 쓸 수 있는 표현으로 that 대신 such를 써도 무방하다. 이와 같은 의미를 가지는 in that case도 회화에서 많이 쓰이니 통째로 외워두자.

You saw a crime being committed? If that is the case, then you need to contact the police.

범죄가 벌어지는 것을 봤다고? 만약 그렇다면, 그럼 넌 경찰에 신고를 해야 돼.

2

If that's the case, why not+V ?

실제 그렇다면 …하지 그래

만약 실제로 그렇다면 V를 하라고 제안하는 표현이다. 그래서 "실제 그렇다면 왜 그냥 인정하지 그래"라고 하려면 If that's the case, why not just admit it?이라고 하면 된다.

Do you have money problems? If that's the case, why not consult someone who can help you make a budget?

돈 문제가 있다고? 그렇다면, 예산을 짜는 것을 도와줄 수 있는 누군가와 상의하지 그래?

3

If that's the case, I'd like to+V

만약 그렇다면 난 …하고 싶어

If that's the case, 다음에 이어지는 주절에는 다양한 형태가 올 수 있다. 위에서처럼 why not~, 여기처럼 I'd like to+V 혹은 it will+V 등이 이어질 수 있다.

I'm told there's going to be a big sale. If that's the case, I'd like to buy some new clothes for this winter.

대규모 세일이 있을거라고 들었어. 만약 그렇다면, 이번 겨울에 입을 새 옷을 좀 사고 싶어.

네가 …하면 난 …할 수 있어

017 If you~ I can~

1

If you+V, I can+V
네가 …한다면 난 …할 수 있어

If 절을 응용한 표현들로 여기서는 If you+V 다음에 I can+V 혹은 I can't+V가 나오는 경우를 살펴본다.

If you subscribe to a video streaming service, I can come over and watch movies with you.

네가 동영상을 볼 수 있는 곳을 구독한다면, 난 너한테 가서 함께 영화를 볼 수 있어.

2

If you think~ , what about~ ?
네가 …라고 생각한다면 …는 어때?

좀 더 구체적으로 네 생각이 그렇다면, "네 의견이 그렇다면 …을 하는게 어떠냐"고 제안하거나 충고를 하는 표현법이다.

If you think that there is no God, what about the time after we die? Do you believe in heaven and hell?

만약 신이 없다고 생각한다면, 우리가 죽은 후의 세상은 어떻게 되는거야? 넌 천국과 지옥이 있다고 믿는거야?

3

I'll try it if it's ~
만약 …하다면 그것을 시도해 보겠다

동사 try를 이용한 표현으로 「만약 …하다면 그것을 시도해 보겠다」는 의미. 주절의 동사가 미래형임에도 불구하고 if 절에는 현재형 동사가 와야 하는데, 이는 조건절에서는 현재형 동사가 미래의 의미를 대신하기 때문이다.

I have never seen anyone play poker. I'll try it if it's not too difficult to get the hang of.

포커를 치는 사람을 본 적이 없어. 배우는데 그렇게 어렵지 않다면 그걸 해볼거야.

…라고 생각해보자

Let's pretend~

1

Let's pretend S+V

…라고 생각[상상]해보자

pretend (like) S+V(…하는 것처럼 행동하다)에서 보듯 pretend는 실제와 다른 척으로 해보다라는 동사이다. 그래서 발전하여 Let's pretend S+V라고 하면 실제는 그렇지 않지만 …하다고 생각을 해보자라는 뜻이 된다.

I know we just had a very bitter argument, but please, let's pretend like it never happened.

우리가 아주 격렬하게 다투었지만, 부탁하지만, 없었던 일로 하자.

2

Let's say (that) S+V

…라고 가정해보자, …라고 하자

「…라고 치자」, 「…라고 가정해보자」라는 의미로 쓰인다. 주로 이해를 돕기 위해 예를 들어 설명할 때 사용하는 표현으로, What if S + V~나 For example S + V ~ 등으로 바꿔 말해도 무방하다. say 뒤에 「절」이 온다는 데 주의하자.

We can't tell your boss that you refused to go to the conference. Let's say that you forgot about it.

우리는 네가 회의에 가기를 거부했다고 사장에게 말을 할 수가 없어. 네가 깜박했다고 하자.

3

Once S+V, S+V

일단 …하면, ~하다

once가 접속사로 사용된 경우로 「일단 …하면」, 「…하자마자」라는 뜻을 갖는다. 의미상 once가 수반되는 절이 뒤에 따라오는 절에 영향을 끼치는 것으로 때때로 인과관계를 형성해 once절이 원인으로, 뒷절은 결과의 의미로 쓰일 때도 있다. 따라서 시제는 once 절이 뒤의 절보다 앞서거나 동일해야 한다.

Once you attend a rave dance party on a beach, you will never be able to forget the experience.

네가 해변가에서 벌어진 광란의 댄스파티에 참석했다고 하면, 그 기억을 절대 잊을 수 없을거야.

019

Think if~

1

Think if S+V

…라고 생각해봐, 상상해봐

상대방에게 자신의 주장이나 의견을 설득하기 위한 과정에서 나오는 문장이다. "if S+V하다고 생각을 해봐"라는 의미이다.

Think if we ever get a lot of money, we will move to an expensive house in the most fashionable part of the city.

우리에게 돈이 많이 있다고 생각하면, 우리는 도시의 가장 부유층 지역의 고급저택으로 이사하게 될거야.

2

Imagine if S+V

…라고 생각해봐, 상상해봐

think와 같은 계열인 imagine이라는 동사를 쓴 경우로 의미는 동일하다.

Imagine if war did not exist, how humanity could concentrate on developing itself into more perfect societies.

전쟁이 존재하지 않았다면 인류는 어떻게 더 완벽한 사회로 스스로 발전시키는데 집중을 할 수 있었을까 생각해봐.

3

Picture it if S+V

…라고 생각해봐, 상상해봐

이번에는 좀 그래픽하게 동사 picture를 써본다. 중요한 점은 Picture if~가 아니라 Picture it if S+V 인 점을 주의해야 한다.

Picture it if we had the ability to read other people's minds, and how interesting that would make our lives.

우리가 다른 사람의 마음을 읽을 수 있는 능력이 있다고 생각하면, 우리의 삶이 얼마나 흥미로울까 생각해봐.

…은 …야

It is A that ~

❶ It is A that ~

…하는 것은 …야

It is~that 강조구문으로 요령은 강조하려는 부분만 it과 that 사이로 자리를 옮기면 된다. 예로 I bought the computer on the Internet 같은 문장은 It was me that bought the computer on the Internet, 혹은 It was on the Net that I bought the computer 등으로 강조할 수 있다.

It is greed that really causes the most trouble, because people always want more than they possess.

사람들은 항상 소유하고 있는 것 이상을 원하기 때문에 대부분의 고통을 정말로 초래하는 것은 탐욕이야.

❷ I'm the one who+V

…한 것은 바로 나야

be the one who~는 강조어법으로 '나만이 …하다,' '…한 사람은 바로 …야'라는 표현. I'm not the one who~, You're the one who~, You're not the one who~ 그리고 He's the one who~ 등 다양한 문장을 만들어볼 수 있다.

I'm the one who contacted you about meeting up, and I hope you have some time to sit down and talk.

함께 보자고 연락한 사람은 바로 나야, 그리고 난 네가 좀 앉아서 얘기할 시간이 있기를 바래.

❸ It's ~ that counts

중요한 것은 …야

여기서 count는 '중요하다'라는 의미이다. 그래서 중요한 것은 It's~와 that 사이에 넣으면 된다. 예로 중요한 것은 마음이야라고 하려면 It's the thought that counts라고 하면 된다.

It's great if you can be successful attaining your goals, but it's the work you do to attain them that counts.

목표를 달성하는데 성공할 수 있다면 대단한거지만, 중요한 것은 목표를 달성하기 위해 네가 한 일이야.

021

…하면 어떡하지?

What if ~ ?

1

What if S+V?

만약 …라면 어떻게 되는데?, …하면 어떡하지?

만일 …일이 일어난다면 어떻게 해야 하는지 상대에게 의견을 물을 때 사용한다. 이를 가정법으로 분류하는 사람들도 있지만 요즘에 와서는 직설법으로 여겨지는 추세이다. What happens if S+V라고 해도 된다.

There are many convicts that are housed in prisons, but what if some committed no crimes?

감옥에 투옥된 많은 기결수가 있지만, 그중 일부는 죄를 짓지 않았다면 어떡하지?

2

What would happen if ~?

만약 …라면 어떻게 되는데?

What would happen if S + V(과거형) ~ ?'의 축약형이다. 따라서 「만약 …라면 어떻게 되는데?」라고 말하고 싶으면 'What if ~ ?' 또는 'What would happen if ~ ?'를 쓰되 if절의 동사는 반드시 「과거형」이 되어야 한다.

What would happen if you quit your job, left your family, and just traveled around the world?

네가 만약 직장을 그만두고, 가정을 떠나서 전 세계를 여행한다면 어떻게 되는데?

3

What (do you think) will happen when S+V?

…하면 어떻게 될까?

What if ~ ?에서 출발하자. 이는 「가정법 현재형」(현재 또는 미래에 관한 불확실한 일을 가정)의 문장인 'What will happen if S + V(현재형) ~ ?의 축약형이다.

What do you think will happen when the new year arrives and people become less concerned about the pandemic?

새해가 오고 사람들이 팬데믹에 덜 걱정을 하게 된다면 어떻게 될까?

네가 나와 같다면,

If you're like me,

1

If you're like me, S+V
나와 같다면[비슷하다면]

「비슷하다면」, 「뭔가가 닮았다면」이라는 뜻으로, 「…와 닮은」, 「…와 같은」이라는 의미의 형용사를 잘 찾아내는 게 관건. 그리하여, 'If you are+「닮은」+me'라는 표현을 유추해 내면 된다.

If you're like me, **you need a cup of strong coffee and a good breakfast to start your day.**
네가 나와 같다면, 넌 하루를 시작하기 위해 진한 커피 한 잔과 든든한 아침식사가 필요해.

2

If we're anything alike, S+V
우리가 같은 점이 있다면,

alike는 …와 닮은, …와 같은이라는 뜻으로 생각이나 행동이 비슷하다면이라는 뜻이다. in the same way 혹은 in a similar way 정도로 이해하면 된다.

If we're anything alike, **you want to be challenged to do a variety of interesting and difficult work.**
우리에게 같은 점이 있다면, 넌 흥미롭고 어려운 다양한 일에 도전하고 싶다는거야.

3

If you have similar taste to mine, S+V
나와 취향이 같다면,

여기서 mine은 my taste로 have similar taste to mine하게 되면 나와 생각이나 의견이 같다라고 생각하면 된다.

If you have similar taste to mine, **you like visiting museums and cultural centers to learn about other countries.**
나와 취향이 같다면, 넌 다른 나라에 대해 배우기 위해 박물관과 문화유적지를 방문하는 것을 좋아할거야.

023

매우 …한

such a~

such a~

매우 …한

「such a[an] + 명사」 혹은 「such a[an] + 형용사 + 명사」의 형태. 예로, 「그 여자, 굉장히 친절하단 말야」라는 말은 "She's such a kind woman"이라 할 수 있는데, 이는 "She's very kind"라는 뜻. 물론, 모든 명사가 다 단수는 아니니, 「such + (부사) + (형용사) + 복수명사」의 형태도 가능.

My father died at an early age, and it was such a shame because we never became very close.

아버지가 어렸을 때 돌아가셨어, 그래서 아버지와 친해질 수가 없어서 매우 안타까웠어.

「강조」의 do

「강조」의 do

do를 사용해 문장의 의미를 강조하는 경우, 자신의 감정을 강하게 전달할 수 있는 효과가 있다. 예컨대 「너희 어머니는 정말 피곤해보였다」라는 문장은 seem 앞에 「강조」의 do동사를 삽입해 "Your mother did seem to be tired"라고 할 수 있다.

Your mother did seem to be tired today. She works so hard to make sure her kids are well cared for.

네 엄마는 오늘 매우 피곤한 것처럼 보였어. 아이들이 잘 보호되도록 확실하게 하기 위해서 아주 열심히 일을 하시고 계셔.

ever

이제껏, 지금까지

Never ever!는 never로도 부족한 경우에 더 강한 부정으로 쓸 수 있는 표현. 또 의문사를 동반한 의문문에서는 「도대체」 정도의 뉘앙스로 문장을 강조하게 되며 if 절 속에서도 If I catch him은 그저 「그를 잡는다면」이란 말이지만 If I ever catch him!이라고 하면 「그놈 잡히기만 해봐라」라는 식으로 좀 더 강렬하고 생생한 느낌을 전달할 수 있다.

We may disagree, and we may argue, but we never ever make personal insults about each other.

우리는 서로 의견일치가 안되고 다툴 수는 있지만 우리는 절대로 서로에게 인신공격을 하지 않아.

as long as ~

···하는 한

as long as S+V

···하는 동안, ···하는 한

as soon as S+V처럼 'as+형용사[부사]+as'가 절(S+V)을 이끄는 경우. as long as you like, as long as you want의 형태로 일정한 기간을 나타내는 경우도 있으나 일반적으로는 조건(if)의 의미로 주로 쓰인다.

Famous actors can only remain popular as long as **they are in movies that people want to watch.**

유명 배우들이 사람들이 보고 싶어하는 영화에 출연하는 한 유명세를 유지할 수 있어.

I can+V, as long as S+V

···하는 한 난 ···할 수 있어

여기서 단순하게 as long as를 if로 생각하면 된다. If절이라면 난 ···를 할 수 있다는 의미의 표현이 된다.

I can be friends with a wide variety of people, as long as **those people respect my culture and my beliefs.**

난 사람들이 나의 문화와 신념들에 존중을 하는 한 난 광범위하고 다양한 사람들과 친구가 될 수 있어.

I will+V, as long as S+V

···하는 한 난 ···할거야

이번에는 동일한 조건절이지만 주절의 형태가 I will+V로 나왔을 뿐이다.

I will be in love with my boyfriend, as long as **I am alive and as long as he stays within my heart.**

내가 살아있고 걔가 내 마음 안에 머무는 한 남친을 사랑할거야.

025

…하는게 낫지 않을까?

Wouldn't it be better to~ ?

1

Wouldn't it be better to+V?
…하는게 더 낫지 않을까?

누차 얘기하지만 부정의문문은 단순히 궁금해서 물을 수도 있지만 대부분 자신의 주장을 강하게 피력하는 방법 중의 하나이다.

Wouldn't it be better to be honest with people, rather than lying so you can take advantage of them?
사람들에게 거짓말해서 그들을 이용하는 대신, 사람들에게 정직해지는게 더 낫지 않을까?

2

What could be more~ than~ ?
…보다 더 …하는게 있겠어?

more+형용사+than~이 문장의 주축으로, 직역하면 "…보다 더 …한 것이 있겠냐." 다시 말해서 그렇지 않다라는 말이다. 따라서 의역하면 than 이하의 것이 가장 형용사하다라는 최상급이 된다.

What could be more innocent and precious than an infant baby that has just been born?
방금 태어난 아기보다 더 순진하고 소중한 것이 있겠어?

3

What could be better than~?
…보다 더 좋은게 뭐가 있겠어?

What could be better (than) sth?은 …보다 더 좋은게 뭐가 있겠니?라는 뜻이므로 '…가 가장 좋아'라는 뜻이 된다. 그래서 What could be better than this?하게 되면 "이보다 더 좋은게 뭐가 있을 수 있겠어?"라는 뜻이 된다.

What could be better than a computer that schedules and completes most of the work that you have to do?
네가 해야 되는 일의 거의 모든 일정을 짜고 마무리를 할 수 있게 해주는 컴퓨터보다 더 좋은게 뭐가 있겠어?

···얘기가 나와서 말인데

Speaking of~

1

Speaking of~
···얘기가 나와서 말인데

Speaking of~는 미드에서 아주 많이 나오는 표현중 하나로 '···얘기가 나와서 말인데'라는 말이고, Speaking of which하면 '말이 나와서 말인데'라는 표현.

Speaking of chance encounters, I once met a man from my hometown while I was walking down a street in China.
우연히 마주칠 기회 얘기가 나와서 말인데, 난 한번은 중국의 한 거리를 걸어가다가 내 고향 사람을 만났어.

2

Speaking as~, I think S+V
···로서 말하는데, 난 ···라고 생각해

"Speaking as+사람"명사하게 되면 ···로서 말하는데라는 뜻이 된다. 자신의 자격을 말하고 나서 그래서 난 ···하게 생각한다라는 주장을 피력할 때 사용하기 좋은 표현이다. I think~ 대신에 좀 더 부드럽게 I would think[suggest]~을 써도 된다.

Speaking as someone who has worked with impoverished people, I think they need a chance for a better education.
빈곤한 사람들과 함께 일을 해본 사람으로 말을 하자면, 난 그들이 더 나은 교육을 받을 기회가 필요하다고 생각해.

3

from my point of view
내 관점에서 보면

자기 생각이나 주장을 말하기에 앞서 말하는 내용을 좀 부드럽게 하기 위해서 사용하는 것으로"내 관점에서 보면"이라는 뜻이 된다. 참고로 What's your point of view?하게 되면 "너의 견해는 뭐야?"라는 뜻이 된다.

From my point of view, something must be done to slow down overpopulation, particularly in poor countries.
내 관점에서 보면, 특히 빈곤 국가에서의 과잉인구를 낮출 뭔가 조치가 취해져야 한다고 생각해.

10th DAY

027

…할 때 쯤이면

by the time ~

①

by the time S+V

…할 때 쯤이면 벌써 …하다

by the time은 미래에 「…할 때 쯤이면」의 의미로 시간의 부사절을 이끄는 접속사. '…는 …할 때쯤에는 벌써 …하다.' 그리고 each[every] time~하면 '매번 …할 때마다 …하다'라는 의미.

I will have already arrived at his office by the time **you reach him.**

당신이 그 사람과 연락될 때 쯤이면 나는 벌써 그 사람 사무실에 도착해 있을거야.

By the time **we get the parts, we won't need them anymore!**

그 부품이 우리 손에 들어올 때 쯤엔 더 이상 쓸모가 없을거야!

②

By the way

근데 말야

얘기를 하다보면 화제의 중심에서 벗어난 이야기를 할 때가 있다. 갑자기 더 중요한 이야기가 떠오르거나 아님 화제를 의도적으로 바꾸고자 할 때 애용하는 표현이다. 우리말로는 '그런데', '근데 말야'에 해당된다.

I am sorry to hear that you are having problems. By the way, **many people become tougher after facing problems.**

너에게 문제가 있다는 것을 들어서 안됐어. 근데 말야, 많은 사람들이 문제들을 직면하고 난 후에 점점 더 힘들어지고 있어.

내가 알기로는,

As far as I know, ~

❶ As far as I know,
내가 알기로는,

as far as I know는 '내가 알기로는,' '내가 보기에는' 그리고 as far as I can tell은 역시 '내가 알기로는,' '내 판단으로는'이라는 의미. 또한 from what I can tell은 '내가 보는 바로는,' '내가 보기엔'이라는 의미이다.

As far as I can tell, she didn't touch her soup or salad.
내가 알기로는 걘 스프나 샐러드에 손도 안됐어.
As far as I know, no one has been hurt.
내가 보기에 아무도 다치지 않았어.

❷ As far as I am concerned,
내가 관여된 이상,

잘 알려진 유명표현. '내가 관여된 이상'이라는 의미이다. 비슷한 구조의 비슷한 의미의 표현들로는 As far as I can see(내가 보기에는, 내 판단으로는), As far as I know(내가 알기로는) 등이 있다.

As far as I'm concerned, cigarette smoking should be allowed in all restaurants and bars.
내가 관여된 이상, 흡연은 모든 식당과 바에서 허용되어야 돼.

❸ ~ as I see it
내가 보기에는

앞서 자신의 의견이나 주장을 피력한 후에 조심스럽게 내가 보기에는 그렇다고 주장의 강도를 줄이는 표현법이다.

Politicians will always be corrupted by illegal bribes from powerful people, as I see it.
내가 보기에는, 정치가들은 권력자들로부터 불법 뇌물을 받아 부패하게 되는 것 같아.

10th DAY

생각해보니,

029

come to think of it,

1

come to think of it,
생각해보니까 말이야.

한참 얘기하다가 문득 생각난 내용을 덧붙이려고 할 때 요긴한 표현. 「생각해보니까」라는 표현으로는 come to think of it이라는 관용적인 표현이 존재하니까, 통째로 외워두는 것도 좋을 듯하다.

Come to think of it, I remember ten years ago very clearly because time seems to pass so quickly.
생각해보니 말야, 세월이 너무 빠르게 지나가다보니 10년 전 일이 분명하게 기억이 나.

2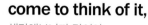

now that I think of it,
지금 생각해보니,

「이제와서 생각해보니」라는 말로 자신의 생각을 다시 정리할 때 긴요한 표현이다. of 대신에 about을 써도 된다.

Now that I think of it, we are going to need to ask some people to join our soccer team.
지금 생각해보니, 우리는 일부 사람들에게 우리 축구팀에 들어오라고 부탁해야 될거야.

3

Now I remember,
이제 생각이 나네.

뭔가 새로 생각이나 기억이 났을 때 하는 말로, I just remembered~ (방금 기억났는데…)라고 해도 된다.

Now I remember, the first job I wanted to have when I was young was to grow up and become a doctor.
이제 생각이 나네, 내가 젊었을 때 갖고 싶었던 직업은 커서 의사가 되는 것이었어.

···에 관해서는

when it comes to~

when it comes to~

···에 관해서는

come to는 「···에 관계되다」(concern)라는 의미로 to는 전치사이다. to가 「전치사」이므로 동사가 아닌 명사나 동명사만을 목적어로 취하게 된다.

When it comes to sitting in a restaurant, the worst thing is to have another customer talking very loudly.

한 레스토랑에 앉아 있을 때, 가장 최악의 것은 다른 손님이 매우 큰 소리로 떠들어대는거야.

when it comes down to it,

근본적으로 말해서, 모든 것을 고려해볼 때

「모든 것을 고려할 때」 혹은 「근본적으로 말해서」, 「결국」 등으로 이해되는 이 표현은 달리 when you come down to it 혹은 fundamentally라고 해도 된다.

When it comes down to it, they are inexperienced and it is not surprising that they would succumb to the corruption that surrounds them in the Assembly.

근본적으로 말해서, 그들은 경험이 부족한 사람들이고, 국회내 그들 주변을 감싸고 있는 부패에 쉽게 굴복하는 것은 놀라운 일이 아니다.

when you think of~

···을 생각해볼 때

뭔가 자신의 생각이나 의견의 근거를 댈 때 사용하면 된다.

When you think of the economic uncertainty over the past few years, the number of people emigrating could have been a lot higher.

지난 몇 년간 경제적 불확실성을 생각해볼 때 다른 나라로 이주하는 사람들의 숫자가 더 늘어날 수도 있어.

031

내가 보기에,

the way I see it,

❶

the way I see it,

내가 보기에,

분명한 사실이라기보다는 자신의 생각이라는 점을 강조해서 말할 때 '내가 보기엔,' '내 생각으로는'이란 뜻이고 또한 the way I figure it도 역시 비슷한 의미로 '내가 생각하기에는,' '내 생각에는'라는 의미이다.

The way I see it, all drivers need to be trained better in order to lower the traffic fatality rate.

내가 보기에, 모든 운전자는 교통사고 사망률을 낮추기 위해 더 잘 교육을 받아야 된다고 생각해.

❷

the way I look at this,

내가 보기에,

앞의 표현에서 see 대신에 look at, 그리고 it 대신에 this를 쓴 점이 다를 뿐 같은 맥락의 표현이다.

The way I look at this, we are in need of better leaders, because our current ones are leading us into conflict.

내가 보기에, 현재의 지도자들은 우리를 갈등국면으로 이끌고 가기 때문에 우리는 더 나은 지도자가 필요해.

❸

to my way of thinking,

내 생각에는, 내 견해로는,

자신의 의견을 피력할 때 먼저 서두에 꺼내는 표현이다.

To my way of thinking, Scott should be punished.

내 생각에 스캇은 혼나야 돼.

compared to~

① compared to~

…와 비교해 봤을 때

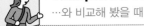

'compared to[with] ~'는 독자적인 하나의 표현이 되어 「…와 비교해 보면」, 「…와 비교해 봤을 때」란 뜻이 된다. 「어떤 일이나 상황을 딴 일에 견주어봐서 어떠어떠하다」란 식의 말을 하고 싶을 때 딱 쓰기 좋은 표현.

Life as a university student is much freer, compared to the lives of students in middle school and high school.

대학생으로서의 삶은 중학교나 고등학교 학생들의 삶과 비교해 볼 때 훨씬 자유로와.

② given that S+V~

…을 감안할 때

역시 pp형태가 전치사구나 절을 만드는 경우로 Given that,~은 그런 점에서, 그리고 given the situation,~은 이런 상황에서, 그리고 given this situation은 '이런 상황하에서'라는 표현이다. 또한 위에서처럼 Given that (S+V)하게 되면 (…라는) 점에서라는 의미가 된다.

Sometimes it is hard to forgive people, given that they have done bad things or spoken in harsh ways.

사람들이 나쁜 짓을 하고 혹은 너무 험하게 말을 한다는 점을 감안할 때 사람들을 용서하는 것은 때때로 어려워.

regarding~

① regarding~

…에 관해서

~ing형이 전치사처럼 쓰이는 경우로 '…에 관해서'라는 의미. 또한 with[in] regard to~는 '…에 관해서,' in this[that] regard는 '이점에 대하여[관하여]'라는 말. 비슷한 형태의 concerning~이라고 해도 되고, including~은 …을 포함하여라는 의미이다.

I'm not going to explain to you all the laws regarding sexual harassment.

성희롱에 관한 모든 법률에 대해 너에게 설명하지 않을거야.

② considering~

…을 고려해볼 때, …을 생각하면

…을 감안해볼 때라는 의미로 considering 다음에는 명사나 S+V의 절이 이어질 수도 있다.

There's no way to get Bob and Elaina back together, considering he cheated on her for a long time.

밥이 오랫동안 그녀를 속이고 바람핀 것을 생각하면 밥과 일레인을 재결합하는 방법은 없어.

③ according to+N

…에 의하면

사람을 통해 직·간접적으로 전해들은 내용이나 신문·뉴스 등의 소식통(source)에서 들은 얘기를 전할 때 관용적으로 사용되는 표현.

According to medical books, we need regular cardiovascular exercise in order to keep our hearts strong.

의학서적에 의하면, 우리는 심장을 강하게 하기 위해서 심혈관 운동을 정기적으로 해야한다고 해.

1

in order to+V
···하기 위해서

「···가 ~하기 위해서」라는 의미의 「목적」을 나타낼 때 많이 쓰이는 표현이다. to 부정사의 의미상의 주어를 말할 때는 for sth/sb를 넣으면 된다.

She had cosmetic surgery to get her eyes widened and her breasts enlarged, in order to look more attractive.

그녀는 더 매력적으로 보이게 하려고, 눈과 가슴을 확장하는 성형수술을 받았어.

2

, or rather
더 정확히 말하자면

앞문장과 약간 반대되거나 다른 상황을 부연설명하거나 구체적인 추가정보를 줄 때 사용하는 것으로, '···라기 보다는,' '더 정확히 말하면'이라는 표현이다.

It is important that your close friends have good characters, or rather, warm and generous hearts.

너의 친한 친구들은 성격이 좋아야 되는 것이, 더 정확히 말하자면 따뜻하고 너그러운 마음을 가지는게 중요해.

3

not ~ but rather
···하지 말고 차라리 ···을

한편 not ~ but rather는 '···하지 말고 차라리 ···을 해라'라고 상대방에게 충고를 할 때 사용하는 표현.

I found in that moment, it wasn't who loved me, but rather who I loved.

그 순간에 난 나를 사랑했던 사람이 아니라 내가 사랑했던 사람이 누구인지 알게 됐어.

for the sake of~

for the sake of~

…을 위해서

'…을 위해서,' '…때문에'라는 기본표현으로 for one's sake라 써도 된다. 또한 for all our sakes하면 '우리 모두를 위하여,' for old time's sake하면 '옛정을 생각해서'라는 말이 된다.

For many years I rode a motorcycle daily, but I gave it up for the sake of my family, because it was dangerous.

난 오랫동안 매일 오토바이를 탔지만, 위험하기 때문에 가족을 위해서 포기했어.

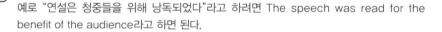

for the benefit of~

…을 위해서

예로 "연설은 청중들을 위해 낭독되었다"라고 하려면 The speech was read for the benefit of the audience라고 하면 된다.

The governor held a charity event, and it was for the benefit of children who were suffering from incurable illnesses.

주지사는 자선이벤트를 열었는데, 그건 불치병을 앓는 아이들을 위해서였어.

in return for~

…의 답례로

뭔가 감사할 때나 혹은 뭔가 거래하거나 교환할 때 필요한 표현이다.

The woman was sexually harassed, and her boss wanted sex in return for preferential treatment.

그 여자는 성적으로 희롱을 당했는데, 그 사장은 특혜를 주는 대신에 섹스를 원했어.

…와 상관없이

regardless of

1

regardless of~
…에 상관없이

현재의 상황이나 조건에도 불구하고 그에 영향을 받지 않고 뭔가 행해지거나 계속되거나 해야 한다고 말할 때 필요한 표현. of 다음에는 주로 명사가 오지만 regardless of how[what]~ 등 의문사절이 이어질 수도 있다.

In some countries, children are expected to work all day long, regardless of their young age.

어떤 국가에서는, 아이들은 어린 나이에 상관없이 온종일 일을 해야 해.

2

in spite of~
…에도 불구하고

뭔가 상반된 상황을 언급할 때 쓰는 표현으로 of~ 다음에는 명사나 혹은 ~ing가 이어진다. 또한 in spite of the fact S+V의 형태로 …라는 사실에도 불구하고라는 뜻으로도 쓰인다. notwithstanding이라는 다소 긴 단어도 있지만 너무 formal해서 일상회화에서는 잘 쓰이지 않는다.

You should always behave in a dignified way, in spite of being treated rudely at times.

넌 종종 무례한 대우를 받음에도 불구하고 항상 품위있게 행동해야 해.

037

as a result of

…의 결과로, …때문에

1

as a result of~

…의 결과로, …때문에

result는 전치사 in, 또는 from을 동반하여 각각 「결과적으로 …이 되다」, 혹은 「…로부터 (결과가) 생기다」란 뜻을 표현하는 동사로 유명. 여기서는 명사로 「…의 결과로」가 되겠지만 실제로는 「…때문에」라는 '원인'의 뉘앙스를 풍기는 경우가 대부분이다.

I'm sure that you would see an improvement in the workplace as a result of an employee award system.

직원포상제도를 시행하면 직장의 분위기가 개선되는 걸 느낄 수 있을거라고 생각해.

2

because of~

…때문에

형태상의 문제로 TOEIC 시험 등에 자주 등장하는 전치사구이다. of 다음에는 명사가 이어지고 이를 절로 표현하려면 because S+V라고 하면 된다.

Some successful people constantly work because of their strong desire to succeed at all costs.

일부 성공한 사람들은 어떤 희생을 치르더라도 성공하려는 강한 욕망이 있기 때문에 항상 일을 해.

3

due to~

…때문에

to는 전치사로 다음에는 명사(구)가 이어진다. due largely to면 '대체로 …에 기인한' due in part to면 '부분적으로 …에 기인한'이라는 의미가 된다. 참고로 be due to+V하게 되면 '…할 예정이다'라는 다른 뜻이 된다.

Many people were forced to stay home for months due to the restrictions to stop the spread of the virus.

많은 사람들은 바이러스 확산을 막으려는 제한조치들로 인하여 몇 달 동안 집안에 강제적으로 머물러 있어야 됐어.

038 something like that

1

something like that
그런 것, 그와 비슷한 것

say something like that하면 그런 말을 하다, do something like that은 그런 일을 하다
라는 의미가 된다. 여기서는 문장 뒤에서 뭐 그와 비슷한 것이라는 의미로 쓰인 경우로 이때
는 stuff like that과 같다.

**The company expects that each employee will take time to
participate in community service events, or** something like that.

그 회사는 모든 직원들이 시간을 내서 지역봉사활동이나 뭐 그와 비슷한 것에 참여하기를 기대해.

2

things like this
…와 같은 것들

대화 중에 이미 언급된 내용을 포함해 두리뭉실 말하고자 할 때 자주 쓰는 실용회화 표현. 뭔
가 하나만 꼭 집어서 구체적으로 언급하는 것이 곤란할 때 사용하면, 영어회화 그리고 나아가
세상살이도 한결 편해질 것이다.

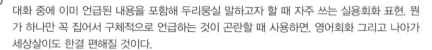

Things like this **are what cause our company to get a bad
reputation.**

이런 것들 때문에 우리 회사가 안좋은 평판을 얻게 되는거야.

3

such as
…와 같은

대개 such 앞에서 언급한 명사의 구체적인 사례를 as 이하에 열거하면서 자신의 말에 구체
성을 부여하는 표현. 반대로 상대방의 말에 구체적인 설명을 요구하거나 서로간의 대화가 끊
겨 상대방의 말을 재촉할 때는 말끝을 약간 올려 "Such as?"라고 하기도 하는데, 우리말의
「이를테면?」에 해당한다.

**It is not appropriate to wear sexy clothing to the church
picnic,** such as **mini-skirts and midriff baring shirts.**

교회피크닉에 가는데 미니스커트나 몸통 중앙부까지 보이는 셔츠와 같은 섹시한 의상을 입는 것은 부적절해.

039

···뿐만 아니라 ···도

B as well as A

1

B as well as A
A뿐만 아니라 B도

꼭 알아둬야 할 것은 「A 뿐만 아니라 B에서도」라는 말은 B as well as A를 이용하면 된다는 점이다.

A: Is the tax included on this bill? 이 계산상에는 세금이 포함된 건가요?

B: No, you need to pay a service tax as well as **a liquor tax.**
아뇨, 주세와 서비스세를 더 지불하셔야 합니다.

2

not only A but (also) B
A 뿐만 아니라 B도

「A 뿐만 아니라 B도」라는 의미의 not only A but (also) B는 중학교 시절부터 줄기차게 외워 왔던 숙어. B as well as A와도 의미가 같은 이 표현을 쓸 때는 A와 B가 비교 관계가 성립할 수 있는 동등한 형태로 와야 한다.

Americans believe that restructuring means not only **firing people and closing down plants,** but **an overhaul of the decision-making process, evaluation methods, and compensation system.**
미국인들에게 구조정이란 직원해고 및 공장폐쇄를 뜻하는 것뿐만 아니라, 의사결정과정 점검과 평가방식들과 급여체계의 평가도 뜻한다고 생각한다.

3

(숫자, 수량) or so
대략 ···정도

수량이 대략 어느 정도 임을 언급해주는 표현이다. 참고로 ~ or something하게 되면 앞에 말한 것과 비슷한 뭐 그런거라는 의미이다.

If you want your computer repaired, give me an hour or so, I **will fix it so that it works properly.**
컴퓨터 수리를 원한다면, 한 한시간 정도만 줘봐. 내가 고쳐서 잘 작동되도록 할게.

한마디로 말해서

in a word

in a word

한마디로 말해서

뭔가 대답을 아주 간결하게 할 때 사용하는 표현으로 의미는 '한마디로 말하자면'에 해당된다.

Being close to reptiles like snakes is, in a word, terrifying, because I really don't like them.

난 정말 싫어하기 때문에 뱀과 같은 파충류에 가까이 가는 것은 한마디로 말해서 무서운 일이야.

in short

요약하자면, 요약해서 말하자면

자신이 앞서 말한 내용을 다시 간단히 요약정리해서 말할 때 사용하는 표현이다.

Practicing yoga daily is relaxing, and in short, it helps me feel better and stay in good shape.

요가를 매일 하는 것은 긴장을 풀어줘. 요약해서 말하자면, 요가하면 기분이 좋아지고 건강상태를 좋게 유지하는데 도움을 줘.

in a nutshell

요컨대

nutshell은 견과류의 단단한 껍질로 그 안에 꽉 채웠다는 의미에서 비유적으로 '간단히 말하자면,' '요컨대'라는 뜻이 된다.

Too many villages in poor countries have no clean water, and that's the biggest issue, in a nutshell.

빈곤국가의 많은 마을에는 깨끗한 물이 없는데, 간단히 말하자면 그게 가장 큰 문제야.

041 in the near future

머지않아, 조만간

1

in the near future
머지 않아

in the future는 앞으로, 향후에라는 의미이고 여기에 near를 넣어서 in the near future하게 되면 가까운 시일내에, 머지 않아라는 뜻이 된다. pretty soon이라고 생각하면 된다.

Do you think that everyone will eventually own a car that is self-driving in the near future?
가까운 미래에 마침내 모든 사람이 자율주행하는 차량을 소유할거라고 생각해?

2

someday soon
앞으로 곧

someday는 미래의 어떤 날을 말하는데 여기에 soon을 붙여 someday soon하게 되면 '앞으로 곧'이라는 뜻이 된다. 또한 someday in the future하면 '앞으로 언젠가'라는 뜻이 된다.

My ex-girlfriend and I broke up a while ago, and someday soon, I hope I can find a new love.
내 옛여친과 나는 헤어진지 좀 됐고, 얼마지나지 않아 새로운 사랑을 찾기를 바래.

3

sooner or later
조만간

역시 정확한 시간은 모르지만 가까운 미래를 말하는 부사구로 '앞으로 조만간'이라는 뜻이 된다.

Your enemies may seem to have the upper hand, but sooner or later they will make a serious mistake.
너의 적들이 우위를 점하고 있는 것처럼 보일지도 모르지만, 조만간, 그들은 심각한 실수를 하게 될거야.

for the time being

1

for the time being
당분간

어떤 상황이 바뀌기까지 한동안이라는 기간을 나타내는 부사구로 기간은 그리 길지 않은 짧은 시간을 말한다. 한편 for now는 for the time being이라는 뜻도 있으나, 지금으로서는, 즉 for the moment라는 뜻으로도 사용된다.

I love to go out hiking, but because I have no free time, I've had to give it up for the time being.

나가서 하이킹하는 것을 좋아하지만 자유로운 시간이 없어서 당분간 하이킹을 포기해야 했어.

2

for a while
잠시동안, 당분간

while 앞에 여러가지 부사를 넣어 시간의 길이를 차별화할 수 있다. for a little while하면 「잠시 동안」, for quite a while하면 「꽤 오랫동안」이 되겠다.

I'm not sure if chatting with various people online is a good idea, but I decided that I'll try it for a while.

온라인으로 다양한 사람들과 대화를 나누는 것이 좋은 생각인지 모르겠지만, 당분간은 한번 해보기로 했어.

3

for the long haul
오랫동안

haul은 「운반하다」라는 동사로도 쓰이지만, 명사로 「기간」이나 「거리」를 뜻하기도 한다. 그래서 for the long haul이라고 하면 「오랫동안」(for the long term)이라는 의미. over the long haul(오랜 기간에 걸쳐)과 같이, 다른 전치사도 얼마든지 붙여서 쓸 수 있으니, 과감하게 활용해보기 바란다.

Well, it looks like we're in this situation for the long haul, **so we'd better make the best of it.**

자, 우린 오랫동안 이런 상황에 처해 있었으니 이런 상황에서도 최선의 것을 이끌어내야 돼.

043 | **week after week**

매주

① week after week

매주

time after time라는 표현이 있는데, 이를 이용하여 「매주」, 「매월」, 「매년」을 말하려면 time 자리에 week, month, year를 넣어서 만들 수 있다.

I have been going to see him week after week and there is still no improvement.

난 매주 걔를 보러 갔지만, 아직 나아진게 아무 것도 없어.

② over the past few years

지난 몇 년 동안

「…동안」이라고 하면 during이 먼저 떠오르지만, 「특정 기간 동안 내내」 계속되었다는 강한 인상을 주는 동시에, 주로 「짧지 않은 기간」임을 내포하고 있으므로 「장기적인 지속성」을 특성으로 하는 over가 제격.

There have been many arguments over politics, and it's gotten worse over the past few years.

정치에 관한 많은 논쟁이 있어왔으나, 지난 몇 년간에 걸쳐 더욱 악화되었어.

③ in a few moments

잠시 후에, 곧

in은 지금부터 「…후에」, 「…지나서」라는 의미의 아주 가까운 미래를 나타내는 전치사로 뒤에 시간을 나타내는 부사와 함께 쓰인다.

She's leaving in a few moments, maybe you can get a ride with her.

그녀가 잠시 후에 출발할테니 차를 얻어 타고 가면 되잖아요.

…라니 말인데

Now that~

1

Now (that) S+V, ~

…이니 (말인데) …해

Now S+V, S+V라는 패턴으로 …이니, …하다라는 패턴이다. Now와 S+V 앞에 that을 넣어도 된다. 또한 「심지어 …조차」의 뜻을 갖고 있는 even과 「지금, 현재」란 뜻의 now가 만나서 even now that S+V~라고 하면 「주어가 동사한 지금에도(아직까지도)」란 의미.

Now that you have graduated from university, what are you planning to do over the next couple of months?

대학을 졸업했으니, 오는 몇 달 간은 뭘 할 생각이야?

2

Now that you mention it[that], S+V

그러고 보니, …하군

누군가가 'Now that you mention it'으로 말을 꺼냈다면 이는 "지금껏 한번도 진지하게 생각해 본 적은 없지만 "지금 막상 당신이 그렇게 말하니까 말인데 어떠어떠한 것 같군요"라는 맥락의 의미로 쓰인 것.

Now that you mention that, I have realized that a lot of the times that I go to the library, many people forget to log off their accounts.

네가 그렇게 말하니 그러는데, 도서관에 많이 갔는데 많은 사람들이 자기 계정에서 로그아웃을 하지 않는 것을 알게 되었어.

3

Now that I know that S+V

…라는 것을 안 이상

Now that 다음에 I know that S+V가 합쳐진 표현으로 …라는 사실을 안 이상이라는 뜻을 갖는다. 또한 Not that I think back,~은 '돌이켜 생각해보니,' Now if memory serves,~는 '내 기억으로는'이라는 의미이다.

Now that I know that he betrayed me, I will spend all of my time plotting to get my revenge.

걔가 나를 배신한 것을 알았기 때문에, 난 내 모든 시간을 쏟아 복수할 계획을 세울거야.

045 in a row

연속적으로

① in a row

연속적으로

한단어로 하자면 consecutively. 계속해서라는 의미로 몇번 계속인지를 말하려면 three times in a row처럼 써주면 된다.

As a romantic gesture, the man sent his girlfriend bunches of roses for twenty days in a row.

낭만적인 표시로, 그 남자는 20일간 연속으로 장미다발을 여친에게 보냈어.

② one after another

연이어, 잇달아서

뭔가 짧은 시간에 연속적으로 일어났을 때 사용하는 표현이다. one after the other라고 해도 같은 의미이다.

The economic crisis was so severe that shops were quickly going bankrupt, one after another.

경제위기는 너무 심각해서 가게들은 연이어 빠르게 파산하고 있었어.

③ on a regular basis

정기적으로

on a ~ basis의 형태에서 regular가 붙은 것. 의미는 "정기적으로,' '규칙적으로'라는 말로 한 단어로 말하자면 regularly라 한다.

Your toothaches and significant decay occurred because you didn't brush your teeth on a regular basis.

넌 정기적으로 양치질을 하지 않았기 때문에 치통과 상당히 많은 이들이 썩었어.

우선은 …야

The first thing is,~

① The first thing is, S+V

우선은 …야

이는 '먼저 하는 일'을 말해주는 것으로 일의 순서를 정해주는 역할을 한다. 뒤에 then이나 and then 등이 따라와 그 다음 할 일을 말해주면 된다. 이 표현 대신 First of all, To begin with나 그냥 First라고 써도 같은 뜻.

The first thing is, I'll hear his side of the story, then we will talk about what to do.

우선, 제가 그의 얘기를 들어보고, 그리고 나서 어떻게 할지 얘기하죠.

② to begin with

우선, 먼저

자신이 앞으로 얘기할 것들 중에서 가장 먼저 말한다는 의미로 firstly라고 해도 된다.

This place is way too noisy. To begin with, we need to turn down the stereo and ask people to whisper instead of talking.

여기는 너무 시끄러워. 우선, 스테레오 소리를 줄이고 사람들에게 큰 소리로 대화하지말고 속삭이듯 말하라고 해.

③ the first thing in the morning

(낼) 아침 일찍

단순히 first thing이라고도 쓰는 이 표현은 '(다른 어떤 일보다) 아침 제일 먼저'라는 뜻으로 사용된다.

There was no time to call my parents, but I promise I will do that the first thing in the morning.

내 부모님께 전화할 시간이 없었지만, 내일 아침 일찍 그렇게 할게.

047

게다가,

On top of that,

On top of that,

게다가,

On top of that은 부사구로 '게다가'라는 뜻이 된다. 참고로 be on top of it[things]은 주어가 it이나 things의 위에 있다는 말로 '현재 일들을 잘 통제 관리하고 있다,' '잘 알고 있다'라는 의미.

And on top of that, you've got responsibilities of command.

게다가 넌 지휘책임이 있어.

Cases of HIV are still growing worldwide. On top of that, most people with HIV can't afford medicine.

에이즈 환자들은 전세계적으로 점점 늘어가고 있어. 게다가, 에이즈에 걸린 대부분 사람들은 약을 살 여력이 없어.

not to mention S+V

…은 말할 것도 없고

in addition to(…에 더하여)와도 같은 맥락이다. 하나 더, mention이 타동사이니 만큼 뒤따르는 사실은 「명사」 및 「명사 상당어구」나 「that 절」로 이어줄 것! mention 다음에는 명사가 와도 되고, 아니면 절이 이어져도 된다.

You're absolutely right, but if you get caught you may get a big fine or lose your license to trade, not to mention ruining your reputation.

네 말이 정말 맞지만 네가 들키면, 넌 벌금이 과해지거나, 너의 명성은 말할 것도 없고 거래자격증까지 잃어버리게 될거야.

③ let alone~

…하기는커녕

let alone은 '…하기는커녕'이라는 표현으로 유명. 특히 let alone 다음에는 명사, ~ing 및 동사원형까지도 바로 이어온다는 점에 유의한다.

Soldiers are not permitted to leave their barracks and living quarters right now, let alone leave the base itself.

병사들은 부대자체를 나가기는커녕 현재 막사나 숙소에서 나가는 것이 금지된다.

④ except that + S + V

…라는 것을 제외하면

except는 '…을 제외하고'라는 의미로 뒤에 절이 올 수 있다.

There's nothing wrong with that, except that when I drink I tend to say things a little louder than normal.

내가 술을 마시면 평소보다 좀 큰소리로 말을 하기 쉽다는 것을 빼고는 그거에는 아무런 잘못된 것도 없어.

많은 …들이 …하고 있어

There are ~ who ~

①

There are a lot of+N who + V

많은 …들이 …하고 있어

a lot of를 이용한 표현. 유도부사 구문 There is[are]~의 수는 그 뒤에 나오는 명사에 의해 결정되기 때문에 a lot of 다음에 「가산명사」가 나오면 복수동사 are를 써 주고 「불가산명사」가 나오면 단수동사 is를 써 준다는 사실을 기억하도록 하자.

There are a lot of people who feel lonely and depressed, especially after they have retired from working.

특히 직장에서 퇴직한 사람들의 경우 많은 사람들이 외로워하고 우울감을 느껴.

②

There are a lot of people who+V

…하는 사람들이 많아

앞의 패턴에서 N의 자리에 people이 온 경우로 "…하는 사람들이 많아"라는 의미이다. who 대신에 that을 써도 된다. 단정적으로 말하지 않고 조심스럽게 자신의 생각을 말하려면 추측의 조동사 may를 이용해 There may be a lot of people who+V라고 하면 된다.

There are a lot of people who don't agree with me.

나와 동의하지 않는 사람이 많이 있다.

③

These are people who never really thought (that) S+V

…을 한 번도 생각해보지 않은 사람들이 있어

난이도 높은 긴 표현이다. 앞의 패턴에서 a lot of를 빼고 There를 These로 바꾸면 된다. 여기에 ~who thought S+V가 이어진 경우로 생각하면 된다.

It's very sad to visit an area where there are many homeless. These are people who never really thought that they would become poor.

많은 노숙자들이 있는 곳을 방문하는 것은 아주 슬픈 일이야. 이 사람들은 자신들이 가난하게 될 줄은 전혀 생각해보지 않은 사람들이야.

There is[are] some+N+ing~

❶ There is[are] some+N+~ing
…하는 …가 있어

~ing를 잘 쓸 수 있어야 영어가 쉬워진다. There is[are] some+N+~ing의 형태로 …하는 N이 좀 있다라는 말로, …라는 소문이 돌고 있어라고 말하려면 There are some crazy rumor going around that S+V라고 해주면 된다.

There are some cars honking their horns, and they woke everyone in our apartment building.
경적을 울리는 차들이 있는데 우리 아파트 사람들 모두를 깨웠어.

❷ There is[are] some~ that S+V
…한 …도 있어

「…가 있다」라는 의미의 There is sth을 멋들어지게 활용할 수 있게 되면, 다음 단계는 sth을 수식하는 that절의 연습이다.

There are some questions that I have always wanted to ask you, but I didn't want to invade your privacy.
내가 항상 너에게 물어보고 싶은 질문들이 좀 있지만 네 사생활을 침해하고 싶지 않았어.

❸ There has been a lot of news about~
…에 대한 뉴스가 참 많다

위 표현들을 응용한 것으로 요즘 핫한 그래서 뉴스에 많이 나오는 이야기를 꺼낼 때 사용하는 표현이다.

There has been a lot of news about the next election, because so many people dislike the current president.
많은 사람들이 현직 대통령을 싫어하기 때문에 다음 선거에 관한 뉴스가 많아.

···할게 뭐 있어?

Is there anything that~ ?

Is there anything that S+V?
···할게 뭐 있어?

앞으로 더 해야 할 일이 있는지 혹은 단순히 ···을 할게 있는지를 물어보는 의문형 문장. 뭔가 판단이 안서거나 무엇을 해야 되는지 혼란스러울 때 우물쭈물 망설이지 말고 적극적으로 자신의 할 일을 찾는 데 필요한 표현이다.

Is there anything that I should do over the weekend to prepare for the meeting?
그 회의 준비를 위해서 주말에 제가 해야 할 거도 있어?

Is there anything you can do to+V?
···하기 위해 네가 할 수 있는게 뭐 있어?

anything[anyone]이나 something[someone] 다음에는 형용사가 오기도(Is there something wrong?) 하며 혹은 앞서 배운 관계대명사가 붙어 뒤에 S+V의 형태가 오기도 한다. 여기서는 anything 다음에 you can do to+V~ 혹은 I can do+V가 붙는 경우를 보자.

Is there anything you can do to make yourself feel better when you are feeling sad or depressed?
네가 슬프거나 우울할 때 네 기분을 더 좋게 하기 위해 네가 할 수 있는게 뭐 있어?

Is there any way to+V?
···하는 방법이 있을까?

'···할 방법이 있을까?,' Is this the only way to+동사?는 '이게 ···하는 유일한 방법일까?' 그리고 It's[That's] the only way to+동사는 '···하는게 유일한 방법이다'라는 의미.

Is there any way to stop using drugs or alcohol once a person has developed a serious addiction?
알코올과 약에 깊게 중독이 된 후에 그것들을 끊는 방법이 있을까?

I've been meaning to~

1

I've been meaning to+V

마침 …하려고 했는데

아직 하지는 않았지만 마침 …을 하려고 했다고 할 때 사용하는 표현. 유명한 표현으로 have been meaning to call you가 있는데 이는 전화를 하려다 계속 미루고 있었는데 마침 상대방이 먼저 전화했을 때 좀 미안해하면서 하는 말.

I've been meaning to confess to some bad things that I did back when I was a college student.

내가 대학교 다닐 때 당시에 내가 했던 나쁜 일들을 털어놓으려 하는 중이야.

2

I've been trying to + V

난 (줄곧) …하려던 중이었다

학창시절 줄기차게 외우던 현재완료 진행형 문장. 우리나라에는 없는 개념이어서 공부할 때 무지 겁먹고 스트레스 팍팍 받았던 시제이지만 실제 회화에서 많이 쓰이는 구문이므로 피하려하지 말고 이해를 통해 많이 활용하도록 한다. 그 일환으로 「…하려고 노력하다[힘쓰다]」라는 뜻의 try to + V를 이용한 I've been trying to + V는 「(계속적으로) …를 하려고 시도하고 있다」는 의미로 기계처럼 달달 외워 시의적절하게 자주 사용해 보도록 한다.

I've been trying to figure out how to use this new cell phone that I got yesterday.

어제 산 새 휴대폰 사용법을 알아내고 있던 중이었어.

일반적인 생각은 …야

The general idea is that~

1

The general idea is that S+V
일반적인 생각은 …야

이야기를 나누고 있는 이슈에 대해 사람들이 일반적으로 갖고 있는 생각이나 개념에 대해서 언급하고자 할 때 사용하면 된다.

The general idea is that children either strongly resemble their mother's side of the family or their father's side of the family.
일반적인 생각은 아이들은 강하게 엄마 가계 쪽을 닮던지 아니면 아버지 가계 쪽을 닮는다는거야.

2

The general consensus is that~
…가 일반적인 여론이다

「여론」, 「일치」 등을 뜻하는 consensus를 이용한 표현으로 「다들 …이라고 생각한다」라는 의미이다. 여러 사람들 사이에 「일치하는 생각」을 말할 때 The consensus is that~을 일단 앞으로 내세우고 난 다음 차분히 그 생각을 말해줄 수 있다.

The general consensus is that the government will pass a new law sometime this week to prevent foreign currency speculation.
외환투기를 방지하기 위해서 이번주에 정부가 새 법을 통과할거라는게 일반적인 여론이야.

3

In some cases it will, but in most cases,
그런 경우도 있지만, 대부분의 경우에는,

이때 당황하지 않으려면 in ~ case만 확실하게 알아두고서, 「이런 경우에는」이라고 할 때는 in this case, 본문에서와 같이 「몇몇(대부분의) 경우에는,할 때는 in some(most) cases라고 한 후 평상시 말하듯 뭐가 어떻다는 말을 S+V의 순으로 말해주면 된다.

In some cases it will, but in most cases it really won't make a difference as Japanese producers will not likely raise overseas prices.
그런 경우도 있겠지만, 대부분의 경우 일본 제조사들이 해외가격을 올릴 가능성이 없기 때문에 큰 차이는 없을거야.

① It's called~

…라고 불려

call의 경우는 목적보어로 「명사」를 바로 취할 수 있는 5형식 동사가 되겠다. 따라서 It's called~ 다음에 바로 명사가 이어진다. 그래서 「…를 ~라고 부르다」는 call A B가 된다.

You shouldn't spread gossip and tell the secrets of other people. It's called being discreet.

소문을 퍼트리거나 다른 사람에게 비밀을 옮기지마. 신중하지 못하다는 말을 들을거야.

② we call it~

우린 그걸 …라고 말해

문화적인 차이가 있는 사람들끼리 서로를 이해시키기 위해서는 꼭 알아두어야 하는 표현이다. 역시 We call it~ 다음에는 바로 명사가 이어진다.

In our country, we expect the bride's family to give an amount of money to the groom's family, and we call it a dowry.

우리나라에서 신부가족이 신랑가족에게 일정한 양의 돈을 지급하기로 되어있는데, 우리는 그것을 지참금이라고 불러.

③ The name of it is~

그거의 이름은 …야

역시 it의 이름이 무엇인지, 어떻게 말하는지 상대방에게 설명할 때 써먹으면 좋은 표현이다.

In 1939 a film was made depicting the American Civil War as seen by a young woman, and the name of it is Gone With the Wind.

1939년도에 한 젊은 여성의 시각으로 미국내전을 묘사하는 영화가 만들어졌는데, 그 제목은 바람과 함께 사라지다였어.

054

…을 위해 뭐든지 할거야

I will do anything for ~

❶

I will do anything for ~
…를 위해 뭐든지 할거야

「…를 위해서라면 그 무엇이라도 할거야」라는 의미의 표현. anything 대신 everything을 써도 의미는 같으며, will 대신에 could를 써도 된다.

I will do anything for **the opportunity to become more famous, more wealthy, and more successful.**
더 유명해지고, 더 부자가 되고 또 더 성공적으로 되기 위한 기회를 잡기 위해서라면 뭐든지 할거야.

❷

~will do anything to+V
…을 위해서는 …는 무슨 일이라도 할거야

주어의 집요함을 설명하는 패턴으로 주어는 to+V를 하기 위해서는 못할 짓이 없을 것이다라고 말하는 것이다.

You can't trust some people because they will do anything **in order to steal your money.**
어떤 사람들은 네 돈을 훔치기 위해 무슨 일이라도 할 것이기 때문에 그런 사람들을 믿어서는 안돼.

❸

I would never do anything to+V
…짓을 결코 하지 않을거야

주어의 강한 의지를 말하는 패턴. to+V 하는 짓을 난 절대로 하지 않을거야라고 말하는 표현법이다.

I would never do anything to **hurt the feelings of my family members and the other people that I love.**
내가 사랑하는 가족들과 다른 사람들의 감정을 상하게 하는 짓을 결코 하지 않을거야.

내가 뭐 때문에 그러는지 알아?

055 You know what got me through?

You know what got me through?
내가 뭐 때문에 그러는지 알아?

무엇(what)을 내가(me) 경험한(get~through)지 아냐고 물어보는 것으로 의역하면 내가 뭐 때문에 그러는지 아냐고 상대방에게 반문하는 것이다. 비슷한 형태로 You know what gets me?는 "내가 뭐 때문에 짜증나는지 알아?"가 된다.

I was very sick in the hospital. You know what got me through? The thought that you and I would someday meet again.
난 병원에 있을 때 매우 아팠어. 내가 뭐 때문에 그러는지 알아? 너와 내가 언젠가 다시 만날거라는 생각 때문에.

It works best for ~
…에 가장 잘 작용하다[맞다]

여기서 work는 「효과가 있다」, 「영향을 미치다」라는 의미로 for 이하의 경우에 가장 그 효과가 잘 나타난다는 말이다.

It works best for days like today, when it's sunny and clear.
오늘처럼 햇볕이 쨍쨍 비치고 맑은 날에 가장 효과가 있다.

Do you have a preference for ~?
선호하는 …라도 있어?

상대방의 기호를 물어보는 패턴이다. 여기서 preference는 동사 prefer의 명사형이다.

Do you have a preference for eating meat, or does your diet consist of strictly eating vegetables?
고기먹는 것을 선호해, 아니면 네 식단은 엄격하게 야채를 먹는 것으로 구성되어 있어?

…할게 있어

I have something to~

① I have something to+V

…할게 있어

to부정사가 something을 꾸며주는 to부정사의 형용사적 용법에 해당하는 표현이다. something to eat, something to wear 등 to 부정사 뒤에 오는 동사를 바꾸어서 자유롭게 일상회화에서 사용해 보도록 한다.

We have something to tell you about the company that you're going to work for.

네가 일하게 될 회사에 대해서 우리가 말해줄 것이 있어.

② Could you do me a favor and+V?

부탁인데 …해줄래?

대표적인 부탁표현인 Could you do me a favor라는 문장에 and+V를 붙여서 부탁하는 내용까지 구체적으로 말해주는 패턴이다.

Could you do me a favor and give me your opinion on whether the minimum drinking age should be 18 years old?

한가지 부탁이 있는데, 음주최소연령이 18세 이상이어야 되는지 여부에 대한 너의 의견을 줄래?

③ There's a part of sb that S+V

…의 마음에는 …하는 부분도 있어

There's a (little) part of sb that~은 좀 응용한 표현으로 'sb의 마음 한 구석에 that 이하가 있다'는 말. 또한 No part of you~는 '넌 조금도 …하지 않는다'라는 뜻이 된다.

There's a part of Jim that everyone likes, and then there's a part of him that is obnoxious and irritating.

다들 좋아하는 짐의 부분도 있고 그리고 아주 불쾌하고 화나게 하는 짐의 부분도 있고.

…에 주의를 기울이다

pay attention to~

pay attention to~

…에 주의를 기울이다

「…에 마음을 집중해서 관심을 갖다」(fix one's mind on sth)란 뉘앙스로 to 뒤에 주의를 기울이는 대상이 이어지며 pay no[little] attention to라는 부정형태로도 자주 쓰인다. 같은 의미로 take notice of까지 함께 정리해 두자.

We must pay attention to what they say at the seminar because we have to present this material to the staff.

우린 세미나에서 사람들이 하는 말에 주의를 기울여야 해. 여기서 발표된 내용을 직원들에게 알려줘야 하니까.

listen carefully to~

경청하다

주로 listen to sb의 형태로 …의 말을 귀담아듣다라는 의미로 쓰인다. 또한 listen to reason은 '이성에 따르다,' stand to reason은 '당연하다,' '사리에 맞다,' '이치에 맞다'라는 의미로 그 내용을 구체적으로 말하려면 It stands to reason that~이라고 하면 된다.

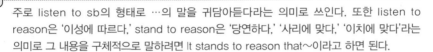

It's important to listen carefully to the reasons why using a cell phone may cause brain cancer.

핸드폰 사용이 왜 뇌종양을 초래할지도 모른다는 이유를 주의깊게 경청하는 것이 중요해.

focus on~

…에 집중하다

잘 알려진 단어로 …에 집중하다라는 뜻으로 concentrate on~과 같은 의미의 동사구이다. 혹은 focus~ on sth의 형태로 focus attention on~하면 …에 주의를 집중하다, focus one's mind on~하면 마음을 집중해서 기울이다라는 뜻이 각각 된다.

Let's focus on the ways we can combat bias in society based on a person's race or gender.

인종이나 성에 기초한 사회의 편견과 싸울 수 있는 방법에 대해 집중해보자.

058

…에 직면하다

be faced with~

be faced with~

…에 직면하다

어떤 상황이나 처지, 특히 원하지 않은 상황에 처해있음을 말할 때 사용한다.

We were faced with a very tough decision when the director asked us to fire three workers.

우리는 이사가 3명의 근로자를 해고하라고 했을 때 우리는 아주 어려운 결정에 직면했어.

when faced with~

…에 직면하게 되면

when faced with~는 어떤 상황에 직면했을 경우에 사용하는 것으로 with 이하에 어려운 상황을 말하면 된다.

I have found that men who talk tough are often useless when faced with a truly difficult situation.

말을 거칠게 하는 사람들이 종종 어려운 상황에 직면해서는 아무런 소용이 안되는 것을 알게 되었어.

have to deal with~

…을 다루어야 한다

'…를 다루다,' '처리하다'라는 뜻의 deal with~ 앞에 have to~가 붙어서 …을 처리해야 한다라는 의미를 갖는다.

It is not fun to have to deal with an arrogant individual who thinks he is better than everyone else.

자기가 다른 어느 사람보다도 낫다고 생각하는 거만한 사람을 다루어야 하는 것은 재미가 없다.

do one's part~

1

do one's part to+V
…하기 위해 자신 역할을 하다

do one's part에서 part는 역할이라는 의미로 do[play] one's part하게 되면 '…의 역할이나 본분, 도리를 하다'라는 표현이 된다.

It's time to do your part to improve the world, rather than just passively sitting by and doing nothing.

옆에 수동적으로 앉아서 아무 것도 하지 않는 것보다는 세상발전을 위해 자기의 본분을 다 해야 하는 때이다.

2

do one's job~
…의 일을 하다

자기가 해야 하는 일을 한다는 의미. 뒤에 right가 붙어서 do one's job right하게 되면 일을 제대로 하다라는 뜻이 된다. 또한 do the job은 글자그대로 '그 일을 하다'라는 의미로도 쓰이지만 문맥에 따라 '…에 효과가 있다,' '성공하다'라는 의미로 쓰인다.

If you do your job correctly, you will find that people you work with will develop a deep respect for you.

네가 직무를 제대로 한다면, 너와 함께 일하는 사람들이 너에 대해 깊은 존경심을 갖게 된다는 것을 알게 될거야.

3

do one's duty~
…의무를 하다

do one's duty는 '…의 의무를 하다'라는 의미로 It's one's duty to~하면 '…하는 것은 …의 의무이다'라는 표현이다. 또한 do one's duty as~하게 되면 …로서의 소임을 하다가 된다.

I was ashamed that I was unable to do my duty on the evening that I had been out drinking whiskey.

저녁에 외출하여 위스키를 먹어 내 의무를 다할 수 없어서 창피했어.

060

도움을 받다

get help~

1

get help~
도움을 받다

도움(help)을 줄 때는 give help~, 반대로 도움을 받을 때는 간단히 get help라고 하면 된다. 잘 알려진 give a hand는 (물리적) 도움을 주다라는 뜻으로 쓰인다.

If we don't pay taxes and fund the police and fire department, there will be no way to get help when we need it.

세금을 내지 않고 경찰서와 소방서에 기금을 내지 않는다면, 우리가 필요할 때 도움을 받을 수 있는 방법이 없을거야.

2

help sb out~
…을 (끝까지) 도와주다

help만 써도 도와주다라는 뜻이 되지만 뒤에 out를 붙여 강조하는 느낌을 준다. 끝까지 도와준다는 뉘앙스를 띈다.

It is so sad when children become orphans and there is no one left in their lives to help them out.

고아가 되어서 자신들을 도와줄 사람이 아무도 없는 아이들을 볼 때 아주 슬퍼.

3

work together with ~
…와 함께 일하다, 협력하다

work with~하면 …와 함께 일하다, work together with~ 하게 되면 work with의 강조표현으로 '…와 협력하다'라는 뜻이다.

Have you ever worked together with an expert to lose weight and lower your risk of getting a disease?

살을 빼고 병에 걸릴 위험을 낮추고자 전문가와 함께 운동을 해본 적이 있어?

end up~

1

end up with+N
결국 …하게 되다

세상만사가 제뜻대로 된다면 오죽 좋으랴마는 살다보면 예기치 못한 상황에 처할 때가 많다. 이럴 땐 처음 의도와 달리 「결국 …하고야 말다」라는 뜻으로 end up with+명사의 형태로 쓰면 된다.

If you aren't more careful with the women you date, you're going to end up with someone who causes you problems.
네가 지금 데이트하는 여성들에 더 신경쓰지 않으면, 넌 너에게 문제를 일으키는 누군가와 함께 하게 될거야.

2

end up ~ing
결국엔 …하고 만다

end up 뒤에 ~ing가 이어지는 경우로 예를 들어 친구들만 만났다하면 어찌어찌해서 늘 유흥비를 전담하게 되는 사람이 늘어놓을 수 있는 푸념은 "I always end up paying the bill."

When I was in elementary school, I had many friends, but I ended up having just a few close friends as I got older.
내가 초등학교 다닐 때에는 많은 친구가 있었지만, 난 나이가 들어감에 따라 친한 친구 몇 명만 있게 됐어.

3

wind up~
결국 …하게 되다

wind up은 모임이나 사업 등을 '그만두다,' '마무리하다' 혹은 '결국 …상태로 되다'라는 의미로 쓰인다. wind up~ 뒤에서는 부사구나 동사의 ~ing가 이어진다.

You really had better stop being such an asshole or you will wind up becoming bitter and living all alone.
넌 정말이지 나쁜자식처럼 행동하지 말라고, 그렇지 않으면 넌 네 인생이 쓰라리고 홀로 살아가게 될거야.

062

keep ~ing

keep ~ing

계속해서 …하다

「…을 계속하다」, 「유지하다」라는 뜻의 keep은 어떠한 「상태」의 유지뿐만 아니라 「동작」의 계속을 의미하기도 한다. 따라서 keep의 목적어로 동명사를 취해 keep ~ing하면 「계속해서 …하다」라는 뜻의 동사구를 만들 수 있다.

We'll keep trying to get them to sign the deal, but we can't guarantee anything.

그들이 그 거래에 사인하도록 계속 노력은 해보겠지만 아무 것도 확신할 수는 없어요.

carry on~

…을 계속하다

carry on은 '…를 계속하다'라는 의미. 계속하는 것을 말하려면 on 다음에 명사나 ~ing을 이어쓰면 된다.

Some professors are very difficult to please, but I just carry on and do my best to pass their course.

일부 교수들을 만족시키기에 무척 어렵지만, 나는 계속해서 그들의 학과 과정을 통과하기 위해 최선을 다하고 있어.

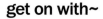

get on with~

계속하다, 진척되다

get on with는 정말 다양한 의미로 사용되는데, '다루다,' '시작하다,' '계속하다,' '진척되다,' 그리고 '사이가 좋다' 등등이다. 특히 get on with it의 형태로 남들이 하기 싫은 어려운 일을 시작해서 계속하다라는 뜻으로 많이 쓰인다.

No one had more than five hours of sleep last night, but we'd still better get up and get on with our day.

아무도 어젯밤에 5시간 이상 잔 사람이 없었지만, 우리는 그래도 일어나서 우리의 일과를 해야 될거야.

❶

take place
일어나다, 발생하다

어떤 일이 일어나거나 발생했을 때 사용하는 가장 대표적인 동사구이다. 한 단어로 하자면 happen이 된다. 또한 어떤 행사 등이 열린다고 할 때는 be held를 쓴다.

There were reports that a UFO hovered over the field, but no one is really sure what took place there.

UFO가 들판 위를 맴돌았다는 보고가 있었지만 아무도 그곳에서 무슨 일이 일어났는지는 정말 확실하지 않아.

❷

happen
일어나다

happen은 일반적으로 '일어나다'라는 뜻이므로 모든 문장을 이렇게 해석하면 안되고 창의력(?)를 발휘하여 상황에 맞게 옮겨야 한다. 참고로 How did that happen?은 "어쩌다 그렇게 된거야?"라는 의미이고 It's not gonna happen again은 "다시는 그러지 않을거야"라는 뜻이 된다.

Before the stock market crashed and so much money was wiped out, there were very few people who thought it would happen.

주식시장이 폭락하고 많은 돈이 날라가기 전에, 그렇게 될거라고 생각하는 사람들은 그리 많지 않았어.

❸

go on~
일어나다

대개 동명사를 목적어로 취해서 어떠한 행동을 「계속하다」라는 뜻으로 널리 쓰이는 go on은 take place나 happen 등과 함께 어떤 사건이나 행사가 「일어나다」 혹은 「열리다」라는 의미의 자동사로 쓰인다.

Our ski season should go on until the end of March if we get the same amount of snow as last year.

우리 스키시즌은 작년만큼 눈이 내릴 경우 3월 말까지 계속 될거야.

be available~

1

be available~
이용할 수 있다, 시간이 되다

available의 기본적인 뜻은 'able to be had, obtained, used, etc…' 따라서, 우리가 제품 광고의 마지막 문구에서 흔히 볼 수 있는 "Available everywhere"(광고문구라 be동사가 생략된 상태)라고 하면 그 제품을 소비자들이 「어디에서나 구입할 수 있다」는 말이다.

I'm not sure if you are experiencing mental problems, but there is a psychologist available **if you need to talk about it.**
네가 정신적인 문제를 겪는지 모르겠지만, 네가 상담이 필요하다면 할 수 있는 한 정신과 의사가 있어.

2

be used to+V
…하는데 이용되다

used to+V하게 되면 주일에 교회에 가듯 뭔가 규칙적으로 한다는 표현이고, be used to+V 는 …을 하는데 이용되다라는 전혀 다른 뜻이 된다. to+명사가 오면 「…에 적응하다」란 의미.

Many people from the older generations are used to **hard work and various kinds of physical labor.**
노년층 중 많은 사람들이 중노동과 다양한 종류의 육체노동에 적응되고 있어.

3

get used to+N[~ing]
…에 익숙해지다

get[be] used to~ 다음에 명사나 ~ing가 오게 되면 이 또한 전혀 다른 의미가 된다. …에 익숙해지다, 적응하다라는 뜻이다.

After the terrorist attack in our city, we got used to **police being stationed on every block.**
우리 도시가 테러리스트 공격을 받은 후에, 우리는 경찰이 매 블록마다 배치되어 있는거에 익숙해져 있어.

A를 B 하다고 생각하다

think of A as B

1

think of A as B
A를 B하다고 생각하다

think of A는 A를 생각한다는 의미로 뒤에 as B가 따라 붙으면 A를 B라고 혹은 B하다고 생각하다라는 동사구가 된다. B의 자리에는 명사나 형용사가 이어진다. think of myself as~ 라고 쓰면 스스로 …하다고 생각하다라는 뜻이 된다.

Do you think of your company manager as a friend, or is he simply someone that you have to work for?

너는 네 회사 부장을 친구로 생각하니 아니면 단순한 직원으로 생각하니?

2

take[see] A as B
A를 B로 생각하다

비슷한 표현으로 take 혹은 see를 써서 take[see] A as B하게 되면 A를 B로 생각하다라는 의미가 된다. 한편 (mis)take A for B하게 되면 실수로 A를 B로 착각하다라는 뜻이 된다.

When I inherited a large sum of money, I took it as a sign that my life was going to become better.

내가 많은 양의 돈을 유산으로 받았을 때, 난 내 인생이 더 나아질거라는 표시로 받아들였어.

3

look upon A as B
A를 B라고 생각하다

regard A as B나 think of A as B와 마찬가지로 「A를 B라고 생각하다」, 「A를 B로 보다」라는 의미의 표현. upon 대신 on을 써도 의미상 차이가 없다.

When someone talks all of the time, most people look upon that person as being foolish.

누군가 계속해서 떠들어댈 때, 대부분의 사람들은 그 사람을 멍청하다고 생각해.

066

결국 …임이 판명되다

turn out (that) ~

❶

turn out (that) S+V

결국 …임이 판명되다

turn out은 「결국 …임이 판명되다」라는 의미로 prove와 같은 뜻. 따라서 It turns out that ~이라고 하면 '처음에는 몰랐는데 나중에 알고 보니 놀랍게도 …이더라'는 뉘앙스가 담긴 표현이 된다.

Yeah, turns out our kids go to the same school. Small world, huh?

그래, 우리 애들이 같은 학교 다니네. 세상좁아, 그지?

❷

as it turned out~

나중에 알고 보니

as it turned out하게 되면 '나중에 알고 보니,' '뒤에 밝혀진 것처럼'이란 뜻으로 어떤 이슈에 대한 뒤늦게 알게 된 팩트를 언급할 때 사용한다.

I had always planned to get married and have kids, but as it turned out, I remained single throughout my life.

난 항상 결혼을 해서 아이들을 가질 계획을 세웠지만, 나중에 알고 보니, 난 미혼으로 평생을 살게 되었어.

❸

~ don't make things any easier

…로 (상황이) 나아지질 않다, 더 악화되다

「…가 있다고 해서 상황이 나아질 것이 없다」는 의미로 의역하면 상황이 더 악화된다는 뜻이 된다.

His serious looks and stubborn personality don't make things any easier.

그가 심각한 표정을 짓고 고집스럽게 굴어 상황이 더 악화된다.

sit on one's hands~

1

sit on one's hands~
수수방관하다

두 손위에 엉덩이를 대고 앉아 있다라는 말로 어떤 일이 발생했는데도 불구하고 아무런 조치도 없이 수수방관하다라는 의미이다.

The stupid policemen were in the car sitting on their hands **while the whole thing took place.**
그 멍청한 경찰관은 그 전체 일이 벌어지는 동안 차에서 수수방관하고 있었어.

2

have ~ on one's hands
(힘든) 문제를 안고 있다

have 다음에는 sth이나 sb가 온다. '다루기 어렵고 힘든 문제를 안고 있다'는 의미. have time on one's hands는 시간이 두 손안에 있다는 말로 '시간이 남아돌다'라는 의미.

When you can't sleep more than a few hours a night, you have **a serious problem** on your hands.
네가 하룻밤에 몇 시간이상 잠을 잘 수가 없다면, 너에게는 심각한 문제가 있는거야.

3

do nothing
아무런 조치도 하지 않다

그래서 do nothing to stop~하게 되면 '…을 막기 위해 아무 것도, 아무런 조치도 하지 않다'라는 의미가 된다. 또한 do nothing for는 '…에 도움이 되지 않는다,' '전혀 효력이 없다'라는 의미.

You can go play sports in the park, or you can go find some work to do, but you can't just stay here and do nothing.
넌 공원에 가서 운동을 해라, 아니면 가서 뭔가 할 일을 찾아봐. 하지만 여기에 그냥 남아서 아무런 것도 하지 않으면 안돼.

068

긍정적으로 생각하다

think positive about~

1

think positive about~
…에 대해 긍적적으로 생각하다

think positive about~하게 되면 …에 대해서 긍정적으로 생각하다라는 표현이 된다. 또한 have a bad[good] attitude는 '나쁜[좋은] 태도를 가진다'라는 의미이며 have a positive[negative] attitude하면 '긍정적[부정적] 태도를 가진다'라는 표현이 된다.

After being dumped by several boyfriends, it is more and more difficult to think positive about **going on dates.**

여러 명의 남친들로부터 차이고나서, 데이트하는 것에 대해 긍정적으로 생각하는 것이 더욱 더 어려워졌어.

2

be optimistic about~
…에 대해 낙관적으로 생각하다

현실을 살아가려면 꼭 가져야 되는 태도. about 이하의 일에 대해 낙관적으로, 희망적으로 생각하다는 의미이다.

Our neighbor is currently being treated for breast cancer, but she is optimistic about **recovering from it.**

우리 이웃은 유방암 치료를 받고 있지만, 그녀는 회복될거라고 낙관적으로 생각하고 있어.

3

have a lot of faith in~
…에 대해 확신하다

조금 바꿔서 put one's faith in~하게 되면 '…에 신념을 두다,' '…을 믿다'라는 말이 된다. 또한 많이 들어 친숙한 look on[at] the bright side 역시 긍정적으로 생각하다는 뜻.

I'm afraid that very few people have a lot of faith in **the honesty of the politicians who run the country.**

아쉽지만, 나라를 운영하는 정치가들의 진정성에 대해 확신하고 있는 사람은 그리 많지 않아.

file a lawsuit

1

file a lawsuit
소송을 제기하다

file은 lawsuit, accusation, complaint 등을 목적어로 받아서 「…을 (공식적으로) 제기하다」
란 의미를 나타내는 경우가 많다. 그래서 file a complaint against~하게 되면 …에 대해 법
적으로 고소하다라는 의미가 된다. accuse ~of를 쓰기도 한다.

Toy manufacturers are careful because parents of young children are quick to file a lawsuit over defective toys.
어린 아이들의 부모들은 빠르게 유해한 장난감들에 대해 소송을 걸기 때문에 장난감 제조업체들은 조심한다.

2

be charged with~
…로 기소되다

charge sb with assault는 '…를 폭행죄로 고소하다'라는 의미이며 be charged with
assault하면 '폭행죄로 고소당하다'라는 표현이 된다. 또한 '…을 상대로 기소하다'는 bring a
charge against sb, '…로 기소되다'는 be prosecuted for~라 하면 된다.

If you employ computer programs that manipulate the stock market, you will be charged with fraud.
컴퓨터 프로그램을 이용해서 주식시장을 조작하게 되면, 넌 사기죄로 기소될거야.

3

be arrested for allegedly ~ing
…라는 혐의로 체포되다

allegedly는 혐의는 있으나 아직 법정에서 유·무죄 판결이 내려지지 않았다는 것을 의미하
는 것으로 뉴스나 신문의 사건 보도기사에서 자주 등장하는 부사. be arrested는 「체포되다」
라는 의미이며 체포의 이유가 되는 것을 for 뒤에 ~ing 또는 명사 상당어구의 형태로 넣으면
된다.

She was arrested for allegedly stealing money from her own company.
그 여자는 자신의 회사에서 돈을 횡령했다는 혐의로 체포되었다.

다시 생각하다

think twice~

1

think twice about~

…을 다시 생각하다

think twice는 두 번 생각하다, 즉 '재고하다,' 그리고 think again 역시 다시 생각하다, 즉 '재고하다'라는 말이다. 재고하는 내용을 about+N 혹은 about ~ing의 형태로 이어주면 된다.

Before taking out a big loan, you'd better think twice about how hard it will be to repay that money.

많은 돈을 빌리기 전에, 그것을 되갚는 것이 얼마나 어려운지에 대해 심사숙고해봐야 한다.

2

have second thoughts about~

…을 다시 생각하다

have second thoughts about~은 …을 다시 생각하다, 즉 '이미 결정한 일을 원점에서 다시한번 검토한다'라는 말. 한편 on second thought는 '다시 생각해보니,' 혹은 '잘 생각해보니'라는 말로 뭔가 처음에 생각했던거와 다른 방향으로 생각을 바꿀 때 먼저 꺼내는 표현.

Listen, I know that you're really nervous, but most people have second thoughts about getting married before the ceremony.

이봐, 네가 정말 초조한 것을 알겠지만, 대부분의 사람들은 결혼식 전에 결혼하는 것에 대해 다시 생각을 해봐.

3

give sth some thought

신중하게 생각하다

give sth some thought는 '…을 생각 좀 해보다.' '신중하게 생각하다'라는 뜻으로 give thought to sth이라고 해도 된다. 또한 get some thoughts to sb는 …에게 생각하는 바를 알려주다라는 의미.

You have a talent for playing card games, and you should give the idea of playing in a tournament some thought.

네가 카드게임에 재능이 있으니 토너먼트 게임하는 것을 신중하게 생각해봐야 돼.

…에 이롭다

be good for~

① be good for~

…에 이롭다

for 다음에는 사물이나 사람이 올 수 있다. 단독으로 Good for you!하면 상대방에게 좋은 일이 생겼을 때 "잘됐네!"라는 의미로 쓰인다.

What kind of diet and exercises do you think are good for living a very long and healthy life?

무슨 종류의 식단과 운동이 매우 오래 건강하게 사는데 좋은 것 같아?

② do~ harm

…에 해를 끼치다

do harm (to)는 '(…에) 해를 끼치다'라는 뜻으로 do sth harm이라고 표현해도 된다. 반대는 do ~ good이라고 한다.

We have been told that overuse of tablets and phones by underage children does serious harm to their brain development.

미성년자들이 태블릿과 핸드폰을 과다 사용하게 되면 그들의 뇌발전에 심각한 손상을 가져다줄 수 있다고 들었어.

③ have one's benefits

유익하다, 나름대로 장점이 있다

…의 장점이 있다라는 말로 주어가 유익하다라는 말이다. 또한 be sb's strong point는 '…의 장점, 강점이다'라는 말로 'sb가 잘하는 것이다'라는 뜻.

While it is stressful and a lot of work to be a famous star, being very popular has its benefits.

유명한 스타가 되기 위해서는 많은 노력과 스트레스가 필요하지만, 유명인이 되면 나름대로 장점이 있어.

072   비밀로 하다
keep quiet about~

keep quiet about~
…을 비밀로 하다

동사 keep과 「조용한」이란 형용사 quiet를 연결한 keep quiet, 그리고 「…에 관하여」란 말을 뒤에 about sth을 이어서 말하면 '…을 비밀로 하다'가 된다. 아주 단순하지만 「…에 관해 비밀을 지키다」(keep a secret about sth)란 의미를 완벽하게 전달할 수 있다.

The predators that sexually abuse others often threaten their victims to make them keep quiet about the abuse.

다른 사람을 성적으로 학대하는 가해자들은 종종 자신들의 피해자들에게 학대사실을 비밀로 강제하게 한다.

be between you and me
우리끼리의 비밀이다

뭔가 말을 해놓거나 말을 하기 전에 이 얘기는 우리끼리만 알고 지내는 비밀로 하자라는 말이 된다. be between us라고 해도 된다. 동사도 be 대신에 stay를 써도 된다.

The secret that I told you about my being gay can't be made public, it is between you and me.

내가 게이라고 너에게 말한 비밀은 사람들에게 알려서는 안돼, 이건 우리끼리의 비밀이야.

blow the whistle on~
비밀을 폭로하다

blow the whistle (on)하면 '내부 비밀을 폭로하다'라는 뜻으로, whistle blower하면 '내부 고발자'라는 뜻이 된다.

The congressman had been accepting bribes for years before a subordinate blew the whistle on his activities.

그 의원은 참모가 그의 행위를 폭로하기 전에 오랫동안 뇌물을 받아 먹었어.

meet up with

1

meet up with sb
…와 만나다

친구들과 맥주 한잔 하려고 만난다거나 쇼핑을 함께 하려고 만난다든가 할 때 사용된다. 그런데 up 없이 meet with sb라고 하면 만남은 만남이로되 특히 어떤 사안을 의논하기 위해 만나는 것으로 어쩐지 회의같은 인상을 주는 만남에 쓰이는 표현.

I went to the park for a walk and met up with a childhood friend I hadn't seen for 30 years.

난 걸어서 공원에 갔는데, 30년만에 보는 어린시절의 친구를 만났어.

2

have a get together
만나다

「(비공식적인) 모임」, 「친목회」를 뜻하는 get-together를 이용하여 여러 명이 「모임을 갖는다」고 말하고 싶을 때 쓸 수 있는 표현. 공식적이고 특정한 목적을 위해서 만난다기보다는 주로 친목을 다지거나 즐기기 위해 만나는 모임을 지칭한다.

We should book a table in a restaurant to have a get-together this weekend.

이번 주말에 모임을 가지려면 식당을 예약해야 해요.

3

run into sb
…을 우연히 만나다

run into sb는 '우연히 만나다,' '마주치다'라는 뜻으로 유명한 동의 표현으로는 come across, bump into 등이 있다.

I hadn't seen my best friend since high school, but I ran into him when I was walking downtown.

고등학교 이후로 내 절친을 못봤는데, 시내를 걷다가 우연히 걔와 만났어.

074 act as

…하는 것처럼 행동하다

❶

act+형용사[부사]~

…처럼 행동하다

act 다음에 형용사 혹은 부사를 이어 써서 …처럼 (거짓)행동을 하다라는 뜻으로 쓰인다. 여기서 act는 '행동하다.' '…인 척하다'라는 의미.

There are times when everyone feels nervous, but it is important to act calm and remember the job you need to do.

다들 긴장을 하는 때가 있지만, 침착하게 자기가 해야 할 일을 기억하는 것이 중요해.

❷

act like S+V

…인 것처럼 행동하다

실제와는 달리 …인 것처럼 행동하다라는 표현으로 act 대신에 pretend를 써도 된다.

They obviously knew where we were coming from and they just kind of pretended like they didn't see us.

그들은 우리가 어디서 왔는지 알고 있었지만 그들은 우리를 보지 못한 것처럼 행동했어.

❸

make it more like

…와 더 흡사하게 하다[만들다]

make like는 「…처럼 흉내내다」라는 의미인데 여기에 more를 넣어 더 강조하는 표현이 되었다. like 뒤에 오는 것과 같게[거의 흡사하게] 한다는 의미이다.

We need to make it more like a sports car if we are going to interest younger buyers.

우리가 젊은 고객을 상대로 할 거라면 이것을 좀 더 스포츠카처럼 만들 필요가 있어.

have disregard for…

① have disregard for~

…을 하찮게 여기다

disregard 앞에 so much, that much 등의 수식어를 붙여 「그토록 하찮게 여긴다」는 뜻으로도 쓸 수 있다.

People who sit around watching TV and eating fattening snacks have a disregard for their long-term health.

앉아서 TV를 보면서 살찌는 간식을 먹는 사람들은 장기적인 자신의 건강을 하찮게 여기는 것이다.

② make nothing of~

…을 대수롭지 않게 생각하다

make nothing of~는 '대수롭지 않게 생각하다,' '무시하다'라는 뜻이다. 한편 think nothing of~는 감사인사답변으로 도와줘서 오히려 기쁘다, 혹은 사과에 대한 답변으로 상대방의 행동으로 인한 불편함이나 피해가 없으니 신경쓰지 말라고 할 때 '괜찮습니다'라고 하는 말이다.

The mystery behind the crime began after the police could make nothing of the evidence that they found.

그 범죄 이면에 숨은 미스터리는 경찰이 자신들이 발견한 증거를 대수롭지 않게 생각한 후에 시작됐어.

③ ignore the fact S+V

…라는 사실을 무시하다

노골적으로 신경쓰지 않는다라는 의미의 ignore 동사를 쓴 경우이다. 다음에는 사물이나 사람 혹은 여기서처럼 ignore the fact S+V의 형태로 쓰인다.

My co-worker is a really nice guy, but I can't ignore the fact that he has bad body odor.

내 동료는 정말 착한 친구지만 걔한테서 암내가 난다는 사실을 무시할 수가 없어.

① go through
겪다, 경험하다

「관통」, 「통과」의 의미를 지닌 부사 through가 들어간 go through는 바로 「겪다」라는 뜻으로 유용한 동사구인데, 주로 「힘든 일, 고생 따위를 겪는다」고 할 때 쓰인다.

After the experience she had, she went through a period where she had nightmares every evening.
그녀는 그 경험이후에, 일정기간 매일 저녁 악몽을 꾸었어.

② put sb through~
…가 …을 경험하게 하다

put sb through는 전화에서 '…을 바꿔주다'라는 의미 외에도 '어려움을 겪게 하다'라는 의미로 쓰인다.

He was a nasty boss, and he put us through hell by demanding we work long hours and constantly yelling at us.
그는 지저분한 사장이야. 그리고 장기간 일을 시키고 계속해서 우리에게 소리를 질러대는 지옥을 겪게 했어.

③ be through
다 겪어서 끝나다, 끝나다

이에 비해, be 동사를 쓴, be through는 고생스런 일을 「다 겪어서 끝났다」, 「빠져나왔다」라는 의미이므로, 비교해서 함께 머릿속에 정리해두도록 한다. be over라고 해도 된다.

When it's through it's through.
이미 끝난 건 끝난거야.
I'm almost through with the documents.
서류정리 거의 다 끝냈어.

극복하다

get through

① get through
이겨내다, 극복하다

get through는 어려운 상황을 이겨내다라는 '경험하다'라는 뜻의 go through와 구분해야 한다. 또한 get through to sb하면 'sb에게 이해시키다,' get through on sth하면 '…에 대해 이해시키다,' '의사소통하다'라는 뜻이 된다.

My time in the Marines was very difficult, but eventually I got tougher and got through it.
내가 해병대에 있을 때는 매우 힘들었지만, 결국 난 더 강인해지고 그걸 극복했어.

② get over
극복하다

극복하다라는 말로 한 단어로 하자면 overcome이 된다. 또한 get over it (with)는 뭔가 기분 안좋은 일을 피하기 위해 일을 빨리 끝내다라는 말로 '빨리 해치우다' 정도로 해석하면 된다.

Look, you have been acting depressed and sad lately, but you need to get over your moodiness.
이봐, 넌 최근에 우울해하고 슬퍼했지만 너의 기분을 극복해야 돼.

③ come through
…지나오다, 극복하다

통과해서 지나오다라는 의미로 비유적으로 극복하다라는 뜻으로도 쓰인다. 길을 지나갈 때의 Coming through!는 통과해서 지나가게 "좀 비켜주세요"라는 말.

When my dad had a heart attack, no one was sure he would be able to come through his medical issues.
나의 아버지가 심장마비에 걸렸을 때, 그 건강문제를 이겨낼 수 있을거라고 아무도 확신하지 못했어.

078

잘하다

do a good job

---

①

do a good job

(일을) 잘하다

job은 돈받고 하는 일을 포함해서 모든 종류의 「일이나 작업」(a piece of work)을 나타내는 단어이다. 그래서 「잘하다」라는 표현으로 do well도 좋지만 do a good job이라는 표현 역시 널리 애용된다. 반대는 do a poor job이라고 한다.

It's a good job you prepared for your future.

미래를 준비한 건 잘한 일야.

---

②

manage to+V

어려운 일을 해내다

뭔가 꽤 어려운 일을 「해낸다」는 의미인 manage to+V의 표현을 쓴다. 그래서 뭔가 어려운 일을 꾸역꾸역 해냈을 때는 "They managed to do a good job"이라고 칭찬해줄 수 있다.

Clumsy people cannot manage to do simple tasks without breaking or ruining something accidentally.

어설픈 사람들은 실수로 뭔가 깨트리거나 망가트리지 않고서는 단순한 일도 하지 못해.

---

③

take action

행동을 취하다

take action은 '어떤 조치를 취하다,' '행동을 취하다'라는 의미로 take step과 같은 맥락의 표현. 행동을 취하는 목적은 뒤에 to+V로 이어주면 된다.

If we expect to head off the threat of terrorism in this nation, we will need to take action right away.

우리가 이 나라에서 테러리즘의 위협을 막기를 원한다면 우리는 당장 조치를 취해야 해.

079

휘말리다, 꼼짝 못하다

get caught in

① get caught in~

…에 말려들다, 휘말리다

get 대신 be동사를 쓸 수도 있다. 「…을 만나 꼼짝달싹 못하다」, 「말려들다」, 「발각되다」 등의 뜻으로, 여기에서는 get involved와 같은 의미. 참고로 get caught red-handed 혹은 get caught in the act는 「현행범으로 잡히다」라는 뜻.

The worst part of living in Seoul is that commuters constantly get caught in massive traffic jams.

서울에서 사는 것의 최악의 부분은 출퇴근하는 사람들은 계속해서 엄청난 교통체증에 걸린다는거야.

② get involved in~

…에 연루되다

in~ 이하의 일에 관계되다, 연루되다라는 의미. 문맥에 따라서 get involved in sb하게 되면 …와 사귀다라는 뜻도 된다.

If you love being around kids, maybe you should get involved in teaching them as a career.

어린아이들 옆에 있는 것을 좋아한다면, 직장경력으로 아이들을 가르쳐봐.

③ get stuck in~

…에 막히다

be[get] stuck with sb[sth]는 '원치 않는 사람과 사귀거나 같이 있거나,' '하기 싫은 일을 할 수 없이 하거나' 그런 불행한 상황을 뜻한다. 참고로 be stuck for words는 '할 말을 잃다,' be stuck on~하게 되면 …에 빠지다, 막히다라는 의미가 된다.

Have you ever had an experience where you got stuck in an office for a much longer time than you were expecting?

네가 예상했던거보다 더 오랫동안 사무실에 처박혀 나오지 못했던 경험이 있어?

똑같이 하다 및 기타

do the same for~

do the same
똑같이 하다

same은 형용사가 아니라 「같은 것」, 「같은 일」이라는 의미의 대명사이다. do the same thing이라고 한다. 참고로 do the same for sb하게 되면 …에게도 똑같이 해주다라는 의미가 된다.

I should think that he would do the same for me if it was me in trouble.

만일 곤경에 처한게 나였다면 그도 나에게 똑같이 했을거라고 생각해.

Same here
나도 그래

Same here는 상대방의 말에 공감하거나 그 사람과 같은 행동을 했다고 맞장구칠 때 쓰는 표현. 식당에서는 상대방이 시킨 음식과 「같은 것으로 달라」(the same for me)고 할 때 자주 사용된다.

Are you really tired of wasting time doing the same thing day after day? Same here.

매일매일 똑같은 일을 하는데 시간낭비하는거에 지겹지 않아? 나도 그래.

~ just like ~
…인 것과 마찬가지로 …이다

A just like B의 구조를 가지며 「B인 것과 마찬가지로 A이다」란 의미. B의 자리에 S+V의 절이 올 수도 있으나 동사가 A 부분과 반복되는 경우가 많으므로 동사는 생략하고 주어만 남겨두기도 한다.

They don't want to work on the weekends just like the rest of us don't work.

우리가 주말에 일하지 않는 것처럼 그 사람들도 주말에 일하고 싶진 않다구.

What percentage of ~?

…의 몇 퍼센트가 …해?

「전체를 100으로 볼 때 …가 차지하는 비율」을 묻는 표현으로 입에 익은 percent를 이용해 What percent of ~라고 해도 의미상 차이는 없으니 맘껏 써먹어 볼 것.

What percentage of your budget is spent on advertising?

몇 퍼센트의 예산이 광고에 쓰이죠?

We just have to be ~ when~

우리는 …할 때 …할 수밖에 없다

when 이하를 할 때 요구되는 것을 just로 강조하여 사용한 표현이다. 주로 어떤 상황에서 필요한 행동방향이나 자세 혹은 태도 등을 나타내는 조언의 성격이 포함되어 있다.

We just have to be more selective when taking on new clients.

신규고객을 받아들일 때 우린 좀 더 신중할 수밖에 없어.

That's one of the things that S+V

그것도 …하려고 해

대화 중에 나온 내용이 곧 다른 계획이나 의도의 일환이기도 하다는 의미. the things는 that 이하에서 설명하는 여러가지 계획이나 의도 등을 나타내는 것으로 상대방과의 대화시에 상호 이해의 폭을 넓힐 때 유용한 표현.

That's one of the things that they are trying to improve by the end of the year.

그것도 올해 말까지 그 사람들이 개선하려고 해.

be willing to+V

기꺼이 …하다

will은 타동사로 쓰이면 「…을 의도하다」(intend)라는 뜻이 있다. 그래서 be willing to는 「…할 의향이 있다」, 「기꺼이 …하겠다」라는 의미로 말하는 사람의 의지가 드러나는 구문이 된다. to 뒤에는 하기로 마음 먹은 것을 원형 동사의 형태로 넣어준다.

I'm willing to help with your campaign whenever you want.

네가 원하면 언제든지 네가 하는 캠페인을 도와줄 용의가 있어.

put pressure on sb[sth] to + V

…가 ~하도록 압력을 가하다

여기서 on은 「…에게」란 의미로 '행위의 대상'을 뜻하는 전치사. 약하게는 「설득하다」, 또 경우에 따라서는 「강요하다」란 의미까지 담아낸다. 「압력을 넣다」라는 우리말 표현처럼 문자 그대로 pressure를 이용해 우리말과 똑같은 의미를 표현하는 것이 기특하다.

Environmental groups are putting pressure on the government to divert the highway around the wetlands.

환경 단체들은 고속도로가 습지대를 비껴 지나가도록 바꾸라고 정부에 압력을 가하고 있다.

What is ~ like?

…은 어때?

What is+명사+ like?는 뒤에 like가 붙은 형태로, '명사'가 어떠냐고 물어보는 것. What does sth/sb look like?라는 표현과 종종 비교된다. What is+명사+like?는 사람이나 사물의 성격이나 성질이 어떤지 물어보는 것이고 What does sth/sb look like?는 단순히 외관이 어떤 모습인지를 물어보는 것이다.

What is the beach like in Australia? I am hoping to travel down under and want to see the beaches of Sydney.

호주의 해변은 어때? 난 호주 쪽으로 여행해서 시드니의 해변들을 보고 싶어.

Do you happen to ~?

혹시 …하나요?

원래 happen to + V 구문은 「우연히 …하다」라는 뜻으로, Do you happen to + V?란 의문문이 되면 「혹시 …하게 됐나요?」란 의미이다. 일반적으로 「혹시 …을 아세요?」를 의미하는 Do you happen to know ~?라는 표현을 자주 볼 수 있다. Do you possibly know ~? 라고도 할 수 있다.

Do you happen to know where I put my glasses? I can't seem to find them anywhere.

혹시 내가 안경을 어디에 두었는지 아니? 어디를 찾아봐도 없는 것 같아.

---

get the hang of~

…의 요령을 터득하다

hang은 때론 명사로 쓰여 「일을 하는 방법」을 나타내기도 한다. 따라서 get the hang of는 「물건의 사용법이나 일을 하는 요령을 터득하다」라는 의미가 된다. 조금은 생소한 단어지만 「요령」이란 뜻의 knack을 써서 get the knack of라 해도 된다.

It's difficult at first, but after a while you get the hang of it and it's easy.

처음엔 어렵지만, 조금 지나면 요령을 알게 돼서 쉬워져.

---

burn out

완전히 지치다, 지겨워지다

burn(타다, 태우다)에 「완전히」(completely)란 의미의 부사 out이 붙어 만들어진 표현으로 「기력을 완전히 소진하다」라는 뜻. 주로 「장기간에 걸친 과로나 스트레스」 등이 원인이 될 경우 사용한다. 타동사 burn을 이용, be burned out의 형태로도 자주 쓰이며, 비슷한 표현으로는 be tired out, be worn out 등이 있다.

As usual, she worked too hard all week long and now she has to stay at home sleeping and trying to recover from burning out.

늘 그랬듯이, 걘 일주일 내내 너무 열심히 일해서 지금은 집에서 잠자면서 피로에 지친 몸과 마음을 풀어야만 해.

pin sth on sb

···에게 책임을 돌리다

pin은 동사로 쓰여 「고정시키다」(keep sth in one position)라는 의미를 나타내기도 한다. 여기에서 파생된 표현이 바로 pin sth on sb. 「잘못에 대해 ···에게 책임을 씌우다」라는 뜻으로 blame sth on sb와도 바꿔쓸 수 있다.

I just hope the CEO doesn't pin this fiscal loss on our marketing team. We've been busting our humps in here trying to get things done.

최고경영책임자가 이번 재정 손실에 대해 우리 마케팅팀에게 책임을 떠넘기지 않았으면 하는데. 우린 정말이지 일들을 마무리하느라고 뼈골 빠지게 일했다구.

tap into

···에 접근하다

「두드리다」라는 일차적인 뜻 외에, 「···으로부터 필요한 것을 얻다」(take what is needed from), 「···을 도청하다」(listen secretly or illegally to) 등의 의미를 나타내기도 하는 동사 tap에 전치사 into를 붙인 표현. get access to(···에 접근하다), gain a source for(···의 자료를 얻다) 등과 같은 뜻이 된다.

If you can't find a good job these days, try to tap into the network of alumni from your school who may be able to help you.

요즘에 좋은 일자리를 찾을 수 없다면. 너에게 도움이 될 수도 있는 출신학교의 졸업생 네트워크에 들어가봐.

Like what?

예를 들면?

대화를 하다보면 상대방의 이야기가 추상적이거나 모호해서 구체적인 예를 들어야 할 때가 있다. 이럴 때 쓸 수 있는 표현이 바로 Like what? 예를 들면 어떤 것들 말야?라는 의미로 상대방의 구체적인 대답을 요구하는 문장이다.

You feel there is a solution to feeding the millions of people who are starving in the world? Like what?

전세계적으로 굶주리고 있는 많은 사람들을 먹여 살릴 묘책이 있다고 생각하는거야? 예를 들면?

So what?

그래서 뭐가 어쨌다고?

So what?은 「그래서 뭐가 어쨌다는 거야」라는 뜻으로 상대의 말에 무관심을 나타내는 대표적인 표현중 하나. 「별로 중요하지 않다」(It's not important to me)라고 여기거나 「누가 상관이나 한데」(Why should I care?)라며 시큰둥한 의사표시를 할 때 사용하면 된다.

Many people are worried about getting better jobs. So what? A better job is good, but investing wisely is better.

많은 사람들은 더 나은 직장을 갖는데 어려움을 겪고 있어. 그래서 뭐 어쨌다고? 더 나은 일자리는 좋지만 현명하게 투자를 하는 것이 더 나아.

Take my word for it

진짜야, 믿어줘

의심의 눈초리로 쳐다보는 상대방에게 「진짜라니깐, 내 말을 믿어줘」(I am telling you the truth)라는 뜻으로 쓸 수 있는 구어체 표현. 같은 표현으로 Trust me나 Believe me 등이 있다.

If you date a beautiful girl like that, she will break your heart and leave you for another man. Take my word for it.

저렇게 아름다운 여자와 데이트를 했다가는, 넌 상심하게 될거고 그녀는 너를 버리고 다른 남자에게로 갈거야. 내말 명심해.

---

know better than to + V

…할 만큼 어리석지 않다

「(to 이하) 할 만큼 그렇게 어리석지 않다」라는 뜻의 know better than to 구문이다. 이 구문 어디에도 「어리석다」라는 단어는 들어 있지 않지만, 이 말은 「(to 이하) 하는 것이 옳지 않다는 것을 알 만큼 경험이 있거나 성숙했다」는 의미에서 나온 표현으로 이해하면 된다.

I should have known better than to try and ask for a raise while the economy was bad.

경제도 어려운데 월급을 올려달라는 그런 어리석은 행동을 하는게 아니었는데.

go on strike
파업하다

의사, 금융노조, 호텔노조 등이 하는 파업(strike) 때문에 영자 신문 등에 자주 등장하는 말. strike는 「파업」, 「노동쟁의」 등을 의미하며 「파업하다」라고 하려면 앞에 go on을 붙여 go on strike라고 하면 된다.

We must try everything we can in order to prevent them from going on strike.

그 사람들이 파업하는 것을 막기 위해서 우린 할 수 있는 모든 것을 시도해 봐야 돼.

be out of one's league
능력 밖이다, 힘에 부친다

누군가의 league에서 벗어난다는 말은 주어가 그 사람의 「능력밖이다」라는 얘기. She's out of your league라고 하면 여자가 돈도 많고 너무 대단한 상대라 「너와는 수준이 안맞는다」는 말이며, The house is out of my league라고 하면 「그 집을 사기에는 주머니 형편이 딸린다」는 의미.

That job is out of your league. You don't have a PhD and you haven't published your essays.

그 일은 너한테 무리야. 넌 박사학위도 없고 논문을 발표한 적도 없잖아.

have a big mouth
입이 싸다

「말이 너무 많다」(talk too much), 즉 「입이 싸다」는 의미이다. 큰 입(big mouth)을 먹는 것과 연결시키고 싶어하는 분들도 있겠지만, 「대식가」라는 말은, 좀 재미없지만 gourmand, glutton 등의 표현을 사용한다.

Pat has a big mouth. You shouldn't have told her anything that you wanted to keep secret.

팻은 입이 가벼워. 비밀로 하고 싶은 얘기는 그 여자한테 하지 말아야 된다구.

deep down
사실은 말이야

마음 속 저 깊은 곳에 도사리고 있는 진솔한 감정을 털어놓거나, 표면적인 진실 밑바닥에 숨어있는 정보를 언급하면서 사용하는 표현이다. deep inside라고 해도 같은 의미이며, 뒤에 언급하는 사실에 대해 「평소 미처 깨닫지 못하고 있었다거나 인정하고 싶진 않지만」이라는 뉘앙스를 전달한다.

You know, deep down, I really feel a lot of compassion for her. It's just that I can't forget what she did to me.

있잖아. 사실은. 나 걔가 정말 안쓰러워. 걔가 내게 한 짓은 잊을 수가 없는데도 말이야.

There you go again
또 시작이로구만

그냥 There you go라고만 하면 「그것봐, 내 말이 맞지」라는 의미로 쓰이거나, 물건 따위를 건네줄 때 「자, 이거 받아」라고 뜻으로 사용된다. 그런데 여기에 again이 붙으면 얘기는 달라져서, 똑같은 잔소리를 시작했을 때, 미간에 주름잡으며 「또 시작이로군」이라고 할 때 쓰는 말이 된다.

There you go again, making excuses for your lateness. Why don't you admit you forgot?

또 시작이네. 늦게 와놓고 핑계대는거. 그냥 깜박했다고 인정하는게 어때?

Sounds like a plan!
좋은 생각이야!

sound like는 「…같이 들리다」, plan은 「계획」. Sounds like a plan!은 대개 상대방의 제안에 「그거 좋은 생각이야!」, 「그게 좋겠다!」라고 밝은 얼굴로 찬성을 표시하는 말로 쓰인다. Sounds good!, Sounds like a good idea! 정도의 의미.

So we'll meet at the station at 6 a.m. and take the train to the resort town together? Great! Sounds like a plan.

그래 우리 오전 6시에 역에서 만나서 함께 휴가지로 기차를 타는거야? 멋지다! 좋은 생각이야.

you name it
뭐든지

name이 「이름을 대다」라는 뜻의 동사로 쓰인다는 사실을 십분 숙지하고 있다 하더라도, 언뜻 봐서는 그 뜻을 가늠하기가 좀처럼 쉽지 않은 이 표현은 기본적으로 everything (else) you can think of in this category(관련된 것들은 전부 다)라는 뜻. 열거하는 대상들의 앞이나, 혹은 뒤에 붙어 「뭐든지요」, 「이것들 말고도 뭐든지요」 정도의 의미를 나타낸다. 즉, 상대가 무엇을 이름 대든(name) 전부 다 가능하다는 얘~기!

We do all repairs, you name it. **We can rebuild an engine, install a new one, or fix what's broken.**

모든 종류의 수리를 다 해드리죠. 말씀만 하세요. 엔진을 완전히 손봐드리거나, 새것을 달아드리거나, 고장난 부분들을 수리해드릴 수 있습니다.

Real-life Conversations

37

DAY
・ 말꺼내기 ・

DAY
・ 의견묻기 ・

DAY
・ 의사소통 ・

DAY
・ 의견말하기 ・

DAY
・ 알거나 모르거나 ・

DAY
・ 찬성과 반대 ・

DAY
・ 희망과 감정 ・

DAY
・ 이유 ・

DAY
・ 시간과 방법 ・

DAY
・ 비교, 가정, 연결어 ・

+

**Real-life
Conversations 37**

The Scary Covid19 Virus

Chris: The news is all about the Covid19 virus.

Karen: I know. I hear a lot of people talking about it.

Chris: My best friend thinks that it's not that serious.

Karen: Doesn't he worry about getting it?

Chris: No, he thinks it's just like the normal flu.

Karen: But it spread around the world so quickly.

Chris: He is sure that the media stories about it are exaggerated.

Karen: Keep in mind that hundreds of thousands of people have died.

Chris: I know, I think it's a very serious health issue.

Karen: Does your friend wear a mask in public?

Chris: Sometimes he does, but there are times when he chooses to wear no mask.

Karen: He seems kind of foolish. It's a very easy thing to wear a mask daily.

크리스: 뉴스는 온통 코로나 19 얘기뿐이야.

카렌: 알아. 많은 사람들이 그에 대해 얘기하지.

크리스: 내 절친은 그렇게 심각하지 않다고 생각해.

카렌: 그 친구는 병에 걸릴 걱정을 하지 않아?

크리스: 어, 이건 일반적인 독감 같은 거라고 생각해.

카렌: 하지만, 전세계적으로 확산되었잖아.

크리스: 걘 코로나 언론보도가 좀 과장되었다고 확신하고 있어.

카렌: 수많은 사람들이 죽었다는 사실을 명심하라고.

크리스: 알아, 난 그게 아주 심각한 건강문제라고 생각해.

카렌: 네 친구는 공공장소에서 마스크를 쓰니?

크리스: 가끔은 쓰지만, 마스크를 쓰지 않을 때도 있어.

카렌: 좀 한심한 것처럼 보이네. 매일 마스크를 쓰는 것은 아주 쉬운 일인데.

Todd: You look upset. Are you having some kind of problem?

Leona: I just found out that one of my cousins is sick.

Todd: Oh no! What kind of problem is he having?

Leona: He was diagnosed yesterday with the Covid19 virus.

Todd: That's terrible news. Do you know how he got it?

Leona: No one knows. He may have been exposed to someone who had no symptoms.

Todd: And is he staying in bed now?

Leona: He was taken to the hospital to be treated.

Todd: I think we should go and visit him to cheer him up.

Leona: You're not supposed to visit, because the virus is so contagious.

Todd: How can we show him we are thinking about him?

Leona: Maybe I can write him a letter and ask the hospital staff to deliver it.

Real-life

토드: 화가 나 보이네. 무슨 문제가 있는거야?
레오나: 내 사촌 중의 한 명이 아프다는 것을 알아냈어.
토드: 이런! 무슨 병인데?
레오나: 어제 코로나 바이러스에 감염됐어.
토드: 끔찍한 소식이네. 어떻게 걸렸는지 알아?
레오나: 아무도 몰라. 증상이 없는 사람에게 노출되었나봐.
토드: 그래 걘 아직도 누워있는거야?
레오나: 병원에서 치료받고 있어.
토드: 병문안가서 기운내라고 격려하자.
레오나: 바이러스가 전염성이 높아서 병문안은 안돼.
토드: 그럼 우리가 걱정하고 있다는 것을 어떻게 표현하지?
레오나: 내가 편지를 써서 병원직원에게 전해달라고 해도 되지.

Used too much force

Aaron: There has been a lot of news coverage of George Floyd on TV.

Lucinda: Yes, it seems like it is the number one topic in the media.

Aaron: So what happened to him? I don't understand.

Lucinda: He paid for cigarettes with fake money, and wouldn't give them back.

Aaron: I see. So the clerk called the police because of the fake money.

Lucinda: Yes, that's how I understand it. And when the police came, he resisted them and they restrained him.

Aaron: They must have used too much force, because he died.

Lucinda: I think one officer had his knee on his neck for much too long, which contributed to his death, and may have killed him.

Aaron: Protestors are saying it was because he was black. Is that true?

Lucinda: I'm not sure. I think the police use force whenever people resist. He was drunk and around 193 cm tall. So maybe they were worried about getting hurt.

Aaron: But they should have called for medical assistance when he became unresponsive.

Lucinda: Yes. I don't understand why they didn't get him help right away when that happened.

애론: TV에서 조지 플로이드에 대한 뉴스보도가 넘쳐나네.

루신다: 맞아, 언론보도의 최우선 토픽인 것 같아.

애론: 그래, 그 사람한테 무슨 일이 있었던거야? 난 이해가 안돼.

루신다: 위조지폐로 담배를 샀는데, 그가 담배를 다시 돌려주려고 하지 않았어.

애론: 알겠네. 그럼 직원이 위조지폐 때문에 경찰에 신고하거네.

루신다: 맞아, 나는 그렇게 알고 있거든. 그리고 경찰이 왔을 때 그는 저항을 했고 경찰은 그를 제지했어.

애론: 그가 사망한 것을 보니, 경찰들이 물리적인 힘을 너무 사용했나보네.

루신다: 한 경찰관이 무릎을 그의 목에 너무 오래 눌러서 그의 죽음에 한 몫했고 그를 사망하게 했을거야.

애론: 시위자들은 그가 흑인이기 때문에 그렇게 됐다고 말하는거지. 내 말이 맞아?

루신다: 잘 모르겠어. 경찰은 사람들이 저항할 때마다 물리적인 힘을 쓴다고 생각해. 그는 술취해있었고 키가 193센티미터 정도였대. 그래서 경찰들은 자신들이 다칠까봐 걱정을 했을거야.

애론: 하지만 경찰들은 그가 반응이 없게 되었으면 의료지원을 요청했어야 했는데.

루신다: 맞아. 그런 상황이 되었을 때 왜 경찰들이 바로 그에게 도움을 주지 않았는지 모르겠어.

Jan: Why do you look so stressed today?

Kurt: I've been so busy trying to keep up with my friends on Facebook.

Jan: It must be great to stay in contact with everyone.

Kurt: I don't like it. It takes up a lot of time just commenting on their status.

Jan: But aren't you interested in what they are doing?

Kurt: It seems that they just brag about their vacations and their possessions.

Jan: I thought that it was a way for people to stay close.

Kurt: It is, but it seems so phony. It's not fun, and not the same as when we are together in person.

Jan: Why don't you just stop responding to some of them?

Kurt: I can't. If I don't respond to them, they get angry and say I'm being antisocial.

Jan: So what can you do? Can you delete your Facebook account?

Kurt: Nope. I'm stuck responding to these posts that I really don't care about.

Real-life

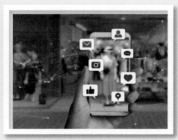

잰: 오늘 왜 그렇게 스트레스를 받은 것처럼 보여?
커트: 페이스북에 있는 내 친구들과 연락을 주고 받느라고 바빴어.
잰: 다른 사람들과 연락을 하고 지내니 아주 좋겠구나.
커트: 난 맘에 들지 않아. 그들의 현 상태에 댓글을 다는데 시간이 많이 걸려.
잰: 그럼 걔네들이 뭐하는지 관심이 없다는 말야?
커트: 걔네들은 단순히 자신들의 휴가나 소유물에 대해 자랑하는 것 같아.
잰: 난 그게 사람들을 친하게 해주는 하나의 방법이라고 생각했는데.
커트: 맞아 하지만 겉치례인 것 같아. 재미도 없고, 직접 함께 있을 때와 다른거든.
잰: 그럼 친구들 가려서 답장을 하면 어때.
커트: 그럴 수가 없어. 내가 반응을 보이지 않으면 화를 내고 내가 비사교적이라고 하거든.
잰: 그럼 넌 어떻게 할 수가 있어? 페이스북 계정을 없앨 수 있어?
커트: 안돼. 정말 관심도 없는 이런 글들에 답을 하는데 꼼짝달싹 못하게 잡혔어.

Jammed with cars

Paul: **Oh my God!** Why aren't we **moving forward?**

Tina: **The road is jammed with cars. No one is moving.**

Paul: **Too many people own cars. The roads are always clogged.**

Tina: **I guess** people like the convenience of being able to drive somewhere.

Paul: **Sure, but** it's not convenient to **sit inside a car for hours without moving.**

Tina: Do you think that **people should give up their cars?**

Paul: **We need fewer cars on the road. Maybe people should only** be allowed to **drive every other day.**

Tina: That would help **the traffic jams, but is it realistic?**

Paul: **Sure.** Why would it be difficult to **drive every other day?**

Tina: **Some people work far away, and** the only way they can get there is to drive daily.

Paul: **But something has to be done about these traffic jams.**

Tina: I don't think **anyone has found a good solution yet.**

I spend my life in traffic jams!?

폴: 맙소사! 왜 차가 앞으로 가지 않는거야?

티나: 도로가 차들로 꽉 막혀서 아무도 움직이지 못하고 있어.

폴: 너무 많은 사람들이 차를 소유하고 있구나. 도로는 언제나 막히고 있어.

티나: 사람들은 차를 몰고 어디든지 갈 수 있는 편리함을 좋아하는 것 같아.

폴: 그럼. 하지만 정체된 상태로 여러 시간 차안에 앉아 있는 것은 편리한 것 같지가 않아.

티나: 사람들이 자신들이 차를 포기해야 된다고 생각해?

폴: 도로에 차가 좀 줄어야 돼. 격일제로 운행제한을 할 지도 몰라.

티나: 그럼 교통체증에는 도움이 되겠지만, 그게 실현될 수 있을 것 같아?

폴: 그럼. 격일로 운전하는게 왜 어렵겠어?

티나: 일부 사람들은 멀리 떨어진 곳에서 일을 하는데, 출근할 수 있는 유일한 방법이 매일 운전일 수도 있어.

폴: 하지만 교통체증을 해결하기 위해 뭔가 조치가 필요해.

티나: 아직 아무도 좋은 해결책을 찾지 못한 것 같아.

Wanting to be treated equally

Sam: You know, it's terrible that some people are treated badly.

Flo: Who is being treated badly?

Sam: People who are different, people who are of different races.

Flo: Oh, you mean racial discrimination? Is that a serious problem?

Sam: Yeah, some people act unkind just based on the way a person looks.

Flo: I don't think that is very common. I've never seen it.

Sam: You aren't a minority, though. So your experiences are different.

Flo: Okay, but I think sometimes people complain about discrimination because they feel they can gain an advantage because of their complaints.

Sam: That may be true at times, but it's not typical.

Flo: You believe that most discrimination complaints are genuine?

Sam: Yes I do. I think all people just want to be treated equally.

Flo: It's very difficult to do that. Everyone has some deep seated biases about other races.

샘: 저 말이야, 일부 사람들이 부당하게 대우를 받는 것은 끔찍해.

플로: 누가 부당한 대우를 받는데?

샘: 다른 사람들, 다른 인종의 사람들 말야.

플로: 어, 인종차별을 말하는구나? 그게 심각한 문제야?

샘: 어, 어떤 사람들은 사람의 겉모양에 근거해서 불친절하게 행동해.

플로: 그게 흔한 일은 아닌데. 난 본 적이 없어.

샘: 넌 그래도 소수자가 아니잖아. 그러니, 네 경험은 다르겠지.

플로: 그래. 하지만 난 사람들이 불평을 하면 이득을 얻을 수 있기 때문에 차별에 대해 불평을 하는 경우가 종종 있어.

샘: 가끔 그런 경우가 있는 것은 사실일 수도 있지만, 전형적인 경우는 아니잖아.

플로: 그럼 넌 대부분의 차별을 불평하는게 진짜라고 생각하는거야?

샘: 그럼 그렇지. 난 모든 사람은 평등하게 대우를 받고 싶어한다고 생각해.

플로: 그렇게 하기는 정말 어려울거야. 모두들 다른 인종의 사람들에 대해 뿌리깊은 편견을 갖고 있잖아.

Keeping pets as companions

Earl: Do you like cats and dogs?

Sharon: Sure, a lot of people like to keep pets as companions.

Earl: Yeah, pets have become much more common in households.

Sharon: I think some people are very irresponsible, though.

Earl: You do? How do you think they are being irresponsible?

Sharon: There are times when people buy a pet, but they don't take care of it.

Earl: I think most people try to care for an animal in the best way.

Sharon: Not always. Some pets are abused or just abandoned by their owners.

Earl: I don't understand. Why would they do that?

Sharon: I'm not sure, but having a pet is a lifelong responsibility.

Earl: You feel like they should be cared for until they die?

Sharon: Yes. A pet is helpless and dependent, almost like a child. We must always care for it.

얼: 고양이나 강아지 좋아해?

샤론: 물론, 많은 사람들이 애완동물을 반려자로 데리고 있는 것을 좋아해.

얼: 그래, 애완동물은 가정에서 훨씬 더 많이 보이게 됐지.

샤론: 그래도 일부 사람들은 매우 책임감이 없는 것 같아.

얼: 그렇게 생각해? 그들이 어떻게 무책임하다고 생각하는거야?

샤론: 애완동물을 사놓고서 돌보지 않는 경우가 있어.

얼: 대부분의 사람들은 최선의 방법으로 동물을 돌보는 것 같은데.

샤론: 항상 그런 것은 아냐. 일부 애완동물들은 주인들로부터 학대를 받거나 유기돼.

얼: 이해가 안되네. 왜 그런 짓을 하는거야?

샤론: 잘 모르겠어. 하지만 애완동물을 기르면 평생 책임을 져야 돼.

얼: 넌 애완동물들이 죽을 때까지 돌봐야 된다고 생각하는 것 같아?

샤론: 어. 애완동물은 무력하고 의존적이잖아, 거의 아이들처럼. 우리는 항상 애완동물을 돌봐야 돼.

Perry: I'm hungry. Do you want to get something to eat?

Callie: Sure. Let's stop at that McDonalds.

Perry: Oh, that's gross. I never eat at fast food restaurants.

Callie: Why not? I like the food. It's made fast and it tastes good.

Perry: Maybe so, but it's so unhealthy. It's made with a lot of grease and salt.

Callie: But you're young. It won't have an effect on you.

Perry: Even young people get fat. And once you get fat, it's hard to lose weight.

Callie: I think you are too worried about your health.

Perry: I just want to be as healthy as possible when I get older.

Callie: You really think eating fast food could harm you?

Perry: Eating a lot of it can cause problems like heart disease later in life.

Callie: Okay, I give up. Tell me where you would prefer to eat.

Real-life

페리: 배고파. 뭐 좀 먹을테야?

캘리: 물론. 저기 맥도날드에 들르자.

페리: 어, 역겨워. 난 절대로 패스트푸드 식당에서 먹지 않아.

캘리: 왜 안먹는데? 난 패스트푸드 음식을 좋아해. 빨리 만들고 맛도 좋잖아.

페리: 그럴 지도 모르지만 건강에 너무 안좋아. 많은 지방과 소금으로 만들어지잖아.

캘리: 하지만 너 젊고 너에게 별 영향을 끼치지 않을텐데.

페리: 젊은 사람이라도 비만해지고, 일단 비만해지면 살빼기가 아주 힘들어.

캘리: 넌 건강걱정을 너무 많이 하는 것 같아.

페리: 난 단지 나이 들었을 때 건강해지고 싶을 뿐이야.

캘리: 너 정말 패스트푸드를 먹으면 너에게 해가 될거라 생각하는거야?

페리: 그걸 많이 먹으면 인생 후반에 심장병과 같은 병에 걸릴 수 있어.

캘리: 좋아. 나도 안먹을게. 어디서 먹는 걸 더 좋아하는지 말해줘.

Kim Jong Eun and nuclear testing

Ed: Some things these days worry me.

Tracey: Me too. The world can be unpredictable. What do you worry about?

Ed: I worry that North Korean nuclear tests are going to start a conflict.

Tracey: Why do you think North Korea developed nuclear weapons for itself?

Ed: I think it's a way to blackmail other countries into giving them money.

Tracey: I don't understand what you mean. Please explain.

Ed: If Kim Jong Eun has nuclear missiles, he can threaten to use them unless he is given money.

Tracey: That's interesting. I think the nuclear weapons are intended for defense.

Ed: You mean you think that they are going to be used to protect North Korea?

Tracey: Yeah, I think Kim Jong Eun feels no one will invade his country as long as he has nuclear weapons

Ed: That's probably true. But he has gotten a lot of money from other nations who want to stop that program.

Tracey: Unless their government falls apart, I think we're always going to have to worry about North Korea's intentions.

에드: 요즈음 걱정되는 일들이 좀 있어.

트레이시: 나도 그래. 세상이란게 예측불허지. 넌 뭐를 걱정하는데?

에드: 북한의 핵실험이 갈등을 불러 일으키기 시작할 것 같아 걱정야.

트레이시: 북한은 왜 자력으로 핵무기를 개발한다고 생각해?

에드: 다른 나라들을 협박해서 돈을 받아내려는 방법인 것 같아.

트레이시: 그게 무슨 말인지 모르겠어. 설명 좀 해봐.

에드: 김정은이 핵미사일을 보유하고 있다면, 그는 자신들에게 돈을 주지 않으면 그것들을 사용하겠다고 협박할 수 있어.

트레이시: 흥미롭군. 난 핵무기는 방어목적용이라고 생각했는데.

에드: 넌 그들이 북한을 방어하기 위해 사용할 거라고 생각한다는거네?

트레이시: 어, 난 김정은은 자신들에게 핵무기가 있는 한 아무도 자기 나라를 침략하지 못할거라 생각한다고 생각해.

에드: 사실일 수도 있어. 하지만 그는 핵무기개발 중단을 원하는 다른 나라로부터 많은 돈을 받아냈어.

트레이시: 북한 정부가 몰락하지 않는 한, 우리는 북한의 의도에 대해서 항상 걱정을 해야 될 것 같아.

Hard to get a good job these days

Dave: I never seem to **have enough money.**

Nancy: **Yeah,** I know what you mean. **Everything is so expensive.**

Dave: The biggest problem is that it is hard to **get a good job these days.**

Nancy: There are plenty of **jobs out there if you look.**

Dave: **Yes, there are jobs, but the pay is low and the work is hard.**

Nancy: So you want to **get a job you can have for a long time?**

Dave: **Of course. I want a career, not just a dead end job that wastes my time.**

Nancy: Have you tried **a job search on the Internet?**

Dave: **Yes, but** there aren't many **good jobs and** there's a lot of **competition.**

Nancy: How about **going out and visiting the businesses in person?**

Dave: **That's too complicated. And** I'm sure **they have many job applicants already.**

Nancy: **Well,** I'd suggest you **take a basic job and just keep looking for something better.**

데이브: 난 돈이 충분히 있어본 적이 없는 것 같아.

낸시: 그래, 무슨 말인지 알겠어. 모든 물가가 다 올랐어.

데이브: 가장 큰 문제는 요즘에는 좋은 일자리를 구하기가 힘들다는거야.

낸시: 네가 찾아보면 많은 일자리가 나와 있어.

데이브: 알아, 일자리는 있지만 급여가 적고 일의 강도는 세다고.

낸시: 그럼 너는 장기근무할 일자리를 찾는거야?

데이브: 물론이지. 난 직장경력이 필요해. 시간만 낭비하는 장래성이 없는 일자리 말고.

낸시: 인터넷에서 구직활동 검색을 해봤어?

데이브: 어, 하지만 좋은 일자리는 많이 없고 또 경쟁은 엄청 심해.

낸시: 나가서 직접 사업체들을 찾아가보지 그래?

데이브: 그건 너무 복잡해. 그리고 그들에겐 이미 많은 구직지원서가 와 있을거야.

낸시: 음, 기본적인 일자리를 잡고서 더 나은 일자리를 계속 찾아보는게 좋을 것 같아.

unusual animals sold as food

Angie: I like to try a variety of international foods.

Carl: Me too. People around the world have interesting ways of preparing and eating foods.

Angie: Have you ever eaten food in China?

Carl: I have eaten Chinese food, but I have never eaten food in China.

Angie: Some Chinese food is good, but some of it seems very strange to me.

Carl: What do you mean? How is it strange?

Angie: Well, some markets in China specialize in selling live animals.

Carl: You mean like pigs and cows?

Angie: They sell pigs and cows, but they also sell things like monkeys and cats.

Carl: Do they sell monkeys and cats as pets or as food?

Angie: They sell them as food. Some Chinese believe eating exotic animals has health benefits.

Carl: Oh, that's disgusting. I wouldn't even consider eating something like that.

앤지: 난 다양한 국제적인 음식을 먹어보는 것을 좋아해.

칼: 나도 그래. 전세계의 사람들은 흥미롭게 음식을 준비하고 먹어.

앤지: 중국에서 음식을 먹어봤어?

칼: 난 중국음식은 먹어본 적이 있지만, 중국에서 음식을 먹어본 적은 전혀 없어.

앤지: 어떤 중국음식은 좋은데, 어떤 음식은 정말 이상해보이더라.

칼: 그게 무슨 말이야? 어떻게 이상한데?

앤지: 저기, 중국의 일부 시장은 살아있는 동물을 파는 것을 전문으로 해.

칼: 돼지나 소 같은 동물 말하는거야?

앤지: 돼지와 소를 팔지만 원숭이와 고양이 같은 동물들도 팔아.

칼: 원숭이와 고양이를 애완용을 파는거야 식품으로 파는거야?

앤지: 식품으로 팔지. 일부 중국인들은 이국적인 동물들을 먹는게 건강에 좋다고 생각해.

칼: 어, 역겹네. 난 그런 것들은 먹을 생각조차 못할텐데 말야.

Real-life

Jake: I've been thinking about how much things have changed recently.

Kelly: The world is always undergoing new innovations.

Jake: Yeah. Nowadays so much work is done by computers.

Kelly: And it's only going to increase as artificial intelligence gets more advanced.

Jake: I don't like the idea of AI becoming so common.

Kelly: It makes things more convenient, as computers will be able to understand problems and then adjust to solve them without the help of humans.

Jake: The issue is that AI could lead to autonomous thinking.

Kelly: You are afraid computers might start to act in their own self interest?

Jake: It's possible. With so many computers in our lives, AI could lead to them controlling the world.

Kelly: I don't think computers will ever have the same ability as the human brain.

Jake: But they are becoming more advanced all the time. Someday there will be computers that don't need humans.

Kelly: You could be right, but I think you've watched too many science fiction movies.

제이크: 최근에 얼마나 많은 일들이 변화했는지 생각하고 있었어.
켈리: 세상은 항상 새로운 혁신을 겪고 있지.
제이크: 그래. 요즘에는 많은 일들을 컴퓨터가 하고 있어.
켈리: 그리고 그건 인공지능이 더 발전함에 따라 점점 더 늘어날거야.
제이크: 난 인공지능이 일반화된다는 생각이 마음에 안들어.
켈리: 일들이 점점 더 편리해질거야. 컴퓨터가 문제들을 인식하고 그리고나서 인간의 도움없이 문제들을 해결하는데 적응하니까 말야.
제이크: 문제는 인공지능이 자기 스스로 생각할 수 있게 될 수도 있다는거야.
켈리: 넌 컴퓨터가 자기 자신의 이익에 따라 행동을 시작할 수도 있다는 것을 걱정하는거지?
제이크: 그럴 수도 있지. 우리 삶에 들어온 그렇게 많은 컴퓨터로, 인공지능은 세상을 통제하도록 이어질 수도 있어.
켈리: 난 컴퓨터가 인간의 뇌와 같은 동일한 능력을 절대 갖지 못할 것 같아.
제이크: 하지만 컴퓨터들은 계속해서 발전하고 있어. 언젠가, 인간을 필요로 하지 않는 컴퓨터가 있을 수도 있어.
켈리: 그럴 수도 있지만, 네가 너무 많은 공상과학영화를 본 것 같아.

Internet trolls and suicide

Mel: What are you reading about on your tablet?

Jana: It's the story of an actress that killed herself this week.

Mel: That's so sad. I don't understand why these famous people commit suicide.

Jana: It says that there were many online trolls that insulted her and attacked her character.

Mel: Well, yes, there are a lot of assholes who hide behind online anonymity.

Jana: Something should be done to control trolls, don't you think?

Mel: I'm not sure. I don't like the idea of censoring people.

Jana: But the things that they say are all bad. Their only intent is to hurt.

Mel: But you have to learn to live with that. There are always going to be bad people.

Jana: It's better if the bad people do not have a social media platform to speak from.

Mel: How can you silence them? The Internet is open to everyone.

Jana: I know. But it's not right that they can drive people to suicide and go unpunished.

멜: 태블릿으로 뭐에 대해 읽고 있어?

제이나: 이번 주에 자살한 여배우 얘기야.

멜: 안된 일이야. 난 왜 이런 유명한 사람들이 자살을 하는지 모르겠어.

제이나: 온라인상의 많은 악플러들이 그녀를 모욕하고 그녀의 인성을 공격했다고 적혀 있어.

멜: 그래, 맞아. 온라인상의 익명성 뒤에 숨어 있는 멍청한 놈들이 많아.

제이나: 악플러들을 통제하기 위해 뭔가 조치가 이루어져야 된다고 생각하지 않아?

멜: 잘 모르겠어. 난 사람들을 검열한다는 생각은 좋아하지 않아.

제이나: 하지만 그들이 말하는 것들은 모두 다 악성이야. 그들의 유일한 목적은 상처를 주는거야.

멜: 하지만 그런 것들을 참고 지내는 법도 배워야 돼. 항상 못된 사람들은 있게 마련이야.

제이나: 나쁜 사람들에게는 발언을 할 SNS플랫폼을 갖지 못하게 하면 더 나을거야.

멜: 어떻게 그들의 입을 다물게 할 수 있겠어? 인터넷은 모든 사람에게 공개된 것인데.

제이나: 알아. 하지만 그들이 사람들을 자살하게 해놓고 벌을 받지 않는 것은 옳지 않아.

Levi: Companies are developing different types of cars.

Esther: I'm mostly interested in the kind of car that can drive itself.

Levi: Some initial testing has been going on for the last couple of years.

Esther: It's good to hear that. I don't like driving at all, particularly during rush hour.

Levi: I'm not sure that self-driving cars will ever become common.

Esther: Why not? It sounds like companies are trying to make that happen.

Levi: That's true, but there have been some very serious incidents with those cars.

Esther: Have there been accidents or other problems?

Levi: When they were running tests, some of the cars crashed into stationary objects. I have heard of people being hit after stepping out in front of them.

Esther: Oh my gosh, that sounds serious. Has anyone been hurt?

Levi: Some of the accidents have been very bad. A number of people have died in them.

Esther: I wonder if we will ever have the technology to have a self-driving car that will never crash.

Real-life

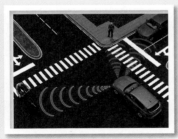

레비: 자동차 회사들이 다양한 종류의 자동차를 개발하고 있어.

에스더: 난 주로 자율주행하는 종류의 자동차에 관심이 있어.

레비: 지난 한 20년동안 초기 테스트가 계속 진행되고 있어.

에스더: 듣기 좋은 소식이네. 난 특히 러시아워에는 전혀 운전하고 싶지 않거든.

레비: 난 자율주행차가 언젠가 일반화될 것이라고는 생각안해.

에스더: 왜 안된다는거야? 자동차 회사들은 그렇게 되도록 하려고 노력을 하고 있는 것 같은데.

레비: 맞아. 하지만 자율주행 테스트 차량에는 많은 심각한 사고들이 있어 왔어.

에스더: 사고나 다른 문제들이 있어?

레비: 테스트 중에, 어떤 차들은 고정된 물체에 충돌을 했어. 그리고 자율자동차 앞으로 걸어 나온 후에 자동차에 치인 사람이 있다는 얘기를 들었어.

에스더: 맙소사, 심각하게 들리는데. 누구 다친 사람이 있어?

레비: 그 사고들 중 일부 아주 안 좋아서 많은 사람들이 그 사고로 사망했어.

에스더: 절대로 사고를 내지 않은 자율주행차가 나올 만큼의 기술력을 우리가 가질 수 있을지 모르겠네.

A lot of people live past eighty.

Brett: I just talked to my grandparents this morning.

Zena: Sounds nice. How old are your grandparents now?

Brett: They are pretty old. My grandma and grandpa are both in their mid-eighties.

Zena: That is old. I'm surprised at how long some people live these days.

Brett: Yeah, better medicine has increased life expectancy. A lot of people live past eighty.

Zena: But it is not easy to get old. There are a lot of physical and mental problems to deal with.

Brett: Both of them take a lot of pills, but they are doing okay. My grandpa still drives his car.

Zena: I don't want to get too old. I wouldn't want to live if I could only stay in bed.

Brett: You have a point, but some elderly people still have good lives.

Zena: If you are still able to walk and do things for yourself, it's probably okay.

Brett: That's my opinion. Older people want to be independent, not stuck in a wheelchair.

Zena: I'd hate it if I was old and not able to walk. I think I'd just be waiting to die.

브렛: 난 오늘 아침에 할아버지, 할머니와 얘기를 나누었어.

제나: 좋은데. 조부모님 연세가 어떻게 돼?

브렛: 나이 많이 드셨어. 할아버지, 할머니 모두 80대 중반이셔.

제나: 많이 드셨네. 요즘에는 일부 사람들이 아주 오래 사는 것에 놀라고 있어.

브렛: 그래, 발전된 의학이 삶의 수명을 증가시켰어. 많은 사람들이 80세 가 지나서도 살고 있어.

제나: 하지만 나이가 드는게 쉬운 일은 아냐. 다루어야 할 많은 신체적, 정 신적 질병들이 있어.

브렛: 두분 다 약을 많이 드시지만 괜찮게 지내셔. 할아버지는 아직도 운전 을 하셔.

제나: 난 너무 오래 살고 싶지 않아. 침대에만 있게 된다면 난 살고 싶지 않을 것 같아.

브렛: 네 말에 일리는 있지만 일부 노년층 사람들은 아직도 멋진 삶을 살 고 계셔.

제나: 아직 걸을 수 있고 스스로 뭔가 할 수 있다면, 아마도 괜찮겠지.

브렛: 내 의견인데. 노년층 사람들은 휠체어에 갇혀 지내는 것이 아니라 독 립적으로 행동하고 싶어하셔.

제나: 나이들어서 걸을 수도 없게 된다면 질색일거야. 그냥 죽기를 기다리 는 것 같아.

Addicted to cell phones

Sam: Hey, did that guy almost run into you?

Wendy: Yeah, what an idiot. He was too busy looking at his phone to watch where he was going.

Sam: There are a lot of people who pay more attention to their phones than anything else.

Wendy: I don't like it at all. It's like being addicted to a drug. All they can think about is their phone.

Sam: To be fair, there is a lot of information on a phone. It can be very helpful.

Wendy: You're right, but there's a time and a place for that. It's bad to use a phone all of the time.

Sam: You used your phone to text me and to find directions to this restaurant.

Wendy: Yes I did, but I also put it away so that you and I could talk without interruption.

Sam: Have you had other bad experiences with people using phones?

Wendy: All the time. I was out on a date, and the guy I was with kept staring at his phone. It was weird.

Sam: I guess people are evolving, and phones are becoming a part of life that they can't do without.

Wendy: Yeah, that's right. But face to face contact is much more important.

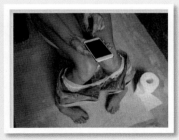

샘: 야, 저 남자가 너하고 부딪힐뻔한거야?

웬디: 어, 바보 같은 자식. 핸드폰 보기에 너무 정신이 없어서 자기가 어디로 가는지도 몰랐던거야.

샘: 그 어떤 것보다 핸드폰에 더 신경을 쓰는 사람들이 많아.

웬디: 전혀 맘에 들지 않아. 약물에 중독되는 것과 같아. 그들이 생각하는 거라고는 오직 핸드폰뿐이야.

샘: 공정하게 말하자면, 핸드폰에 정말 많은 정보가 있고 그것들은 매우 도움이 돼.

웬디: 네 말이 맞지만 핸드폰 사용에 시간과 장소가 있는 법이야. 종일 핸드폰을 사용하는 것은 좋지 않아.

샘: 넌 네 핸드폰을 이용해서 내게 문자를 보냈고 이 식당으로 가는 길을 찾았어.

웬디: 맞아 그랬지. 하지만 난 핸드폰을 치워 놓고 끊기지않고 너와 대화를 하고 있잖아.

샘: 핸드폰을 사용하는 사람들과 안좋은 다른 경험이 있어?

웬디: 항상그래. 내가 데이트하는데 내 상대남자가 계속 핸드폰을 쳐다보고 있는거야. 정말 이상했어.

샘: 사람들이 진화하는 것 같아. 그리고 핸드폰은 없이는 아무 것도 할 수 없는 삶의 일부가 되어가는 것 같아.

웬디: 그래 맞아. 하지만 얼굴을 대고 만나는게 훨씬 더 중요한데 말야.

The continuing economic recession

Warren: I'm really worried about **the state of our economy.**

Renee: **Me two.** I have the feeling that **no one knows what will happen next.**

Warren: The biggest issue is that **the world shut down in order to slow the spread of Covid19.**

Renee: That may mean that **the economy will start to grow again once things open back up.**

Warren: **Economists say that as things normalize,** we'll find that **a lot of people will still be unemployed.**

Renee: **People will be going back to work. Money is going to start flowing again.**

Warren: **It won't be enough.** There's going to be a **major economic slowdown.** There will be a **continuing recession.**

Renee: It won't last. **Things will bounce back once shopping resumes in stores.**

Warren: The problem is that **some people aren't going to be able to find jobs again.**

Renee: Can't they just **go out and look for another job?**

Warren: I'm not sure. **There may be many people looking for jobs, but few jobs to be had.**

Renee: I think we are going to have to **wait and see what actually happens.**

워렌: 경제 상황이 정말 걱정돼.

르네: 나도 그래. 앞으로 무슨 일이 벌어질지 아무도 모르는 것 같아.

워렌: 가장 큰 문제는 코로나의 확산을 막기 위해서 전세계가 폐쇄조치를 취하고 있다는거야.

르네: 그 말은 모든 것이 다시 개방되면 경제가 다시 성장하기 시작할거라는 의미일 수도 있지.

워렌: 경제학자들은 상황이 정상화되어도 많은 사람들이 여전히 실업상태일거라고 말을 해.

르네: 사람들은 다시 일하러 가고 자금이 다시 흐르기 시작할거야.

워렌: 그걸로는 충분치 않아. 대규모의 불경기가 있을거야. 계속적인 경기침체가 될거야.

르네: 계속되지는 않겠지. 점포들에서 쇼핑이 일단 시작되면 상황이 회복될거야.

워렌: 문제는 일부 사람들은 다시 일자리를 찾지 못할거라는거야.

르네: 나가서 다른 일자리를 찾으면 안돼?

워렌: 잘 모르겠어. 일자리를 찾는 사람은 많을 수도 있겠지만, 들어갈 수 있는 일자리는 얼마 없을거야.

르네: 우리는 실제 앞으로 어떻게 될지 지켜 봐야 될 것 같으네.

Some places it's legal, some places it isn't

Teddy: That part of the city is notorious for prostitution.

Yolanda: Is that right? So there are a lot of hookers around there? Isn't that against the law?

Teddy: Yeah, it is. It's dirty and dangerous, and people are selling illegal drugs around there too.

Yolanda: I've never understood the laws about prostitution. Some places it's legal, some places it isn't.

Teddy: In some areas, the police believe prostitution should be illegal because it brings in more crime.

Yolanda: I think it should be legal. It's always going to exist. It's a good idea to regulate it.

Teddy: It wouldn't make it any better. There would always be problems.

Yolanda: If prostitution were legalized, police could concentrate on getting rid of other types of crime.

Teddy: Any area with prostitutes would also have criminals, especially gangsters.

Yolanda: But it would be more regulated by the police, and less dangerous.

Teddy: I think it would just make criminal behavior more acceptable.

Yolanda: It would improve things. Right now, there are still prostitutes, even though prostitution is illegal.

Real-life

PROSTITUTION

테디: 도시의 저 지역은 매춘으로 악명이 높아.
올란다: 그게 정말야? 그럼 저 주변에 매춘부들이 많다는 말야? 그거 불법 아냐?
테디: 어 그렇지. 더럽고 위험하고, 그리고 사람들은 또 그 주변에서 불법약물을 팔고 있어.
올란다: 난 매춘에 관한 법을 전혀 이해하지 못하겠어. 어떤 지역은 합법이고 어떤 지역은 아니고 말야.
테디: 어떤 지역에서는 경찰이 매춘은 더 많은 범죄를 초래하기 때문에 불법이 되어야 한다고 생각해.
올란다: 난 합법적으로 되어야 한다고 생각해. 항상 존재할거잖아. 그러니 통제하는게 좋은 생각이야.
테디: 그렇다고 그게 더 나아지지는 않아. 항상 문제들은 있게 마련일거야.
올란다: 매춘이 합법화되면, 경찰들은 다른 종류의 범죄를 제거하는데 집중할 수 있잖아.
테디: 매춘부가 있는 지역이라면 특히 갱들 같은 범죄자들이 있을거야.
올란다: 하지만, 경찰에 의해 더 통제가 되면 될수록 덜 위험해지잖아.
테디: 그렇게 되면 범죄활동을 더 우리가 수용하는 셈이 될거야.
올란다: 상황을 더 좋게 만들 수도 있지. 지금은 매춘이 불법일지라도, 여전히 매춘부들이 있잖아.

Having an abortion

Iris: One of my classmates got pregnant in high school.

Peter: She must have been stressed. What did she do about it?

Iris: She didn't want to be a mother yet, so she went to a clinic to have an abortion.

Peter: There are activist groups that are very opposed to abortions.

Iris: Why would they oppose abortions? What would the problem be?

Peter: They say that an abortion is murder, that it's the same thing as killing someone.

Iris: No way. A fetus inside the body is not the same as a human.

Peter: But it's still a form of life, and aborting it kills it.

Iris: They are just trying to control others, to make them conform to their personal beliefs.

Peter: Aren't all forms of life sacred? Shouldn't they be protected?

Iris: At that stage, it's not human yet, it is just a clump of cells that are growing.

Peter: I think it would be impossible to convince anti-abortion activists that you are right.

아이리스: 고등학교의 같은 반 학생 한 명이 임신했어.
피터: 스트레스를 많이 받았겠네. 임신은 어떻게 했어?
아이리스: 걘 아직 엄마가 되고 싶지 않다고 해서 병원에 가서 낙태수술을 받았어.
피터: 낙태에 아주 반대하는 운동단체들이 있어.
아이리스: 그들은 왜 낙태를 반대하는거야? 뭐가 문제가 된다는거야?
피터: 그들은 낙태는 살인이어서, 누군가를 살해하는 것과 같다고 해.
아이리스: 말도 안돼. 몸속의 태아는 인간과 동일하지 않아.
피터: 하지만 그래도 생명의 한 형태이고, 낙태하는 것은 그것을 죽이는 것이지.
아이리스: 그들은 단지 다른 사람들을 통제하려고 해. 자신들의 신념에 사람들이 따르도록 하려고 말야.
피터: 모든 종류의 생명의 형태는 신성한거 아냐? 그들도 보호되어야 하지 않아?
아이리스: 그 단계는 아직 사람이 아냐. 자라나고 있는 세포덩어리에 불과해.
피터: 낙태 반대 운동가들에게 네가 옳다는 것을 설득하기란 불가능한 일처럼 보이네.

Stan: You look unhappy. Are you having a problem?

Ivy: There are some things going on at my job that I don't like.

Stan: Tell me about them. Maybe I can help.

Ivy: My boss keeps looking at me, and keeps telling me how beautiful I am.

Stan: That's flattering. You should be happy. He likes you.

Ivy: No, there's more. He tells me he wants to go out with me, and that I'm sexy.

Stan: Do you find him attractive? Maybe you should date him.

Ivy: No! He's married! I'd never go out with him. Plus I already have a boyfriend.

Stan: I see. This could cause some serious problems for you.

Ivy: Right. If I don't go out with him, he could make my life miserable while I'm at work.

Stan: That would be terrible, but do you really think he'd do that?

Ivy: He might. He's handsome, but he can also be very cruel to people working for him.

스탠: 기분이 안좋아 보이네. 무슨 문제라도 있어?
아이비: 내가 싫어하는 일들이 이 직장에서 벌어지고 있어.
스탠: 그게 뭔지 내게 말해봐. 내가 도움이 될 수도 있으니까.
아이비: 사장이 계속해서 나를 쳐다보고 내가 참 예쁘다고 계속 말을 해.
스탠: 좋아해야 할 일이잖아. 기분좋겠다. 너를 좋아하는거잖아.
아이비: 아니, 그게 전부가 아냐. 나와 데이트를 하고 싶다고 하고 내가 섹시하다고도 말해.
스탠: 너도 사장이 매력적이라고 생각해? 사장과 데이트해야 되겠는데.
아이비: 말도 안돼! 유부남이잖아. 난 절대로 그와 데이트할 생각이 없고 게다가 난 이미 남친이 있다고.
스탠: 알겠네. 이게 너한테는 심각한 문제들을 초래하겠네.
아이비: 맞아. 내가 사장과 데이트를 하지 않으면, 직장에서 나의 삶을 아주 비참하게 만들 수 있지.
스탠: 그렇다면 끔찍한 일이지만, 넌 정말 그가 그렇게 할거라 생각해?
아이비: 그럴 수도 있지. 핸섬하지만 직원들에게는 아주 잔인하잖아.

REAL-LIFE CONVERSATION

Inappropriate pictures on the subway

Dale: Phones have made our lives so much more convenient.

Frieda: Sure, but they also can be misused by bad people.

Dale: I haven't heard of that. What do you mean?

Frieda: There have been incidents of **men taking pictures of women on the subway.**

Dale: **Men took pictures of women on the subway? That's not a crime.**

Frieda: **I mean the men took pictures on the subway by putting cameras under the women's dresses.**

Dale: **That's very strange.** Why would they do something like that?

Frieda: Because they wanted **pictures of women's bodies!**

Dale: **Really?** I had no idea that **anyone would do that type of thing.**

Frieda: It's becoming a bigger problem **as technology gets better. Women can no longer expect privacy.**

Dale: **Can't these women** make a complaint to **the police?**

Frieda: **Yes, some of them do, but** by that time, **the man who took the photographs is long gone.**

데일: 핸드폰때문에 우리 삶은 훨씬 더 편리해졌어.
프리다: 물론, 하지만 또한 나쁜 사람들에 의해서 잘못 이용될 수도 있어.
데일: 난 들어본 적이 없는데. 무슨 말이야?
프리다: 지하철에서 남자들이 여자들의 사진을 찍는 일들이 있었어.
데일: 남자들이 지하철에서 여성들 사진을 찍는다고? 그건 범죄가 아니 잖아.
프리다: 내 말은 지하철에서 남자들이 여성의 드레스 밑으로 카메라를 들 이대고 사진을 찍는다는 말이야.
데일: 정말 이상하네. 남자들은 왜 그런 짓을 하는거야?
프리다: 여성들 신체 사진을 원하기 때문이야.
데일: 정말? 난 누가 그런 종류의 일을 할까 전혀 생각도 못했어.
프리다: 기술이 발전함에 따라 문제가 더 커지고 있어. 여성들은 더 이상 사적공간을 기대못하는거지.
데일: 이 여성들은 경찰에 항의할 수 없어?
프리다: 아니. 그들 중 일부는 그렇게 해. 하지만 그때 쯤이면 사진을 찍은 남자는 멀리 가버리고 난 후일거야.

George: In my opinion, there's too much crime **these days.**

Olivia: **True. And the criminals** don't seem afraid of **the police.**

George: That's why it's good to **have a gun. You can fight the criminals yourself.**

Olivia: **Guns** don't help solve **the problem, they only cause it to get worse.**

George: **Why would having a gun create a bigger criminal problem?**

Olivia: **Because many criminals have guns. And the guns they have were stolen from regular people.**

George: You mean that **criminals get guns from people like me?** I don't believe it.

Olivia: It's common for **them** to **break into homes to steal things. If there is a gun in the home, they steal that too.**

George: **No, not from me. I keep my gun in a safe place that** is hard to find.

Olivia: **Do you keep it somewhere near the bed you sleep in?**

George: **Yes. I keep it there** in case **someone breaks in at night.**

Olivia: **If I can guess where you keep your gun, most criminals can guess the same thing.**

Real-life

조지: 내 생각에, 요즘 범죄가 너무 많아진 것 같아.

올리비아: 맞아. 그리고 범죄자들은 경찰들을 무서워하는 것 같지도 않아.

조지: 바로 그래서 총을 소지하고 있는게 좋아. 스스로 범죄자들에게 대항할 수 있거든.

올리비아: 총은 문제를 해결하는데 도움이 되지 않아. 더 상황을 악화시킬 뿐이야.

조지: 총기를 소지하는게 왜 더 범죄문제를 일으킨다는거야?

올리비아: 많은 범죄자들이 총을 소지하고 있기 때문이야. 그리고 그들이 소지하고 있는 총들은 일반인들로부터 약탈한거지.

조지: 네 말은 범죄자들이 나와 같은 사람들에게서 총을 얻는다는 말인데, 난 믿기지 않아.

올리비아: 그들이 집들에 침입해 들어와서 물건들을 훔치는 것은 흔한 일이야. 집에 총이 있다면 총도 훔쳐갈거야.

조지: 아냐. 나로부터는 안돼. 난 찾기 힘든 안전한 곳에 총을 두고 있거든.

올리비아: 너 침대 옆 어딘가에 두고 있지?

조지: 어. 밤에 누가 침입할 경우에 대비해서 거기에 두고 있어.

올리비아: 내가 네 총을 어디에 두는지 추측할 수 있다면, 대부분의 범죄자들 역시 같은 추측을 할 수 있지.

Where do the donations go?

Ben: The comfort women issue is very sad, isn't it?

Mandy: Yes, it is. Those women should have never been made into sexual slaves.

Ben: I worry that they are still being manipulated, but this time in Korea.

Mandy: Really? Can you explain what you mean?

Ben: A Korean NGO was set up to handle donations intended for former comfort women.

Mandy: That sounds good. It's important for them to receive donations.

Ben: A lot of the money was spent just to host events, and it didn't help any of the comfort women.

Mandy: But it's good to continue bringing the subject of the comfort women to the public's attention.

Ben: Not only that, but the head of the NGO claimed that it had spent a large amount of the donated money, but it really hadn't.

Mandy: That's dishonest. So, did they find out what happened to the missing money?

Ben: No, they didn't. The money was gone and the head of the NGO just said they made some accounting mistakes.

Mandy: Hopefully someone will be prosecuted. It sounds like the money was stolen to me.

벤: 위안부 문제는 정말 안됐어, 그렇지 않아?

맨디: 맞아 그래. 저 위안부들은 절대로 성노예화 되지 말았어야 돼.

벤: 난 그들이 아직도 지금의 한국에서 조종당하고 있다는 걱정이 돼.

맨디: 정말로? 그게 무슨 말인지 설명해줄래?

벤: 한국의 한 시민단체는 예전 위안부들을 위해 이루어진 기부를 관리하도록 설립되었어.

맨디: 좋은 이야기인데. 그들이 기부금을 받는게 중요하잖아.

벤: 많은 돈이 이벤트하는데 소비되었고, 위안부들에게는 도움이 되지 않았어.

맨디: 하지만, 위안부 문제에 대한 대중의 관심을 계속 끄는 것은 중요하잖아.

벤: 그뿐만이 아니라, 그 시민단체의 대표는 기부된 돈의 상당량을 지출했다고 했는데, 실제로는 그렇지 않았대.

맨디: 그건 부정직하네. 그래서 사라진 돈이 어떻게 되었는지 알아냈대?

벤: 아니 그렇지 못했어. 돈은 사라지고 시민단체 대표는 자신들이 회계상의 실수를 좀 했다고 했어.

맨디: 누군가 기소가 되었으면 하네. 내가 듣기에는 돈이 도둑질 당한 것 같으니.

Leo: I think there is a problem with **our school system.**

Katrina: **You do?** Tell me what **concerns you.**

Leo: **My kid has had English classes for five years straight now in his elementary school.**

Katrina: **Great! He must be able to speak English well.**

Leo: **No, he can't speak English at all.** That's the problem.

Katrina: **Maybe** he's just shy about **speaking to strangers.**

Leo: I wish **that were the only problem, but he knows some words, yet he can't speak English.**

Katrina: **So,** what do you think is causing **his inability to speak fluently?**

Leo: I think **his teachers can't speak well either. They are teaching him a language that they don't know.**

Katrina: **Gosh,** I'm sorry to hear that. **Maybe they need more training?**

Leo: **Possibly. Or maybe they need to** spend some time abroad **in an English speaking country.**

Katrina: That's a good idea, **but** it sounds like **it would be expensive.**

레오: 우리 학교 시스템에 문제가 있는 것 같아.

캐드리나: 그래? 뭐가 걱정인지 말해봐.

레오: 내 아이가 초등학교에서 지금까지 5년간 연속으로 영어수업을 듣고 있어.

캐드리나: 잘됐네! 영어를 잘 말할 수 있겠네.

레오: 아니, 영어를 말하지 못해. 그게 문제야.

캐드리나: 다른 사람에게 영어말하는게 수줍어서 그러는지 모르지.

레오: 그게 유일한 문제라면 좋겠지만, 걘 단어들은 조금 알아. 하지만 영어로 말을 못하는거야.

캐드리나: 그럼 넌 뭐 때문에 걔가 영어를 유창하게 말하지 못하게 한다고 생각해?

레오: 내 생각에 걔 선생님들도 영어를 역시 잘 말하지 못해. 그들은 자신들도 잘 모르는 언어를 가르치는거지.

캐드리나: 맙소사, 안됐네. 그들에게 아마도 더 많은 훈련이 필요할까?

레오: 그럴 수 있지. 혹은 해외의 영어를 사용하는 나라에서 일정기간 시간을 보내는게 필요할지도 몰라.

캐드리나: 좋은 생각이지만 돈이 많이 들 것 같으네.

Delicious Korean food

Glenn: Do you like to **try different kinds of food?**

Dina: Sure. I'm always up for something new to eat.

Glenn: Have you ever been to **a Korean restaurant?** I thought **we could go to one.**

Dina: Yeah, I like **Korean food, but I've only had it a few times.**

Glenn: I didn't know **you had tried it before. What kind of food did you eat?**

Dina: We had bulgogi, cooked over a charcoal pit. It was very good.

Glenn: I think you should **try some vegetarian dishes. You'd like them.**

Dina: I don't know about that. **Isn't Korean food pretty spicy?**

Glenn: Yeah, there are peppers and pepper sauces in some foods, but it's not too hot for you.

Dina: All right, I guess I could **try it. Do you have a favorite Korean food?**

Glenn: I like **bib-m-bap, a mix of rice and vegetables, and an egg, served in a hot stone bowl.**

Dina: I'm ready to go eat. I'm getting hungry just hearing you describe it.

글렌: 다른 종류의 음식을 먹는 걸 좋아해?
다이나: 물론. 난 항상 새로운 것을 먹을 준비가 되어 있어.
글렌: 한국 식당에 가본 적이 있어? 우리가 한 한국식당에 갈 수 있다고 생각했거든.
다이나: 그래. 난 한국음식 좋아해. 하지만 겨우 2-3번 정도 먹어봤어.
글렌: 네가 전에 한국음식을 먹어봤다는 것을 몰랐네. 무슨 종류의 음식을 먹어봤어?
다이나: 숯불위에 구워진 불고기를 먹어봤어. 정말 좋았어.
글렌: 넌 야채요리를 먹어봐야 될 것 같아. 좋아하게 될거야.
다이나: 뭔지 모르겠지만. 한국 음식은 맵지 않아?
글렌: 맞아, 후추와 후추소스가 음식들에 들어가는 경우가 좀 있는데 네가 먹기에 그렇게 맵지는 않아.
다이나: 그래, 한번 시도해보지. 넌 특히 좋아하는 한국음식 있어?
글렌: 난 비빔밥을 좋아해. 밥과 야채 그리고 계란이 돌솥에 나오는거야.
다이나: 먹을 준비됐어. 네가 묘사하는 것만 들어도 배가 고파지네.

Gordon: **My God,** I feel like **I'm getting really fat.**

Ellen: **Yeah, we've both been eating a lot lately.** It's easy to **put on pounds.**

Gordon: I think it's time to **start a diet.** I want to **slim down.**

Ellen: **I hate diets.** There are so many **good foods to eat, and** you are not allowed to **touch them.**

Gordon: **Come on, dieting is hard, but** you don't want to **be overweight.**

Ellen: To be honest, I like to **be able to eat whatever I want.**

Gordon: **Look,** why not try to **go on a diet with me? We could help each other.**

Ellen: **Or maybe I will help you fail. Maybe we both** will end up **eating sweets and ice cream.**

Gordon: **That's not a good attitude to have.** I think **we can encourage each other to eat less.**

Ellen: Why don't you **try it first?** If **you lose weight,** maybe I'll **try it.**

Gordon: **Do you promise? You won't just let me starve all by myself?**

Ellen: **Yeah, sure. If you start to look slimmer, I'll want to go on a diet and get slim too.**

고든: 맙소사. 내가 정말 뚱뚱해진 것 같아.
엘렌: 어. 최근에 우리 모두 엄청 먹어댔잖아. 살이 찌는 것 쉬운 일이야.
고든: 다이어트를 시작해야 될 것 같아. 살을 빼고 싶다고.
엘렌: 난 다이어트가 싫어. 먹을 음식이 여러가지가 있는데 손을 대지 못하잖아.
고든: 이봐. 다이어트가 힘들지만 넌 체중이 많이 나가는 것을 원치 안잖아.
엘렌: 솔직히 말해서. 난 무엇이든 내가 먹고 싶은 것을 먹기를 좋아해.
고든: 이봐. 나와 함께 다이어트를 계속하자. 서로 도움이 될거야.
엘렌: 혹은 내가 너 실패하는데 도움이 될 수도 있지. 우리 둘 다 결국에는 단것과 아이스크림을 먹게 될 수도 있지.
고든: 그건 바람직한 태도가 아냐. 우리는 서로에게 조금만 먹겠끔 격려할 수도 있잖아.
엘렌: 먼저 시도해봐. 네가 살을 빼면 나도 해볼지 모르지.
고든: 약속한거야? 나 혼자만 밥을 굶도록 놔두지는 않을거지?
엘렌: 그럼. 물론이지. 네가 날씬하게 보이기 시작하면 나도 다이어트를 해서 날씬해지도록 할게.

Keeping in good shape

Eric: I notice that you keep yourself in good shape.

Patty: I try. I eat low calorie meals and go to the gym every day.

Eric: You go to the gym every day? Are you serious?

Patty: Sure. I work out for at least an hour in the morning. It's tough to do.

Eric: I would hate that. Too much work. What's the point of doing it?

Patty: Your health improves. The more you exercise, the more energy you feel throughout the day.

Eric: I need more energy. I feel sluggish a lot, and by the afternoon I want to take a nap.

Patty: So, you should work out with me. Also, do you get sick a lot?

Eric: Well, yeah. I usually catch a cold a few times a year. And sometimes I get the flu during the winter.

Patty: Working out improves the body's circulation, and makes your immune system stronger.

Eric: Are you saying that you don't get sick as much?

Patty: I'm really healthy, and I haven't had a cold in two years.

에릭: 너 몸매관리를 잘하고 있구나.
패티: 노력하지. 저칼로리 식사를 하고 매일 체육관에 가거든.
에릭: 매일 체육관에 간다고? 정말야?
패티: 물론. 오전에 적어도 한 시간 운동을 해. 그렇게 하기 어려워.
에릭: 나라면 싫겠지. 그렇게 많은 운동을 하는게 무슨 소용이 있어?
패티: 건강이 좋아지잖아. 운동을 하면 할수록 하루종일 더 많은 힘이 난다고.
에릭: 난 더 많은 에너지가 필요해. 몸이 많이 무겁다고 느끼고 오후가 되면 낮잠을 자고 싶어해.
패티: 그럼, 너 나와 함께 운동을 하자. 게다가 넌 많이 아프기도 하지?
에릭: 어, 그래. 일년에 보통 몇 번 감기에 걸리고, 때로는 겨울에 독감에도 걸려.
패티: 운동을 하면 신체의 순환이 나아지고, 너의 면역시스템이 더 강해져.
에릭: 넌 그럼 그렇게 많이 아프지 않다는 말이야?
패티: 난 정말 건강하고, 2년간 감기걸린 적도 없어.

Blind dates

Oliver: You're all dressed up tonight. Have you got something special going on?

Amanda: I'm going out to eat, and then maybe to a nightclub.

Oliver: Wow! You're going out? You didn't tell me you had a boyfriend.

Amanda: I don't have a boyfriend. One of my friends set me up on a blind date.

Oliver: Sounds exciting. I wish my friends would set me up with a girl.

Amanda: I don't like it much. It feels very awkward, and I don't know anything about the guy.

Oliver: Why did you agree to do it in the first place?

Amanda: I didn't want to disappoint my friend. She said this guy was perfect for me.

Oliver: Great! You may end up meeting the love of your life tonight.

Amanda: Or I may meet some psycho stalker who falls in love with me and never leaves me alone.

Oliver: You have a very negative view of going on blind dates.

Amanda: That's true. I have had some weird experiences dating in the past.

Real-life

올리버: 오늘밤에 아주 잘 차려입었네. 뭐 특별한 일이라도 있는거야?
아만다: 데이트 식사하고 그리고나서 아마 나이트클럽에 갈 지도 몰라.
올리버: 와우! 네가 데이트를 한다고? 남친 있다고 말하지 않았잖아.
아만다: 남친은 없어. 내 친구들 중 하나가 소개팅을 시켜줬어.
올리버: 흥미롭네. 내 친구들도 내게 여자친구를 소개시켜줬으면 좋겠네.
아만다: 소개팅을 좋아하지는 않아. 어색하고 만나는 남자에 대해서 아는 게 하나도 없잖아.
올리버: 그럼 처음에 왜 소개팅을 한다고 한거야?
아만다: 내 친구를 실망시키고 싶지 않았어. 걔가 그러는데 이 남자가 나에게 딱 맞는 사람이라고 했어.
올리버: 잘됐네! 오늘밤 평생의 짝을 만나게 될지도 모르잖아.
아만다: 혹은 나와 사랑에 빠져 평생 나를 가만두지 않을 사이코 스토커를 만날 수도 있지.
올리버: 넌 소개팅에 대해 아주 부정적으로 생각하는구나.
아만다: 정말야. 과거에 데이트하면서 정말 이상한 경험들을 해본 적이 있어.

Catching a spouse cheating again

Barry: What's going on over at your neighbor's apartment?

Cindy: I'm not sure. What did you see when you were coming down the hallway?

Barry: There was some furniture and some boxes piled up outside the door.

Cindy: Oh dear. My neighbor must have caught her husband cheating again.

Barry: You're kidding! He cheated on her? But she is so beautiful.

Cindy: I know, but he has been completely unfaithful. He even tried to hit on me one day.

Barry: He came onto you? What did you say to him?

Cindy: I told him no way, he was married and he needed to treat his wife better.

Barry: I don't think he listened to you. It looks like his marriage is over.

Cindy: That's probably good. He could never be trusted to be faithful.

Barry: So, a divorce is probably the only solution in this case.

Cindy: Yeah, probably. But I feel very sad for their kids.

배리: 네 이웃의 아파트에서 무슨 일이 벌어진거야?

신디: 잘 모르겠어. 복도를 내려오면서 뭘 본거야?

배리: 문 앞에 가구들하고 박스 몇 개가 쌓여져 있었어.

신디: 이런. 이웃 사람이 자기 남편이 바람피는 것을 또 잡았나보네.

배리: 말도 안돼! 그가 부인 몰래 바람을 폈다고? 하지만 부인이 정말 미인 이던데.

신디: 알아, 하지만 그는 정말이지 바람둥이야. 그는 언제 한번 나를 유혹 하려고 했다니까.

배리: 너를 유혹했다고? 그에게 뭐라고 했어?

신디: 말도 안되고, 유부남이니까 부인을 더 잘 대접하라고 했어.

배리: 걔가 네 말을 듣지 않은 것 같네. 그의 결혼은 쫑난 것 같으네.

신디: 그게 아마 좋을지도 몰라. 그는 바람피지 않을 거라고 믿을 수 있는 사람은 결코 아닐거야.

배리: 그럼, 이혼만이 이 경우를 해결할 수 있는 유일한 방법이겠네.

신디: 그래, 아마도. 하지만 그 집 아이들 생각하면 정말 슬퍼져.

Don: Why don't we go out to the park together on Sunday?

Carlee: I can't go then. I have to attend church services on Sunday.

Don: I didn't realize that you were a religious person.

Carlee: My parents joined this church a long time ago, and I went even when I was young.

Don: Some people have very strong beliefs. How often do you go there?

Carlee: I'm obligated to go to Sunday services every week, without fail.

Don: What would happen if you didn't attend?

Carlee: People in the church might think that I was a bad person, and not a true believer.

Don: I couldn't go every Sunday. I would just hate sitting there.

Carlee: Why not? Don't you believe in God and the Bible?

Don: Well sure, I believe in God and the Bible. But it's just too boring to sit there listening to the preacher speak.

Carlee: I don't think you'd be very welcome at the church I attend.

Real-life

돈: 일요일에 함께 공원에 가자.
칼리: 그때 난 못가. 일요일마다 교회예배에 참석해야 돼.
돈: 네가 신앙인인지 몰랐네.
칼리: 부모님들이 오래전부터 이 교회에 다니기 시작했고 나도 어렸을 때도 갔었어.
돈: 어떤 사람들은 신앙심이 아주 강해. 교회에 얼마나 자주 가?
칼리: 난 매주 예외없이 일요예배에 참석해야 돼.
돈: 네가 가지 않으면 어떻게 되는데?
칼리: 교회사람들은 아마도 내가 나쁜 사람이고 진정한 신앙인이 아니라고 생각할 수도 있어.
돈: 나라면 매 일요일마다 갈 수 없을거야. 난 교회에 앉아있는 것을 정말 싫어할 테니.
칼리: 왜 안돼? 신과 성경이 존재한다고 믿지 않아?
돈: 물론, 신과 성경이 있다고 믿지. 하지만 교회에 앉아서 설교자가 설교하는 것을 듣는 것은 너무나 지겨워.
칼리: 넌 내가 다니는 교회에서 환영받지 못할 것 같아.

Watching TV shows

Dave: I haven't seen you all weekend. What have you been doing?

Maureen: I've been staying in my apartment, eating snacks and watching TV shows.

Dave: Huh. You stayed home the whole time? Don't you get bored doing that?

Maureen: No, I really like watching TV shows, even shows from a long time ago.

Dave: I like TV too. Tell me about the shows you like best.

Maureen: My favorite show is Friends. It ended years ago, but I still find it funny.

Dave: Yeah, I remember that show. There was Rachel and Ross.

Maureen: Right. They sometimes dated, and sometimes broke up, and weren't sure if they should get married.

Dave: And then Chandler and Joey were roommates who lived across the hall.

Maureen: They were goofy guys who often did silly things. Joey was kind of dumb.

Dave: And then there was Phoebe, and Monica, who was Ross's sister, right?

Maureen: Phoebe is my favorite character. She's weird, but in an interesting and funny way.

데이브: 주말내내 못봤네. 뭘 하고 있었어?
모린: 아파트에 있으면서 과자먹고 TV 드라마들을 봤어.
데이브: 종일 집에 있었다고? 그렇게 하는게 지겹지 않아?
모린: 어, 난 오래된 것이라도 TV드라마 보는 것을 정말 좋아해.
데이브: 나도 TV를 좋아하지. 네가 가장 좋아하는 드라마를 말해봐.
모린: 내가 가장 좋아하는 것은 프렌즈야. 오래전에 끝났지만 아직도 재미있게 봐.
데이브: 어, 나도 그 드라마 기억나. 레이첼하고 로스가 있었지.
모린: 맞아. 그들은 때때로 데이트를 했고 때론 헤어지고 하면서 그들이 결혼하게 될지 확신할 수가 없었지.
데이브: 그리고 챈들러와 조이가 복도 건너편에서 룸메이트로 살고 있었지.
모린: 그들은 좀 바보 같은 친구들인데 가끔 한심한 짓들을 했지. 조이는 좀 명청했고.
데이브: 그리고 피비와 로스의 여동생인 모니카가 있었어, 맞지?
모린: 피비가 내가 가장 좋아하는 캐릭터였어. 이상하지만 흥미롭고 우스운 방법으로 말이야.

Jim: I'm so excited about **this upcoming Saturday.**

Vera: **Really?** What is so special about **Saturday?**

Jim: **It's the opening day of basketball season. The first games will start.**

Vera: **That's great.** I didn't realize **you** were such a big fan.

Jim: **I am. I watch a couple of games on TV every week, and sometimes I go to the arena to watch them in person.**

Vera: **I have never been to a game. Is it more exciting than seeing it on TV?**

Jim: **Yes,** I think so. **The crowd gets into it and starts going crazy for the home team.**

Vera: It sounds like **a lot of fun. Is it expensive?**

Jim: **It's** kind of **expensive, but I'll buy you a ticket** if you'd like to **go with me.**

Vera: That sounds great. Let me know **the next time you plan to attend a game.**

Jim: How would you like to **go on Wednesday of next week?**

Vera: **I've got to check my schedule.** I think I will **have free time then.**

짐: 오는 이번 토요일에 아주 신나있어.
베라: 정말? 토요일이 뭐가 특별한데?
짐: 프로농구 시즌 개막일이야. 첫번째 게임이 시작될거야.
베라: 대단하네. 난 네가 그렇게 열성팬인줄 몰랐어.
짐: 열성팬이야. 난 매주 TV로 두세 게임을 보고 때로는 경기장에 가서 그들을 직접 보기도 해.
베라: 난 경기장에 가본 적이 없어. TV에서 보는 것보다 더 신나니?
짐: 그럼, 난 그렇게 생각해. 관중들이 게임에 몰입해서 자기 홈팀에 미친듯이 열광하기 시작하지.
베라: 재미있게 들린다. 가격은 비싸?
짐: 좀 비싸지만, 나와 함께 가겠다면 내가 표를 사줄게.
베라: 아주 좋아. 네가 다음에 경기를 보러 갈 때 나에게 알려줘.
짐: 다음주 수요일에 가보는게 어때?
베라: 일정 좀 확인해봐야 돼. 그때는 시간이 있을 것 같아.

The best soccer players, Ronaldo and Messi

Devon: I never get tired of **watching professional soccer matches.**

Susan: Yeah, me either. It's interesting to see **the most talented athletes in the world play.**

Devon: **So you** are a big fan **too? Who is your favorite player?**

Susan: I think **Ronaldo is the best. He's very entertaining.**

Devon: **Yeah, Ronaldo is good, but sometimes he** comes across as **being arrogant.**

Susan: That's just **his style of play. It upsets some people.**

Devon: **I prefer players who are talented, but more humble about their abilities.**

Susan: Who do you think is **the best professional soccer player?**

Devon: **Lionel Messi scores a lot of goals, and he** works hard at **being the best. I like him.**

Susan: Isn't there **a rivalry between Ronaldo and Messi?**

Devon: I think so. **They both compete to be the top player in the world.**

Susan: I suppose that **helps to make them play their best in every match.**

데본: 프로축구경기는 아무리 봐도 지겹지 않아.
수잔: 그래, 나도 그래. 세계적인 경기에서 가장 능력있는 선수들을 보는 것은 흥미로와.
데본: 그래, 너도 열성팬이라고? 가장 좋아하는 선수가 누구니?
수잔: 호날두가 최고인 것 같아. 그는 즐거움을 많이 주는 선수야.
데본: 그래, 호날두가 잘 하지만 때로는 거만하다는 인상을 줘.
수잔: 그건 걔의 플레이 스타일이야. 그게 사람들을 좀 불쾌하게 하지.
데본: 난 능력이 있지만 자신의 행동에 더 겸손한 선수들을 더 좋아해.
수잔: 넌 누가 가장 뛰어난 축구선수라고 생각해?
데본: 리오넬 메시는 많은 골을 넣고 그리고 최고가 되기 위해 열심히 뛰어. 난 그가 좋아.
수잔: 호날두와 메시는 서로 라이벌이냐?
데본: 그럴거야. 그 둘은 세계 최고의 탑플레이어가 되기 위해 경쟁하지.
수잔: 그래서 그들이 매 경기에서 최선을 다하도록 하는 것 같아.

Milo: Can you give me a few minutes? I've got to call my broker.

Elaine: Why are you calling a broker? Are you investing in something?

Milo: I buy and sell stocks on the stock market.

Elaine: Oh man, that sounds risky. You could lose a lot of money that way.

Milo: It's more of a hobby. I don't put a lot of my money into it.

Elaine: But it's like gambling. You may start with small stock purchases, but it's easy to start making big buys.

Milo: Yes, it can be risky, but don't worry, I know what I'm doing.

Elaine: I had a friend that invested his life's savings in the stock market.

Milo: Yeah? And did he end up making a lot money?

Elaine: No, there was a downturn and he lost everything. He had to sell his house to pay his debts.

Milo: That sounds terrible. I suppose it's always a possibility that things could go wrong.

Elaine: I think it's very important to be careful with the way you invest the money you have.

마일로: 잠깐 시간 좀 내줄래? 내가 주식중개인에게 전화를 해야 돼서.
일레인: 왜 중개인에게 전화를 하는거야? 어디에다 투자를 한거야?
마일로: 난 주식시장에서 주식을 사고 팔아.
일레인: 어휴, 위험하게 들린다. 그런 식으로 많은 돈을 잃을 수가 있어.
마일로: 오히려 취미에 가깝지. 난 많은 돈을 투자하지는 않아.
일레인: 하지만, 도박하는 것처럼 들려. 소액으로 사는 것으로 시작할지 모르겠지만 대량으로 사기 시작하는 것은 쉬운 일이야.
마일로: 알아, 위험할 수도 있지만, 걱정마, 내가 하는 일은 내가 잘 알고 있다고.
일레인: 한 친구가 있는데 평생모은 예금을 주식에 투자했어.
마일로: 그래서? 많은 돈을 벌게된거야?
일레인: 아니, 경기하강이 왔었어. 그래서 걘 다 날렸어. 빚을 갚기 위해 집을 팔아야 했어.
마일로: 끔찍한 일이네. 상황이 안좋아질 가능성은 언제나 있다고 생각해.
일레인: 네가 갖고 있는 돈을 투자하는 방식에 신중하는 것이 아주 중요하다고 생각해.

Streaming shows and movies on Netflix

Ty: I'm so bored of watching the shows on regular TV.

Lea: Come over to my apartment and we can watch some movies together.

Ty: That sounds good. Do you have a streaming service at your house?

Lea: I have Netflix. There are tons of different movies to choose from.

Ty: Don't they produce their own TV programs too?

Lea: Yeah, they put out some new shows that people say are good to watch.

Ty: Have you seen anything that caught your interest?

Lea: There is a Netflix documentary called Tiger King that was very popular.

Ty: Was it a cartoon show about tigers for kids?

Lea: No, it was about these strange people who had small zoos that featured tigers.

Ty: So, it taught people about the habits of tigers at zoos?

Lea: It was an examination of the crazy and illegal things that occurred in the personal lives of the zoo owners.

타이: 정규 TV에서 하는 쇼를 보는 것은 정말 지겨워.

리아: 우리 아파트로 와 함께 영화를 보자.

타이: 좋은데. 너희 집에는 스트리밍 서비스가 돼?

리아: 난 넷플릭스를 봐. 선택할 수 있는 영화가 엄청 나.

타이: 걔네는 자체 프로그램도 제작하지 않아?

리아: 맞아. 걔네들은 새로운 쇼를 선보이는데 사람들 말이 재미있게 볼 수 있다고 그래.

타이: 네 관심을 끌었던 뭐 본게 있어?

리아: 매우 인기가 있었던 타이거 킹이라고 하는 넷플릭스 도큐멘타리가 있어.

타이: 유아용 타이거에 관한 만화영화지?

리아: 아니. 그건 호랑이를 특징으로 하는 조그만 동물원을 갖고 있는 이상한 사람들에 관한거야.

타이: 그럼, 동물원에서 타이거의 습관에 대해서 사람들에게 알려주는거야?

리아: 그건 동물원 소유주들의 개인적인 삶에서 벌어진 미치고도 불법적인 일들을 점검하는거였어.

Getting plastic surgery to look better

Wally: I love to **sit outside and watch pretty girls go by.**

Violet: **I know.** You think it's very important that **girls look attractive.**

Wally: Why not? The more **beautiful a girl is,** the more **attention she gets.**

Violet: **It puts a lot of pressure on all girls to be beautiful, and some girls aren't.**

Wally: **They can always get plastic surgery to** make themselves look better.

Violet: Is that a good idea? **Do you want everyone to have to change their face?**

Wally: It's good if it allows them to **look better.**

Violet: **It also gets rid of the natural look. Many girls start to look artificial and not normal.**

Wally: I think **that is better than being ugly.**

Violet: **But a lot of girls that get plastic surgery aren't ugly, they just don't look like models naturally.**

Wally: **So the plastic surgery improves them.**

Violet: I would say that **getting plastic surgery is a superficial decision,** and it may make **a woman** think **that the way she looks is more important her than character.**

월리: 난 밖에 앉아서 예쁜 여자애들이 지나가는 것을 보기 좋아해.

바이올렛: 알아. 여자는 예뻐보여야 하는 것이 중요하다고 생각하는거지?

월리: 왜 아니겠어? 여자애는 더 예쁠수록 더 많은 관심을 받는다고.

바이올렛: 아름다워야 한다는 것은 모든 여성들에게 많은 압력을 넣지만, 일부 여성들은 그렇지 않아.

월리: 걔네들은 늘상 성형수술을 해서 자신들이 더 예뻐보이게 하려고 해.

바이올렛: 그게 좋은 생각일까? 여성들 모두가 자기들의 얼굴을 바꾸는 것을 원해?

월리: 그렇게 해서 얼굴이 예뻐보이면 좋지.

바이올렛: 동시에 자연미를 앗아가잖아. 많은 여성들이 인위적으로 보이고 정상적으로 보이지 않기 시작해.

월리: 난 그게 못생긴 것보다는 나을 것 같은데.

바이올렛: 하지만 성형수술을 받는 많은 여성들이 못생기지 않아. 그리고 자연스럽게 모델처럼 보이지도 않고.

월리: 그럼 성형수술이 걔네들을 더 좋아보이게 하잖아.

바이올렛: 성형수술을 받는 것은 피상적인 결정에 불과하다고 할 수 있어. 그리고 그 때문에 여성들이 자신들의 인성보다 겉모습이 더 중요하다고 생각하게 할지도 몰라.

REAL-LiFE CONVERSATION

It's not very original

Tom: I hear **this music** all the time. **What is it?**

Kate: It's K-pop, a type of pop music that comes from Korea.

Tom: I like it. It has a happy sound and makes me feel energetic.

Kate: I don't like it **very much.** It's not my style.

Tom: **Really?** I'm surprised. What don't you like **about it?**

Kate: Most of it sounds the same. **It's not very original.**

Tom: A lot of pop music has a similar type of sound.

Kate: Yeah, but it is too similar, like the groups copy each other.

Tom: **I guess** that's the way a lot of young people like their music.

Kate: You might be right, but I think it's good to **have innovation. Music is a form of art.**

Tom: You probably shouldn't think of **pop music** as art.

Kate: **I guess** you're right. It's just a type of entertainment. It doesn't have to be great.

톰: 항상 이 음악을 듣네. 그게 뭐야?

케이트: 케이팝이야. 한국에서 온 팝음악의 한 종류이지.

톰: 맘에 들어. 사운드가 기분좋게 들리고 내가 생기가 나도록 하는 것 같아.

케이트: 난 그렇게 좋아하지는 않아. 내 스타일이 아냐.

톰: 정말? 놀랍네. 어떤 면에서 맘에 안드는데?

케이트: 사운드가 거의 비슷하고 독창적이지 않아.

톰: 많은 팝음악이 유사한 형태의 소리를 내잖아.

케이트: 맞아, 하지만 너무 비슷해. 그룹들끼리 서로를 모방하는 것처럼.

톰: 그런 방식으로 많은 젊은이들이 그들의 음악을 좋아하는 것 같은데.

케이트: 네 말이 맞을 수도 있어 하지만 새로운 것들을 내놓는 것이 좋아. 음악도 예술의 한 종류잖아.

톰: 넌 팝음악을 예술로 생각하면 안될거야.

케이트: 네 말이 맞는 것 같아. 오락의 한 종류이고 대단할 필요는 없겠지.

INDEX

INDEX

INDEX

MEMO